NOME AOS BOIS

Bernardino Coelho da Silva e Claudio Tognolli

NOME AOS BOIS

© 2017 - Bernardino Coelho da Silva e Claudio Tognolli
Direitos em língua portuguesa para o Brasil:
Matrix Editora
www.matrixeditora.com.br

Diretor editorial
Paulo Tadeu

Capa, projeto gráfico e diagramação
Allan Martini Colombo

Foto
Germano Luders/Daniela Toviansky/Abril Comunicações S.A.

Revisão
Silvia Parollo
Maria A. Medeiros

CIP-BRASIL - CATALOGAÇÃO NA PUBLICAÇÃO
SINDICATO NACIONAL DOS EDITORES DE LIVROS, RJ

Tognolli, Claudio
Nome aos bois: a história das falcatruas da JBS / Claudio Tognolli, Bernardino Coelho da Silva. - 1. ed. - São Paulo: Matrix, 2017.
:il.

ISBN 978-85-8230-452-5

1. Brasil - Política e governo. 2. Corrupção na política - Brasil. I. Silva, Bernardino Coelho da. II. Título.

17-46410
CDD: 320.981
CDU: 32(81)

Sumário

Apresentação 9

CAPÍTULO 1
A ascensão da família Batista 21

CAPÍTULO 2
Política de criação de campeões nacionais 26

CAPÍTULO 3
Quando ainda era apenas Friboi 36

CAPÍTULO 4
A JBS/Friboi e o governo Lula (2003-2010) 40

CAPÍTULO 5
O homem por trás da gigante das carnes 54

CAPÍTULO 6
A JBS e o governo Dilma (2011-2016) 58

CAPÍTULO 7
A compra do Independência pela JBS 69

CAPÍTULO 8
A JBS e o governo Temer 76

CAPÍTULO 9
A prisão de Joesley Batista e Ricardo Saud 126

CAPÍTULO 10
O imbróglio JBS-Bertin 134

CAPÍTULO 11
Sobre a Blessed Holdings 160

CAPÍTULO 12
O roteiro de uma grande fraude acionária 181

CAPÍTULO 13
A JBS/Friboi nas páginas policiais 200

CAPÍTULO 14
Uma história muito mal contada 247

CAPÍTULO 15
O poder da JBS/Friboi na política brasileira 259

CAPÍTULO 16
Um propinoduto de confiança 270

CAPÍTULO 17
A JBS/Friboi e suas aventuras financeiras 309

CAPÍTULO 18
O Eldorado da família Batista 317

CAPÍTULO 19
A J&F e a compra de membros do Judiciário 335

CAPÍTULO 20
O encolhimento do grupo J&F 347

CAPÍTULO 21
Acordos de leniência e de colaboração 361

CAPÍTULO 22
Tentativa de tirar os Batista do comando da JBS 370

Epílogo 381

Dedicamos o resultado deste trabalho ao povo brasileiro que, mesmo se vendo ultrajado todos os dias pela ação de corruptos e corruptores, que tomaram de assalto o Estado Brasileiro, ainda mantém viva a esperança de um dia ver o país encontrar-se com a ética e a decência.

Apresentação

Não é merecedor do favo de mel aquele que evita a colmeia porque as abelhas têm ferrões.

William Shakespeare

Em meados de 2016, foi encaminhada ao Ministério Público Federal (MPF) uma representação criminal contra o Banco Nacional de Desenvolvimento Econômico e Social (BNDES), a subsidiária de investimentos BNDESPar e o grupo J&F Participações S.A., na pessoa jurídica da JBS S.A.

É uma longa história, iniciada em 2015, quando, por quase três meses trabalhando dez horas por dia, o autor Bernardino Coelho da Silva se dedicou a pesquisar sobre o famoso grupo JBS ou Friboi, como é conhecido.

Em primeiro plano, a motivação era entender se de fato o senhor Fábio Luís Lula da Silva (conhecido como Lulinha), filho do ex-presidente Lula, dispunha de alguma participação acionária na empresa JBS S.A., como se comentava com frequência nas redes sociais.

Por saber que essas notícias costumam girar em torno de boatos e inverdades, compartilhadas pelas redes sociais (obviamente sem ter sequer o trabalho de saber algo mais a respeito), aquilo o intrigava. Daí partiu para reler as notícias que saíram na imprensa brasileira sobre a JBS/Friboi, empresa que até então só conhecia de nome.

Para essa tarefa, fez uso de artigos e reportagens pesquisados na internet e também em jornais antigos, digitalizados pela Fundação

Biblioteca Nacional (FBN), aliás uma ótima ferramenta de pesquisa e fácil de usar.

Logo Bernardino iria tomar gosto pela coisa, pois descobriu que o grupo JBS/Friboi, além de ser um gigante mundial no processamento de proteína animal, também era uma empresa envolvida em muita polêmica e arranjos nada republicanos em suas relações com o governo federal, notadamente com os negócios envolvendo o Banco Nacional de Desenvolvimento Econômico e Social (BNDES) e sua subsidiária de participações societárias, a BNDESPar. Além, é claro, do envolvimento com governadores, deputados federais e senadores da República.

Bernardino foi em frente, empolgado com as descobertas que fazia a cada dia. O texto se avolumava diante dos mil e um artifícios arranjados pelo famoso grupo empresarial, em suas negociações com governos e com o Congresso Nacional. Era um prato cheio para quem gosta de pesquisa e investigação criminal, e, a cada dia que passava, ficava mais convencido de que lidava com algo muito grande e perigoso, mas motivador.

Apesar de toda a dedicação, não foi possível encontrar qualquer vínculo do senhor "Lulinha" com a JBS/Friboi, mesmo porque seria uma empresa complexa demais para ele se aventurar e também um grande risco para a JBS, que ficaria com uma mancha fácil de ser descoberta. Além disso, tais tipos não sabem como lidar com valores tão altos, sendo preferível ganhar um "por fora" em cada negociação do BNDES para capitalização da companhia.

Também isso não é apontado nesta obra, pois não foi evidenciada a existência de tais negociatas envolvendo o primogênito do ex-presidente Lula e a empresa, cujos executivos iriam confessar, em 2017, durante delação premiada feita à Procuradoria-Geral da República, que a propina paga por créditos conseguidos junto ao BNDES era depositada em contas na Suíça. Foi um total de US$ 148 milhões, aplicados quase integralmente no financiamento de campanhas eleitorais de 2014, por determinação e controle do ex-ministro da Fazenda Guido Mantega.

Porém, o que foi descoberto já era muito e não poderia ficar no anonimato.

A pesquisa, intitulada inicialmente de "O estouro da boiada" – em homenagem ao ex-delegado Romeu Tuma Júnior, que sugeriu o evento quando se abrisse a caixa-preta do BNDES –, foi colocada em um site de publicação de e-book e divulgada nas redes sociais em que Bernardino compartilha suas opiniões. Sabedor de que as pessoas não gostam de ler matérias longas, ele acredita que o acesso foi restrito, apesar da riqueza de detalhes do material e da pertinência do assunto, embora na época ainda não houvesse uma investigação em curso contra o gigante das carnes.

Ainda em 2015, o material foi mandado para o Tribunal de Contas da União (TCU), solicitando que fosse recebido como uma denúncia contra o BNDES.

Algum tempo depois, Bernardino recebeu uma mensagem elogiosa sobre sua atitude de cidadão, mas nada de concreto foi revelado por essa Corte de Contas, apesar de o material ter sido lido, deduzindo-se pelo teor da mensagem retornada.

Ainda confiando em que o TCU faria uma auditoria nos contratos do BNDES com a JBS/Friboi, escancarando os meandros da organização criminosa que foi instalada no banco pelo ex-presidente Lula e mantida depois pela presidente Dilma Rousseff, ele continuou a divulgar a pesquisa.

Dentro do TCU, entretanto, havia vtros contrários ao aprofundamento das auditorias [tomada de conta especial] no BNDES, como era o caso do ministro Vital do Rego Filho (PMDB-PB), razão pela qual o trabalho teria de ser encaminhado a outras autoridades e parlamentares que pudessem se interessar pela sua leitura e dar andamento ao caso[1]. Assim, tão logo foi divulgada a composição da mesa diretora dos trabalhos da CPI do BNDES, o arquivo foi enviado para os cinco membros titulares, solicitando que fosse incluída na pauta dos trabalhos de investigação a análise dos empréstimos feitos pela BNDESPar ao grupo J&F Investimentos S.A. (JBS S.A. e outras empresas), com o propósito de abrir as contas bilionárias de investimentos estatais para esse grupo empresarial.

Não houve manifestação de parte dos membros da CPI sobre o assunto, mas o relatório final aprovado pela Comissão Parlamentar de Inquérito, em fevereiro de 2016, trouxe o acórdão proferido pelo TCU sobre o caso, com base em Auditoria de Conformidade realizada por aquele banco de investimentos, em atendimento ao ofício 86/2014/CFFC-P,

---

[1] O ex-senador Vital do Rego Filho atuou, em 2014, como presidente da CPMI da Petrobras e foi delatado, em setembro de 2016, pelo empresário Léo Pinheiro, da OAS, como um dos achacadores que trabalharam para enterrar a Comissão Parlamentar de Inquérito em troca de propina. Léo Pinheiro pagou a Vital do Rego e Gim Argello o valor de R$ 5 milhões para não ser convocado a depor na referida CPMI, que tem virado meio de cobrança de propina.

de 31/3/2014, da Comissão de Fiscalização Financeira e Controle da Câmara dos Deputados (CFFC), encaminhado pelo presidente da CFFC, deputado Hugo Motta, envolvendo operações de crédito do BNDES e de sua subsidiária de participações, BNDESPar, no período de 2009 a 2014, no qual era solicitado que fossem verificados os seguintes itens:

a) Não pagamento ao BNDES de multa contratual, no valor de meio bilhão de reais, decorrente do não cumprimento do compromisso contratual de internacionalização do grupo JBS/Friboi.

b) Possíveis irregularidades na aquisição de debêntures do grupo JBS/Friboi pelo BNDES.

c) Possível perda de recursos sofrida pelo BNDES em operação de troca de debêntures por parcelas de posições acionárias do grupo JBS/Friboi.

O referido acórdão se baseou em dados oficiais e abrangeu o período de 2005 a 2014, tendo o Tribunal de Contas da União encontrado indícios suficientes para determinar a autuação em quatro apartados (tomadas de contas especiais) conexos ao processo de auditoria que embasou o acórdão 3011/2015 e um apartado não conexo (grupo Independência), devido a indícios de danos e irregularidades observadas na análise das seguintes operações realizadas entre o BNDES e a JBS S.A.:

a) Participação Acionária na JBS para a sua capitalização com a finalidade de adquirir a empresa americana Swift Foods & Co.

b) Participação Acionária na JBS para a sua capitalização com a finalidade de adquirir a empresa americana National Beef Packing Co. e a divisão de carnes bovinas da Smithfield Beef Group.

c) Aquisição de debêntures da empresa JBS S.A. visando a sua capitalização com a finalidade de adquirir a empresa americana Pilgrim's Pride Corporation.

d) Analisar indícios de irregularidades relacionadas à operação de participação acionária na empresa Bertin S.A. e sua posterior incorporação à JBS S.A.

e) Analisar indícios de irregularidades relacionadas à operação de participação acionária na empresa Independência S.A.

O acórdão do TCU traz ainda no item 9.3.1 a seguinte recomendação: 9.3.1. Relativamente aos apartados especificados nos itens 9.2 e 9.3, retro, e respectivos subitens, aprofunde a análise das questões, proceda à qualificação das irregularidades, à precisa quantificação dos débitos, onde for o caso, e à identificação dos responsáveis, incluindo a empresa JBS no que diz respeito a eventuais danos e respectivas condutas que tenham relação de causa e efeito com os indícios de irregularidades existentes em cada achado, abrangendo técnicos, pareceristas, fiscais, gerentes intermediários, diretores e membros dos conselhos fiscal e de administração, se e onde for o caso, e submeta as eventuais propostas ao relator do processo para aprovação.

O ministro Augusto Sherman, relator do caso no TCU, afirmou "existirem indícios de tratamento privilegiado do BNDES para com a JBS".

Entretanto, como o TCU é uma Corte de Contas com grande influência política, existiam ali pessoas contrárias a que essa investigação se aprofundasse e viesse a atingir o cerne de uma das maiores trapaças feitas com dinheiro público desde 2005, quando o governo deu início à sua política de "campeões nacionais", que serviu a propósitos políticos, desvio de dinheiro, cobrança de propina e enriquecimento de amigos do rei. Por isso, havia a necessidade de o Ministério Público Federal (MPF) assumir as rédeas dessa investigação.

Outro fato posterior deu ainda mais certeza de que a pesquisa retratava bem a promíscua relação estabelecida entre o BNDES e a JBS S.A., que vai além de irregularidades. Vai à formação de uma gigante organização criminosa, agora com pressão direta a Bernardino, movida por interposta pessoa da JBS S.A.

São estes os fatos:

Alguns dias depois da publicação do relatório final da CPI do BNDES, Bernardino recebeu um telefonema oriundo de São Paulo (região 019). Uma pessoa, que se identificou como sendo um empresário do ramo do agronegócio, disse que ele e um amigo advogado haviam lido dois livros na internet do mesmo autor e gostaria de saber se se tratava da mesma pessoa, tendo em vista a diversidade dos assuntos: um era sobre Direito Espacial

(*O Dilema de Dédalo: Reflexões sobre a exploração espacial e o direito espacial internacional*) e o outro sobre a JBS e o BNDES (*O estouro da boiada*).

Bernardino confirmou ser o autor de ambas as publicações, e aí ficaram algum tempo conversando sobre amenidades, mas sem entender o motivo de tal pessoa entrar em contato.

Pouco mais de uma semana se passou, e a mesma pessoa ligou novamente, dessa vez perguntando como chegar à sua casa. Então Bernardino perguntou: "Você está em Conselheiro Lafaiete (MG)?". A pessoa respondeu que estava próximo, mas precisava identificar o prédio. Ele saiu à rua e já deu de cara com a pessoa encostando o carro.

Era quase meio-dia. A pessoa foi para a casa de Bernardino, sentou-se e pareceu ter ficado um tanto decepcionada. Disse que "achavam" que ele teria dificuldade de encontrar Bernardino, pois estava sendo considerado um terrorista e que, na percepção deles, deveria estar rodeado de assessores e seguranças. Afirmou ainda que imaginava encontrá-lo de terno e gravata, pela imagem que se formara sobre sua pessoa.

Perguntou o porquê disso e a pessoa afirmou que, pela quantidade de material produzido (livros, blog, redes sociais) e "com quem ele mexia", Bernardino deveria estar rodeado de pessoas para ajudá-lo a se proteger, já que envolvia, em tais manifestações, pessoas muito poderosas, e citou como exemplo o Partido dos Trabalhadores (PT).

Questionado sobre a motivação de procurá-lo, a resposta foi que ele e um grupo de amigos queriam estabelecer com ele uma parceria para trabalhar um blog crítico ao governo petista e que somente iria embora quando acertassem um plano de trabalho.

A pessoa chegou a sugerir que poderiam dar a Bernardino uma quantia mensal em dinheiro para ficar por conta do blog, inclusive poderia até fazer um adiantamento, questionando se teria uma conta da empresa ZK Editorial para ele fazer o depósito.

Bernardino explicou que ZK Editorial era uma referência que ele havia criado para assumir o papel de escritor, mas que não era uma empresa formalizada. Então, o assunto dinheiro saiu da pauta das conversas, mesmo porque ele não fez qualquer menção à proposta negocial financeira – foi questionado sobre o volume de acessos em seu blog, onde também divulgava o link para a pesquisa sobre os múltiplos crimes da JBS/Friboi, ocasião em que informou ter chegado a 2 mil acessos por dia.

Então ele se lembrou de um fato e o relatou à pessoa: havia notado um volume desproporcional de visitas ao blog nos últimos tempos, sem motivo aparente, e que, em função disso, havia verificado a origem do tráfego. Na listagem de "países" de onde originavam os acessos havia algo esquisito: era um acesso denominado "Reunião", que atuava como um robô gerador de tráfego on-line "indevido" para o blog que, eventualmente, serviria de prova de que Bernardino estava denegrindo a imagem da companhia, já que ele não deixava rastros.

Seu interlocutor afirmou que ele deveria estar sendo monitorado pela Abin (Agência Brasileira de Informações). Aquilo soou como acobertamento da real origem da "invasão", então Bernardino passou a considerar que a pessoa poderia ser alguém da Polícia Federal investigando por solicitação do BNDES.

Bernardino continuou sem questionar o fato.

Comentou sobre outros livros que havia escrito e citou, no meio da conversa, a experiência em fazer um Estudo de Caso sobre a explosão do foguete VLS-1 V03, na Base de Alcântara, no Maranhão, em agosto de 2003, quando teve muito contato com o pessoal do Inpe e da Aeronáutica, em São José dos Campos (SP), além de muitas outras pessoas desses órgãos, já fora da ativa, e também da Agência Espacial Brasileira (AEB), em Brasília.

Seu interlocutor lhe disse que era piloto civil e que tinha muita vontade de conhecer o Inpe, chamando Bernardino para sair àquela hora e ir com ele a São José dos Campos. Voltariam no dia seguinte, com o que, definitivamente, Bernardino não concordou, por receio de sua real intenção.

A conversa continuou no almoço, no café depois do almoço e à noite, tomando cerveja. Foi fotografado e gravado. Questionado sobre o porquê da fotografia, o interlocutor afirmou que aquilo seria apenas para comprovar que ele estivera de fato com Bernardino, e que a enviaria a um amigo advogado, ao qual já se referira na conversa por telefone.

No dia seguinte, o interlocutor esteve na Faculdade de Direito de Conselheiro Lafaiete, onde Bernardino estudou, para fazer não sei o que, mas disse que lá estivera, inclusive com fotos no celular de obras cujas capas ele fotografara. Uma dessas fotos era da obra *Código de Hamurabi*, baseada na Lei de Talião: "olho por olho, dente por dente", que ele disse ter muita vontade de ler.

Claro, parecia mais ser uma forma de ameaça, mas não foi levada em conta. Por exemplo, uma das leis previstas no *Código de Hamurabi* era: "Se alguém enganar a outrem, difamando essa pessoa, e esse outrem não puder provar, então aquele que enganou deverá ser condenado à morte".

No segundo dia em que o visitante paulistano estava em Conselheiro Lafaiete, Bernardino desconfiou que ele, na realidade, poderia ser um advogado da JBS, porque, de forma inadvertida, lhe encaminhou uma newsletter "jurídica" – foi por celular, mas Bernardino recebeu no notebook. O visitante tinha mais dois endereços de e-mail, para os quais a newsletter também fora enviada. Um desses endereços era ligado à JBS (luiz.antonio@jbs.com.br).

Pois é, o nome da pessoa é Luiz Antônio Lima Gonçalves, mas isso também poderia fazer parte de seu disfarce, caso fosse da Polícia Federal e estivesse trabalhando no caso de forma não oficial, por solicitação da JBS ou para manter contato com a empresa sem usar um e-mail próprio ou funcional.

Até então havia a clara percepção de que ele não era o empresário que se apresentara, porque os relatos acerca do trabalho que fazia pareciam um tanto inconsistentes. O nome da empresa nunca foi citado, mas apenas que ele e um sócio compravam couro, mandavam curtir e depois vendiam para a indústria, e não tinham qualquer instalação, depósito ou escritório, e tudo era feito por meio de compra e venda direta, com material retirado do curtume e entregue diretamente a um cliente ou também exportado, usando *tradings*.

A pessoa em questão aparentava ter bom conhecimento jurídico, postura discreta, telefone pré-pago, perguntas incisivas e calculadas e respostas vazias. Além do mais, por que uma pessoa largaria o trabalho de compra de couro (ele disse que fazia a parte de compra e produção e o sócio fazia as vendas), viajaria cerca de 500 quilômetros até Conselheiro Lafaiete (ele residiria em Mococa - SP) para ficar de bate-papo sem um claro objetivo?

Como ele havia pedido um projeto para o blog, Bernardino enviou a ele no terceiro dia de sua estada em Conselheiro Lafaiete. Não definiu valores monetários, mas sugeriu que fossem vendidos espaços publicitários para custear o trabalho. Ele recebeu o plano, mas não fez qualquer comentário. Ficou claro, então, que não era esse seu real objetivo.

Sem alongar muito a narrativa, o suposto empresário da área do agronegócio (couros) ficou em Conselheiro Lafaiete durante dez dias, em 2016, em três oportunidades seguidas, com intervalos de poucos dias. E a conversa era a mesma: "queriam" fazer uma parceria com Bernardino em um blog crítico à corrupção política, mas não sabiam como, e isso ia se estendendo, com a conversa sempre voltando à pesquisa sobre a JBS.

Ele disse que, no primeiro dia, teria se hospedado em Barbacena (MG), mas que depois passou a se hospedar em Conselheiro Lafaiete (cerca de 70 quilômetros de Barbacena), embora em duas oportunidades tenha ligado para Bernardino dizendo estar em Barbacena, sempre utilizando o mesmo número de telefone pré-pago da região 019. Quase sempre sua ligação era interrompida por ter acabado o crédito, mas minutos depois era retomada.

Mesmo tendo a percepção de que o visitante estava a serviço da JBS, Bernardino viu naquilo um jogo e, como sempre teve gosto por esse tipo de risco, continuou tratando-o como se ele fosse, de fato, um empresário do agronegócio.

Nos dias seguintes, as conversas sempre giravam em torno da JBS, questionando se a pesquisa havia sido feita para achacar a empresa; que ninguém iria acreditar que fora feita apenas por espírito de cidadania; que Bernardino estava arriscando ser processado pela JBS ou até mesmo assassinado por mexer com gente perigosa, citando, nesse caso, o PT.

O visitante também quis saber se em Conselheiro Lafaiete havia bons advogados para defender Bernardino, no caso de algum questionamento sobre matérias publicadas no blog (forma delicada de fazer pressão), quem eram os juízes e outras sondagens.

E isso se arrastou por dias e dias, em conversas na casa de Bernardino, em cervejarias e até em uma visita a museus em cidade vizinha. A pressão era diária e o nível sempre crescente, embora o visitante não demonstrasse ansiedade, até que no nono dia Bernardino tomou a decisão de enviar a ele o arquivo que acabara de revisar e retirar o material da internet, apagando também o mesmo do seu computador, garantindo a ele que fazia aquilo como prova de que não estava querendo extorquir ninguém.

No dia seguinte, o visitante ainda ficou em Conselheiro Lafaiete tentando conversar, mas não foi recebido. Bernardino estava muito chateado com o que ocorrera na noite anterior por causa da pressão sofrida – o visitante insistiu para ele fazer e divulgar dossiês e esperar as empresas entrarem em contato para pedir dinheiro.

Depois disso, em várias oportunidades, ele entrou em contato por e-mail e telefone, mas parecia apenas sinalizar que estava de olho. Bernardino tinha certeza de que estava de olho, invadindo seu computador para verificar o que estava fazendo, o que ocorria diariamente, tendo que ficar eliminando os *trojans*.

E o jogo continuava. Depois de alguns dias, Bernardino fez *upload* do arquivo que mantinha em HD externo, teve novamente todo o trabalho de atualização do material e enviou para o Ministério Público Federal, aos cuidados do procurador da República Deltan Dallagnol, responsável pela Operação Lava Jato, entendendo que os crimes praticados pela JBS e pelo BNDES não poderiam ficar impunes, mesmo estando sob a ameaça de gente poderosa e perigosa.

O material que você agora tem em mãos contém o texto original, mas ganhou as atualizações advindas das diversas ações desencadeadas pela Polícia Federal e pelo Ministério Público Federal, em diversas jurisdições, além do que se ficou sabendo dos depoimentos e gravações realizadas no âmbito do processo de delação premiada dos executivos da J&F.

Depois de tudo, foi muito interessante Bernardino saber que os irmãos Wesley e Joesley Batista se apressaram em procurar a PGR para propor um acordo de leniência por desconfiarem que havia alguém fazendo delação premiada secretamente, indicando todos os crimes praticados por eles.

Um fato interessante ocorreu no dia 21 de fevereiro de 2017: Luiz Antônio ligou para Bernardino e pediu ajuda para localizar um contato com a mulher do procurador da República Ivan Cláudio Marx, que seria advogada, pois um amigo dele queria contratá-la. Bernardino até tentou, mas não foi feliz, e retornou a ligação a ele, que, na ocasião, falou que já tinham conseguido outra solução.

Fato ainda mais interessante foi que Bernardino, depois da delação dos irmãos Batista, entrou em contato com o procurador Ivan Cláudio Marx e relatou a ele o ocorrido, passando nome, telefones e e-mail. O procurador foi rápido na resposta e perguntou: "De onde você conhece o Gonçalves?". Bernardino achou aquilo estranho, por ser a forma de se identificar um agente judiciário ou militar. Ele respondeu, mas o procurador não falou mais nada sobre o assunto, até que no dia

22 de novembro de 2017 recebeu um ofício da PR-DF informando o arquivamento do caso no dia anterior, porque foi considerado que o ato preparatório para um possível constrangimento ao procurador acabou não tendo efetividade.

Na verdade, Bernardino não ficou sabendo se Gonçalves é da Polícia Federal, da Abin ou advogado da JBS, mas ele continuou mantendo contato por telefone e por e-mail, além de ter vindo outras vezes, em 2017, a Conselheiro Lafaiete, para fazer não sei o quê.

A última visita do "amigo" foi no final de setembro, quando ele chegou próximo à hora do almoço e queria que Bernardino fosse almoçar com ele em Belo Horizonte, distante 98 quilômetros.

Embora Bernardino não estivesse a fim de ir tão distante para almoçar, Gonçalves disse que queria aproveitar para comprar o livro do procurador da República Ivan Cláudio Marx, responsável pela Operação Bullish – *Justiça de transição: necessidade e factibilidade da punição aos crimes da ditadura*.

Então, foram! Uns 20 quilômetros depois, a BR 040 estava com trânsito muito lento em razão de serviços de recapeamento asfáltico. Gonçalves perdeu a paciência e retornou. Eles foram, então, almoçar em Barbacena. Depois do almoço, voltaram para Conselheiro Lafaiete, tomaram um café e ele foi embora.

Nada foi dito de substancial, a não ser que Bernardino estava achando que ele trabalhava para a JBS. Ele disse a Gonçalves: "Me mostre pelo menos um cartão de apresentação de sua empresa...". Ele respondeu que não tinha cartão, que a empresa era somente ele e que não era registrada. Bernardino fingiu acreditar e foi para casa.

Parece uma história de ficção, mas Bernardino gostaria ainda de saber quem é esse personagem e por que foi monitorado de tal forma.

Capítulo 1

A ascensão da família Batista

Wesley e Joesley são considerados os presos mais bem-comportados da carceragem da Polícia Federal de São Paulo.

Gabriel Mascarenhas - Radar da Veja - 7/10/2017)

Desde que o Partido dos Trabalhadores (PT) assumiu o poder, em 2003, coisas pra lá de estranhas aconteceram com a destinação de grandes somas de dinheiro público, seja por meio de empréstimos internos e externos para construtoras e governos amigos, seja através de desvios por diversas organizações criminosas (partidos políticos e empresários) que operaram junto a empresas estatais e autarquias federais, órgãos da administração direta e indireta, ministérios e secretarias de governo.

O Ministério Público Federal e a Polícia Federal apuraram que essas organizações criminosas atuaram na manipulação de licitações, contratações sem licitação e superfaturadas, formação de cartel, com combinação prévia do ganhador do contrato, negociação dos valores de propinas pagas a agentes públicos por empréstimos concedidos por bancos estatais, aplicação irregular de recursos financeiros de fundos de pensão de estatais, lavagem de dinheiro, fraude fiscal e muitos outros crimes.

Mas um caso, em particular, sempre intrigou a todos por estar rodeado de mistérios e boatos: foi a afinidade que se estabeleceu, especialmente a partir de 2005, entre o Banco Nacional de Desenvolvimento Econômico e Social (BNDES), sua subsidiária de participações – BNDESPar – e a JBS/Friboi.

Ressalte-se que, em novembro de 2004, assumiu a presidência do BNDES o petista Guido Mantega, ficando no cargo até março de 2006, quando foi para o Ministério da Fazenda, ao qual o BNDES era subordinado, o que deu a ele oportunidade de continuar influenciando nos destinos do banco estatal e arrecadando propina para financiar os ambiciosos planos do Partido dos Trabalhadores, que queria se eternizar no poder.

Também se inicia nessa mesma época, e com aval de Guido Mantega, a chamada política de "campeões nacionais", pela qual o BNDES assumiu a tarefa de alavancar empresas privadas com dinheiro público – entre elas, uma das grandes beneficiadas foi a JBS/Friboi. Isso viria a ter um destaque maior a partir do segundo mandato do ex-presidente Lula, quando o economista Luciano Coutinho assumiu o cargo de presidente do banco estatal. Essa parceria do governo com a JBS foi fortalecida em 2007, com a BNDESPar[2].

Lula despontou firmando-se num tripé, conforme confessou a um ministro: "Bolsa Família para pobre, eletrodomésticos linha branca, com preços reduzidos, e carros financiados em 90 meses, para a classe média, e empréstimos do BNDES para os ricos".

Nessa linha, Lula precisava mostrar ao "mercado mundial" que o novo capitalismo brasileiro era capaz de gerar ricos e escolheu a dedo Eike Batista e os irmãos Joesley e Wesley Batista como os messias empoderados (via capitalismo de Estado, soube-se depois...) pela sua octaetéride no poder.

---

2 Em sua delação, Joesley Batista revelou que, antes de recorrer ao BNDES pela primeira vez, foi apresentado a Victor Sandri, amigo do então ministro do Planejamento, Guido Mantega. Quando Mantega assumiu o BNDES, no fim de 2004, Sandri agendou reunião de Joesley com todos da diretoria do banco. "Foi nesse contexto que fizemos a primeira abordagem ao BNDES sobre a possibilidade de internacionalizar a empresa", narrou Joesley. Ele apresentou opções de aquisição no exterior. "Foi marcante que muitos vice-presidentes ficaram incrédulos", relatou, mas Mantega teria dado sinalização "bastante positiva" de que o plano interessava ao governo. "Tenho um negócio, não sou petista nem nada, mas os caras querem um campeão nacional e oferecí a eles", disse Joesley, na época, a um interlocutor. A Friboi sustentava que seus planos no exterior fariam o Brasil relevante na cadeia global de valor de carnes. Sem contar que, não fosse a Friboi, uma empresa americana fatalmente compraria a Swift na Argentina, podendo, a partir daí, expandir-se por toda a América Latina, advertiu na consulta enviada ao BNDES.

Ressalte-se que as suspeitas sobre empresas que mantêm vínculo com o governo federal sempre acarretam especulações, que vêm respingando em pessoas influentes do PT. Como nesse caso, se aventou até que o ex-presidente Lula tivesse um de seus filhos como sócio oculto da JBS/Friboi, através de negociatas com o dinheiro público.

Mas muita coisa continua envolta em mistério, como você poderá verificar nos capítulos deste livro, além de alguns fatos que, usualmente, passariam ao largo da grande maioria das pessoas, pois são pontas soltas de uma meada que precisava receber o tratamento adequado para se mostrar como um todo.

Para se obter êxito na realização deste trabalho, foi necessário grande esforço na reconstituição dos fatos, a partir das muitas "pontas soltas", que somente foram definitivamente revelados por ação persistente do Ministério Público Federal e da Polícia Federal.

As pesquisas foram realizadas por meio de fontes oficiais, quando disponíveis, e publicações da imprensa, na busca por entender o que se passou, de fato, nessas negociações entre a BNDESPar e a JBS/Friboi, além de se procurar entender os meandros que envolveram a história desse importante grupo empresarial, não só junto ao BNDES, mas como um todo.

Durante a pesquisa, foram encontradas notícias interessantes sob o ponto de vista investigativo, que demonstravam fatos nebulosos envolvendo a JBS/Friboi, por isso mereceram uma análise mais apurada, como o envolvimento da JBS/Friboi com o financiamento de campanhas políticas, os trambiques envolvendo a família Bertin em associação com os irmãos Batista, o envolvimento da Friboi com a formação de cartel para compra de gado, o aparecimento do nome da JBS em inúmeras operações da Polícia Federal e outras passagens da história dessa gigante da proteína animal.

Foi também averiguado quanto o governo se envolveu, de forma criminosa, para ajudar a construir esse império industrial, e se procedia a preocupação com a destinação de tantos recursos públicos para um grupo empresarial escolhido pelo ex-presidente Lula, como um suposto "campeão nacional", quando ainda não era nem o maior do Brasil em seu segmento.

Você verá no próximo capítulo tudo que envolveu essa política de "campeões nacionais" e o esforço do BNDES em tornar o grupo JBS um "campeão", mesmo que contribuindo para a quebradeira de frigoríficos concorrentes, com o propósito de abrir caminho para que a JBS/Friboi pudesse adquirir tais ativos baratos e crescer rapidamente.

A estratégia adotada pela JBS/Friboi foi crescer mediante aquisições, o que é, quase sempre, uma prática arriscada. Mas não para ela, que, na verdade, nunca correu riscos, pois, em cada uma das grandes aquisições feitas, o BNDES, sempre esteve pronto a aportar capital, evitando sacrificar a saúde financeira da companhia.

Por exemplo, a JBS, em setembro de 2009, anunciou, num único dia, a incorporação das operações frigoríficas do Bertin e a compra da Pilgrim's Pride, a segunda maior empresa de abate de frango dos Estados Unidos, que estava em recuperação judicial perante o Tribunal Falimentar do Distrito Norte do Texas.

Mediante essas aquisições, foi criada a maior processadora de carnes do mundo, graças ao BNDES, que era sócio de ambos – JBS e Bertin – e que resolveu ajudar a pagar a conta, com a subscrição de 2 bilhões de dólares em debêntures da JBS S.A., que deveriam ser "obrigatoriamente" permutadas por ações da JBS USA até fins de 2011.

Isso acabou não acontecendo, e o BNDES, em 2011, se viu obrigado a converter esses papéis pelo valor de face em ações da JBS S.A., e ainda pagando um ágio de 28,5%, depois de um ano sem dividendos sobre as debêntures, aumentando sua participação na companhia para 30,4%.

É isso mesmo que você leu: a JBS utilizou 2 bilhões de dólares, captados com emissão de debêntures, durante um ano e meio, sem pagamento de dividendos ou juros, e ainda converteu tais papéis pelo valor de face, com ágio de 28,5% sobre o preço corrente das ações no mercado brasileiro.

Outro fato verificado foi o envolvimento da Caixa Econômica Federal com financiamentos duvidosos a grandes empresas, incluindo a JBS, e a utilização pouco ou nada transparente do Fundo de Investimento FI-FGTS, distribuindo bilhões de reais para financiar empresas e projetos que não faziam parte do escopo para o qual foi constituído esse fundo de investimento.

E pior: como se ficou sabendo, mediante delações premiadas, todos os empréstimos foram realizados com pagamento de propina a membros de partidos políticos que encamparam a Caixa Econômica Federal.

Tais fatos dão uma ideia do quão nebulosa é a forma de se fazer negócio no Brasil e quanto o peso do nome e da fortuna tinha, até o advento da Operação Lava Jato, ajudado a livrar grandes empresários de apuros com a Justiça e a conseguir mais dinheiro fácil para seus negócios, às vezes de margens tão pequenas como é o caso dos frigoríficos.

Você também poderá constatar que, para a JBS/Friboi, a partir do governo do ex-presidente Lula, dinheiro deixou de ser preocupação, e seus tentáculos foram se espalhando pelo mundo, sempre com os cofres do BNDES abertos e à inteira disposição para saques bilionários, tendo como base um projeto de internacionalização de empresas eleitas como "campeãs nacionais".

E, claro, a "caixinha" de propina para políticos de todos os espectros ideológicos, se é que ainda podemos dizer que tem político com ideologia diferente do que a de dominar, através de eleições financiadas com "dinheiro sujo" da corrupção ou fraudadas e de ações alienantes da sociedade, em prol de um projeto de perpetuação de diversos clãs.

O jornalista Elio Gaspari, no dia 6 de outubro de 2013, em sua coluna na *Folha de S. Paulo*, falou sobre os campeões nacionais: "Falta só explicar quanto custou, quanto custará e que forças alavancaram os afortunados. Essa tarefa será fácil para alguns petistas e para o doutor Luciano Coutinho. Eles conhecem a história do banco", concluiu.

Por sorte, o Ministério Público Federal, a Receita Federal e a Polícia Federal também estão buscando essas respostas e, como nunca havia sido visto no Brasil, os poderosos corruptores estão indo para a prisão, entre eles os irmãos Wesley e Joesley Batista.

Capítulo 2

Política de criação de campeões nacionais

Um campeão é alguém que se levanta apesar de não ser capaz.

Jack Dempsey

Para melhor entendimento sobre o que os governos petistas dos ex-presidentes Lula e Dilma Rousseff fizeram para transferir recursos baratos do BNDES para as empresas escolhidas para entrar no processo de internacionalização, as chamadas "campeãs nacionais", é preciso primeiro conhecer o que era essa política de fomento estatal em outros países.

De acordo com o professor de economia da UFRJ Dr. David Kupfer, autor do artigo "Campeões Nacionais e Multinacionais", publicado em 2013 pelo Instituto de Economia da UFRJ, a política de campeões nacionais foi um modelo originário da França. Tal política era:

> Baseada em planejamento, identificação de áreas estratégicas, concentração de recursos públicos e apoio à constituição de empresas nacionais que pudessem competir em vendas e tecnologia com os produtores estrangeiros no mercado interno francês. Esse modelo disseminou-se por outras potências europeias pós-Segunda Guerra, durante a era do "Desafio Americano".
> Diante da enorme defasagem na capacitação gerencial e tecnológica que se abriu em relação às multinacionais americanas, a resposta francesa

veio com o "Grand Programme" da era De Gaulle, geralmente em áreas de alta tecnologia – tanto as "velhas", como nuclear ou farmacêutica, quanto as "novas", como computadores e telecomunicações.

Conclui Kupfer sobre o modelo francês de campeões nacionais: Concebido para uma economia mundial ainda muito fechada, o modelo de campeões nacionais pode ser considerado uma peça da história, desprovido de sentido prático na atualidade.

Kupfer também compara o modelo francês com o americano e o japonês. Segundo o professor da UFRJ, o modelo americano tinha como base uma pseudoneutralidade do Estado, "sem discriminação de setores ou empresas", embora várias empresas líderes americanas tenham sido beneficiadas por políticas públicas de apoio, "reunindo requisitos de poderio econômico e geopolítico fora do alcance de qualquer outro Estado nacional".

Já no modelo japonês, "que posteriormente se estendeu para outros países asiáticos, o Estado exerce o papel de coordenador de blocos de investimentos produtivos e tecnológicos".

De acordo com a avaliação de Kupfer:

> Debaixo desse "guarda-chuva", as empresas foram fortalecidas para percorrerem simultaneamente trajetórias de aprofundamento (das capacitações já dominadas) e de alargamento (novas capacitações, diversificação), mirando o mercado externo. É a criação de campeões multinacionais multissetoriais levada ao ápice pela Coreia do Sul.

Entretanto, Kupfer defende que o Brasil seguiu um caminho bem diverso dos modelos abordados, preferindo definir a política brasileira como sendo de consolidação setorial, e que "com ou sem o apoio do Estado a consolidação não é uma fórmula mágica, que vale em qualquer situação".

A estratégia de "campeões nacionais", adotada pelo BNDES, teve o embasamento ideológico na tese de doutorado do ex-presidente do banco, o economista Luciano Coutinho: "The Internationalization of Oligopoly Capital", de 1974, que consistiria em auxiliar, via crédito subsidiado e participação direta no capital, a formação de grandes grupos nacionais, que cresceriam além das fronteiras do país, servindo de fonte de dólares.

A jornalista Miriam Leitão comenta a política de "campeões nacionais", que o BNDES estava abandonando, fazendo coro ao que foi dito por Kupfer:

A política abandonada esta semana provocou enorme controvérsia. Na celulose, a Fibria foi montada pela fusão da Votorantim e Aracruz no momento em que ambas, mas principalmente a segunda, estavam com dificuldades por terem apostado em derivativos cambiais em 2008. No setor do leite, a criação da LBR fracassou; um ano depois, a empresa entrou em processo de recuperação judicial, e o BNDES teve prejuízo de quase 700 milhões. Nos frigoríficos, se a JBS cresceu, a Marfrig está com dificuldades. (2013)

Miriam Leitão também alertou para as falácias do programa do governo petista de induzir a criação equivocada de campeões nacionais:

> Consolidação pode acontecer em qualquer mercado, principalmente depois de crises, mas o problema é que a ideologia do BNDES é de induzir a concentração para a formação de campeões nacionais em cada setor: grandes conglomerados.
> Esta era exatamente a ideia dos estrategistas da política industrial do governo militar. O projeto fracassou. A maioria dos escolhidos quebrou, se encolheu, foi comprada por empresas estrangeiras. Não é o Estado que deve escolher quem é campeão; quem tiver competência que se estabeleça.

O economista Sérgio Koenow, no artigo "Campeões Nacionais", indica que, apesar de usado de forma diferenciada em diferentes momentos da história brasileira, o conceito de "campeões nacionais" deveria estar atrelado a uma estratégia governamental baseada no estímulo a empresas já consolidadas no mercado doméstico para que se desenvolvessem no sentido de buscar oportunidades de investimento no mercado internacional, que não foi o caso das empresas apoiadas pelo BNDES sob o manto da teoria de campeãs.

Para Koenow:

> Os resultados desse tipo de política se mostraram bastante discutíveis, principalmente após os resultados mais recentes colhidos no país. Apesar de bem-sucedidos quanto à maior consolidação no mercado doméstico, pouco pode ser visto em resultados macroeconômicos consolidados por parte de empresas favorecidas por esse tipo de política.
> Como mau exemplo pode ser destacada a exportadora de carnes JBS, que, apesar do sucesso na conquista de maior participação do mercado interno, não aumentou suas exportações totais e também não demonstra melhorias na tecnologia de produção (...).

O jornalista Luis Nassif, em artigo abordando o papel do BNDES como indutor da política industrial brasileira, afirma que a lógica do campeão deveria se inserir na lógica da política industrial brasileira, contribuindo para a melhoria sistêmica da economia. Dentro desse enfoque, Luis Nassif apresentou o que, em sua visão, deveria nortear a tal política de "campeões nacionais".

Vejamos um ponto crítico apontado:

> Separar, claramente, o interesse da empresa do interesse do país. Exemplo: quando o banco financia a JBS para adquirir frigoríficos nos Estados Unidos, está ajudando a melhorar sistemicamente a competitividade da pecuária norte-americana, em detrimento da brasileira. É bom para a empresa, mas ruim para o Brasil. Há compras que ajudam a conquistar mercados no exterior para a produção brasileira e compras que reforçam a produção externa.

Essa é uma lógica que teria de valer para as outras muitas empresas que o governo elegeu como "joia da coroa" e nas quais despejou rios de dinheiro para executar obras no exterior, empregando mão de obra local, corrompendo políticos, financiando campanhas políticas no exterior, e tudo sem qualquer tipo de fiscalização dos órgãos de controle estatais. Pior ainda, sem qualquer informação à sociedade, pois grande parte dos créditos está escondida sob o manto de uma legislação que atribuiu a estes o condão do sigilo, como são os empréstimos feitos para obras feitas por empreiteiras brasileiras em Angola e em Cuba.

O ex-presidente do BNDES Luciano Coutinho, em entrevista à TV UOL e à *Folha*, em abril de 2014, afirmava que estava encerrado o ciclo de apoiar "campeões nacionais". Para Luciano Coutinho, foram criados gigantes na área de alimentos e agricultura, entre outros, embora para ele "o modelo foi mal compreendido e acabou por falta de opção". Para o então presidente do BNDES, "o Brasil não dispõe, em outros setores, de um conjunto de grandes empresas capacitadas e competitivas a se tornarem atores globais".

Luciano Coutinho também afirmou que o apoio do BNDES à internacionalização e à consolidação setorial foi feito com recursos a custo de mercado, afirmando que isso se tornou um mito, porque "muitos repetem a inverdade de que se usou um recurso subsidiado para os grandes".

Para a jornalista Miriam Leitão, foi muito bom o BNDES ter abandonado a política de criação de "campeões nacionais". Para ela, o banco não fez isso "porque se esgotaram os setores", conforme teria justificado Luciano Coutinho, mas sim porque tal política "deu errado, foi criticada desde o começo e revisitou um projeto dos anos 1970 que não deu certo".

Você verá mais adiante que a história real não é bem essa contada por Luciano Coutinho. O BNDES usou, assim como a Caixa Econômica Federal e os Fundos de Pensão, dinheiro caro para financiar projetos por meio de créditos, com taxas inferiores às de captação do dinheiro, além de alguns empréstimos sem garantia real e investimentos em projetos fundados em ativos, criminosamente supervalorizados, aplicação de dinheiro de previdência complementar de funcionários de estatais em projetos nebulosos e altamente arriscados, dando enormes prejuízos para o Estado e para os trabalhadores.

O BNDES também fez muita subscrição de capital de empresas que apresentam baixo retorno, e que se os investidores resolvessem vender suas participações estariam em maus lençóis. Então, preferem ir mantendo tais participações, esperando que um dia a coisa melhore.

Na aposta dos tais "campeões nacionais", entre os escolhidos do rei, o BNDES gastou uma fortuna em empréstimos feitos em troca de propina para financiamento do projeto de poder do Partido dos Trabalhadores e de seus partidos aliados, agindo igualmente como organizações criminosas.

Para Sérgio Lazzarini, professor do Insper, sempre crítico da política de "campeões nacionais", a iniciativa do BNDES foi "falha" e teve resultados aquém do esperado:

> O uso de bancos públicos para estimular "saltos" em empresas consideradas estratégicas é uma tarefa de difícil realização e depende de três fatores que, segundo ele, não foram devidamente aplicados pelo BNDES: inserir as firmas em cadeias globais de produção visando ganho de eficiência, escolher companhias que tenham competência e capital humano que as distingam das demais e exigir contrapartidas de desempenho. "Além disso, precisa priorizar empresas que não conseguiriam levantar capital de outra forma. Os 'campeões nacionais' já eram grandes grupos e esses empresários poderiam ter captado de outras

fontes. O grupo 3G [Jorge Paulo Lemann], por exemplo, se expandiu internacionalmente com captação privada."

Confrontado por Napolitano e Vilardaga sobre o programa de incentivo da Coreia do Sul, onde "os incentivos foram acompanhados de uma série de mudanças, como melhorias na educação para elevar a qualificação dos trabalhadores", e que nada disso teria ocorrido no Brasil, o diretor de Mercado de Capitais do BNDES, Júlio César Maciel Raimundo, respondeu: "Não tínhamos contrapartidas tão específicas de exportação e produtividade, mas, no caso dos frigoríficos, fixamos compromissos de sustentabilidade".

E completou: "Definimos que os recursos iriam para setores em que o Brasil é competitivo, com boa chance de crescer no mercado externo".

Ora, sustentabilidade? O Ministério do Trabalho tem tido muito trabalho para tentar coibir as práticas irregulares dos frigoríficos em relação a ambientes insalubres, à falta de equipamentos de proteção individual e coletiva e à ocorrência de acidentes do trabalho com afastamento, que custam muito caro para o país. E a JBS é uma empresa que encerrou o ano fiscal de 2016 com um enorme endividamento, beirando os R$ 60 bilhõe, sendo R$ 18 bilhões com vencimento no curto prazo.

Sustentabilidade empresarial tem a ver com ética, e um ponto crítico da JBS e outras empresas do grupo J&F é a corrupção desenfreada que fez alavancar seus caixas, mas ajudou a jogar o país numa crise sem precedentes.

Nesse ponto, é relevante informar que desde 2004 a JBS tem o seu Manual de Conduta Ética, emitido ainda quando o irmão mais velho dos Batista, Júnior "Friboi" [José Batista Júnior] era o presidente da Friboi Ltda., mas já previa como condutas inaceitáveis para a empresa o pagamento de suborno, recompensas, pagamentos ilegais e outras práticas de corrupção.

A última versão do Manual de Conduta Ética da JBS é de março de 2016 e foi aprovado pelo CEO Global Wesley Mendonça Batista.

Veja o item 3.7. Práticas anticorrupção:

> Prometer, oferecer, receber ou autorizar qualquer forma de suborno, com o objetivo de obter ou prover vantagem indevida em qualquer situação, são condutas inaceitáveis e expõem a JBS e seus colaboradores a possíveis

ações legais. E mais: é expressamente proibida a realização de pagamentos indevidos em toda e qualquer transação de negócios, em qualquer país, a agente do governo e setor privado, incluindo taxas de facilitação.

Afinal de contas, para que serve esse Manual de Conduta Ética? O que é sustentável nesse negócio de frigoríficos e da JBS em particular?

No dia 30 de maio de 2017, o senador Álvaro Dias apresentou, no plenário do Senado Federal, resultados de uma análise preliminar de empréstimos feitos pelo poder público a empresas privadas: em um período de seis anos (2008-2014), a União emprestou ao BNDES um total de R$ 716 bilhões. Como o Tesouro Nacional não dispunha do dinheiro, o governo foi ao mercado e tomou empréstimos pagando juros de mercado a 14,25% ao ano, mais a taxa Selic, e repassando à JBS, à Odebrecht e a outras empresas a 5% e 6% ao ano, mais a TJLP. Negócio de mãe para filho, afirmou o senador. O resultado é um subsídio sem precedentes, de R$ 184 bilhões. "A sociedade vai pagar por isso até o ano 2060."

Reportando-se a um levantamento do economista Mansueto Almeida, do Instituto de Pesquisa Econômica Aplicada (Ipea), feito em parte com dados do TCU, Napolitano e Vilardaga afirmam que "o custo anual dessa diferença na taxa de juros é de cerca de R$ 24 bilhões, incluindo-se no cálculo outros empréstimos especiais do BNDES, com juros inferiores a 6% ao ano".

Os autores fazem questão de afirmar que não se esquecem do papel que o Estado tem no estímulo à economia, mas se reportam a James Robinson, professor da Universidade de Harvard e um dos autores do livro *Por que as nações fracassam*, para exemplificar a situação presente: "Políticas industriais que beneficiam pequenos grupos de empresas tendem a criar castas de privilegiados. Esse pessoal pode até enriquecer, mas o resto da sociedade, não".

Napolitano e Vilardaga brincam que há uma piada comum entre os empresários que atuam no Brasil, quando estes falam sobre a atuação do governo nos negócios. Dizem que "a melhor estratégia para aprimorar os resultados de uma companhia no Brasil é pegar o avião e ir a Brasília".

Para os autores, essa brincadeira ganhou força no meio empresarial a partir de 2008, quando o governo petista resolveu criar diversos programas de estímulo ao empresariado "a título de reação aos efeitos da crise global", entre os quais o de "campeões nacionais".

O empresário Joesley Batista e o executivo da J&F Ricardo Saud são testemunhas de que isso não é apenas uma piada contada nos corredores da Fiesp ou de outra grande federação de empresários. Especialmente o diretor de Relações Institucionais da JBS Ricardo Saud, que, entre 2007 e 2016, esteve – oficialmente – 122 vezes na Câmara dos Deputados.

Para Elio Gaspari, o que o BNDES fez foi ressuscitar o zumbi da anabolização de empresários amigos, quando o governo decidiu criar um núcleo de "campeões nacionais", inserindo-o, a qualquer custo, no mundo das grandes empresas multinacionais.

Já a jornalista Raquel Landim, em artigo para o jornal *Folha de S. Paulo*, de 4 de outubro de 2013, intitulado "A derrocada dos campeões nacionais", expôs os diversos problemas envolvendo a operadora OI, a petroleira OGX de Eike Batista, a Marfrig e a JBS S.A. como exemplos mais relevantes do fracasso do programa do governo petista de criar os tais campeões nacionais.

Afirma Landim que os frigoríficos estavam entre as empresas favoritas do governo petista e "abocanharam fatias expressivas de dinheiro. O BNDES tornou-se um sócio importante dessas empresas, despejando R$ 8,1 bilhões na JBS S.A. e R$ 3,6 bilhões na Marfrig", além de outros frigoríficos.

Outra "operação mágica" relatada por Landim foi "a venda da marca Seara, do frigorífico Marfrig, para a JBS S.A. Os irmãos Batista assumiram uma dívida no valor impressionante de R$ 5,85 bilhões". Basta lembrar que a Marfrig pagou R$ 1,8 bilhão pela Seara, para ver que isso não pode ser um negócio sustentável.

A jornalista conclui: "Agora o governo vai tentando salvar os dedos, participando das capitalizações de forma envergonhada e conseguindo soluções de mercado com a ajuda de empresários amigos".

Cristian Klein, no artigo "Para especialista em finanças, 2008 marcou o início de erros do PT", afirma que "o economista Mansueto Almeida considerava maio de 2008 como o marco da virada da política econômica do PT, que até então mantinha pressupostos da linha ortodoxa herdada do governo FHC".

Para Mansueto, um dos erros do governo petista foi a manutenção de juros subsidiados do BNDES, mesmo depois de a economia brasileira ter voltado a crescer, após o abalo sofrido com a crise internacional de 2008. Nesse projeto estava a política de criação de "campeões nacionais", que já era algo defendido há muito por Luciano Coutinho e que foi implantado pelo governo em 2008, sob o rótulo de Política de Desenvolvimento Produtivo (PDP).

Entretanto, o ápice da crítica a essa tal política de campeões nacionais se dá justamente em 2016, com a decisão da JBS S.A. transferir sua sede legal e tributária para a Irlanda, com a criação da empresa JBS Foods International, ficando a parte brasileira (JBS Brasil) subordinada a diretrizes vindas da Irlanda.

A razão para isso é simples: a empresa passaria a estruturar seu balanço em dólar e não em real, já que deixaria de ser uma empresa brasileira, passaria a pagar menos Imposto de Renda, já que na Irlanda a alíquota é de 12,5%, e, mais do que isso, tentaria fugir das garras do Tribunal de Contas da União (TCU) e da Justiça Federal brasileira, no caso dos duvidosos empréstimos contraídos junto ao Banco Nacional de Desenvolvimento Econômico e Social (BNDES), que permitiram alavancar a empresa aos níveis atuais.

Vamos trilhar a partir de agora, passo a passo, o caminho percorrido por essa gigante das carnes e tentar destrinchar a história de um suposto "campeão nacional" que tentou dar meia-volta e uma banana para o país e, quem sabe, se transformar em "campeã" irlandesa.

Antes, contudo, e apenas para encerrar esse assunto, é importante entender o que, legalmente, deu condições para que o BNDES pudesse ter agido de forma tão parcial e, de certo modo, até irresponsável, no trato com o dinheiro público colocado à disposição das empresas no exterior.

Tudo começou com a aprovação, pelo ex-presidente Lula, do Decreto nº 6.322, de 21 de dezembro de 2007, que alterou dez artigos do Estatuto Social do BNDES, aprovado pelo Decreto nº 4.418, de 11 de outubro de 2002.

A principal alteração do Estatuto Social do BNDES, relacionada com o tema aqui abordado, foi no artigo 9º, em que foram modificados dois incisos e acrescentados outros dois, que possibilitaram ao BNDES financiar a aquisição de ativos e investimentos no exterior, como o acréscimo do inciso II:

> II financiar a aquisição de ativos e investimentos realizados por empresas de capital nacional no exterior, desde que contribuam para o desenvolvimento econômico e social do país.

Antes, o Estatuto do BNDES somente permitia que se financiassem investimentos realizados por empresas de capital nacional no exterior que contribuíssem para a promoção das exportações brasileiras.

Então, incluiu-se a permissão para a aquisição de ativos no exterior e, no lugar de atrelado à exportação de bens – o que seria uma coisa mensurável –, passou-se a vincular o financiamento às empresas a uma premissa genérica, que seria a de "contribuir para o desenvolvimento econômico e social do país".

Em seu depoimento à PGR, o diretor jurídico da J&F, Francisco de Assis e Silva, disse desconfiar de que Ricardo Saud tentaria uma delação solo, ao analisar que Saud via a reunião com Miller como "aula recebida sobre delação", e que ele se sentia preparado para se tornar colaborador da Justiça sozinho.

Aí vem o trecho mais interessante do depoimento, em que Francisco de Assis e Silva teria retrucado e dito a Saud que "precisariam de advogado por causa de problemas com Joesley, que ele nem saberia, como os ocorridos com o BNDES".

Quem do MPF, afinal de contas, vai perguntar ao diretor jurídico da JBS o que ele sabe das negociatas de Joesley Batista com o BNDES? É sabido que são muitas e que o silêncio inicial de Batista seria para tentar proteger gente graúda do banco. Luciano Coutinho nunca foi um inocente útil!

Capítulo 3

Quando ainda era apenas Friboi

Boiada pouca, meu filé à Osvaldo Aranha primeiro.

Saint-Clair Mello

A história do grupo JBS/Friboi é um tanto curiosa. Uma empresa que surgiu pequena – uma simples casa de carnes – e se tornou, em pouco mais de 60 anos, a maior produtora mundial de proteína animal, com méritos indiscutíveis para seus proprietários, a família Batista, cujo patriarca é de Minas Gerais (Alfenas), mas estruturou sua empresa em Goiás, de onde ganhou o mundo como uma plataforma global.

Mas a história da JBS/Friboi também é cercada de muito mistério, o que sempre foi motivador de rumores e indagações sobre o que acontecia intramuros, de fato, nessa fabulosa organização empresarial e também no BNDES, que foi o grande alavancador de seu crescimento no Brasil e de sua espetacular ascensão no cenário internacional.

Tudo teve início no remoto ano de 1953. Foi quando José Batista Sobrinho, conhecido como Zé Mineiro, e seu irmão Juvensor criaram a Casa de Carnes Mineira na Vila Fabril, em Anápolis (GO), onde também construíram "uma pequena planta" com capacidade de abate e processamento de até cinco cabeças de gado por dia.

É o próprio José Batista Sobrinho que dá sua versão:

> Eu saí de Alfenas, sul de Minas [Gerais], aos 12 anos de idade com o meu pai, que se mudou para Anápolis, em Goiás. Depois que saí do Exército, fui trabalhar com o meu irmão. Foi quando começou a parceria nesse negócio de gado. Deu certo. A gente comprava gado e vendia. Mas eu não entendia nada de peso de boi. Naquela época, você comprava um boi por tanto e vendia por tanto. Não falava em peso. Tínhamos comprado uma boiada grande, boa, e a gente não sabia ao certo o peso dos bois para vender. Foi isso o que nos levou a abater boi para conhecer de peso. É complicado quando você está trabalhando com uma mercadoria que vale o quanto pesa e você não sabe o peso da mercadoria.

Para conhecer um pouco mais a história do grupo JBS/Friboi, é preciso garimpar vários sites para ter acesso a vídeos e dados que demonstram como esse grupo goiano pôde alçar voos tão altos, principalmente considerando que antes de se tornarem açougueiros, Zé Mineiro e Juvensor viviam de comprar "boi em pé" e revender para frigoríficos goianos.

Em vídeo institucional da JBS/Friboi, o patriarca fala que depois passou "a matar boi dentro de um matadourozinho da prefeitura", onde era possível abater de 25 a 30 cabeças de gado por dia.

Somente em 1957 comprariam o primeiro local de abate próprio. Foi também nesse ano que deixaram a cidade de Anápolis – onde não vislumbravam condição de crescimento do negócio – e foram para Brasília, cuja construção havia sido iniciada no ano anterior.

Assim, os irmãos Batista (da primeira geração), com apenas cinco funcionários, viraram fornecedores de carne para as empreiteiras que construíam a capital federal, passando a abater 30 cabeças de boi por dia e fazendo o transporte da carne por meio de uma Kombi.

Em 1962, Zé Mineiro alugou um abatedouro em Luziânia (GO), cidade situada a 50 quilômetros de Brasília, e a produção diária de carne foi elevada para 55 bois. Dava, com isso, início à comercialização de carne para os açougues que surgiam na nova capital federal, que ainda era carente de tudo, apesar de a capital ter sido inaugurada oficialmente em 1960.

Segundo José Batista Sobrinho, o maior chamativo de Brasília foi o grande consumo e os quatro anos de isenção de impostos que o presidente Juscelino Kubitschek deu para quem fosse para lá como fornecedor. Sobre isso ele afirma: "Foi uma das épocas que me 'alavancou', que me deu um impulso, foi Brasília de 57 até 60 e tantos".

A empresa, que ainda operava como casa de carnes, em 1969 adquiriu o matadouro industrial de Formosa (GO), que tinha capacidade para 40 abates por dia. Era o primeiro frigorífico do grupo com SIF (Selo de Inspeção Federal).

Foi também nesse ano que a família Batista mudou-se de Anápolis para outra cidade goiana, Formosa, onde nasceram Wesley (1970) e Joesley (1972), e onde, em 1970, Zé Mineiro montou seu primeiro frigorífico, que viria a se chamar Friboi. A sugestão do nome Friboi foi de um fornecedor de equipamentos e amigo da família, Mário Nassiute.

A logomarca Friboi, desenhada por um pintor catalão chamado Wilson, se eternizou e acabou substituindo, no meio popular, o nome JBS, mesmo tendo se tornado apenas uma marca de carne.

A unidade frigorífica de Barra do Garças (MT) foi adquirida da Sadia em 1997, com financiamento do BNDES, com opção de compra do frigorífico Mouran, em Andradina (SP), o que foi oficializado em 1999, tendo essa cidade marcado o início da expansão da Friboi para o Estado de São Paulo.

Essa compra da Sadia tornou a Friboi a líder nacional em abate de bovinos e deu início à sua fase de exportação de carne *in natura*. Foi também por meio da Sadia que os irmãos Batista foram apresentados ao BNDES.

A transformação do setor de carnes teve início efetivo em 1999. Devido à desvalorização do real frente ao dólar, surgiu a oportunidade para que os frigoríficos brasileiros se tornassem grandes exportadores.

As empresas que vinham de um setor marcado geralmente pela informalidade conseguiram se capitalizar, e as vendas externas, que eram incipientes até então, cresceram a ponto de dar ao Brasil a liderança do mercado mundial de carnes bovinas, à frente da Austrália e dos Estados Unidos.

No dia 3 de setembro de 2000 foi anunciado pela imprensa brasileira que a Friboi Ltda. havia firmado contrato de arrendamento por cinco anos, com opção de compra, com o frigorífico Anglo, em Barretos (SP). O frigorífico Anglo, do grupo cearense Empesca, fazia parte dos bens indisponíveis dos donos do Banco Pontual, que estava em liquidação extrajudicial pelo Banco Central.

O ano de 2001 foi marcado por mais aquisições, e a capacidade de abate da Friboi passou a ser de 5,8 mil cabeças de gado por dia, com o grupo tendo exportado US$ 163,952 milhões, crescendo 71,2% em relação a 2000, e registrando uma receita operacional líquida de R$ 1,212 bilhão (25% a mais), lucrando R$ 28,369 milhões (- 2,6%).

O embargo à importação da carne brasileira, que havia sido decretado no dia 2 de fevereiro de 2001, por determinação do Canadá – responsável pela sanidade animal dentro do Nafta – e seguido por Estados Unidos e México, foi suspenso vinte dias depois, o que favoreceu os frigoríficos Friboi, Bertin, Quatro Marcos, BE e Sola, que eram os maiores exportadores de carne.

Em setembro de 2001, o BNDES anunciou que, no âmbito do Programa BNDES-Exim Pré-Embarque Especial, a Friboi Ltda., que era a segunda maior exportadora de carne bovina, embora ainda uma empresa muito pequena, receberia como empréstimo 30 milhões de dólares, com repasse direto pelo banco de 15 milhões de dólares e o restante pelo Bank Boston, que assumiria o risco por essa parte do crédito.

Em abril de 2002, o Banco do Brasil Investimentos (BBI) vendia sua inusitada participação no frigorífico Sola, do Rio de Janeiro, saindo de uma verdadeira enrascada. Do outro lado do balcão estavam o Bertin e a Friboi Ltda., que haviam formado a BF Alimentos, uma *joint venture* entre ambos.

A BF Alimentos havia arrendado a operação e as marcas do frigorífico Sola no ano de 2001, mas negociou com os controladores da companhia o exercício da sua opção de compra. O BB agradeceu tamanho interesse...

O banco se livrava do risco de, mais tarde, ter que fazer um aporte de capital, já que o frigorífico Sola, com instalações ociosas, poucos empregados, sucessivos prejuízos e falta de recursos em caixa, esteve a um passo de fechar as portas, o que só não ocorreu pela chegada da BF Alimentos, que retomou a produção de charque e de embutidos para venda no mercado interno.

A próxima etapa seria a retomada das exportações, com novas linhas de produtos na unidade de Três Rios. Dinheiro para executar esses planos não era problema. Com pouco mais de um ano de existência, a BF Alimentos faturou cerca de R$ 400 milhões. Juntas, Bertin e Friboi, suas controladoras, exportaram US$ 700 milhões em carnes industrializadas em 2001.

Em 2002, a Friboi Ltda. viu seu nome envolvido numa polêmica que se arrastaria até 2008, em razão de decisão favorável à empresa, dada pela juíza Maria Cristina de Luca Barongeno, do TRF-3 de São Paulo, ao reconhecer a validade de títulos emitidos em 1932 pela "Cie. Du Chemin de Fer Victoria a Minas" (títulos podres), suspendendo a exigibilidade de tributos ou de contribuições previdenciárias da filial desse frigorífico em Andradina (SP).

Capítulo 4

A JBS/Friboi e o governo Lula (2003-2010)

Não siga a boiada, não se deixe conduzir pelas multidões, nem pelas emoções, mas guie-se pela razão.

Wendell Linhares

O dia 1º de janeiro de 2003 foi de muita festa petista, mas pode-se dizer também que vinha repleto de muita sorte para a Friboi Ltda.: começaria ali, ainda que a empresa não soubesse, a sua ascensão meteórica, exatamente quando fazia 50 anos que o patriarca Zé Mineiro e seu irmão se enveredaram na compra e venda de "boi em pé", em Goiás.

Uma das principais estratégias introduzidas pelo governo do ex-presidente Lula em 2003 foi justamente criar a possibilidade de o BNDES apoiar empresas de capital nacional em projetos no exterior, desde que tais empresas "contribuíssem para o desenvolvimento social e econômico do país".

Esse país, teoricamente, deveria ser o Brasil, mas o tempo mostrou que não seria tão feliz assim o final dessa história.

Em relação ao mercado exportador de carnes, o ano de 2003 foi bom para o produto brasileiro, embora a Friboi tenha começado o ano em 6º lugar entre os exportadores, atrás da Sadia – que liderava o ranking –, Bertin, Seara, Perdigão e Frangosul.

No dia 1º de outubro de 2003, o contabilista da Friboi, Wanderley Higino da Silva, assinou uma declaração que relatava as "gravíssimas dificuldades financeiras" que acometiam o frigorífico naquele ano.

A empresa, segundo o documento, alegava que teria dificuldades em cumprir "suas obrigações tributárias" devido à falta de fluxo de caixa. Além disso, a Friboi havia gastado no ano anterior quase R$ 62 milhões só com o pagamento de juros de empréstimos bancários.

Mas nem tudo estava perdido. O escândalo do "mal da vaca louca", ocorrido no final de 2003, abriu as porteiras para o Brasil entrar forte no mercado de exportação de carne bovina, e a Friboi Ltda. foi uma das empresas que souberam aproveitar a oportunidade.

Assim, 2004 já seria um bom ano para a Friboi, que juntamente com os frigoríficos Bertin e Independência foram responsáveis por 83% das exportações brasileiras de carne, aumentando a receita em 69% naquele ano.

A Friboi aproveitou o bom ano também para instalar sua sede corporativa em São Paulo. Permitiu centralizar as operações, que até então estavam espalhadas em sete locais diferentes, com a sede em Nova Andradina (MS).

E mais: o BNDES levou a cabo, no dia 15 de dezembro de 2004, o primeiro empréstimo da era petista para a Friboi. Nessa data, o banco revelou que havia acertado um empréstimo de R$ 100 milhões à empresa, no âmbito do Programa de Apoio ao Fortalecimento da Capacidade de Geração de Emprego e Renda (Progeren), para que pudesse elevar sua produção e ampliasse a geração de empregos, com financiamento sendo feito para capital de giro.

O empresário Joesley Batista, em seu depoimento à Procuradoria--Geral da República (Termo 01), no dia 3 de maio de 2017, explicou que, quando Guido Mantega assumiu o BNDES, em 2004, o empresário e lobista Victor Sandri agendou uma reunião com ele e a diretoria do BNDES. "Foi nesse contexto que fizemos a primeira abordagem ao BNDES sobre a possibilidade de internacionalizar a empresa", afirmou Batista. De acordo com Joesley, muitos vice-presidentes ficaram incrédulos, mas que Mantega teria sinalizado, de forma "bastante positiva", que o plano interessava ao governo.

De acordo com um informe distribuído pelo BNDES, o Progeren foi criado em 2004 com o objetivo de apoiar empresas "pertencentes a setores produtivos com alto grau de encadeamento econômico e que apresentavam utilização intensiva de mão de obra". E, claro, isso estava na medida exata da Friboi.

Com o financiamento aprovado, a expectativa apontada pelo banco era de que a Friboi Ltda. teria como elevar em 14,94% suas vendas e faturamento até o final de junho de 2005. Outro objetivo seria aumentar o quadro de empregados em 3,5%, acrescentando mais 500 postos de trabalho ao quadro existente, que assim deveria ultrapassar os 14 mil empregados.

O BNDES ainda informou que, na ocasião, a Friboi Ltda. contava com 29 unidades de produção localizadas em Mato Grosso, Mato Grosso do Sul, Rondônia, Acre, Goiás, São Paulo, Minas Gerais e Rio de Janeiro, e que a empresa já exportava carne para os Estados Unidos, Israel, Chile, Japão, Canadá, Egito, Rússia, Irã e Suíça.

Em 2005 ocorreu a primeira reestruturação do grupo Friboi, sendo criada a JBS Ltda. em substituição à Friboi Ltda. Foi quando se deu o início efetivo do processo de internacionalização da empresa, tendo a JBS, em setembro daquele ano, adquirido, de forma indireta, por meio da JBS Holding International Ltda., 85% das ações da Swift Armour S.A. Argentina, por um valor de US$ 200 milhões, dinheiro em parte emprestado pelo BNDES.

A aquisição da Swift Argentina foi estratégica para a JBS, já que a empresa exportava 70% de sua produção para 72 países, incluindo os Estados Unidos, o que representava uma produção total de 56% das carnes cozidas e congeladas e 68% de carnes enlatadas da Argentina.

A Swift mantinha sede fixa em Buenos Aires e dois complexos industriais nas cidades de Rosário e San José, com um quadro de 2,5 mil trabalhadores, dona de processos tecnológicos superiores aos utilizados no Brasil.

De acordo com Joesley Batista, a JBS Ltda. fechou a compra da Swift Argentina antes de qualquer acordo com o BNDES, e que o banco, por isso mesmo, ficou pressionado a conceder o empréstimo a "toque de caixa", porque ele não estava preparado para operacionalizar o apoio à pretensão da JBS em internacionalizar as suas operações frigoríficas.

Segundo Joesley Batista, o empréstimo de US$ 80 milhões teria saído caro – acima do que seria normal –, para pagamento em cinco anos, o que foi realizado, segundo seu depoimento à PGR:

Quando se aproximou a data do fechamento/pagamento da aquisição, eu pressionei o Victor Sandri. Ele, por sua vez, fez forte pressão junto ao presidente do BNDES, Guido Mantega, passando a ele o cronograma exato de quando precisaríamos dos recursos para cumprir o nosso compromisso junto aos vendedores da Swift. Recordo que consegui uma agenda com o então superintendente da área industrial do banco, Carlos Gastaldoni. Na reunião, ele me explicou que era impossível, com tamanha rapidez, aprovar qualquer aquisição acionária e que a diretoria estava deliberando aprovar um empréstimo para resolver o problema de imediato e dizendo que, daí, com calma, nós e o banco engajaríamos num negócio de venda de ações da JBS. Naquele dia foi aprovado o empréstimo, mas foram pagos 3 milhões de dólares em propina.

No dia 14 de setembro de 2005, o presidente do BNDES, Guido Mantega, dava ciência ao mercado de que o banco iria fechar um contrato com o Banco Interamericano de Desenvolvimento (BID) para captar 3 bilhões de dólares, que seriam destinados a financiar programas de pequenas e médias empresas, e parte desses recursos seria destinada a uma nova linha de financiamento, criada em agosto daquele ano, para apoiar a "internacionalização de empresas brasileiras", sem, contudo, dar mais detalhes.

O ano de 2005 também foi muito bom para a venda de carne bovina brasileira, tendo sido a JBS a líder nas exportações, seguida de Bertin e Independência, impulsionando o emprego no setor em 157%.

As previsões da Associação Brasileira das Indústrias Exportadoras de Carnes (Abiec) para 2006 eram muito boas, com expectativa de um volume de vendas 10% maior e um faturamento até 20% superior ao de 2005. Nesse embalo, a JBS, em 2006, continuou sua expansão na Argentina, adquirindo, por meio da Swift Armour, as unidades de abate de Venado Tuerto e Pontevedra, além de ter adquirido, em concorrido leilão, a massa falida da Companhia Elaboradora de Produtos Alimentícios (Cepa), operação em que assumiria o quarto frigorífico argentino. Desta feita, a compra foi pelo lance de US$ 27 milhões, em leilão judicial que teve lance inicial de US$ 8,2 milhões.

Resumindo, de 2001 até 2006, a capacidade de abate da JBS aumentou de 5,8 mil cabeças/dia para 22,6 mil cabeças/dia, e a empresa passou a operar um total de 21 plantas no Brasil e cinco na Argentina.

De acordo com o empresário Joesley Batista, durante o ano de 2006, a JBS passou a insistir com o BNDES para o banco não mais realizar empréstimos para o grupo continuar sua internacionalização, mas que deveria entrar como sócio, adquirindo papéis da companhia.

Ele também afirmou que se chegou até a desenhar uma primeira operação de participação societária entre a JBS e o BNDES, ocasião em que a companhia teria sido avaliada em US$ 1,5 bilhão e o BNDES iria aportar US$ 500 milhões, ficando com 25% do capital da JBS S.A., o que não prosperou.

Isso porque, segundo Joesley Batista, entre o final de 2006 e início de 2007, o mercado de capitais estava eufórico – o Brasil estava na moda, de acordo com suas declarações – e a operação de aporte de capital do BNDES foi abortada porque o grupo achou melhor trabalhar na proposta, levada a ele por alguns bancos, de promover a abertura de capital da JBS S.A., fazendo o IPO na Bolsa de Valores de São Paulo (BM&FBovespa).

O plano foi em frente, tendo o BNDES, em junho de 2007, autorizado a BNDESPar a aplicar até 750 milhões de dólares, num aumento de capital da JBS S.A., cujos sócios entrariam com US$ 200 milhões. A BNDESPar passaria a deter, por meio dessa operação, o montante de 179.526.311 ações ordinárias, em valor de lançamento de R$ 8,1523. O objetivo do aumento de capital seria para a JBS adquirir a Swift USA.

O preço unitário dos papéis, estabelecido em R$ 8,1523, estava acima do preço de mercado, de R$ 7,70. Em relatório, o UBS Pactual disse que a BNDESPar e acionistas controladores estariam garantindo R$ 1,85 bilhão para a JBS, com base num preço por ação 12% acima do valor do papel na Bovespa.

Mas, como afirmou Joesley Batista em um de seus depoimentos à PGR, quando ele precisava de dinheiro, ligava direto para o presidente do BNDES.

> Eu contatava o presidente do banco, que delegava o assunto para as áreas específicas. O meu time técnico se reunia com o time técnico do BNDES, com a minha presença na maioria das vezes, e ali se discutia como se daria a formalização das negociações com o banco.

Assim foi que um comunicado divulgado pela JBS, no dia 4 de junho de 2007, tinha um detalhe que chamava a atenção. A companhia informava que os controladores da JBS S.A., que detinham 77% do seu capital, poderiam ceder a terceiros o seu direito de preferência para subscrever as novas ações, o que já era esperado pelo mercado, já que a família Batista negociava com o BNDES a cessão desse direito de preferência. Ou seja, a família Batista não queria investir nada e, sim, que o BNDES pagasse a conta.

No Prospecto Definitivo Atualizado do Segundo Programa de Distribuição Pública de Debêntures de Emissão da BNDES Participações S.A. – BNDESPar (2008), consta como saldo de investimentos feitos na JBS, para 2008, o total de R$ 1.472.274.000,00, e, no ano de 2007, o valor indicado pelo BNDES, para investimento na JBS, foi de R$ 1.137.006.000,00. Além disso, esse documento indica que a BNDESPar detinha 13% do capital da JBS, com um total de 186.892.000 ações ordinárias.

Desse mesmo documento, veja outros detalhes que envolviam essa operação de captação:

> Outra indicação da entrada do novo sócio está em uma mudança do estatuto social da empresa, a ser votada também na sexta-feira. A ideia é elevar de 10% para 20% o limite de operações de compra de ações da JBS, que podem ser feitas sem a necessidade de oferta pública para compra da totalidade do capital da companhia. O mecanismo existe no estatuto para evitar uma tentativa de aquisição hostil do controle acionário em bolsa.
>
> A aquisição da Swift foi feita pelo valor de US$ 1,4 bilhão, dos quais US$ 400 milhões foram pagos em dinheiro e US$ 988 milhões foram em dívidas existentes da Swift. A companhia contou com um empréstimo-ponte do J.P. Morgan. Ao fazer a aquisição, a JBS se desenquadrou de alguns limites financeiros existentes nos contratos de títulos de dívida emitidos por ela no exterior (US$ 575 milhões, em duas emissões). Atualmente, a empresa está renegociando os limites com os credores. A injeção de capital pela BNDESPar poderá ajudar, ao reduzir a alavancagem da empresa.
>
> Os acionistas minoritários poderão acompanhar ou não o aumento de capital. No mês de junho, os papéis da empresa acumulam queda de 6,79%, refletindo a cautela dos investidores.

A diretriz estatutária da JBS, que determinava ser o percentual máximo de 10% e que foi alterado para 20% para que a BNDESPar pudesse adquirir as ações lançadas para aumento de capital, foi registrada como aprovada por unanimidade na Ata da Assembleia Geral Extraordinária do dia 29 de junho de 2007, conforme a JBS (2007):

> (E) Alterar o artigo 52 do Estatuto Social da JBS S.A., para aumentar de 10% (dez por cento) para 20% (vinte por cento) do total de ações de emissão da companhia a quantidade de ações cujo adquirente ou titular deverá efetivar uma oferta pública de aquisição de ações para aquisição da totalidade das ações de emissão da companhia.

Em 11 de julho de 2007, a companhia concluiu a aquisição do controle acionário da Swift pelo valor de US$ 1,459 bilhão, sendo US$ 585 milhões de aporte acionário feito pelo BNDES. A compra da Swift & Co. levou a JBS ao seu primeiro investimento no mercado de carne suína, com uma planta com capacidade para abater 47 mil suínos por dia.

A assessoria de comunicação do BNDES, diante do questionamento feito pelo *Jornal do Brasil* sobre estar apoiando a JBS S.A., uma empresa que estava sendo investigada pelo Cade por formação de cartel na compra de gado, informou que ao banco não caberia analisar se uma empresa estaria sendo investigada pelo órgão, antes de decidir se aprovaria ou não a realização de uma operação financeira.

Já o então presidente da JBS S.A., Joesley Batista, respondeu ao jornalista que o Brasil – referindo-se ao caso do Cade – seguia uma legislação totalmente dissociada da realidade. Para ele, o Congresso Nacional deveria avaliar uma reforma da legislação, de forma a contribuir com as empresas no seu crescimento e internacionalização.

Em 2 de maio de 2008, foi confirmado o fechamento da aquisição, pela JBS, da Tasman Group, na Austrália. A estrutura da JBS Austrália, com essa nova aquisição, passou a contar com mais de 5 mil empregados e 15 unidades de produção, com abatedouros de bovinos e de animais de pequeno porte (ovinos e vitelos); capacidade de abate de 8.500 bois/dia e 16.500 animais de pequeno porte/dia, fortalecendo a liderança da empresa no mercado australiano. A Austrália sempre foi um tradicional país produtor de carne bovina, sendo que em 2007 foi o segundo maior exportador, ficando atrás somente do Brasil.

Para comprar os frigoríficos National Beef, Smithfield Beef e Tasman, Joesley Batista afirma em depoimento complementar à PGR que pediu ao BNDES a quantia de R$ 1 bilhão, e que, ao conversar com Luciano Coutinho sobre o plano, o então presidente do BNDES lhe disse que a quantia era muito elevada, mas que poderia coordenar conversas junto a alguns fundos de pensão estatais. Luciano Coutinho então teria colocado diretores do próprio banco para fazer a ponte com Petros, Funcef, Previ e Valia. O BNDES entraria com 50%, e os fundos com os outros 50%.

Foi assim que, no dia 25 de março de 2008, a empresa de *equity-private*, Angra Partners, conseguiu fechar a capitalização do PROT FIP (Fundo de Investimento em Participações), com valor de R$ 1,4 bilhão. O PROT era um fundo fechado com duração de dez anos, que tinha por objetivo específico investir na JBS S.A. com subscrição de 14,3% de seu capital e tinha como participantes o BNDES (50%), Petros (25%) e Funcef (25%), estando entre os negócios a serem ainda investigados pela Operação Bullish, desdobramento da Operação Lava Jato, para saber quanto de prejuízo esse fundo deu ao erário.

Para viabilizar a compra das empresas americanas, o dinheiro não saiu do PROT FIP, mas do caixa do BNDES, que fez uma capitalização na JBS de R$ 995,8 milhões, cujo contrato estabelecia que o banco pagaria pelos papéis da companhia o valor médio dos últimos 90 pregões – R$ 5,90 por ação, já acima dos R$ 4,74 da cotação à época.

Mesmo assim, a regra foi alterada para a média de 120 pregões e o valor subiu para R$ 7,07. Essa troca teria levado, de acordo com avaliação do Tribunal de Contas da União (TCU), a um dano de R$ 163,5 milhões para o BNDES. E mais: tal aporte foi aprovado em 22 dias, quando a média usual era de sete meses. Por esse dinheiro novo no caixa da JBS, Joesley Batista declarou em depoimento à PGR que pagou 4% de propina.

Apesar de todo o trabalho tido pela JBS e pelo BNDES, a companhia foi recebida nos Estados Unidos com forte oposição. Indiferente a isso, no dia 4 de março de 2008 a JBS informou ao mercado a aquisição da National Beef.

Entretanto, procuradores-gerais de 13 estados americanos entraram com ações contra a empresa, alegando que a aquisição da National Beef, quarta maior embaladora dos Estados Unidos, ameaçaria a precificação competitiva ao criar um oligopólio liderado pela JBS, pela Tyson Foods Inc. e pela Cargill Inc.

Em campanha, a candidata presidencial Hillary Clinton afirmou ao *Rapid City Journal*, de Dakota do Sul, que seria contrária à compra da Smithfield e que iria "combater a consolidação".

O Departamento de Justiça Americano (DOJ) abriu um processo para bloquear a aquisição, por motivos concorrenciais e, embora a JBS tenha tentado encontrar uma solução que viabilizasse a compra, isso não foi possível.

A família Batista não conseguiu adquirir a National Beef, mas comprou a Smithfield Beef Processing (pelo valor de US$ 565 milhões) e também suas operações de confinamento, conhecidas como Five Rivers, e transformou a JBS em um império alimentar global. Tudo, é claro, com as bênçãos do BNDES.

Em 2009, a JBS voltou ao mercado, dessa vez para incorporar as operações do frigorífico Bertin, no Brasil, e também comprou a Pilgrim's Pride, sediada em Pittsburgh, Texas, nos Estados Unidos, empresa avaliada em US$ 2,8 bilhões, marcando a estreia da JBS no segmento de frangos.

Para viabilizar o negócio, o BNDES aprovou um investimento de US$ 2 bilhões ao grupo JBS S.A. por meio de aquisição de debêntures conversíveis em "ações" que, pelo contrato, deveriam ser da JBS USA.

Essa linha de financiamento deveria reforçar também a estrutura de capital da JBS S.A., reduzindo seu endividamento, e implementar planos de investimentos, conforme divulgado pela JBS, mas não foi o que disse o BNDES, que indicava que o dinheiro era para internacionalização da companhia, o que, para o MPF, implicaria na devolução do excedente aos cofres do BNDES.

Veja que o BNDES fez uma captação de debêntures dizendo, oficialmente, uma coisa – que seria a compra da Pilgrim's e a fusão com o Bertin – a título de "internacionalização de empresas nacionais". Mas, na prática, a coisa foi bem outra; grande parte do dinheiro foi utilizada pela JBS para pagar dívidas e bancar outros investimentos, já que, teoricamente, não havia que se falar em dinheiro para compra do frigorífico Bertin, pois se fazia uma troca de ações, em um processo de "fusão".

A história dessa "fusão" é um tanto complexa e remete a vários crimes praticados pela JBS, Bertin e, com toda a certeza, com a anuência do BNDES, pois o que aconteceu e está relatado mais à frente é algo que não seria possível praticar às escuras.

Um dos motivos para a JBS ter optado pela emissão de debêntures, via Brasil, conversível em ações da JBS USA, de acordo com a própria companhia, foi para evitar a diluição dos acionistas minoritários, já que o BNDES aumentaria em muito a sua participação no capital da JBS com a emissão de US$ 2 bilhões em ações.

Entretanto, o real motivador era outro: caso se fizesse a emissão das debêntures por meio da JBS USA, como originalmente se pretendia, haveria um impasse com o estatuto da BNDESPar, que vedava investimentos em empresas no exterior. Pelas regras do banco, só poderiam ser apoiadas, financeiramente, empresas regidas por leis brasileiras e com sede e administração no Brasil, o que não era o caso.

Isso consta no Art. 6º do Estatuto Social da BNDESPar:

> Art. 6º. O apoio financeiro de que trata o artigo anterior somente poderá ser efetivado em empresas constituídas sob as leis brasileiras e com sede e administração no país, ou pessoas jurídicas controladas pelos Poderes Públicos.

Mas, para os "eleitos", tudo se resolve com a máxima diligência e boa vontade. Por isso, no dia 24 de novembro de 2009, ou seja, somente um dia após a entrega pela JBS da Carta-consulta, a diretoria do BNDES, por meio da Decisão da Diretoria nº 1.349/2009, alterou o Estatuto Social da BNDESPar para incluir o Art. 6º-B:

> Art. 6º-B. A BNDESPar, no âmbito de operações de apoio à internacionalização de empresas brasileiras, poderá adquirir certificados de depósitos de valores mobiliários – BDRs com lastro em valores mobiliários de emissão de empresas constituídas sob a legislação estrangeira, cujo controle de capital seja exercido direta e indiretamente por pessoa jurídica constituída sob as leis brasileiras que tenha sede e desenvolva atividade operacional no Brasil, sendo controlada direta ou indiretamente por pessoa física residente e domiciliada no país.

Assim, a BNDESPar faria uma operação como tantas outras, mas depois trocaria as debêntures da JBS Brasil por Certificados de Depósito de Valores Mobiliários (*Brazilian Depositary Receipts*) ou BDRs da JBS USA; uma saída prática, para não infringir regras de seu estatuto, e apoiar a expansão do grupo JBS passando por cima da proibição do artigo antecedente.

O valor que seria aplicado na operação de permuta, de debêntures por BDRs, ficaria na dependência do preço da ação da JBS USA no IPO, respeitados o preço mínimo por ação equivalente ao valor do *equity* da JBS USA de US$ 8 bilhões, e o preço máximo por ação, equivalente ao valor do *equity* da JBS USA de US$ 10 bilhões, ambos os valores considerados pós-capitalização da JBS USA prevista pelo IPO.

Somente se a JBS USA não conseguisse abrir seu capital nos Estados Unidos é que a BNDESPar receberia ações da JBS Brasil, no processo de conversão de suas debêntures. Mas deveria haver uma multa de US$ 300 milhões, caso o capital da JBS USA não fosse aberto até dezembro de 2010.

Na prática, as debêntures iriam funcionar como ações, o que chamou muito a atenção de executivos do mercado de capitais, já que o normal é que os debenturistas tenham a opção de que suas debêntures sejam recompradas ou convertidas em ações.

Nesse caso, porém, a JBS informou, por meio de Fato Relevante, que as debêntures "jamais seriam pagas em dinheiro" pela companhia, ou seja, seriam obrigatoriamente transformadas em ações.

O BNDES, atendendo ao pleito da JBS, no dia 23 de dezembro de 2009 divulgou comunicado informando que subscreveria 100% das novas debêntures com investimento de até US$ 2 bilhões, o que serviria para viabilizar a compra da Pilgrim's Pride Corporation.

O BNDES também falou sobre a incorporação do Bertin pela JBS e deu longa justificativa sobre sua decisão, como: "Um dos fatores determinantes para a tomada da decisão pelo BNDES foi a adesão da JBS à Resolução 1.854/2009, que vincula a JBS às melhores práticas socioambientais na sua atuação junto à cadeia de fornecedores do setor de bovinos no país".

Sobre a operação de subscrição das debêntures, o BNDES ainda explica:

> A BNDESPar dará garantia firme para a subscrição de 100% de debêntures a serem emitidas pela JBS, permutáveis em certificados de recibos de ações (BDR) da JBS USA ou, alternativamente, conversíveis em ações da JBS caso a JBS USA não promova a abertura do seu capital, conforme definido no Fato Relevante publicado pela companhia nesta data. A abertura de capital da JBS USA deverá ocorrer até 31 de dezembro de 2010.
>
> Os acionistas da JBS terão direito de preferência para a subscrição das debêntures, nas proporções de suas participações, e os recursos serão integralmente utilizados pela JBS no aumento de capital da JBS USA.
>
> O preço da permuta das debêntures por BDRs representativos de

ações da JBS USA será definido pelo preço da ação da JBS USA no evento da abertura de capital. A permuta da totalidade das debêntures representará para os debenturistas uma participação entre 20% e 25% do capital da JBS USA.

A capitalização da JBS demonstra o esforço do BNDES no apoio à internacionalização de empresas de capital nacional. A aquisição da Pilgrim's permitirá à JBS aumentar sua diversificação em proteínas, por meio da industrialização e comercialização de frangos e seus derivados nos Estados Unidos. A Pilgrim's é uma das líderes do setor nos EUA, com marcas já estabelecidas e tradicionais.

Por sua vez, a incorporação da Bertin favorece o aumento da ocupação da capacidade de abate ainda ociosa nos frigoríficos no Brasil, contribuindo para a geração de empregos no país. A associação permitirá a consolidação da JBS como maior exportadora de carne bovina do mundo, além de se tornar uma das maiores processadoras mundiais de couros. Possibilitará, ainda, a entrada da JBS no setor de lácteos via Vigor e Leco, controladas pela Bertin.

A BNDESPar fez a subscrição de 99,92% das debêntures emitidas pela JBS, em duas operações de compra, cujo valor total foi de R$ 3,476 bilhões.

Alguns fatos importantes relativos a essas debêntures

– O BNDES havia garantido a compra das debêntures em 2009 e, diante da ausência de investidores privados, teve de cumprir a garantia.

– Caso as debêntures fossem convertidas em ações, deveria corresponder a uma participação de 20% a 25% no capital votante da JBS USA.

– Apenas 66 debêntures ficaram nas mãos de outros investidores.

A JBS emitiu um longo comunicado aos investidores, pelo qual a sua pretensão era, justamente, afugentar possíveis subscritores das debêntures, de tal forma que a BNDESPar foi o comprador majoritário. Entre as restrições impostas ao exercício do direito de subscrição das debêntures, destacam-se:

– Pessoas localizadas nos Estados Unidos da América ou que sejam U.S. persons (como definido no Regulation S sob o Securities Act de 1933 -Regulation S), incluindo indivíduos ou entidades com endereços nos Estados Unidos ou pessoas que negociam valores mobiliários ou atuam como agentes em nome de tais pessoas, não poderão, sob qualquer circunstância, exercer direito de preferência para a subscrição de debêntures ou subscrever ou adquirir debêntures de qualquer outro modo.

– As debêntures estão sendo oferecidas e vendidas apenas fora dos Estados Unidos, com fundamento no Regulation S, para aqueles que não são U.S. persons, e que devem fazer certas declarações à JBS S.A. antes da subscrição de debêntures.

– As debêntures não foram e não serão registradas nos termos do Securities Act ou de qualquer outra lei aplicável sobre valores mobiliários e estão sendo oferecidas em operações que não exigem o registro, nos termos do Securities Act e não serão registradas nos termos do Securities Act ou de qualquer outra lei aplicável sobre valores mobiliários, e estão sendo oferecidas em operações que não exigem o registro, nos termos do Securities Act.

– Compreende e reconhece que as ações ordinárias da JBS USA Holdings, Inc., sob a forma de certificados de depósito de valores mobiliários (Brazilian Depositary Receipts), ou as ações ordinárias da JBS S.A., conforme o caso, a serem recebidas pelos detentores de debêntures nos termos da Escritura, não poderão ser oferecidas, vendidas ou de qualquer outra forma transferidas.

Além de não se subordinar ao Securities Act, não vendendo para "norte-americanos", pessoas físicas e jurídicas, existiam tantas outras restrições que seria, de fato, impossível que a BNDESPar deixasse de comprar, além da garantia "verbal" de compra que havia sido dada pelo banco à JBS.

Durante o ano de 2010, a JBS fez as seguintes aquisições:

Data	Aquisição	País	Valor
22/2	Tatiara	Austrália	US$ 27 mi
19/3	Rockdale Beef	Austrália	US$ 37,3 mi
30/6	Confinamento McIhaney	Estados Unidos	Não divulgado
13/7	Grupo Toledo	Bélgica	11 mi de euros

No dia 12 de novembro de 2010, durante reunião de apresentação da JBS para os investidores, um analista de mercado perguntou ao CEO da

JBS, Joesley Mendonça Batista, o que eram os R$ 80 milhões de despesas não recorrentes que constavam em nota explicativa do relatório anual, quando foi dada a seguinte explicação: "Metade eram despesas de absorção das operações do Bertin e da Pilgrim's, e a outra metade eram doações eleitorais".

O problema era que R$ 40 milhões doados à campanha presidencial de 2010 significavam quase um terço do lucro da JBS em 2009, que fora de R$ 129 milhões, não esquecendo, contudo, que esse dinheiro era propina paga ao ex-ministro Guido Mantega e que estava depositado, pela JBS, em contas no exterior.

Capítulo 5

O homem por trás da gigante das carnes

De vez em quando é bom andar pra trás só pra cruzar com você de novo.

Tati Bernardi

O recifense Luciano Galvão Coutinho, nascido em 1946, é filho do médico Amauri Coutinho, que, por vários anos, foi diretor da Faculdade de Medicina da Universidade Federal de Pernambuco (UFPE).

No final de 1960, Luciano Coutinho foi para São Paulo estudar Economia na USP e, dez anos depois, concluía o mestrado na mesma universidade. Logo em seguida, por receio de ser preso pelos militares, foi para o autoexílio nos Estados Unidos, onde fez o doutorado, concluído em 1974, com a tese sobre empresas multinacionais (The Internationalization of Oligopoly Capital).

Ao voltar ao Brasil, no fim dos anos 1970, passou a dar aulas no Instituto de Economia da Universidade de Campinas, a Unicamp, onde se tornou professor titular.

O professor Luciano Coutinho, então filiado ao PMDB, teve participação ativa na formulação do plano de governo dos candidatos à Presidência da República Ulisses Guimarães e Tancredo Neves, vindo a ocupar o primeiro cargo no governo federal, o de secretário-geral do Ministério da Ciência e Tecnologia no governo Sarney.

Coutinho também era visto por muitos caciques do partido como carreirista e burocrata, e muitos o taxavam como "uma espécie de curinga da burocracia estatal dita de oposição, que sempre apresenta propostas em solução para tudo e para todos, desde que lhe ofereçam cargos vantajosos".

Em 1994, Luciano Coutinho coordenou um estudo de grande envergadura, denominado "Estudo da Competitividade da Indústria Brasileira", financiado em parte pelo Banco Nacional de Desenvolvimento Econômico e Social (BNDES), articulando diversas universidades e centros de pesquisas brasileiros e quase uma centena de especialistas.

No dia 1º de maio de 2007, o economista Luciano Coutinho, indicado pelo então presidente Lula, assumiu a presidência do Banco Nacional de Desenvolvimento Econômico e Social (BNDES). Ele não era o nome preferido de Guido Mantega, que queria manter no cargo o presidente da instituição, Demian Fiocca, nem do ministro do Desenvolvimento, Miguel Jorge, que preferia Gustavo Murgel, seu colega no Banco Santander.

O engraçado é que Luciano Coutinho, que era do PMDB e tinha até passado pelo PSDB, estava então no PSB, como se partido fosse passaporte para cargo público, como era muitas vezes criticado. Roberto Amaral, vice-presidente do Partido Socialista Brasileiro (PSB), afirmou ao *Jornal do Brasil*:

> Nós não disputamos cargos. Mesmo porque, se o fizéssemos, iríamos perder todos para o PMDB, que tem muito mais experiência nesse assunto. Mas posso dizer que Luciano Coutinho é realmente um quadro do partido. Ele foi candidato pela legenda a deputado federal e tem participado de todos os seminários internos sobre economia. Nós o respeitamos muito.

No dia 3 de maio de 2007, Luciano Coutinho, já empossado presidente do BNDES, afirmou que sua prioridade à frente do banco estatal seria financiar aquelas empresas que tivessem condições de competir no mercado internacional e que aumentassem as exportações brasileiras.

Quinze dias depois, em 18 de maio de 2007, Coutinho afirmava que o BNDES estudava reduzir os juros de financiamento para empresas exportadoras mais afetadas pelo dólar desvalorizado. "Além de uma suavização das taxas de juros e dos *spreads*, para tornar o financiamento mais barato, nós vamos melhorar as condições de financiamento à exportação para esses setores", afirmou Luciano Coutinho à imprensa.

No dia 27 de junho de 2007, o presidente do BNDES compareceu à audiência pública na Comissão de Desenvolvimento, Indústria e Comércio da Câmara dos Deputados, onde destacou o apoio do BNDES à compra do frigorífico Swift Argentina pelo grupo brasileiro JBS, como exemplo do que o governo pretendia com a nova política industrial, que daria apoio à internacionalização de grandes empresas nacionais. "A ideia é fortalecer grandes empresas brasileiras de atuação global nos setores em que o país é competitivo, como o de *commodities*", reafirmou Coutinho.

Dez dias depois, o Tribunal de Contas da União solicitava ao BNDES dados sobre o empréstimo feito à JBS para a compra do frigorífico Swift Argentina. O Tribunal de Contas não concordava que o BNDES transformasse o empréstimo de R$ 1,4 bilhão em participação acionária de 19%.

Falta transparência ao BNDES quando o negócio é emprestar para o setor privado. Essa afirmativa teria sido feita pelo presidente do BNDES, Luciano Coutinho, e divulgada pelo *Jornal do Brasil* do dia 13 de agosto de 2007.

No dia 18 de agosto de 2008, Luciano Coutinho foi eleito "Economista do Ano de 2008" pela Ordem dos Economistas do Brasil (OEB). Em seu discurso de agradecimento, falou sobre a Política de Desenvolvimento Produtivo (PDP) implantada pelo BNDES:

> [...] O desenvolvimento de um sólido padrão de financiamento doméstico para suporte ao investimento é requisito *sine qua non* para o desenvolvimento virtuoso da economia brasileira, especialmente no que se refere à oferta de fundos de longo prazo. O aperfeiçoamento do nosso sistema tributário deveria privilegiar esse objetivo de reforço à poupança doméstica e ao financiamento dos investimentos.
> A outra vertente de um processo virtuoso de desenvolvimento tem a ver com a política industrial. O lançamento em maio passado da PDP – Política de Desenvolvimento Produtivo –, tendo como foco principal a dinamização dos investimentos da indústria e dos serviços, com ênfase na inovação e na promoção da competitividade, é a base da resposta necessária para prevenir a doença holandesa. A eficácia da PDP, obviamente, depende em parte da trajetória da taxa de câmbio. Não é desejável a permanência tendencial de uma taxa de câmbio

sobrevalorizada. De outro lado, a aproximação da taxa efetiva de câmbio de uma trajetória sustentável para o balanço de pagamentos precisa ser conduzida de modo compatível com o controle da inflação, mantido o regime de flutuação com as intervenções necessárias de esterilização dos excessos.

A PDP não visa apenas assegurar que um fluxo ascendente de investimentos crie nova capacidade de oferta em ritmo compatível com a expansão da demanda – condição essencial para crescer com estabilidade. A nova política almeja mais: quer promover a inovação de modo sistêmico e em todos os setores para acelerar os ganhos de produtividade. Mantém e reforça o fomento às tecnologias da informação e às biotecnologias. Pretende estimular estratégias de desenvolvimento competitivo em um amplo leque de setores da economia brasileira que precisam acelerar seus processos de modernização da produção, gestão e governança. Ambiciona promover a liderança exportadora, o fortalecimento e a expansão internacional das empresas brasileiras que já revelaram vocação competitiva e eficiência incontesta. Reconhece a competitividade brasileira, muitas vezes inigualável, na produção de *commodities*, mas almeja agregar a elas mais valor, marca e qualidade. A PDP dialoga com as políticas de ciência e tecnologia e se propõe a apoiar os nossos sistemas setoriais de inovação. [...]

O resto da história e todos os desastres advindos da política de incentivo à indústria e serviços, de empresas escolhidas para serem "campeãs nacionais" e a relação pouco ou nada transparente que se estabeleceu entre o BNDES e essas empresas, com destaque para a JBS/Friboi, poderão ser vistos a seguir.

Capítulo 6

A JBS e o governo Dilma (2011-2016)

Se um dia eu deixar de ser vaqueiro, vou chorar com saudade da boiada.

Autor desconhecido

No dia 18 de maio de 2011 – uma bela quarta-feira, quando se comemora o Dia Nacional do Cocktail – foi divulgado que a BNDESPar iria fazer a conversão das debêntures que detinha da JBS S.A., no valor de R$ 3,48 bilhões (US$ 2 bilhões), em ações, e assim passaria a ser detentora de 31% de seu capital social.

A FB Participações S.A., holding "conjunta das famílias Batista e Bertin", passaria a deter 47% contra 54,32%, mas manteria o controle acionário da companhia, enquanto a BNDESPar passaria de 17% para 31%. Com um detalhe: a conversão das debêntures do BNDES em ações seria feita pelo preço de R$ 7,04 por ação, que era o valor médio ponderado dos últimos cem pregões, antes do dia 31 de dezembro de 2010, e não mais em relação aos 60 últimos pregões conforme originalmente contratado.

Isso significava que o BNDES pagaria pelos papéis da JBS S.A., na prática, um ágio de 28,5% sobre o valor de venda no fechamento da Bovespa do dia anterior à transação, que fora de R$ 5,48 por ação.

Apesar da data comemorativa, não havia muitos motivos para um brinde, a não ser para os irmãos Batista, que ficariam livres de um pesado encargo e ainda manteriam um sócio peso-pesado nos negócios da família, sem ter que desembolsar um centavo.

Mas, nesse negócio, o BNDES pode ter perdido duplamente, pois há indícios de dano de R$ 266,7 milhões no cálculo do valor da ação, e outros R$ 347,8 milhões pelo banco abrir mão de um prêmio de 10% a que teria direito pela não conversão das debêntures em papéis da JBS USA.

De acordo com o banco, o motivo para ter aberto mão do prêmio de 10% era porque este estaria condicionado à abertura do capital da JBS USA, o que é, meramente, uma leitura jurídica dirigida do contrato e cujo entendimento mais parece algo pactuado entre as partes envolvidas para dissimular, aos olhos e ouvidos da sociedade, uma grande trama criminosa.

Para tentar justificar a manobra, que fez passar da média dos 60 últimos pregões para 100 pregões, anteriores a 31 de dezembro de 2010, o então CEO da JBS S.A., Wesley Mendonça Batista, afirmou que "a data foi definida para retirar o impacto que a incerteza sobre o caso das debêntures trouxe às ações da empresa", já que, só em 2011, os papéis da companhia caíram 21% na Bovespa, o que é uma grande inverdade, pois a razão era bem outra.

Além disso, por não ter feito a abertura do capital da JBS USA, conforme acertado no lançamento das debêntures, a JBS S.A. teria que pagar uma multa de R$ 521,94 milhões, correspondente a R$ 260,97 para cada debênture, o que não ocorreu, apesar da JBS ter divulgado o contrário – e você verá mais à frente o que aconteceu para encobrir os rastros dessa nova ação criminosa.

O Bloomberg, no dia 18 de maio de 2011, comentou a anunciada conversão pelo BNDES das debêntures adquiridas da JBS S.A. em ações, aumentando a sua participação no capital da companhia, relatando que o CEO Wesley Mendonça Batista, naquele dia, em teleconferência com investidores, afirmara que não estava preocupado pelo fato de o BNDES estar adquirindo uma maior participação na empresa.

"Eles não terão assento no Conselho de Administração ou qualquer influência sobre nossa estratégia ou sobre a gestão da companhia", afirmou Wesley Batista. Isso, contudo, não era verdade, já que desde 2007, quando comprou o primeiro lote de ações da JBS, no evento de abertura de seu capital na Bolsa de Valores de São Paulo (Bovespa), a

BNDESPar, pelo Acordo de Acionistas, poderia ter até dois assentos no Conselho de Administração da JBS.

Segundo o CEO Wesley Mendonça Batista, a decisão da JBS S.A. em reduzir sua participação para 47% e da BNDESPar em aumentar a sua participação para 31,3% foi tomada para "se buscar uma 'desalavancagem do endividamento' e deixar tudo às claras para o mercado".

Para Wesley Batista, a empresa estava comprometida em elevar a geração de caixa para atrair mais investidores, e a operação de conversão das debêntures em ações reduziria as despesas referentes às debêntures.

Diante das dificuldades impostas legalmente por essa pretendida operação, e também pela repercussão pouco confortável junto ao mercado investidor, a JBS S.A. fez publicar, no dia 17 de maio de 2011, a Proposta da Administração de Debêntures, no sentido de encaminhar à Assembleia Geral Extraordinária dos Acionistas da companhia, marcada para o dia 3 de junho de 2011, pela qual deveria ser deliberado:

1. Dispensar a acionista BNDESPar da obrigação de efetivar a oferta pública de aquisição de ações de que trata o artigo 53 do Estatuto Social, conforme facultaria o § 8º do mesmo artigo (o atual tem outra indexação, mas é relativo à dispensa desta obrigação).

2. Aprovar os Termos de Aditamento à Escritura da 1ª Emissão de Debêntures Conversíveis em Ações e com Cláusula de Permuta, Emitidas pela JBS S.A. ("Aditamento").

A dispensa indicada no item 1 era para que o BNDES não ficasse obrigado a fazer uma oferta pública pelo restante das ações da JBS, que, no estatuto da companhia, tinha o teto de 20%, o que diferia das normas vigentes no mercado, que estabeleciam essa obrigatoriedade apenas quando um sócio passasse a deter mais de um terço do volume de ações do total das ações de cada espécie ou classe em circulação na data da entrada em vigor dessa Instrução, observado o disposto nos §§ 1º e 2º do art. 37.

Esse era um dos "gargalos normativos" e que impedia, de certa forma, a realização da operação de conversão das debêntures em ações da JBS. É de se imaginar que tudo isso acontecia porque o BNDES fez uma operação de crédito à JBS sem analisar as consequências que adviriam da conversão das debêntures por ações no Brasil, tendo apenas pensado na conversão por papéis da JBS USA, em que havia um volume prefixado de participação de até 25%.

Essa dispensa dos acionistas foi um primeiro passo, pois, para a operação ser bem-sucedida, requeria uma ação complementar, relativa ao preço de conversão, para que o volume de ações não ultrapassasse um terço do total de ações. Isso estaria acima do poder decisório dos acionistas, mesmo porque o artigo 36 da Instrução nº 361 determinava que "É considerada infração grave, para efeito do disposto no art. 11, § 3º, da Lei nº 6.385/76, o descumprimento das disposições da presente Instrução".

A solução para o problema foi simples matemática, alguma negociação, uma dose extra de "boa vontade" e, agora sabemos, muita corrupção, com pagamento de propina para o Partido dos Trabalhadores, com anuência do próprio ministro da Fazenda, Guido Mantega, e, com absoluta certeza, com a participação criminosa de muita gente dentro do BNDES, incluindo o seu ex-presidente Luciano Coutinho.

Veja que a BNDESPar tinha, em debêntures, o total de R$ 3.479.600.000,00 e faria a conversão da totalidade dessas debêntures em ações da JBS S.A. pelo valor nominal de R$ 7,04, conforme os últimos 100 pregões, e o total de ações seria de 494.261.363.

Só como curiosidade, é possível verificar que o volume de ações, ao preço de R$ 7,04, que seria obtido pela conversão das debêntures, faria cair 28,5% o percentual de participação que poderia ser obtido se a conversão fosse, por exemplo, feita pelo valor de R$ 5,48 por ação (cotação do dia anterior à conversão) e ficaria abaixo do que a Comissão de Valores Mobiliários (CVM) exigia para a realização obrigatória da OPA, quando um acionista adquire ações "por outro meio que não uma OPA" (que era o caso) e, somado ao que já possuísse, assumisse o equivalente a um terço do capital (33,3%).

Pelo preço de mercado do dia da conversão (R$ 5,48 por ação), se fosse o caso, o volume de participação da BNDESPar na JBS S.A. saltaria para 39,1%, e aí a coisa complicaria, pois a BNDESPar deveria comprar o restante da JBS S.A. e não seria bom negócio para os irmãos Batista nem para o BNDESPar, que deveria assumir o controle de uma empresa frigorífica global.

Mas, independentemente da cotação do dia, se a conversão fosse feita pela média dos 60 últimos pregões, a participação da BNDESPar saltaria para 36,02%, o que também implicaria na obrigatoriedade da BNDESPar realizar uma OPA em relação à JBS.

É de análise similar a essa que, muito possivelmente, saiu a valor de ágio pago pela BNDESPar de 28,5%. Aquela história de média ponderada dos 100 últimos pregões no lugar dos 60 pregões previstos em contrato é fruto de estatística determinística, ou seja, quando se conhece o conjunto de dados de entrada, não se trabalhando com probabilidade, daí ter marca no passado, ou seja, "conforme os últimos 100 pregões na BM&FBovespa anteriores a 31 de dezembro de 2010".

É importante verificar que o motivo da alteração é que as ações da JBS em todos os pregões, entre o 55º e o 100º, tiveram invariavelmente cotação acima de R$ 7,00, com pico de R$ 7,72, e isso fez aumentar o valor médio da ação, chegando a R$ 7,04. Se fosse preciso, poderiam ser os 120 últimos, os 150 últimos, não importa, pois quem mandava era a JBS, em troca de muito dinheiro de propina paga ao governo petista.

Veja como era prevista, originalmente, essa operação de conversão:

> A quantidade de ações ordinárias de emissão da companhia nas quais as debêntures serão convertidas decorre da divisão entre (a) seu valor nominal unitário, acrescido de um prêmio de 10% (dez por cento); e (b) o preço de conversão, determinado com base na média ponderada por volume do preço da ação ordinária de emissão da companhia em negociação ("JBSS3") nos 60 (sessenta) pregões imediatamente anteriores à data da efetiva conversão das debêntures, média esta ajustada para proventos declarados, limitado a um piso de R$ 6,50 (seis reais e cinquenta centavos) por ação e um teto de R$ 12,50 (doze reais e cinquenta centavos) por ação ("Conversão em Ações").

Caso a conversão fosse feita pela média dos tais últimos 60 pregões, como era previsto, o valor de cada ação sairia por R$ 6,60 e o total de ações a que a BNDESPar teria direito seria de 527.212.121, o que corresponderia a uma queda de apenas 20,4% em relação ao volume que seria obtido se a conversão fosse feita pelo valor de R$ 5,48 por ação (cotação do dia) e ficaria, ainda assim, acima do que a CVM exigia para a realização obrigatória da OPA, o que provocou a mudança de planos e da "base estatística" utilizada.

Entendeu como a estatística, apesar de ser uma ferramenta de imensa utilidade, pode ser manipulada para o atingimento de um dado propósito?

E não somente nesse caso. Nós somos manipulados assim, quase todos os dias, especialmente pelos resultados das pesquisas de opinião.

Então, a tal dispensa dada pelos acionistas não contrariava a Instrução CVM nº 361, pois o estatuto, apesar de limitar a participação de outro sócio em 20%, não contrariava tal instrução normativa, pela qual não se poderia extrapolar um terço do capital social. Parecia, assim, mais uma cortina de fumaça feita para encobrir os reais propósitos por trás do processo envolvendo a conversão das debêntures em ações da JBS S.A.

Tudo meticulosamente pensado...

No dia 18 de maio de 2011, o BNDES emitiu um comunicado informando que a diretoria da BNDESPar aprovara, no dia anterior, a proposta da JBS S.A. para realização de aumento do capital social, mediante capitalização das debêntures de 1ª emissão da JBS S.A., ao preço de conversão de R$ 7,04 por ação, cuja capitalização daria liquidação às debêntures.

A Deal Maker, fazendo uma análise da polêmica envolvendo a antecipada conversão das debêntures subscritas pela BNDESPar em ações da JBS S.A., especialmente porque o mercado não reagiu bem a isso, perguntou a Wesley Batista por que tal operação fora antecipada, e ele assim respondeu:

> A estrutura de capital estava muito desbalanceada. Quase não temos dívida nos Estados Unidos. Todo encargo financeiro está aqui. Do ponto de vista fiscal é ineficiente, porque geramos caixa nos Estados Unidos e pagamos muitos impostos. Enquanto isso, carregamos a dívida no balanço no Brasil. O ideal seria transferir a dívida para os Estados Unidos, elevar a despesa financeira lá e pagar menos imposto de renda. O problema é que isso não era possível por causa das debêntures, porque havia a perspectiva de o BNDES ter uma participação na JBS USA. Todo esse prejuízo financeiro gera uma conta de US$ 150 milhões por ano. Se já sabíamos que as debêntures seriam convertidas no Brasil, por que esperar e continuar perdendo US$ 150 milhões?

Os termos do aditivo, conforme a JBS S.A., foram aprovados por unanimidade pela Assembleia de Acionistas, inclusive com a presença de representante da BNDESPar. Destaca-se que esse aditivo contratual era uma faca na garganta do banco, mas este, que era detentor de 99,94% das debêntures, estava plenamente de acordo e o aprovou sem ressalvas.

O contrato original teve três itens alterados, conforme a JBS:

1. No item III.9.1, mantido que o vencimento das debêntures, que deveria ser em 60 anos, ou seja, a data para resgate seria o dia 28 de dezembro de 2069, foi acrescentado que elas deveriam ser canceladas no caso de conversão em ações, permuta ou capitalização das debêntures, o que não representava prejuízo.

2. O item III.9.2 determinava, originalmente, "não obstante o disposto acima, a Emissora deverá, de forma mandatória, proceder ao pagamento integral das debêntures, pelo seu Valor Nominal Unitário (valor de face na data de emissão) sempre por meio da permuta (por bem de qualquer natureza, incluindo ação de outra companhia) ou da Conversão em Ações". Neste ponto, foi acrescentado que também poderiam ser pagas com a capitalização das debêntures. O que mudava era que, aqui, as debêntures seriam incorporadas ao capital social da JBS S.A. e posterior restituição de capital ao sócio, mediante redução do capital social.

3. No item III.16 era um beco sem saída, pois, ou o debenturista resgatava convertendo em ação, ou ficaria à mercê de prazos e decisão da JBS em resgatar ou não as debêntures.

Claramente havia uma coordenação de interesses entre a BNDESPar e a JBS para que o banco tivesse aceitado entrar em uma operação dessas, em que perdia dinheiro com a conversão a valor maior, abria mão da multa de 10%, não recebeu qualquer remuneração pelo dinheiro aplicado e ainda abriu mão da multa de US$ 300 milhões pela não abertura do capital da JBS USA.

Quando questionado sobre o IPO da JBS USA, Wesley Batista disse que naquele momento a empresa não avaliava realizar a abertura de capital da unidade dos Estados Unidos. Também afirmou que a conversão das debêntures encerrava negociação com o BNDES para nova emissão, anunciada em dezembro.

É importante verificar que as ações da JBS, em 18 de maio de 2011, valiam quase a metade da cotação do início de 2010, dias após o anúncio da compra da Pilgrim's Pride e do Bertin, que carregavam problemas financeiros e obrigaram a JBS S.A. a realizar operações financeiras, como a emissão de debêntures, para arcar com os custos das aquisições.

No dia 13 de fevereiro de 2011, o procurador da República do Rio de Janeiro (MPF-RJ), Carlos Alberto Natal, confirmou ter aberto inquérito civil público para apurar possíveis irregularidades na operação de aquisição de títulos no valor de R$ 3,48 bilhões do frigorífico JBS pelo BNDES. Ele teria esclarecido que ainda estava aguardando informações do banco.

Mas a roda da fortuna continuava girando a favor da família Batista...

A J&F Participações S.A. assinou, no dia 30 de maio de 2011, o contrato de aquisição das marcas da Bertin Higiene e Limpeza. Com a transação, no valor de R$ 350 milhões, a J&F passou a controlar as marcas Neutrox, Hydratta, Phytoderm, Kolene, OX, Francis, Karina, entre outras, num conjunto de mais de 600 produtos. O negócio passou a integrar a área de produtos para consumo da J&F Participações, a Flora Higiene e Limpeza, dona das marcas Albany e Minuano.

No dia 15 de junho de 2011, o Ministério Público Federal do Rio de Janeiro arquivou o inquérito civil público, que tinha por objetivo apurar possíveis irregularidades na operação de aquisição das debêntures pelo BNDES:

> Segundo o relatório da Procuradoria da República no Estado do Rio de Janeiro, a operação realizada pelo banco de fomento estatal estava de acordo com a Política de Desenvolvimento Produtivo (PDP) estabelecida pelo governo federal, e a situação financeira da JBS não era falimentar no momento da subscrição das debêntures em ações pela BNDESPar.
> "A emissão de debêntures da JBS seguiu todos os procedimentos aplicáveis, tendo sido uma operação privada, por meio da qual os acionistas da companhia tiveram direito a subscrever os títulos na proporção de sua participação no capital da mesma", diz o texto do Ministério Público que determinou o arquivamento do processo.
> Além disso, o documento ressalta que a auditoria realizada pelo Tribunal de Contas da União (TCU) concluiu que os financiamentos concedidos pelo BNDES às empresas frigoríficas no período de 2005 a 2009, entre elas a JBS, não evidenciaram a existência de "desconformidade normativa", nem favorecimento.

O texto do tal procurador da República pareceu mais uma desculpa de quem, por algum motivo, foi "convencido" a deixar a coisa como estava. E não procedia a sua justificativa.

Em 2011, a JBS S.A. divulgou no Relatório Anual de 2010 um prejuízo de R$ 264 milhões, justificando que tal resultado teria sido impactado pelo pagamento da multa de R$ 521,9 milhões, por causa da não abertura do capital da JBS USA, evento que será detalhado adiante.

A JBS passou, em 2012, a atuar no segmento de aves no Brasil, ao assumir as unidades da Frangosul, Tramonto e Agrovêneto, expandindo em 15% sua capacidade global de produção nessa categoria e ampliando a capacidade anual de processamento de bovinos em 2 milhões de cabeças.

Em 2013 foi a vez de a JBS anunciar a compra da Seara Brasil, divisão de aves, suínos e alimentos processados da Marfrig Alimentos, em um negócio envolvendo a cifra de R$ 5,85 bilhões, que iria fazer a companhia ganhar mais espaço num setor liderado pela BRF.

Na verdade, a Seara vendida à JBS não era a mesma que havia sido comprada pela Marfrig da americana Cargill em 2009. Na época, o negócio envolveu, além da marca Seara Alimentos, sete unidades de abate de aves, três processadoras de carne suína, um terminal portuário em Itajaí (SC), operações de distribuição e comercialização no Reino Unido, Japão e Singapura, nove fábricas de ração e seis granjas de matrizes de aves. A capacidade diária de abate era de 1,2 milhão de aves e de 5,8 mil suínos, para uma produção mensal de 17,5 mil toneladas de produtos.

Desde então, a Seara aumentou sua musculatura com a incorporação de ativos da BRF, a empresa que resultou da fusão da Sadia com a Perdigão. Marcas importantes no mercado nacional, pertencentes ao legado da BRF, passaram a fazer parte de seu portfólio, como Rezende, Wilson, Doriana, Freski, Fiesta, entre outras. Também foram incorporadas à Seara as unidades de outras companhias, como a Braslo, Mabella, Da Granja e Penasul, que haviam sido compradas anteriormente ao negócio com a JBS.

Mas isso precisa ser mais bem explicado...

Na verdade, a BRF, em 2011, dava sem querer uma bela força para a JBS, que se tornaria assim seu maior rival no mercado de aves e de alimentos processados, após a compra da Seara Brasil.

Isso porque boa parte do aumento de capacidade da Seara vinha de fábricas que foram trocadas com a BRF para que esta se adequasse às exigências do Cade, ao aprovar a fusão da Sadia com a Perdigão.

E foi por isso que o empresário Wesley Mendonça Batista ficou tão eufórico ao anunciar, em teleconferência para analistas do mercado, a aquisição da Seara: "É uma aquisição estratégica, que vai trazer muitos benefícios para a operação da companhia no mercado doméstico e também internacional".

Em dezembro de 2013, a JBS adquiriu, por R$ 258,6 milhões, a empresa paulista de alimentos Massa Leve, tendo sido a operação aprovada pelo Cade no final de maio de 2014.

O ano de 2014 foi também de grandes compras para a JBS. Por exemplo, a JBS Aves Ltda. efetuou a compra da Frinal, com capacidade de abate de 120 mil aves/dia, da Belagrícola, com capacidade de abate de 200 mil aves/dia, e do frigorífico Big Frango, pelo total de R$ 430 milhões.

Na área de suínos, a JBS adquiriu a Sul Valle, com capacidade para processar 2 mil animais por dia. Já a JBS Foods adquiriu a Céu Azul Alimentos, cujo principal negócio é a criação, abate e comercialização de aves.

A JBS também fechou, em 2014, a compra do negócio de aves do grupo norte-americano Tyson Foods, no Brasil e no México, por US$ 575 milhões, e a totalidade das operações globais do grupo Primo Smallgoods, por meio de sua subsidiária JBS Austrália, pelo valor de US$ 1,250 bilhão.

Em 2015, a JBS também realizou duas grandes aquisições: a Moy Park, localizada na Irlanda do Norte, que pertencia à Marfrig, pelo valor de US$ 1,5 bilhão, e a divisão de suínos da Cargill, nos Estados Unidos, por US$ 1,45 bilhão. Nessa operação estão incluídas duas unidades industriais de processamento de carne, cinco fábricas de ração e quatro granjas de suínos.

Com essa aquisição, a JBS aumentou o seu portfólio de produtos nos Estados Unidos, e a compra foi feita com pagamento à vista.

Em 2015, a J&F Investimentos comprou, do fundo americano Ashmore, a Termoelétrica de Cuiabá (EPE Cuiabá), que estava arrendada para a Petrobras, iniciando sua atuação na área de geração de energia, dando impulso à empresa Âmbar Energia.

A J&F S.A. ainda faria um grande negócio na era petista: a compra da Alpargatas, empresa que pertencia à Camargo Corrêa. E com as bênçãos da presidente Dilma Rousseff, que abriu os cofres da Caixa Econômica Federal para os irmãos Batista, que, claro, estavam pagando propina. Além disso, a compra foi feita com ágio de 31,3% para as ações preferenciais e de 27,8% para as ações ordinárias, em relação ao preço de fechamento do último pregão.

O grupo dos irmãos Wesley e Joesley Batista informou que a compra da Alpargatas fazia parte de sua estratégia de diversificação do portfólio de negócios. No total, foram adquiridas 207.575.464 ações de emissão da Alpargatas, sendo 161.846.378 ações ordinárias e 45.729.086 papéis preferenciais, "representando 44,12% do capital social da Alpargatas, sendo 66,99% em ações ordinárias e 19,98% em ações preferenciais".

Joesley Batista assim se posicionou em relação à compra da Alpargatas:

> Acreditamos que nossa experiência acumulada em operações globais e no desenvolvimento de marcas fortes irá impulsionar ainda mais a bem-sucedida trajetória da Alpargatas, consolidada pela Camargo Corrêa até aqui.

O TCU, em setembro de 2016, abriu procedimento para investigar a transação havida entre a Caixa Econômica Federal e a J&F, relativa ao empréstimo de R$ 2,67 bilhões, com prazo de pagamento de sete anos, com dois de carência. Um negócio que especialistas do mercado consideraram pouco usual, o que levantou suspeitas.

E, mais uma vez, fomos informados pelo empresário Joesley Batista, em depoimento ao Ministério Público Federal, que, para levantar esse empréstimo na Caixa, ele teve que pagar propina para o PMDB da Câmara dos Deputados, que detinha o domínio sobre o banco e seus Fundos de Investimentos, como o FI-FGTS.

Capítulo 7

A compra do Independência pela JBS

Ninguém ganha dinheiro abatendo boi e vendendo carne. Quem acumulou algum capital nesse negócio, dele saiu logo para viver das fazendas que comprou antes de perder tudo que ganhou.

Pedro Eduardo de Felício - professor titular da Unicamp - 2009

O frigorífico Independência pertencia à família do senador Antonio Russo Netto (PR-MS), que ganhou notoriedade quando figurou na capa de *The Wall Street Journal*, em 2003, numa extensa matéria que o colocava como o "Barão da Carne" do Brasil, o segundo maior frigorífico exportador brasileiro, com uma trajetória de sucesso desde 1977.

No artigo do jornal americano, o repórter relatou que, em 2001, Antonio Russo Netto teria viajado para Tel Aviv, em meio a um surto de violência entre israelenses e palestinos, para conquistar um contrato com um distribuidor de carne israelense.

Entretanto, Antonio Russo Netto se afastou da direção do frigorífico em 2004 por questão de saúde. Seus filhos passaram a dirigir a empresa, com a presidência nas mãos de Roberto Russo.

O Independência, por meio das fazendas mantidas no município de Nova Andradina (MS), foi o primeiro frigorífico brasileiro a abater carne de boi orgânico para exportação ao mercado europeu. Em 2008, o frigorífico era o quarto maior exportador de carne bovina *in natura* e congelada do Brasil, além de ser um dos líderes na produção de couro no mercado brasileiro. Naquele ano, o Independência tinha capacidade de abate de aproximadamente 11,8 mil cabeças de boi por dia, e processamento de couro de 12,6 mil peles por dia, tendo faturado no exercício de 2008 um total de R$ 2,19 bilhões.

Tudo parecia ir muito bem para o grupo Independência, tanto que em novembro de 2008 o BNDES adquiriu, por R$ 250 milhões, uma participação acionária de 21,8% no frigorífico, e uma nova parcela de R$ 200 milhões deveria ser investida pelo banco em março de 2009, quando sua fatia no capital do frigorífico deveria passar para 33%.

O objetivo dessa alteração societária, de acordo com o grupo Independência, era utilizar o aporte para aumento de capital e também para dar continuidade ao plano de crescimento das operações do frigorífico.

O grupo Independência chegou a anunciar, no dia 21 de janeiro de 2009, que estudava recomprar parte das notas de dívidas (eurobônus – até o limite de US$ 144,37 milhões) emitidas pela empresa e que venceriam em 2015 (US$ 300 milhões) e em 2017 (US$ 225 milhões).

Contudo, isso acabou não acontecendo, em razão do pedido de recuperação judicial feito pelo frigorífico, no dia 27 de fevereiro de 2009, apenas três meses depois que o BNDES passou a ser seu sócio.

O grupo Independência, em um informe ao público, justificou:

> [...] Mudanças materiais adversas nos mercados global e brasileiro de carne bovina, a contínua volatilidade e turbulência nos mercados financeiros do Brasil e do mundo, e com o objetivo de preservar o caixa necessário para dar continuidade às suas operações, a companhia recorreu à proteção judicial. [...]

No início de fevereiro, a empresa já havia anunciado o fechamento de uma unidade de abate em Campo Grande (MS) e demitido 400 trabalhadores, com o remanejamento de outros 100 funcionários para abatedouros em Nova Andradina e Anastácio (MS).

Mas o fato de o frigorífico entrar com pedido de recuperação judicial (não só no Brasil, mas também nos Estados Unidos, registre--se) pegou o mercado de surpresa, embora a situação do setor já não fosse favorável, em função da crise de 2008. Isso provocou redução das exportações, elevação do preço do dólar, redução do crédito e aumento da inadimplência de importadores, deixando a empresa numa grave situação em relação a capital de giro.

O frigorífico, além de uma dívida de US$ 1,2 bilhão, operava com prejuízo diário de R$ 2,8 milhões. Outro ponto importante a ser destacado é que ele estava com atraso de pagamento de US$ 100 milhões ao J.P. Morgan.

Sobre a situação de crédito, Roberto Russo reclamou da escassez de linhas de financiamento e do aumento dos juros cobrados. Disse que o custo nas linhas em dólar havia subido de 6% para 12% ao ano, e nas linhas em reais, de 110% do CDI para 170%.

Em nota, o BNDES informou que "nos limites de suas obrigações institucionais e da prudência bancária, estava disposto a analisar alternativas capazes de fortalecer a empresa, importante geradora de emprego e renda".

E ficou somente nisso. O frigorífico Independência continuava sangrando...

Já que poderia ser vista como um tanto oportunista, a JBS, em comunicado encaminhado à CVM, informou que não havia observado "redução das margens no mercado brasileiro no início desse ano". Por isso, sinalizava até possíveis contratações. Segundo a nota, a companhia avaliava "quais de suas plantas no Brasil teriam sua produção ampliada com a possível contratação de até 5 mil pessoas durante o primeiro semestre de 2009".

Era um claro movimento para desprestigiar o frigorífico Independência, que foi o sexto do setor a pedir recuperação judicial, desde o início de 2008, em função da queda nas exportações e da falta de crédito. O pedido de recuperação judicial do grupo foi deferido pela Justiça em maio de 2009.

Entre o final de fevereiro e 1º de abril de 2009, o Independência paralisou suas operações de abate e desossa em todas as suas dez plantas, informando que pretendia retomar os trabalhos "o mais breve possível". A alegação do grupo foi de que havia ocorrido um "problema de fluxo de caixa".

De início, como seria uma paralisação temporária, o frigorífico Independência não efetuou demissões, apenas dispensou o pessoal do trabalho, num esquema parecido com o de férias coletivas.

Depois foi retomada a operação em algumas dessas unidades – Nova Andradina (MS) era uma delas. Durante audiência na Câmara Municipal da cidade para discutir o assunto, Sérgio Longen, presidente da Federação da Indústria de Mato Grosso do Sul, explicou que a reativação era necessária para que o Independência pudesse receber os R$ 240 milhões de crédito da União, referente à Lei Kandir, e assim honrar a dívida com os pecuaristas do estado, que chegava a R$ 46 milhões. "A unidade tem de estar em operação antes do dia 1º de maio [2009], para que se possa liberar esse ativo."

O Plano de Recuperação Judicial do frigorífico Independência foi aprovado pelos credores no fim de 2009, e, em março de 2010, a empresa conseguiu captar US$ 165 milhões em *bonds* no mercado internacional, com vencimento em 2015, para pagar fornecedores e usar esse valor como capital de giro – isso indica que, mesmo em recuperação judicial, o frigorífico tinha prestígio.

Ainda assim, a empresa voltou a ficar sem capital de giro, não conseguiu pagar os juros desses *bonds* e, em outubro de 2010, paralisou as três unidades: Nova Andradina (MS), Colorado d'Oeste (RO) e Santana de Parnaíba (SP), que operavam parcialmente.

Levantamento feito pela Associação dos Criadores de Mato Grosso indicava que o frigorífico Independência havia quitado os débitos de até R$ 100 mil e dívidas trabalhistas, mas pagou apenas cinco ou seis parcelas dos créditos acima de R$ 100 mil.

Conforme a associação, à época da aprovação do Plano de Recuperação Judicial, as dívidas com pecuaristas de Mato Grosso somavam R$ 56 milhões.

Em novembro de 2010, o Independência propôs novo plano de recuperação a seus credores, o qual previa a venda de ativos, criação de uma nova companhia e conversão de parte da dívida em ações dessa nova companhia. De acordo com a proposta, uma fatia de R$ 800 milhões da dívida total, estimada em mais de R$ 2 bilhões, seria convertida em ações.

Conforme acertado na última Assembleia Geral de Credores, realizada em 3 de março de 2011, o Independência divulgou, em maio do mesmo ano, o edital de leilão dos ativos do frigorífico.

De acordo com esse edital, os interessados teriam de fazer um aporte mínimo de R$ 150 milhões em uma nova companhia, que passaria a deter os ativos do Independência e assumiria suas dívidas. O leilão deveria ocorrer em julho de 2011.

Os pagamentos aos pecuaristas e fornecedores teriam de ser feitos de forma integral, como estabelecido no plano original, cujas quitações deveriam ser retomadas em até 30 dias úteis após a homologação do resultado da alienação judicial.

Na lista de unidades produtivas que seriam leiloadas estavam três plantas industriais, sendo uma em Nova Andradina, uma em Campo Grande e outra em Senador Canedo, em Goiás, além de um curtume (Nova Andradina), dois armazéns (Santos e Barueri, no estado de São Paulo), quatro terrenos espalhados em Mato Grosso, Mato Grosso do Sul e Tocantins e um imóvel na cidade de Barueri (SP).

Também estavam incluídos, no rol dos ativos que deveriam ser leiloados, direitos e obrigações necessários à condução das operações de abate, industrialização, compra e venda, importação e exportação de produtos bovinos, construções, benfeitorias, acessões, bens tangíveis e intangíveis (licenças, alvarás, inscrições relevantes) e os contratos relevantes para a operação, de qualquer natureza, inclusive os contratos de trabalho (ainda existentes), os de compra e venda e arrendamento de unidades industriais.

O documento ainda definia que a alienação judicial não poderia ser feita por valor inferior ao da avaliação das unidades produtivas, ou seja, pelo montante mínimo de R$ 706.922.643,88.

Cinco propostas foram apresentadas, incluindo uma proposta reformulada do grupo Diplomata, do deputado Alfredo Kaefer (PSDB-PR), em conjunto com a empresa Unibrax Investimentos e Participações, que ofereceram pagar o valor avaliado em até 30 anos, mas que privilegiaria os credores de notas de US$ 165 milhões com vencimento em 2015, com deságio para pagamento de outros credores.

Alfredo Kaefer já havia apresentado informalmente, no dia 15 de março de 2011, uma proposta de compra por R$ 250 milhões, o que não foi aceito. Na nova proposta, os deságios chegavam a 92,72% – caso da proposta de pagamento aos credores detentores de notas substitutivas, com vencimento em 2016, de dívidas totais de R$ 514,9 milhões.

O maior prazo de pagamento sugerido foi até 2041, para credores como pecuaristas, Adiantamento de Contrato de Câmbio (ACC), notas de 2016 e fornecedores. A proposta também previa um cronograma de fluxo de caixa, com reversão de um prejuízo líquido de R$ 2,806 bilhões em março de 2012 para um resultado líquido de R$ 1,062 bilhão em abril de 2013.

Nenhuma proposta foi aceita pela Assembleia dos Credores e, diante da impossibilidade de o frigorífico pagar o que estava acordado, a intenção dos advogados da companhia era convocar uma assembleia para discutir nova proposta de pagamento aos credores, evitando, assim, a falência.

No final de 2012, os credores do grupo Independência aprovaram nova versão do Plano de Recuperação Judicial, que confirmou a compra dos ativos da companhia pela JBS, literalmente na "bacia das almas".

A proposta foi o pagamento de R$ 135 milhões, por meio do uso de 22,987 milhões de ações da JBS, mantidas em tesouraria, pelo valor unitário de R$ 7,90, e de R$ 133 milhões em dinheiro, totalizando R$ 268 milhões. Entretanto, estimativas do mercado davam conta de que a incorporação dos ativos do Independência à JBS agregaria R$ 1,75 bilhão ao seu faturamento.

Ficaram a ver navios nessa negociação: o BNDES (R$ 250 milhões); os bancos que só receberiam pequena parcela a que teriam direito; os trabalhadores que tiveram o pagamento com deságio de 70% do acerto rescisório e sem correção; e aqueles trabalhadores que não fecharam acordo e foram à Justiça, sem saber quanto e quando receberiam.

Na tentativa de recuperar os R$ 250 milhões investidos na empresa, o BNDES recorreu à Câmara Arbitral do Mercado (CAM), vinculada à BM&F Bovespa, tentando obrigar os controladores do Independência a fazer a recompra das ações, mas foi derrotado, com os árbitros negando ao banco o uso da cláusula "direito de regresso", que daria a ele a opção de vender suas ações. Além da derrota no processo, a BNDESPar teve de bancar todas as custas arbitrais, despesas comuns e honorários de árbitros, por hora trabalhada, de peritos, assistentes e advogados das partes, além de pagar multa e correção monetária.

Roberto Russo disse, em 24 de setembro de 2015, durante seu depoimento à CPI do BNDES, que a entrada do governo no setor desequilibrou o mercado, quebrou a maior parte dos frigoríficos e beneficiou a JBS, que virou o maior grupo do mundo.

"Na política de campeão nacional, eu sou o perdedor nacional. Quando se faz uma política de campeão nacional que o governo arbitra, automaticamente cria-se uma política de perdedores", afirmou Russo à CPI, completando com a leitura de uma lista de 17 frigoríficos que quebraram entre 2008 e 2009, mesmo período em que JBS e Marfrig cresceram com a ajuda do BNDES.

Embora toda a polêmica criada em torno do depoimento de Roberto Russo à CPI, deputados federais do PT e do PMDB se uniram para derrubar a convocação dos donos do maior grupo frigorífico do país: JBS. Alguns milhões de reais em propina foram aplicados nessa operação "cala-boca".

Também sempre omisso ou tardiamente agindo ou demonstrando que está fazendo alguma coisa, o Tribunal de Contas da União (TCU) concluiu, no início de julho de 2017, que houve fraude e prejuízo de R$ 418 milhões em aporte feito pelo BNDES ao frigorífico Independência em 2008.

A auditoria do TCU imputou ao BNDES a responsabilidade por não ter avaliado a situação financeira delicada do frigorífico, "a despeito de terem sido apresentados documentos e informações que não revelavam, de imediato, a verdadeira condição econômico-financeira".

Conforme decisão aprovada no dia 5 de julho de 2017, gestores do banco e os administradores da empresa deverão responder a processo que visa ao ressarcimento das perdas. Além dos administradores do Independência, Miguel Graziano Russo e Roberto Graziano Russo, são apontados como responsáveis dez gestores do BNDES que avaliaram/aprovaram a operação supostamente prejudicial ao banco.

Diante da irregularidade, o TCU decidiu desconsiderar a personalidade jurídica da empresa e responsabilizar os sócios diretamente, em solidariedade aos ex-gestores do banco, pelo prejuízo causado aos cofres da BNDESPar. O valor original do débito deverá ser atualizado.

Capítulo 8

A JBS e o governo Temer

Precisamos resolver nossos monstros secretos, nossas feridas clandestinas, nossa insanidade oculta.

Michel Foucault

Poucas horas depois de confirmada a decisão do Senado Federal pelo impeachment da presidente Dilma Rousseff, no dia 31 de agosto de 2016, o vice-presidente e presidente em exercício, Michel Temer, tomou posse como presidente da República. Ele acompanhou o julgamento na residência oficial da vice-presidência, o Palácio do Jaburu, ao lado de ministros.

Assim que saiu o resultado, Temer foi ao Palácio do Planalto, onde, às 15h30, recebeu a notificação sobre a decisão do Senado Federal. Perto das 16h30, Michel Temer chegava ao Congresso Nacional, entrando pela chapelaria, e foi logo cercado por ávidos correligionários, que queriam tirar uma *selfie* com o novo presidente da República.

Chegou ao plenário do Congresso, que estava lotado de parlamentares e convidados, recebendo inúmeros cumprimentos antes de ocupar seu lugar.

Depois da execução do Hino Nacional, em uma rápida cerimônia, o novo presidente fez o juramento: "Prometo manter, defender e cumprir a Constituição, observar as leis, promover o bem geral do povo brasileiro".

Ao declarar Michel Temer empossado como presidente da República Federativa do Brasil, até 31 de dezembro de 2018, o senador Renan

Calheiros (PMDB-AL) sinalizou apoio ao novo governo: "Parabéns, viu? Tamo juntos".

No início da noite, o já empossado presidente da República, Michel Temer, fez o primeiro pronunciamento em rede nacional de rádio e televisão, quando afirmou: "São quase 12 milhões de desempregados e mais de R$ 170 bilhões de déficit nas contas públicas. Meu compromisso é o de resgatar a força da economia e recolocar o Brasil nos trilhos".

Depois do pronunciamento, Michel Temer seguiu direto para a Base Aérea de Brasília e passou o cargo de presidente da República para o presidente da Câmara dos Deputados, Rodrigo Maia (DEM-RJ), já que estava embarcando para a China, onde participaria de reunião do G-20, grupo que reúne os principais países industrializados e emergentes do planeta.

Apesar de ter iniciado o mandato com pouco apoio popular, havia uma expectativa de que o presidente conseguiria superar as dificuldades existentes desde o começo da crise desencadeada pelo processo de impeachment. Porém, os fatos que se seguiram só ajudaram a levar o país a mais crise e desemprego, ficando altamente desgastada a imagem do presidente da República.

Em menos de um ano, Michel Temer chegou a substituir oito ministros, todos com algum tipo de investigação criminal; a maioria relacionada com a Operação Lava Jato. Pelo menos 15 dos 24 ministros nomeados inicialmente por Michel Temer apareceram de alguma forma nas investigações do esquema de corrupção da Petrobras e de outras empresas estatais.

Alguns deles haviam sido ministros ou figuras-chave também no governo de Dilma Rousseff, como foi o caso de Henrique Alves e de Romero Jucá, que foi líder do governo petista no Senado Federal.

Mas não só ministros passaram a ser dor de cabeça para o presidente. No dia 19 de outubro de 2016, foi preso o ex-presidente da Câmara, Eduardo Cunha [já condenado pelo juiz Sergio Moro a 15 anos de prisão], tendo o STF negado seu pedido de *habeas corpus*, com oito votos contrários e apenas um favorável.

Enquanto o ano de 2016 terminava com profunda crise política e econômica, a JBS S.A. ostentava uma receita líquida de R$ 170,4 bilhões e lucro líquido de R$ 376 milhões.

Em mensagem de apresentação de seus resultados de 2016, o CEO global da JBS, Wesley Mendonça Batista, enalteceu os colaboradores da companhia pelos excelentes resultados obtidos e projetou o ano de 2017 com grande otimismo, reforçando a estratégia que a empresa seguiria perseguindo.

Entretanto, Wesley Mendonça Batista logo veria que 2017 exigiria do grupo muito trabalho para tentar superar as dificuldades impostas por ações que o Ministério Público Federal e a Polícia Federal iriam desenvolver, com vistas a elucidar crimes praticados por executivos do grupo J&F[3].

E os irmãos Batista conheceriam dias de muito pesadelo...

Já no dia 17 de março de 2017, a coisa começaria a ficar complicada para a JBS, com a deflagração da primeira fase da Operação Carne Fraca, pelo Ministério Público Federal e pela Polícia Federal. Essa operação foi tida como a maior já realizada na história da Polícia Federal, contando com a participação de 1.100 agentes, que foram às ruas para cumprir 309 mandados em seis estados do Brasil e no Distrito Federal, sendo 27 mandados de prisão preventiva, 11 de prisão temporária, 194 de busca e apreensão e 77 de condução coercitiva – quando a pessoa é conduzida por agentes federais para prestar depoimento à Justiça.

Segundo as investigações realizadas pela Polícia Federal, mais de 30 empresas e fiscais do Ministério da Agricultura se beneficiaram do esquema que envolvia liberar a venda de carne imprópria para consumo.

Parte da propina liberada no esquema ia para o PMDB, partido do presidente da República, e para o Partido Progressista (PP), que compõe a base aliada do governo e que tem o ministro da Agricultura, Blairo Maggi (PP-MT), como expoente dentro do governo Michel Temer.

O delegado da Polícia Federal, Maurício Moscardi, afirmou em audiência com a imprensa que a responsabilidade pelos atos

---

3 Em depoimento prestado por Joesley Batista à Procuradoria-Geral da República, em maio de 2017, veio à tona que a JBS mantinha seus tentáculos não apenas sobre membros dos poderes Executivo e Legislativo, mas também sobre os fundos de pensão de estatais, ficando a questão ainda mais grave quando se revelou que a JBS controlava conselheiros da sua principal concorrente, a BRF. Os executivos Luís Carlos Affonso e Carlos Costa, que aparecem nos áudios como beneficiários de propina da JBS, foram conselheiros da BRF até 2015, indicados pela Petros, uma das principais acionistas da BRF e também parceira do grupo J&F em diversas empresas, incluindo a JBS. Ou seja, por meio do fundo de pensão da Petrobras, os irmãos Batista tinham nomes de sua confiança em dois assentos no Conselho de Administração da BRF, o que não deixa de ser bastante relevante, se analisado que este mercado é muito competitivo. A BRF foi notificada pela Comissão de Valores Mobiliários (CVM) sobre o controle que a JBS mantinha sob dois de seus conselheiros, depois que o caso teve divulgação.

criminosos contra a população é tanto dos empresários quanto dos agentes públicos. Dentro do Ministério da Agricultura, funcionários envolvidos removiam fiscais para garantir a continuidade do esquema. A recusa de um fiscal em ser removido foi o que levou ao início das investigações.

Após a operação ser deflagrada pela Polícia Federal, 33 servidores do Ministério da Agricultura foram afastados, sendo quatro exonerados. Três unidades de beneficiamento de carne foram fechadas: a BRF em Mineiros (GO) e as unidades da Peccin em Jaraguá do Sul (SC) e Curitiba (PR).

As investigações realizadas pela Polícia Federal apontaram que a JBS (Seara, Swift, Friboi e Vigor) e a BRF (Sadia e Perdigão) adulteravam carnes vendidas nos mercados interno e externo. De acordo com investigação da Polícia Federal, isso envolvia a mudança na data de vencimento, uso de embalagem inapropriada e até maquiagem do aspecto da carne, com o uso de produtos químicos, como o ácido ascórbico.

Entre as pessoas flagradas em gravações autorizadas pela Justiça, foi registrada a interferência do então ministro da Justiça do governo de Michel Temer, Osmar Serraglio (PMDB-PR), conversando com o fiscal agropecuário Daniel Gonçalves Filho, considerado um dos chefes do esquema criminoso e principal alvo da investigação sobre a fiscalização em um dos frigoríficos envolvidos na adulteração de carnes.

Daniel Gonçalves Filho decidiu delatar o esquema para a Procuradoria-Geral da República, já que envolve pessoas com foro privilegiado. Gonçalves entregou o nome de 40 pessoas que participavam do esquema de corrupção, entre eles políticos como o ex-ministro da Justiça de Michel Temer Osmar Serraglio, que seria um de seus "padrinhos" no cargo.

Outra pessoa envolvida no esquema criminoso é Maria do Rocio Nascimento, ex-chefe do Departamento de Inspeção de Produtos de Origem Animal (Dipoa) do Paraná. As investigações da Polícia Federal apontaram que Maria do Rocio recebeu um apartamento em Gramado "em razão de irregularidades praticadas no interesse da empresa BRF", além de dinheiro que superou em 40% seus vencimentos regulares.

A JBS aparece no escândalo da carne estragada com as marcas Big Frango e Seara, tendo sido um dos alvos da investigação o ex-gerente executivo (CEO) da Big Frango de Rolândia (PR), o engenheiro de alimentos Roberto Mülbert, conduzido coercitivamente para prestar depoimento.

Roberto Mülbert, que foi diretor de Operações da Marfrig, estava na JBS desde outubro de 2012, tendo ocupado, inicialmente na JBS, o cargo de diretor de Operações da Divisão de Bovinos. Ele já estava desligado da companhia desde dezembro de 2016, quando foi para a Foodmate como diretor executivo.

Em diálogo interceptado pela Polícia Federal, Mülbert manteve conversa com Maria do Rocio Nascimento, funcionária do Ministério da Agricultura, apontada como uma das pessoas líderes do esquema. Na conversa, Mülbert pede orientação a Nascimento a respeito da utilização de embalagens antigas.

No meio do diálogo, o CEO da Big Frango pergunta a Maria do Rocio se ela teria recebido "as asinhas". Para a Polícia Federal, isso seria indício de que Roberto Mülbert pagava propina para a fiscal do Dipoa.

No caso da Seara Alimentos, também pertencente ao grupo JBS, o envolvido foi Flávio Evers Cassou, médico veterinário da companhia. Segundo os investigadores, Cassou tinha "relação quase societária" com Maria do Rocio Nascimento e "reiteradamente agraciava a estimada amiga com lotes de carnes, produtos e dinheiro". Assim como a fiscal do Ministério da Agricultura, Cassou foi preso preventivamente.

Por causa de um diálogo travado entre Cassou e Eraldo Cavalcanti Sobrinho, outro fiscal preso preventivamente por ordem da Justiça Federal, a PF concluiu que o veterinário da Seara obtinha certificado de exportação de alimentos sem que as fiscalizações fossem realizadas.

De acordo com a Polícia Federal, a conversa entre os dois era exemplo de muitos diálogos interceptados que demonstrariam que certificados preparados por funcionários das empresas envolvidas eram levados até os fiscais do Mapa "apenas para a coleta de suas assinaturas. Em geral, como agradecimento, o fiscal recebia uma caixa com alimentos e/ou pagamento em dinheiro pela facilitação ou pela dispensa da fiscalização na empresa".

O grupo J&F Investimentos – controlador da JBS – estava sendo investigado em outras frentes, como seus negócios bilionários com o Banco Nacional de Desenvolvimento Econômico e Social (BNDES), que estavam sob o crivo da Operação Bullish; operações financeiras da Eldorado Brasil Celulose, envolvendo o BNDES, a Caixa Econômica Federal e os fundos de pensão Petros e Funcef, eram investigadas pela Operação Greenfield; e operações junto à Caixa Econômica Federal, como desdobramento da Operação Lava Jato, eram investigadas pela Operação Sépsis.

Pressionados por acharem que havia em todo esse movimento um "delator oculto", os irmãos Batista decidiram ir à Procuradoria-Geral da República para propor um acordo de leniência que preservasse os negócios de seu conglomerado econômico; eles delatariam crimes praticados pela companhia envolvendo agentes públicos e políticos em troca de benefícios que, principalmente, os resguardassem da possibilidade de uma futura prisão.

Aqui tem início um espinhoso capítulo da história desse grupo empresarial que quase foi levado à derrocada, não preservando os irmãos da prisão.

Depois de conversas preliminares com a PGR, os irmãos Wesley e Joesley Batista e executivos do grupo J&F iniciaram seus depoimentos, que estão indicados em várias passagens deste livro.

Para se chegar aos termos de delação que seriam oferecidos à PGR, o empresário Joesley Batista se reuniu em uma sala com o irmão Wesley e cinco executivos de confiança do grupo: Ricardo Saud, diretor de Relações Institucionais da J&F; Demilton Antônio, diretor financeiro da JBS; Valdir Boni, diretor de tributos da JBS; Florisvaldo Caetano de Oliveira, contador da empresa de contabilidade F. F. Ltda. e ex-conselheiro fiscal da JBS; e o advogado Francisco de Assis e Silva, diretor jurídico da J&F.

Depois dos acertos internos, no dia 19 de fevereiro de 2017 – em pleno domingo –, o diretor jurídico do grupo J&F, Francisco de Assis e Silva, manteve rápida conversa telefônica com o procurador da República do Distrito Federal, Anselmo Henrique Cordeiro Lopes, quando foi relatado que os irmãos Batista estariam dispostos a confessar seus crimes e colaborar com a Justiça, marcando uma reunião para o dia seguinte em Brasília.

Anselmo Henrique Cordeiro Lopes e a delegada Rúbia Danyla Pinheiro, líderes da Operação Greenfield, se reuniram, conforme combinado, com o advogado Francisco de Assis e Silva, orientando-o sobre o funcionamento de uma delação premiada.

Duas semanas depois, o empresário Joesley Batista, por iniciativa própria – embora haja controvérsia –, foi ao Palácio do Jaburu e por cerca de 30 minutos manteve e gravou diálogos comprometedores com o presidente da República, conversa que se tornaria um capítulo a mais na agonia política do mandatário do país.

Poucos dias depois, o então diretor jurídico da J&F, o advogado Francisco de Assis e Silva, entrou em contato com os procuradores da República para relatar o encontro de Joesley Batista com Michel Temer.

Para se colocar como candidato à delação premiada, o empresário Joesley Batista apresentou à Procuradoria-Geral da República, no dia 7 de abril de 2017, alguns elementos de prova envolvendo a possível participação do presidente Michel Temer em crimes de corrupção.

Além da gravação, foram entregues 42 anexos da delação premiada que os irmãos Joesley e Wesley Batista e mais cinco executivos do grupo J&F pretendiam fazer, sendo tais termos acompanhados de diversos elementos documentais probatórios.

Nessa mesma oportunidade, o empresário Joesley Batista e o diretor de Relações Institucionais da J&F, Ricardo Saud, prestaram depoimento à Procuradoria-Geral da República, reafirmando a disposição de celebrar o acordo de colaboração com a Justiça.

Joesley Batista, em seguida, assinou, juntamente com seu irmão Wesley, um pré-acordo de delação com a Procuradoria-Geral da República. A partir de então, deu-se início a "ações controladas", pelas quais conversas e mensagens seriam fiscalizadas com o objetivo de virem a constituir em futuras provas para compor o arsenal preparado pelos irmãos Batista – para fazerem jus a prêmios judiciais decorrentes das delações a que se comprometeram com a PGR.

Já em depoimento prestado no dia 3 de maio de 2017 à Procuradoria-Geral da República, o empresário Joesley Batista afirmou que, para todo empréstimo contraído pela J&F Participações S.A. junto à Caixa Econômica Federal, ele pagava propina e que a taxa chegou a ser de 3,5%, endereçada a pessoas ligadas ao PMDB, partido do presidente Michel Temer.

No dia 20 de junho de 2017, o lobista e conhecido operador do PMDB, Lúcio Bolonha Funaro, deu um depoimento explosivo no inquérito contra o presidente Michel Temer, confirmando a delação de Joesley Batista.

Funaro contou que apresentou o ex-ministro e ex-vice-presidente da Caixa Econômica Federal Geddel Vieira Lima (PMDB-BA) a Joesley Batista, e que atuou na liberação de todos os empréstimos da Caixa para as empresas do grupo J&F, sendo que "a última operação de crédito viabilizada foi de R$ 2,7 bilhões, para a compra da Alpargatas, em dezembro de 2015".

Geddel Vieira Lima, mesmo fora da vice-presidência de Pessoa Jurídica da Caixa, continuava controlando o posto. Lúcio Funaro disse que pagou a Geddel um total de R$ 20 milhões em propina por essas liberações, assim como para empréstimos ao frigorífico Marfrig, e que ele receberia R$ 80 milhões de "comissão" da J&F Investimentos S.A., que, segundo Funaro, ainda lhe deve R$ 48 milhões que ele tenta receber por meio de ação na Justiça.

Gravações com autorização judicial (ação controlada) e monitoradas pela Polícia Federal foram feitas por pessoas ligadas ao grupo J&F, incluindo o empresário Joesley Batista e o executivo Ricardo Saud, como meio de prova da corrupção entranhada no governo do presidente Michel Temer.

Gravando o presidente da República

O presidente da República, Michel Temer, foi gravado na noite do dia 7 de março de 2017 com um "pen drive espião". Era a primeira vez, depois de cerca de dez meses, que Joesley Batista se encontrava com o peemedebista.

Tendo como cenário o belo painel de mármore do artista plástico carioca Athos Bulcão e a estátua "Leda e o Cisne" do artista plástico mineiro Alfredo Ceschiatti, Joesley Batista e Michel Temer dão início a uma conversa que seria gravada e usada como prova de que o presidente teria participação ativa e também o comando de uma organização criminosa formada por membros de seu partido político, o PMDB, com atuação dentro do governo federal, em várias instituições bancárias, incluindo a Caixa Econômica Federal, o Banco do Brasil e o BNDES, além de fundos de pensão.

Joesley Batista afirma que o governo estava indo bem, mas que, em sua opinião, a taxa básica de juros Selic[4] deveria cair mais rápido. "A economia está bem, mas tem que baixar o juro porque a reversão das expectativas foi muito rápida, né?", fala Joesley.

Michel Temer então afirma que o Banco Central iria reduzir a

---

4 A Comissão de Valores Mobiliários (CVM) instaurou o Processo Administrativo nº 19957.004547/2017-60, em 19/5/2017, para analisar a atuação do Banco Original S.A., controlado pela J&F Participações Ltda. no mercado de derivativos, envolvendo especulação com a variação da taxa de juros básicos (Selic), aproveitando-se da informação privilegiada passada pelo presidente Michel Temer ao empresário Joesley Batista.

Selic em mais 1% na próxima rodada de reuniões do Conselho de Política Monetária (Copom): "Desce mais um. [...] Vai descendo responsavelmente, entendeu?".

Claro que Joesley Batista entendeu direitinho, mas fingiu que a informação que lhe caíra no colo não era importante e desconversou, fazendo piada com relação à expectativa do mercado em relação à redução da taxa Selic. "O mercado tem que ficar na sensação de que foi pouco. Não pode tomar a dianteira", disse Joesley Batista, entre outras coisas que apenas serviriam para mascarar o fato de ele ter recebido a informação privilegiada de que o Copom iria reduzir a taxa Selic em 1%.

O empresário e Michel Temer falam sobre Geddel Vieira Lima[5], ex-ministro-chefe da Secretaria de Governo, que caiu após ser acusado de abuso de poder pelo também ex-ministro da Cultura Marcelo Calero, no caso envolvendo um empreendimento de luxo em Salvador (BA) – Geddel queria que o Instituto do Patrimônio Histórico e Artístico Nacional (IPHAN) liberasse o empreendimento para construção.

– Andei falando com o Geddel, com o [Eliseu] Padilha também, mas agora ele adoeceu. Aí eu falei, deixa eu (sic) ir lá. Primeiro queria dizer que tamo junto (sic), o que o senhor precisar de mim, me fala.

– É, tem que tomar cuidado. É complicado – responde Michel Temer em referência aos problemas de Geddel Vieira Lima com as investigações do Ministério Público Federal.

– Queria te ouvir um pouco, como você tá nessa situação toda de Eduardo, não sei o que, Lava Jato.

O presidente fala sobre a tentativa de o ex-deputado federal Eduardo Cunha fustigá-lo através de 21 perguntas dirigidas a ele como testemunha de defesa e que foram sustadas pelo juiz Sergio Moro por não terem relação direta com a defesa. "Era pra me entrutar [envolver]. Eu não fiz nada e [...] no Supremo Tribunal Federal [inaudível]", afirma Michel Temer.

O empresário Joesley Batista dá sequência à conversa com o presidente e fala sobre sua "relação" com os pagamentos que vinha fazendo para o

---

5 Em sua delação premiada, o ex-diretor jurídico da JBS e atual vice-diretor sênior (jul/2017), o advogado Francisco de Assis e Silva, confirmou que Geddel Vieira Lima era a ponte entre o empresário Joesley Batista e o presidente Michel Temer. O mesmo foi confirmado pelo delator e operador do PMDB, Lúcio Bolonha Funaro, afirmando em seu depoimento à Polícia Federal que, após Geddel Vieira Lima ter assumido a Secretaria de Governo, teria lhe reportado encontros com Joesley Batista em seu apartamento na Bahia, durante fins de semana, e que, nesses encontros, o empresário reportava a Geddel suas reivindicações junto ao governo.

ex-presidente da Câmara dos Deputados Eduardo Cunha, pelo que o presidente afirmou:
– Muito bem. Tem que manter isso aí, viu?
Se já não fosse muito grave o teor do diálogo, em que o presidente da República, Michel Temer, toma conhecimento de que o empresário estaria pagando pelo silêncio do ex-deputado Eduardo Cunha, preso desde o dia 19 de outubro de 2016, ele escuta, com total naturalidade, Joesley Batista afirmar que "segurava" dois juízes e um procurador dentro da força-tarefa do MPF e que também estava batalhando para trocar o procurador da República de uma das operações que o investigava.
Como Joesley Batista não disse o nome de tal procurador que pretendia substituir, poder-se-ia inferir que fosse o procurador Anselmo Henrique Cordeiro Lopes, responsável pela Operação Greenfield, que investiga fraudes nos maiores fundos de pensão das estatais, sendo que dois desses fundos de pensão, o Petros (Petrobras) e o Funcef (Caixa), são acionistas da Eldorado Brasil Celulose, vendida pela J&F Participações S.A., em setembro de 2017, para a holandesa Paper Excellence.
Sobre cooptação de um procurador da República, que depois se ficou sabendo que era o procurador Ângelo Goulart Villela – da força-tarefa da Operação Greenfield –, Joesley Batista disse ao presidente Michel Temer que pagava a ele R$ 50 mil por mês. Quanto aos dois juízes citados pelo empresário, Joesley Batista afirmou, posteriormente, em depoimento à PGR, que a referência era um blefe.
A conversa, que seguia descontraída entre Michel Temer e Joesley Batista, deu ao empresário a oportunidade até de falar sobre sua atuação para tentar trocar ou cooptar outro procurador da República.
– Procurador que você tá...
– O que tá... O que tá me...
– Te ajudando...
– Não, o... Tá me ajudando, tá bom, beleza. Agora, o principal... que... é um... Tem um que tá me investigando. Eu consegui um... Colar um no grupo. Agora eu tô tentando trocar...
– O que tá (inaudível)?
– Isso.
– Humm...
– (Ininteligível) nessa aí, então tá meio assim, ele saiu de férias. Até

essa semana eu fiquei preocupado que saiu um burburinho de que iriam trocar ele, não sei o que, eu fico com medo, muito medo. Eu tô... eu tô só contando essa história pra dizer assim, eu tô me...

Esse trecho final da conversa aponta possível crime de prevaricação por parte do presidente da República, pois na conversa Joesley Batista comenta sobre uma suposta "compra" de um procurador da República e de juízes, sem que o presidente tenha tomado qualquer atitude posterior. Demonstra que Joesley Batista e Michel Temer sabiam mais do que foi possível divulgar da conversa mantida entre ambos "nos porões" do Palácio do Jaburu: a provável existência de outro procurador, além de Ângelo Goulart Villela, na folha de pagamento da J&F.

Na conversa, o presidente Michel Temer parece perguntar se seria o procurador responsável por uma das operações que investigava a J&F. "O que tá (inaudível)" é a pergunta de Temer, infelizmente incompleta em razão da qualidade inferior do gravador utilizado.

Poderia, nesse caso, inferir-se que Michel Temer pergunta: "O que tá **investigando o BNDES?**". É uma hipótese e, se for confirmada, é devastadora, já que o procurador responsável pela Operação Bullish, Ivan Cláudio Marx, está de posse do grosso da investigação que envolve os bilhões de reais que o banco estatal aplicou em ações e debêntures para tornar a JBS um "campeão nacional", com diversas dessas operações de crédito sendo investigadas por suspeitas de arranjos internos ao BNDES para propiciar ganhos indevidos à JBS.

Mas isso é apenas uma remotíssima hipótese, já que tal procurador tem demonstrado retidão em suas ações. Mas a dúvida persiste e isso é ruim para a imagem do valoroso Ministério Público Federal.

Vale registrar que o jornalista Matheus Leitão publicou, no dia 19 de maio de 2017, que "o empresário se referia a Anselmo Lopes, coordenador da força-tarefa da Operação Greenfield, que tem 14 procuradores e iniciou os trabalhos há mais de dois anos" – a informação não foi confirmada pela PGR, que abriu investigação interna sigilosa para apurar os fatos.

A conversa segue com Joesley Batista reclamando dos rigores da Lava Jato e lamentando o fato de que a "anistia" (provavelmente se referindo às tentativas de confrontar a operação no Congresso com a aprovação da anistia ao Caixa 2) tenha fracassado.

Em outro trecho, com áudio de baixa qualidade, o presidente da

República Michel Temer fala da importância da união dos empresários para fazer pressão sobre o Congresso Nacional, provavelmente para aprovar a anistia ao Caixa 2 e a Lei de Abuso de Autoridade.

Quase na metade da conversa, Joesley Batista pede ao presidente para indicar outro interlocutor no lugar do ex-ministro Geddel Vieira Lima – o homem dos R$ 51 milhões apreendidos em um apartamento em Salvador (BA) –, que estava "fora de circulação", e o presidente faz a indicação do deputado federal Rodrigo Rocha Loures.

Na sequência da conversa gravada, o presidente recomenda a Joesley que nas próximas visitas procurasse sempre entrar pela garagem do Jaburu. E que, sendo à noite, havia a vantagem de não ter a presença da imprensa.

Ao longo da conversa, fica clara a influência de Joesley Batista na indicação do ministro da Fazenda. "Mas uma das influências maiores que determinaram a vinda dele [Henrique Meirelles], pra mim, foi de você", diz Temer, no que Joesley Batista responde: "Eu sei disso", atestando o compadrio existente entre o governo federal e empresários amigos e financiadores de eleições, que depois, praticamente, mandam e desmandam no destino da República.

E o diálogo entre Joesley e Temer transcorre sem qualquer censura, com o empresário falando de suas cobranças ao ministro da Fazenda, Henrique Meirelles, para que este interferisse em assuntos de interesse da JBS junto ao Banco Central, Receita Federal e BNDES, como se Meirelles ainda fosse seu empregado. Joesley Batista ainda dá a entender que, se pressionasse, Henrique Meirelles aceitaria fazer seu jogo.

E Joesley Batista pede então a Temer, sem a menor cerimônia, autoridade para "falar grosso" com o ministro da Fazenda, Henrique Meirelles, e mostrar que ele estaria falando com autorização do presidente da República.

– Tá bom, pode, pode fazer isso – autoriza Michel Temer.

– E... e... e todos os, em termos mais amplos, assim, genéricos, ter esse alinhamento para dizer o seguinte: O... Quando eu falar um negócio, porra, pelo menos vai e... consulta lá, vê. Queria te... (descontinuidade).

A conversa continua, com Joesley Batista reclamando da presidente do BNDES, Maria Silvia Bastos, tendo o presidente afirmado que o banco estava com R$ 150 bilhões em caixa. Isso empolgou Joesley Batista, que consegue autorização do presidente da República para liberação de crédito junto ao BNDES, via ministro da Fazenda, Henrique Meirelles, embora o banco não estivesse subordinado a ele, mas ao ministro do Planejamento, Desenvolvimento e Gestão, Dyogo Henrique de Oliveira.

Depois, Michel Temer e o empresário Joesley Batista conversam sobre o momento econômico e político do país. Temer fala sobre a necessidade de melhorar a economia para que a sociedade se acalme.

Nesse ponto, Joesley arrisca uma filosofia de boteco:

– Com certeza. Não tem nem uma... e ca... em casa que falta pão não tem união, não é? Não tem nenhum remédio melhor do que as coisas ir bem. Financeiramente, aí todo mundo acalma, todo mundo se acalma – Michel Temer concorda plenamente.

Joesley Batista fala ao presidente sobre a falta de um objetivo político para se contrapor aos problemas decorrentes das investigações conduzidas pelo Ministério Público Federal e aconselha:

– Tá faltando, talvez, não é, presidente? Quando tava ali falando da anistia [do Caixa 2], do negócio da autoridade [Projeto de Lei contra o Abuso de Autoridade], a gente tinha um, um... uma coisa objetiva pra lutar pelo que, não é não? Olha, estamos lutando, trabalhando e tal. E a gente tinha que pensar, porque... se não for atrás de algo positivo...

Em outra gravação...

Saindo de reunião de negociação com o Ministério Público Federal, ocasião em que entregou as gravações sobre o presidente e o senador Aécio Neves, Joesley Batista demonstrava entusiasmo com o andamento das tratativas e diz, se dirigindo à advogada Fernanda Tórtima, que iria para os Estados Unidos: "Agora eu vou para Nova York. Vou amanhecer em Nova York. Eu vou ficar aqui, você está louca? Soltar uma bomba dessas e ficar aqui fazendo o quê?".

Joesley se vangloria de sua façanha: "O que eu vou provocar, além de tudo? Uma: quem gravou. Não é que foi o garçom que gravou; porra. Foi o maior empresário brasileiro, 11 horas da noite e tal".

Encontro de Joesley com Rocha Loures

Diante da indicação do presidente, de que seu interlocutor junto ao empresário Joesley Batista seria o então deputado federal Rodrigo Santos da Rocha Loures (PMDB-PR), Joesley passou a manter contato com o ex-assessor de Michel Temer. O empresário encontrou o deputado em duas oportunidades, e em ambas gravou as conversas – nos dias 13 e 16 de março de 2017.

O primeiro encontro foi na mansão de Joesley Batista, no Jardim Europa, um bairro nobre da zona oeste de São Paulo. Foi mais para acerto sobre a relação que se estabelecia naquele momento entre eles e para apresentação de temas que deveriam ser discutidos num próximo encontro.

Joesley Batista diz a Rodrigo Rocha Loures que haveria algumas "posições-chave" [pendências] no Cade, na CVM, na Receita Federal, no Banco Central e na Procuradoria-Geral da Fazenda Nacional (PGFN), que precisavam de pessoas capazes de resolver tais problemas. Falou que necessitava de ações junto a esses órgãos para solucionar de vez ou auxiliar no destravamento de negócios de seu grupo econômico.

No segundo encontro, Joesley Batista adianta que precisava da intermediação de Rocha Loures junto ao Cade, a respeito de "pendenga" com a Petrobras em relação ao fornecimento de gás natural para a Termoelétrica de Cuiabá, da empresa Âmbar Energia, do grupo J&F. Fala também sobre a indicação de nomes para a nova diretoria da Comissão de Valores Mobiliários (CVM), sobre a qual Joesley Batista tinha interesse em ter domínio.

Joesley Batista relatou também, nesse encontro com Rocha Loures, sobre a ida ao Palácio do Jaburu: "Super, superdiscreto ali, dei meu nome nada, entrei, fui direto na garagem, desci e fui naquela salinha ali".

O então deputado federal Rodrigo Rocha Loures, na oportunidade, orienta Joesley Batista para o caso de uma nova visita ao Jaburu: "Quando você for, quando chegar, e o cara perguntar, teu nome é Rodrigo".

A conversa sobre a visita feita pelo empresário Joesley Batista ao presidente da República, no dia 7 de março de 2017, foi assim iniciada, depois dos cumprimentos e conversas:

– A conversa com ele [Temer] foi boa lá aquele dia?

– Muito boa, muito boa. Eu tava precisando ter aquela conversa com ele. Primeiro, brigado.

– Imagina...

Joesley Batista também já havia comentado com o presidente sobre a estratégia que ele havia combinado com Rocha Loures, para sua entrada no Palácio do Jaburu de forma mais discreta.

Isso pode ser constatado na transcrição da gravação inclusa no relatório da Polícia Federal, no inquérito criminal que investiga o presidente:
– Eu gostei desse jeito aqui.
– Desse jeito aqui...
– Eu vim dirigindo, nem vim com motorista.
– É.
– Eu mesmo dirijo.
– Ou você vem com o Rodrigo.
– Também.
– E o Rodrigo se identifica lá.
– Eu tinha combinado de vir com ele.
– Ah, você veio sozinho?
– Eu vim sozinho, mas aí eu liguei pra ele, eram 10h30, então por isso que eu atrasei uns cinco minutinhos. Aí, deu 9h50, eu mandei mensagem pra ele. Eu falei. Aí ele não respondeu. Deu 10h05 e eu liguei para ele, falei ô Rodrigo, cadê? Rodrigo falou: "Puta, eu tô num compromisso. Vai lá. Fala..." Eu passei a placa do carro.
– Sim, sim.
– Eles... fui chegando, eles abriram, nem dei meu nome.
– Ah, você não deu nome? Ótimo.
– Eu passei a placa do carro [informada por telefone a identificação de seu veículo para o ex-deputado Rocha Loures].
– Eu sei, sei.
– Fui chegando, eles abriram, nem dei meu nome. Eles viram a placa do carro, abriram, eu entrei, entrei aqui na garagem.
– É o melhor.

Já no final da visita, Joesley Batista levou o deputado para conhecer sua casa, ocasião em que Rocha Loures demonstrou desconforto com as janelas descortinadas do cômodo em que conversavam e dá algumas dicas de segurança contra arapongagem.
– Aquelas casas aqui da frente, com esse vidro aqui, eles conseguem enxergar lá de fora?
– É que aqui baixam todas as cortinas.
– Então, quando você quiser ter, quando quiser ter sempre privacidade e mesmo...

Joesley Batista diz a Rodrigo Rocha Loures que nunca tinha

pensado na possibilidade de ser grampeado, e o deputado adverte:
– É, mas pensa. Porque o nosso negócio é pensar.
– Claro, claro [risos].
– Então, sempre que você, tanto para te escutarem aqui, como é de vidro, o pessoal pode ter aqueles [negocinhos] e te escutar aqui. Ou você põe música que daí é mais difícil.
– Por isso eu fico com uma musiquinha ligada.
– É bom. Isso é bom. E a coisa da, da [janela]... você também cuidar ou teu menino de vez em quando olhar, ver se não tem nada diferente [na rua].

Durante a caminhada pela casa, Joesley Batista cita que quem iria jantar em sua casa naquela noite seria o apresentador da Rede Globo Fausto Silva (Faustão), mas o assunto não teve continuidade porque o deputado Rocha Loures estava encantado com a casa e só tinha olhos para o bom gosto e o bom astral que ela transmitia. "Linda tua casa. Supergostosa, colorida, um astral bom, um astral bom a casa, viu?", foi uma das muitas expressões usadas.

Quando o deputado Rocha Loures estava quase de saída, apareceu o filho do empresário, Joesley Júnior, de 2 anos, com vários brinquedos.

Rocha Loures pegou um brinquedo e quis saber que personagem era: "Como chama essa, como é o nome dessa aqui? Peppa Pig, né?". Joesley é que responde: "É Pig, Peppa Pig".

Já de saída e ainda conversando com Joesley Júnior, na presença de sua babá, Rocha Loures continuava falando sobre brinquedos e crianças.

Nesse momento, Joesley Batista atendeu um telefonema:
– Oi, Fausto, tá confirmado, tô te esperando aqui às oito da noite. Rua França, número 553, com as patroas...

Rocha Loures dá tchau a Joesley Batista, que continua falando com Faustão.
– Vem pra cá pra bater papo e atualizar a conversa. Abração! Fausto, pergunto se tá confirmado.
– Fala, grande Joesley, até daqui a pouco, então. Um abração, até já.

Joesley nem conseguia conversar com Fausto Silva direito e dar atenção a Rocha Loures ao mesmo tempo, e este já dava sinais de estar saindo. Ao desligar o telefone, Joesley Batista deu mais algumas informações sobre a casa e falou sobre a visita do Faustão, mas sem convidar Rocha Loures para ficar.

– O cara é gente boa. Você conhece ele?
– Conheço. Ele era um campeão [...].
– É... A gente tá com a do Banco Original. A gente com a promoção nele. Ele começou agora.
– Eu vi, eu vi no domingo.
– Ele começou agora. É, exatamente. 100 mil reais. Ele vai começar a sortear 100 mil reais por semana pra quem usar o cartão Original, aqui o... o cartão. Cartão de crédito, débito e tal.
– Ficou bonito, hein?
– É, aí a cada 50 reais [em compras usando o cartão do Banco Original] vai ter um cupom e ele vai sortear 50... 100 mil reais toda semana.
– Você vai fazer muitos clientes. Milhões de clientes.

Joesley Batista, demonstrando pressa em se despedir de Rocha Loures, diz: "É... Rodrigo, cara, brigadão". Rocha Loures parabeniza Joesley Batista pelo filho, Joesley Júnior, e vai embora.

Segundo encontro de Joesley com Rocha Loures

Nas conversas que se seguem, nesse segundo encontro, no dia 16 de março de 2017, Rodrigo da Rocha Loures, então recém-empossado no cargo de deputado federal, dava mostras de que continuava agindo como despachante para assuntos mal resolvidos dentro da "esgotosfera" federal, topando qualquer negócio, desde que lhe rendesse uma bela grana.

Dinheiro que seria para ele e para o presidente da República, Michel Temer, em nome do qual falou, em sua residência em Brasília, com Joesley Batista e também com outras pessoas do governo, por telefone e em voz alta, para que o empresário pudesse acompanhar as tratativas.

Em determinado momento, em que se discutia a questão do gás boliviano, Joesley Batista afirma que pretendia conseguir uma liminar do Cade que caçasse o monopólio da Petrobras sobre o fornecimento de gás: "Eu preciso da liminar. No fundo é isso, eu tô entrando lá com um pedido de liminar, e diz que o superintendente consegue dar. Se ele me der, aí acabou".

Joesley Batista diz ao deputado Rocha Loures que a termoelétrica, que estava então parada por falta de gás natural, tinha um potencial de lucrar R$ 1 milhão ou mais por dia, dependendo do preço da energia elétrica, e sugeriu o montante de 5% de propina sobre o lucro obtido com o afastamento do monopólio da Petrobras no fornecimento de gás, com o que Rodrigo Rocha Loures prontamente concordou.

– O Temer mandou eu falar, eu vou falar é com cê, nós vamos abrir desse negócio aí cinco por cento.

– Tudo bem, tudo bem.

– Pronto, aí só que nós faz isso aí no curto prazo, aí nós tem que correr e fazer o do longo prazo, esse negócio do longo prazo.

– Porque, o que eu imagino, até determinado, ajudando a pensar, o longo prazo vai ser determinado já, ou no máximo nessa liminar.

– Isso, desse negócio, exatamente.

– Aí você planta o pé na porta, e aí o pessoal diz bem, é pagar muitos anos – diz Rodrigo Loures.

Animado com a perspectiva gerada pela possibilidade de ganhos apresentada por Joesley Batista, Rocha Loures decide ligar para Gilvandro Vasconcelos Coelho, conselheiro e presidente interino do Cade:

– Não, eu só, não, não, não, eu acho que não há nenhum, nenhuma questão contra o tempo, não é, com exceção desse segundo assunto que eu não pude despachar ainda quando estava no palácio, porque acabou não dando tempo, ainda é uma coisa que ficou na minha lista por fazer, é o seguinte: segunda-feira agora, dia 20, na semana que vem, é o Kenys [Menezes Machado, superintendente adjunto do Cade], pelo que me parece, trabalha lá com o Eduardo [Frade Rodrigues, superintendente-geral do Cade].

– Isso.

– Vai tratar lá de um assunto da EPE Cuiabá, eles vão levar pra você, não sei se você tá a par disso, Gilvandro, mas chegou pra nós.

– Não totalmente, mas eu tenho como saber, porque é, ele vai receber um pessoal, é isso?

– É, vai, vai haver uma reunião, os representantes lá dessa EPE Cuiabá, que é uma usina termoelétrica, tem lá uma questão com a Petrobras, então eles estão fazendo, vão fazer uma consideração e apresentar, já apresentaram pra nós, relativo a essa questão de gás, é porque embora eles tenham acesso ao gás, tem o gasoduto e condição de acessar, o fato é que está havendo lá uma questão com a Petrobras, que, na ótica deles, a Petrobras está usando de um, digamos, de uma condição como se fosse um monopólio, não é, a impedir que a companhia possa dar continuidade, isso vai naturalmente afetar a condição dessa termoelétrica funcionar, e como pra nós, naturalmente a Petrobras, também governada pela União, é, mas é preciso garantir sobretudo que a gente vai entrar agora também num outro processo.

– Com certeza.

– Aí, eu não conheço o aspecto técnico em detalhes, tinha recebido lá do advogado da época algumas informações, não tô com elas aqui agora, mas o que eu queria só é considerar aí com vocês, vocês verificar se isso estava sendo acompanhado por vocês, se está no seu radar ou do Eduardo, porque como eu não conheço, não me lembro de ter conhecido o Kenys, eu só não sei se de repente não seria o caso... como chegou pra nós aqui, acho que seria bom que você ou ele, o Eduardo ou você, na realidade o Eduardo, pudesse olhar isso com carinho, porque ainda que a Petrobras seja nossa, não é bom pro mercado.

– Pode deixar.

– Não, é que vai ter ainda os leilões novos de petróleo, de energia, quer dizer, se houver um sentimento aí fora de que de alguma maneira, não há concorrência, não há, é ruim pro governo, você viu hoje que bonito aí.

– Com certeza.

– Na questão dos aeroportos...

– Vi, o chefe ficou muito feliz.

– É muito bom.

Rocha Loures e Gilvandro continuam falando por mais algum tempo sobre leilões de aeroportos. Gilvandro diz que, depois de falar com Keynes, daria um retorno mais preciso sobre o agendamento da reunião entre os advogados da JBS e técnicos do Cade, para serem analisados os pleitos para a regularização do fornecimento de gás para a EPE Cuiabá.

Tão logo o telefone é desligado, Joesley Batista, que acompanhou toda a conversa no "viva-voz" demonstrando satisfação com o encaminhamento, diz "Pronto", com o que Rocha Loures responde: "Ele entendeu perfeitamente" – o que a Polícia Federal, em seu relatório, afirma ter sido um dos pontos relevantes da conversa:

> Cristaliza-se a admissão de que, subjacente aos argumentos apresentados – invocando interesses do mercado de energia, assim como a

credibilidade do país –, havia a mensagem de que alguma solução teria que ser encontrada para que a empresa produtora de energia obtivesse gás da Petrobras para poder comercializá-lo. Esse foi o "recado".

Joesley Batista e Rocha Loures também falaram da Comissão de Valores Mobiliários (CVM), que o empresário queria dominar, para não ser incomodado em suas "traquinagens", que é como ele se referia ao bilionário pagamento de propina feito pelo grupo J&F e a compra de metade da República.

O interesse de Joesley Batista era saber quem seria o próximo presidente da CVM, para que ele pudesse ir se preparando para encaminhar suas demandas. Para tentar conseguir a informação, Rocha Loures liga para Eduardo Refinetti Guardia, secretário executivo do Ministério da Fazenda, escolhido pelo ministro Henrique Meirelles.

Guardia não abriu o jogo, dizendo apenas que já tinha um nome escolhido e que este seria apresentado ao presidente Michel Temer. A seguir, trecho do diálogo entre Rodrigo Rocha Loures e Eduardo Refinetti Guardia:

– Você podendo, amanhã, ô Eduardo, você comenta com o presidente, se você tiver oportunidade, e sem que outros possam acompanhar com você essa conversa.

– Sim.

– Fale da CVM. Diga: olhe, presidente, estamos prontos pra fazer o movimento, é bom porque, porque essa coisa de mercado de capitais, hoje foi um dia bom, e acho que nesta questão, da, da, enfim, do que vem pela frente, apesar das más notícias aí da Lava Jato e tal, do ponto de vista da opinião pública, essa confusão da política, o leilão de hoje foi bom, acho que os próximos dias vão ser bons também, não é, e esse, enfim, esse nome da CVM, se você tá confortável, vamos matar o ponto, né?

– Não, é bom você ter me avisado, nunca... interferências pra CVM.

– É, mas deixa eu dizer, deixa eu dizer, tempos, tempos modernos, como diz o Charlie Chaplin, né?

– Você sabe de onde tá vindo o tiro...

– É, esse, depois a gente fala pessoalmente, se for o caso.

– Não tem problema.

– Mas, aproveitando, se falar com o presidente, se é, o importante é que seja um homem do ministro Meirelles, validado por você, e que seja uma pessoa aí, um profissional, que seja intenso, não é, a um tipo de abordagem.

– Ah, é, esse cara é à prova de bala, um cara de primeira linha.
– Que bom, que bom.

Nesse momento entra na sala Ana Seleme Rocha Loures, esposa do deputado, grávida de cinco meses, e com quem Rocha Loures iria viajar a Miami ainda naquela noite, para comprar o enxoval do bebê.

Na ocasião, Rocha Loures demonstra apreço fraternal por Joesley Batista, comparando-o a um irmão, ao passar a mão na barriga da esposa grávida, depois de tê-la apresentado ao empresário:

– Olha tua sobrinha aqui, ó [risos].
– Olha aí, ó.
(Risos)
– Fiquem à vontade, diz a esposa de Rocha Loures ao sair do recinto.
– Tá joia, tá joia.
– Tá certinho, amor, já vou lá fechar as malas.
– Tá bom.

Quanto ao destravamento das compensações de créditos de PIS/Cofins com débitos do INSS, pretendido pela J&F, era um assunto que estava sob o domínio da Procuradoria-Geral da Fazenda Nacional (PGFN), onde o então deputado federal Rodrigo da Rocha Loures afiançou ter um amigo, uma pessoa com quem tinha boa relação.

E a surpresa: a pessoa a quem ele se referia como tendo boa relação era Jorge Rodrigo Araújo Messias – o "Bessias" –, que ficou conhecido durante o episódio da tentativa frustrada da então presidente Dilma Rousseff de tornar o ex-presidente Lula seu ministro-chefe da Casa Civil, para evitar sua possível prisão. O "Bessias" foi o portador do ato de nomeação, que deveria ser usado por Lula "apenas em caso de necessidade".

– Vamos ter que conseguir isso, esgrimindo – fala, eufórico, Rocha Loures.
– É, com certeza.
– Vamos ter que pegar os papéis e ficar vai e volta, vai e volta, vai e volta, vai e volta, eu não sei se você, eu também não envolveria o Henrique [Meirelles] nisso, eu não falaria com o Henrique, o meu conselho, eu vou falar com o meu amigo lá que... que conhece a corporação, quem tá lá dentro, onde é que estão os verdadeiros adversários e estão intocados.
– Isso.
– Então ele vai lá, e...
– Humm...

– Né? Verifique onde está a resistência técnica. Verificada a resistência técnica, eu tenho uma reunião com os líderes formais, que no caso é o Guardia [Eduardo Refinetti Guardia]. Aí o Guardia conduz isso pra nós, inclusive pra você ter uma ideia, quem é que tá na PGFN, você lembra do, do.., ficou famoso, o nome dele não é esse, mas o Bessias, que era o secretário jurídico da presidente Dilma, que é o Rodrigo Messias.
– Humm.
– O Messias terminou a quarentena, ele voltou pra PGFN.
– Humm.
– Então basta um Messias. Isso, vamos imaginar: se a missão do Messias, lá na PGFN, for parar tudo que o governo quiser fazer enquanto, basta um Messias, que é sabido, o Messias para.
– É!
– Basta um.
– É isso mesmo.
– Então, por exemplo, o Messias, com quem eu tenho boa relação, voltou agora, voltou na semana passada pra PGFN, esse meu amigo lá me contou, então é, eu queria, se possível, não volta, não precisa ser você, alguém lá.

Joesley Batista se prepara para encerrar a visita.

– Não, vamos combinar o seguinte: eu tenho o *paper*, é um papel, eu te trago, vamo, tá ótimo a nossa conversa assim, ó, o negócio do gás, entendeu, vamo falar agora só desse assunto, semana que vem, hora que você voltar, eu venho aqui pra tratar do assunto e te reportar como é que ficou o negócio da térmica, eu te mostro *simplesin*, aqui, precisa fazer isso, botar uma lei, eu não sei o que que é um, um, não sei o que, tem que fazer um artigo...

Primeiro encontro de Rocha Loures com Ricardo Saud

O diretor de Relações Institucionais (ou poderia também ser diretor de propinas) do grupo J&F, Ricardo Saud, cumprindo determinações do empresário Joesley Batista, deu continuidade às negociações com Rocha Loures sobre a questão da Termoelétrica de Cuiabá e, mais especificamente, aos pagamentos de propina combinados, já que a J&F logrou assinar, no dia 13 de abril de 2017, o contrato de fornecimento de gás natural da Petrobras para a Termoelétrica de Cuiabá.

Ricardo Saud agendou um primeiro encontro com o deputado Rocha Loures no Café Santo Grão, do Itaim Bibi, na zona oeste de São Paulo, para o dia 24 de abril de 2017, e gravou a conversa, como prova a ser apresentada ao Ministério Público Federal.

Foi uma longa e descontraída conversa entre dois "velhos amigos":
– Tudo bem, deputado? É deputado, né, velho?
(Risos)
– Não, é teu amigo.

Eles pareciam mesmo duas fofoqueiras de plantão falando da vida de "Deus e do povo". Entre as muitas futricas trocadas entre um café mineiro e outro, acompanhado de tapioca – embora tenha sido reclamado um café paranaense –, ficou-se sabendo da vida de meia República.

Por exemplo, fomos informados, por Ricardo Saud, que o ministro do STF Gilmar Mendes é paciente da Dra. Eloá – esposa de Ricardo Saud –, que trabalha na clínica do Dr. Maurício Hirata, localizada em Moema, zona sul de São Paulo, também frequentada pelo próprio Rodrigo Loures.

– O Gilmar aí. Cê não viu o Gilmar Mendes como é que tá bonitão?
– É ele que tá cuidando do Gilmar (ininteligível)?
– É... não, a minha esposa que cuida dele. Então tá bem... minha vida familiar tá bem. A universidade [Uniube] tá indo bem, graças a Deus. Meus negócios da fazenda tão bem. Tô me dedicando mais a... a isso, né? [...].

Somos informados também de que o senador Ciro Nogueira (PP) havia se separado, consensualmente, da deputada federal Iracema Portella (PP), logo depois do Carnaval de 2017, por conta de ser o senador "um puteiro do caralho", nas polidas palavras do ex-assessor especial do presidente Michel Temer, que disse ainda que se encontrou no Carnaval no Rio de Janeiro com o senador – "muito bem acompanhado" – no Gran Meliá Nacional Rio de Janeiro, que fica em São Conrado [antigo Hotel Nacional, onde o deputado Rocha Loures também estava hospedado com a esposa].

Ainda sobre o senador Ciro Nogueira, o mexeriqueiro deputado disse tê-lo encontrado em outra oportunidade, "igualmente bem acompanhado", no Royal Tulip Rio São Conrado, por ocasião de um almoço com uns americanos. Olhe o nível da conversa entre Ricardo Saud e Rocha Loures.

O papo descontraído entre os dois foi ajudado pelo ambiente em

que estavam naquela tarde ensolarada: um amplo salão bem decorado e com poucos clientes. Isso dava tranquilidade para que falassem do que quisessem, até malhar um procurador da República que investigava a J&F.
– Quem que ficou no lugar do Gru... Grubisich lá?
– Não, o Grubisich ainda está, né? Ainda tá assim... [Vallisney lá, né? Vallisney lá] julgar. Tá lá ainda, mas o Joesley saiu do Conselho. Joesley saiu, ele que saiu.
– Quem que ficou no lugar?
– Por enquanto tá... tem que fazer reunião da... fazer assembleia, né? Pra escolher. Tem um cara daquele... aquele Marx denunciar... pegar uma ata da reunião e denunciar a gente.
– Quem é esse cara?
– Um idiota, ai sei lá. O cara pra nós foi um... que que um cara daquele da (ininteligível), velho. O cara deu (ininteligível) Rodrigo! [Cadê essa] (ininteligível), [velho].

Mas entre uma fofoca e outra, entre uma indireta e outra, entre uma indiscrição entre demais, os dois iam se conhecendo melhor – e criando o ambiente favorável para conversas mais sérias, que viriam a seguir. Por exemplo, Saud reclamou da presidente do BNDES, Maria Silvia Bastos, de uma forma bastante grosseira:
– Aquela menina que vocês puseram lá no BNDES, não vem falar que foi o Henrique, não, que foram vocês. Foi um desastre aquela moça, sô.

E ainda deixou claro que o ministro da Fazenda, Henrique Meirelles, colocado no governo por influência dos donos da JBS, não dava ao grupo empresarial o retorno que era esperado.

E Rocha Loures afirma:
– Não, disso eu soube...
– Humm.
– ... foi o Henrique que falou com ela. Foi o Henrique que sugeriu.
– Ah, ele nega.
– É, mas foi ele. Eu vi... eu vi.
– (Ininteligível). Isso foi outro erro, velho. Tá certo que o... o presidente e... Entendeu..., pôs o Henrique lá, tal (ininteligível). Porra! Mas a gente não tem nenhum controle sobre o Henrique, não faz nada.
– Mas ele não tem ajudado?
– Nada, zero, Rodrigo, zero, zero. Tudo ele fala: "Não, o presidente

não deixou. Não, o presidente não deixou". Antes tivesse... Se fosse o Armínio [Fraga] lá, que pelo menos é empresário.
— Mas a relação dele não era [boa?].
— Excelente, excele... não, se se vê (ininteligível) o Henrique comigo, então, com o Joesley. E... (ininteligível). E ele tá fazendo o que ele gosta (ininteligível). Sonhando em ser presidente da República, né? Mas o... o... o Jota falou que agora parece que o... que o Michel vai conversar com ele, vai falar: "Ô, os caras lá são amigos da gente, pô, então... seus também, né, Henrique? Quantos anos e tal". Você tem que ver quando ele encontra o Joesley, que festa que ele faz e tal (ininteligível). O negócio mesmo do... o negócio do BNDES, Rodrigo, cê vê, se vocês não entrassem lá e batessem na mesa, velho, de manter a... a (ininteligível) fora (ininteligível). Cê acha que tinha feito?
— Não.
— Não. Cê sabe que não. E isso não é nada de... tudo certinho, não tem nada de errado, e ele, o Henrique, não ajudou nada.
— Mas quem que tá, eu não sabia disso, essa é nova pra mim, eu achei que ele tinha pelo menos... é um mínimo de...
— De nada, ele não quer nada [rápido].

Durante a conversa, Ricardo Saud falou que seria melhor para a J&F que Rodrigo Rocha Loures continuasse como assessor especial do presidente Michel Temer, em vez de ter assumido mandato na Câmara dos Deputados:

— Esse negócio aqui, Joesley mandou te agradecer. Não é pouco, não, é muito. [...] é aquilo que você fez: pegou o celular e ligou na hora para o cara, não enrola não [...]. Pra nós, amigo, não era melhor você ter ficado no Palácio, não?
— É, mas ele (Michel Temer) pediu... deixa eu te dizer, ele me chamou um dia lá [...] qual é a tua opinião sobre o Serraglio? Eu dei minha opinião e ele (Michel Temer) disse assim: "Se eu chamá-lo, você volta para a Câmara, não é? Como é que você vê isso?". E eu disse: "Eu prefiro não voltar. [...] Porque, presidente, já não é como antes, o ambiente mudou, o senhor viveu uma época lá que não existe lá [...] nem o acordado está sendo cumprido, então não é nenhuma má vontade, eu tô bem aqui, mas o gabinete é seu, agora eu faço o que é melhor pra você, o que é melhor pra você". Aí ele pegou e disse assim: "Ah, eu não

sabia que você não queria ir [...] então, vou pensar melhor e voltamos a falar". Aí dois dias depois ele me chama e diz: "Você vai para a Câmara". Aí eu disse: "Tá bom, o que o senhor quer que eu faça?". "Você não pode ser líder do PMDB porque Rossi foi eleito agora, você não pode ser líder do governo porque o Agnaldo fez um acordo com o Rodrigo Maia... Você vai ser vice-líder do governo, do PMDB, você vai para a CCJ". "[...] Ele me deu toda a receita [...]. Eu vou lá com o presidente toda quinta-feira."

O assunto principal, contudo, na pauta de discussão, era a Empresa Produtora de Energia de Cuiabá, mais especificamente a renovação conseguida de contrato de fornecimento de gás natural pela Petrobras e, por consequência, o acerto quanto ao pagamento da propina acertada.

O executivo Ricardo Saud sugeriu a Rocha Loures que anotasse o que ele iria falar ou que levasse a folha em que ele escrevera os tópicos do acerto. O deputado dispensa, de forma incisiva: "Não, não, não, não". Deixou claro que não queria qualquer coisa escrita que pudesse comprometê-lo.

Ao final da explicação sobre os pagamentos de propina, Rocha Loures volta a ficar preocupado com o papel nas mãos de Ricardo Saud e se ele teria cópia, com o que Saud responde: [Rapaz], eu tenho na cabeça. A gente não guarda papel nenhum [mais].

Rocha Loures, embora desconfiado, responde:
– Tá bom.

Ricardo Saud, então, detalha o esquema de pagamento da propina[6] relacionada com a resolução dos interesses da companhia, o que foi acertado da seguinte maneira: R$ 500 mil **por semana**, quando o PLD fosse fixado com o preço entre R$ 300,00 e R$ 400,00/MWh, e de R$ 1 milhão quando o PLD ultrapassasse os R$ 400,00/MWh.

---

6 Em março de 2017, o PLD ficou abaixo de R$ 300,00/MWh, mas a partir da segunda semana de abril de 2017, o PLD superou os R$ 300,00/MWh, o que passou a dar direito a propina semanal ao deputado federal Rodrigo Loures e ao presidente Michel Temer de R$ 500 mil por semana. Em maio de 2017, o PLD chegou quase a R$ 500,00/MWh, sendo que, se estivesse em prática tal acerto, a dupla levaria por semana a bagatela de R$ 1 milhão. Em junho de 2017, o PLD voltou a ficar abaixo de R$ 300,00/MWh, sendo essas variações sazonais e dependentes, em grande parte, do regime de chuvas, pelo que Joesley Batista disse na conversa com Rodrigo Loures – que o tempo de funcionamento ideal da térmica seria de apenas cinco meses no ano, período em que o lucro operacional seria superior a R$ 150 milhões.

– Abaixo de 300 é zero [...]. Agora, acima, entre 300 e 400, 500 mil por semana.

Ricardo Saud procura deixar bem claro quanto de propina o deputado federal Rodrigo Rocha Loures e o presidente Michel Temer iriam receber.

– Tá.

– Tá. Acima de 400 é um milhão por semana. Agora, qual que é o grande negócio desses (pra manter esse negócio) depois que o chefe sair também. Ele pediu para você não esquecer que esse negócio aqui é para um ano só e você conseguiu.

– Humm. Humm.

– Tá, mas depois de um ano, acabou, tá? É muito dinheiro por semana, né, mas depois acabou. [O contrato da EPE Cuiabá renovado com a Petrobras tinha vigência até 31 de dezembro de 2017 e deveria ser novamente pactuado em janeiro de 2018].

– Mas veja: a lógica do ano que vem será a mesma lógica de agora, mas vamos esperar chegar o ano que vem.

– Você acha que consegue? Esse negócio é um, uma aposentadoria [...]. Nessa semana tá certo.

– Tá.

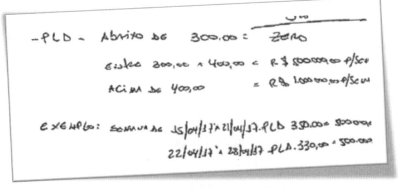

Anotação feita por Ricardo Saud no encontro com Rodrigo Rocha Loures, onde se vê que a J&F já creditava R$ 1 milhão de propina para o deputado e para Michel Temer (Crédito Polícia Federal).

O Ministério Público Federal afirma que no bojo dos autos de nº 08700.009007/2015-04, em trâmite perante o Cade, a Petrobras teria alegado:

> Mostra-se totalmente desarrazoado cogitar qualquer efeito competitivo da controvérsia existente entre a EPE/GOM e a Petrobras. Mais que isso, mostrar-se-ia verdadeiramente temerário determinar à Petrobras, em sede de cautelar e mediante cognição precária, fornecimento de gás natural à UTE Cuiabá em condições desvantajosas para a Petrobras e em detrimento dos compromissos assumidos pela estatal com terceiros, apenas para aumentar os ganhos privados da EPE/GOM.

Como o contrato firmado com a Petrobras pela EPE Cuiabá vigeria somente até 31 de dezembro de 2017, Ricardo Saud já atuava com Rocha Loures para que ele passasse a pensar em um contrato de longo prazo.

– Aí é o seguinte, o que (ininteligível) o que nós pensamos: desse mesmo jeito que cê fez nesse um ano, que cê conseguiu lá, tem um jeito de fazer um contrato com a Petrobras de venda de... 25 anos. Até 25 anos. Se fizer um negócio desses pra 25 anos, é 25 anos! Soma isso em semana...

– Tá, mas nesse caso aqui, o que ele me disse é que... ele tentou... esse contrato teria que fazer com quem? Quem estaria na outra ponta?

– A Petrobras.

– A Petrobras?

– A Petrobras. Imagina. Saindo do governo, taí ... 25 anos. O negócio (ininteligível) com cem anos. Isso aqui...

– Eu vou examinar [isso aí].

– Isso não é difícil, não.

– Não é, porque o... Deixa eu te dizer...

– E já fez um ano.

Rodrigo da Rocha Loures pareceu se empolgar com a possibilidade de um contrato de longo prazo entre a empresa Âmbar Energia (EPE Cuiabá) e a Petrobras. Seria isso, de fato, uma gorda aposentadoria:

– Não, deixa eu te dizer [...]. Aquele dia que eu liguei pra pessoa [...] estive com essa pessoa na semana passada e ela veio, estivemos juntos, e ela veio me relatar o que havia sido no detalhe resolvido. [...] Qual é a sustentabilidade dessa decisão, a fundamentação dessa decisão? Este é o patamar com que a Petrobras vai ter que operar com eles daqui pra frente. Eles não podem mudar, eles não podem recuar porque nós determinamos que esse é o procedimento. [...] Então, Ricardo, pra você saber, esse procedimento é o entendimento, é a compreensão dessa atual

formação dos órgãos envolvidos, tanto do Cade quanto da Petrobras, ou seja, esse é o padrão. Pode mudar? Pode, mas para mudar precisa mudar a composição inteira do Cade [...]. Essa questão do contrato alongado, nós inclusive estamos mudando o patamar de 25 para 30 anos.
– Ah, é?
– Então, isso aqui pode [ser]...
– Esperar 30 anos, porra, melhor ainda. [Nossa! Isso é] negócio tudo certinho, não tem é o gás (ininteligível) energia.
– Não, é. E esse aqui, o que é?

E Ricardo Saud insiste em marcar novo encontro para realizar o primeiro pagamento. Esse é somente o trecho inicial da conversa, mas Ricardo Saud demonstra interesse até exagerado em saber quem seria o tal Edgar que Rodrigo Loures queria colocar no circuito para receber os pagamentos. De acordo com a Polícia Federal, o suposto emissário do ex-deputado federal Rodrigo Rocha Loures é o empresário Edgar Rafael Safdie, que atua nos ramos imobiliário e financeiro. Claro, Saud estava orientado pela Polícia Federal que sabia da existência de tal personagem, mas precisava descobrir quem, de fato, ele era.

– Olha de cá. Olha aqui. Ai, então olha aqui. Nós temos que combinar essa semana (ininteligível).
– Eu vou. Na realidade, é o seguinte: eu vou pedir pro... vou consultá--lo primeiro...
– É...
– E... Vou pedir pro Edgar. Primeiro vou consultar com ele. E ver se esse procedimento pra ele... o nome dele é Edgar. Eu vou perguntar pro Edgar, se o Edgar, porque o Edgar fica em São Paulo e é ele que faz a gerência das coisas. Aí você...
– O Edgar trabalha com o presidente? Ah, é? Edgar? Mas não é o...
– Eu vou... eu vou... Mas primeiro eu vou falar com ele.
– Não, claro. Mas então, olha aqui.
– Que o problema é o seguinte: que as outras [vezes que eu tive], **os outros caminhos estão todos congestionados.**
– Ah, não, não, tanto é que eu te falei...
– Então esse é outro ponto.
– Tanto que eu te falei. Eu não vou me arriscar. Eu... se for você, eu levo lá em Brasília pro cê.

– Não, não, não pre...
– (Ininteligível) cê quiser.
– Não, não.
– Agora, se for outra pessoa, aí eu vou mandar outra pessoa fazer também.
– Não, não. É...
– Vê como que ele quer.
– É...
– Fala: "Presidente, tá lá e tal, nós não vamos falhar".
– A princípio... a princípio...
– É esse Edgar?
– Mas primeiro eu vou falar com ele...
– Mas cê vai me apresentar esse cara, né?
– Sim, claro. Mas primeiro eu vou falar com ele. Semana que vem, cê vai estar em São Paulo?
– Tô, tô...
– Então, na semana que vem ou quinta-feira tem um jantar aqui em São Paulo...
– Mas cê já podia, sabe o que acontece?
– Mas só me explica isso aqui, porque até onze e meia vai chegar [uma pessoa]... (referindo-se às anotações feitas por Saud).
– Então olha aqui, você... do a ... do que vocês nos ajudaram, já tem quinhentos mil guardadinho. Tá guardado comigo. E eu não quero ficar (ininteligível).
– Claro.
– E desta semana já tem mais quinhentos. Então cê tem 1 milhão. Aí cê vai ver com ele com o e que eu vou [transitar]. Agora, isso vai ser toda semana.
– (Ininteligível). Então vê com ele quem vai ser, quem não vai ser, como que vai ser.
– Tá bom.
– Aí, se for esse tal Edgar aí, você me apresenta o cara.
– Aí nós (ininteligível)... Aí nós encontramos, a gente almoça talvez esta sexta-feira ou, e...
– É.
– A gente vê como...
– Não posso, e também ficar com o dinheiro na minha empresa...

Os dois ainda conversam sobre o acerto de contas que a J&F queria fazer com a Procuradoria-Geral da Fazenda Nacional (PGFN), em que a companhia detinha crédito de PIS/Cofins devidos pela exportação de carne e dívida de igual valor (R$ 2 bilhões) com o INSS e estava conseguindo fazer isso apenas mediante liminar na Justiça, mas caso a caso, e a J&F queria fazer isso em um processo administrativo.

Sobrou tempo até para falar a respeito da possibilidade de blindar o então ministro-chefe da Casa Civil Eliseu Padilha (PMDB-RS) – com a ostensiva participação do presidente Michel Temer –, constituindo o plano aventado, de resto uma verdadeira obstrução à Justiça.

Com tal estratégia, Eliseu Padilha, mesmo afastado do cargo, mas sem pedir demissão, manteria o foro privilegiado e poderia ir até o fim do governo Temer sem ser julgado pelo juiz Sergio Moro, de Curitiba (PR), responsável pela maior parte dos casos da Lava Jato e conhecido por ser rápido:

– Eu acho, em minha opinião, que a situação do ministro Padilha é muito difícil – afirma Rocha Loures, com o que Saud concorda:

– Muito.

– A gente tem que aguardar aquele tempo que eu te falei. Demora para o Ministério Público Federal apresentar denúncia. Porque o que o presidente falou: "Aquele que for denunciado em investigação do MPF será afastado do governo".

– Foi ótimo, né...

– Se essa denúncia vier a ser aceita pelo Supremo Tribunal Federal, tá demitido.

– Mas daí tem o prazo que você falou, então não vai ser nunca.

– Eu acho que o que vai acontecer vai afastar o Padilha e outros, eventualmente outros, quando oferecerem a denúncia. Vamos imaginar que daqui a três meses.

– Mas já deu tempo de fazer a investigação?

– Acho que eles têm tudo pronto. Aí o Temer vai ter que afastar. Afasta, mantém o foro e aí vai ficar lá, Ricardo, um ano, dois, sob investigação.

– Aí fica sem cargo.

– Ele sai e fica e põe lá um interino. Põe lá um interino.

– Ah, e o cara não perde o foro!

– Aí o Padilha não perde o foro.

– Põe e ainda ajuda os caras.
– Claro.
– Isso é companheirismo.
– Então ele vai proteger... e enquanto essa investigação durar, qual é o limite do Padilha? É o dia 31 de dezembro de 2018, quando o presidente Temer deixar o governo.
– Aí perde o foro.

E se não fosse blindar o Padilha com tal estratégia, que tal apelar para o ministro Edson Fachin, relator no Supremo Tribunal Federal da Operação Lava Jato? Pois até isso Ricardo Saud e o deputado Rodrigo Rocha Loures aventaram como possibilidade, com Rocha Loures insinuando que poderia tentar influenciar o ministro, por ele ser de seu estado. Também detinham desde maio de 2015 a seguinte informação:

O então jurista Luiz Edson Fachin, indicado pela presidente Dilma Roussef para ocupar uma das cadeiras no Supremo Tribunal Federal (STF), criou uma página na internet para responder às críticas que estão circulando na internet desde que uma nota técnica do Senado apontou dupla atividade profissional quando ocupou cargo de procurador do Estado no Paraná. Quem então mantinha o site do Fachin era Renato Rojas da Cruz, da Universidade de Brasília, que se jactava por ter trabalhado na última campanha presidencial de Dilma Roussef, quando foi o chefe, segundo ele mesmo explica em seu currículo, da "equipe de criação de redes sociais". Soou como um sinal de que Fachin "era da tchurma do Lula". Eis o que conversaram:

– Ele [Padilha] não deixará o governo logo. Mas ele será afastado logo.
– Isso que eu tô falando. [Inaudível] Agora, não tem um jeito de conversar com o Fachin, não?
– Eu acho que ele tá...
– Porque o Fachin pediu muita ajuda para o PMDB, na época. O Temer foi... ajudou você também? Me ajudou a controlar o Renan [Calheiros, então presidente do Senado].
– De onde é o Fachin?
– Ah, é mesmo... porra, véi, é lá da sua terra. Então, não tem jeito de...
– Eu não estive com ele este ano ainda.
– Não, faz assim. Não é para fazer nada de errado. Deixa isso aqui por enquanto, não mexe lá com o governo...

– Eu acho que não tem... mas ele é um belíssimo ministro do STF.

Antes de se retirar, o deputado Rocha Loures, que disse precisar encerrar a conversa porque tinha um almoço agendado, pediu a Ricardo Saud que os próximos contatos fossem feitos pelo Joesley Batista.

– Ô, a gente combina o seguinte: ô... você fala com o Joesley e o Joesley me manda mensagem. A gente vai falando através do Joesley – com o que Saud concorda.

Então chega ao Café Grão Santo quem Rodrigo Loures esperava. Era Ricardo Conrado Mesquita, vinculado à empresa Rodrimar, de Santos (SP), de propriedade de Antônio Celso Grecco, ligado ao presidente Michel Temer.

Ricardo Saud ainda conversou alguns minutos antes de se retirar, deixando Conrado Mesquita e Rocha Loures. Conrado Mesquita também se ofereceu para pagar a despesa feita por Rocha Loures e Ricardo Saud.

A despedida entre Rocha Loures e Ricardo Saud foi a mais amigável e íntima possível. Rocha Loures diz:

– Tchau, tchau, querido. Prazer.

Ricardo Saud responde:

– Fala para o chefe [o presidente Michel Temer] que a hora que der eu vou lá dar um abraço nele.

E Loures, já saindo:

– Pode deixar, obrigado. Falou! Obrigado, querido.

A entrega da mala com dinheiro a Rocha Loures

Foi uma verdadeira maratona. Ricardo Saud marcou encontro para o dia 28 de março de 2017 com o deputado Ricardo Rocha Loures, no Café IL Barista, no 3º andar do Shopping Vila Olímpia, zona sul de São Paulo, e chegaram ao local por volta das 16h23.

O encontro, inicialmente, seria no Restaurante Senzala, localizado na Praça Panamericana nº 99, mas o local foi alterado em cima da hora, sendo que a Polícia Federal foi avisada por Ricardo Saud, já que o encontro para entrega da propina fazia parte das ações controladas, negociadas entre os delatores da J&F e o Ministério Público Federal.

Ricardo Saud e Rocha Loures iniciaram a conversa com papos amenos. A princípio falam sobre aplicação de botox e sobre o procedimento rejuvenescedor conhecido como Fio Russo, a que se submetera Saud.

Ficam pouco tempo e se transferem para o Restaurante Pecorino, a poucos metros do Café IL Barista, quando Ricardo Saud dá início à conversa sobre o pagamento da propina:

– Hein, hein, hein, deixa eu te falar, rapaz, que pancadaria boa, velho, o que que tá acontecendo com nós? (risos). O trem virou pra nós, *véio*. A Aneel, deixa eu te falar uma coisa, essa Aneel é um dos órgãos que funcionam.
– (Ininteligível).
– Humm?
– Tá querendo ampliar...
– O Jota [Joesley Batista] mandou uma mensagem pedindo pra eu trabalhar lá pra ver se aumenta o valor...
– Ah, então é isso. Ah...
– Mas ainda... eu... eu...
– Ué, mas de [300 foi pra quase] (ininteligível).
Ricardo Saud acena verticalmente com a cabeça.
– (Ininteligível).
– É, mas eu acho que ainda não consolidou [...].

O executivo Ricardo Saud e o deputado Rodrigo Rocha Loures, já no Restaurante Pecorino, conversam ainda sobre a greve em São Paulo e os transtornos que trazia para a cidade, enquanto eles esperam o garçom trazer o cardápio, já que o que queriam – sanduíche – não havia.

Depois, pedem *mozzarella* e refrigerante e continuam conversando amenidades e sobre negócios da JBS, quando Rocha Loures entra no assunto dos "honorários" [propina], insistido na ideia da emissão de nota fiscal por uma empresa de sua relação:

– Agora, me diz uma coisa, Ricardo, com relação... Com relação a esses honorários aí, não tem como fazer...
– (Ininteligível).
– ... de outra forma?
– Tem, ué, mas o cara. A nota é de um cara da sua confiança total?
– É.
– Empresa...
– O problema é o seguinte...
– Empresa antiga?

– É, é.
– Pode fazer.
– Não. Deixa eu te dizer. Os canais tradicionais tão todos obstruídos.
– Claro...
– Então, o que que acontece? Precisa... é... questão é... a questão da estrutura. Então, a ideia era verificar nessa questão dos honorários uma forma tranquila de fazer isso sem que houvesse...
– Não... mas aí tem o imposto, né?
– Não... não... não, eu sei disso. Aí, é... Mas não... não convém, ou pode ser até que convenha, mas aí eu não [conhe...] eu não conheço o [Sará]. Como é que é? Quem é que toca isso?
– Aí... a... a... a... a Âmbar?
– Âmbar... Âmbar.
– Não, não faz na Âmbar, não, porque a Âmbar é a de energia. E você mexeu no setor de energia. Aí eu faço numa outra, nem JBS também nem nada. A gente faz... Vigor, um trem assim. Que não chama atenção. Agora, eu preciso saber o seguinte...
– Eu acho que a gente pode...
– Quem que é a empresa?
– A empresa pode ser... (ininteligível).
– Não sei...
– Que você inclusive...
– É a mesma minha, *véio*.
– Inclusive é uma preocupação é... em primeiro lugar com a questão... naturalmente uma preocupação legítima e com (ininteligível).
– Claro...

E os dois passam a discutir sobre a possibilidade e a conveniência de usar uma nota fiscal para lastrear a propina ou receber em dinheiro vivo. Tal como propusera no encontro anterior, Rodrigo da Rocha Loures volta a sugerir a celebração de um contrato fictício para dar aparência de legalidade ao recebimento dos valores semanais de propina. Chegam a trocar opinião sobre a melhor forma de proceder, mas, ao final, passaram a suscitar alternativas.

Ricardo Saud, que reluta em receber nota fiscal, preferindo pagar em dinheiro vivo, sugere que o dinheiro poderia ficar como crédito, mas queria mesmo era pagar logo. E ainda confessa que a JBS vende mercadoria à vista sem nota fiscal, sonegando imposto e isentando os "mercadinhos" de pagar impostos e que, com isso, teria dinheiro disponível para a transação.

– O que precisaria [identificar] é um grau de conforto, né? Que vocês...
– É...
– É...
– Porque, para nós, a gente consegue porque pra nós é fácil. Nós temos a venda à vista. Por que que o dinheiro pra nós é melhor? Porque eu tenho a venda à vista. O que eu recebo em dinheiro à vista eu não deposito.
– [Quanto cê ganha] à vista?
– Porra, *véio*. Nesses mercadinhos aí tudo que você imagina tudo é à vista. Nego não paga imposto.
– E como é que vocês transportam essas (ininteligível)?
– Não, é 1 milhão, 2, 3, não é muito dinheiro, não. É...
– Porque...
– Uma outra coisa, é o seguinte: a nota... o que que acontece na nota? Se você me falar, Ricardo, a empresa é "x", o cara é amigo da gente, conhecido, ele vai recolher os impostos direitinho.
– É... Legal.
– Entendeu? Porque... Porque se o cara depois não recolhe imposto...
– Daí fica tudo descoberto...
– É... Entendeu? O grande problema de não...
– (Ininteligível) muito boa essa aqui.
– É boa. O grande problema, sabe qual que é? O maior problema de nota? É o seguinte: se fosse uma empresa, por exemplo, seu irmão, eu não teria...
– Não, mas não é.
– Não, eu tô dando um exemplo.
– (Ininteligível).
– É. Não. Eu tô dando um exemplo falando assim, ó. Se fosse seu irmão, não podia fazer nunca, mas por outro lado seria bom porque o cara cê sabe que vai pagar imposto (ininteligível) [direitinho]. O duro é quando a gente arruma um amigo pra fazer...
– E ele se desorganiza, é desorganizado...
– É. Aí você começa a faturar, por exemplo...
– (Ininteligível).

Mas Ricardo Saud insiste em fazer os pagamentos em espécie, dando como justificativa a não necessidade de pagamento de imposto. Fala do pagamento da próxima semana e tenta convencer Rocha Loures a ir até o estacionamento da Escola Germinare, da JBS, que fica na Marginal Pinheiros.

– Pois é, o negócio tá bom. Semana que vem já tem um milhão e meio. Podemos fazer a nota, pra mim é mais tranquilo ainda. Só que, quanto que vai dar de imposto? Trezentos paus? É isso que tem de pensar, ou então... Pra mim, se esse Edgar for um cara confiável, o melhor jeito, sabe como que é? Ele vai lá no estacionamento, nosso estacionamento cê já foi lá, né?

Depois de Ricardo Saud e Rocha Loures conversarem muito sobre a Escola Germinare, mantida pela JBS, eles voltam ao assunto da propina:

– Mas além de... Além de você (ininteligível).

– Não, ninguém. Aí é meio... Ou eu ou o Joesley só. [Mais ninguém] Sabe por quê?

– (Ininteligível) [Não tem chance?]

– (Ininteligível) que tiver três, fodeu. Eu acho... aí [não precisa de nota].

– Você acha melhor?

– Eu acho que não precisa de nota (ininteligível) nada. O cara tem um carro blindado, é um cara experiente, acabou. E lá dentro é muito seguro, não tem nada, entra pela escola. Não entra pela JBS, não. Dá a volta, entrada da escola, eu vou falar com o professor Ricardo. Que eu sou professor lá mesmo.

Ricardo Saud dá a entender que a JBS e outras empresas do grupo J&F (Flora e Vigor) usam a Germinare para fazer pagamentos de propina.

– Tem vez que ele pode até levar uma caixa de isopor, estar buscando carne, entendeu? Ó, e minha carne aí. Tá... muita gente faz isso. Eu acabo pondo umas picanhas por cima assim. Tal. Não tem imposto, não tem nada.

Depois de falarem sobre a fazenda de Ricardo Saud e da exposição genética que aconteceria em Uberaba, Saud volta ao assunto do pagamento da propina e a utilização das dependências da Escola Germinare para isso.

– Acho que lá, se for o cara [da confiança de vocês], pô, eu já entreguei dinheiro demais para o coronel lá, nunca deu problema.

– Nunca deu problema? Porque é muita (ininteligível). Esse é o problema.

– É o quê?

— Esse é o problema.
— (Ininteligível).
— O coronel não pode mais. E outros não podem mais.
— Ah, ele não pode mais? Ah, se fosse ele, não teria problema nenhum. Eu e ele. Não três... Vai na escola.

Descartada a hipótese de usar o coronel [coronel aposentado da Polícia Militar de São Paulo, João Batista Lima Filho, proprietário da empresa Argeplan], especulam sobre outros nomes, como o de [Antônio] Celso [Grecco], dono da Rodrimar, no porto de Santos, amigo de longa data do presidente da República, Michel Temer.

Falam também da possibilidade de a propina ser recolhida pelo xará de Ricardo Saud, Ricardo [Conrado] Mesquita, pessoa também ligada à Rodrimar.

Em diálogo subsequente, Ricardo Saud esboçou certo desconforto em ter que operar com Ricardo Conrado Mesquita, já que havia realizado, segundo ele, muitos "trabalhos" envolvendo essa empresa.

— Pra mim é mais confortável, sim. O Edgar.
— (Ininteligível) você não o conhece e ele também não te conhece.
— É. Tá. Porque... o problema é o seguinte. Que... a gente já fez muito negócio lá com o Ricardo e com o Celso. Bom. Se é da confiança do...
— Não...
— Chefe, não tem problema nenhum.
— Não, você é que tem que dizer, porque, na realidade (ininteligível), se você não tá confortável, então você não tá confortável, ponto.

No relatório da Polícia Federal é destacado que, mais uma vez, ao lhe ser apresentada uma alternativa operacional, Ricardo Saud fez alusão direta ao presidente, nos exatos termos: "E o presidente confia nele a esse ponto? Sério?". Ao que Rocha Loures respondeu: "Muito", dando força à hipótese de que o presidente Michel Temer estaria vinculado àquela operação.

E Rocha Loures ainda explica: "Lá tem um amigo... O Celso é muito amigo dele", no que Ricardo Saud comenta: "É? Ele é muito amigo do presidente, do nosso presidente...". "Ele é", responde Rocha Loures.

Mas não se define um nome e Rocha Loures diz que irá conversar antes com o Edgar para ver quem deveria fazer o recolhimento da propina. "Então, vamos fazer o seguinte: eu vou verificar com o Edgar, se o Edgar... tem duas opções. Ou o (ininteligível) ou o [teu xará]".

Na sequência, Ricardo Saud e Rodrigo da Rocha Loures deixam o Restaurante Pecorino, e cerca de meia hora depois voltam a se encontrar no estacionamento do mesmo Shopping Vila Olímpia, próximo à vaga em que Ricardo Saud havia deixado o seu veículo.

Entretanto, o então deputado federal Rodrigo Rocha Loures optou por não apanhar a mala com o dinheiro, que estava no porta-malas do carro de Ricardo Saud, agendando novo encontro, imediatamente àquele, que deveria acontecer na Pizzaria Camelo, na Rua Pamplona, 1.873, no bairro dos Jardins, São Paulo.

Eram 17 horas e 23 minutos e Rocha Loures fez contato telefônico com Ricardo Mesquita, da Rodrimar, que era a pessoa esperada para transportar o dinheiro da propina, orientando-o a se dirigir para a Pizzaria Camelo.

– Então, eu vou. Eu acho que vou fazer o seguinte: você me encontra na... Vá direto pra... do lado da... Você tem como ir na Pizzaria Camelo? Que é do lado de onde eu vou passar agora? Daí eu vou...

– Sim, sim, ali é mais fácil ainda...

– Então, vá pro... Vá, por favor, para a Pizzaria Camelo, tá bem?

– Tá bom. Fechado.

– Eu tô indo pra Pizzaria Camelo agora. Obrigado!

De acordo com o monitoramento da Polícia Federal, Rocha Loures entrou na Pizzaria Camelo às 18h30, sem que estivesse portando qualquer volume, onde ficou alguns segundos, encontrando-se com Ricardo Saud, de quem recebeu uma mala preta com R$ 500 mil. Rocha Loures, em seguida, pegou um táxi, que já o esperava, e foi para a casa de sua mãe, deixando lá o dinheiro.

O empresário Joesley Batista afirmou, em depoimento ao Ministério Público Federal, que os R$ 500 mil entregues a Rodrigo da Rocha Loures, em 28 de abril de 2017, destinavam-se ao grupo político conhecido como "PMDB da Câmara", uma vez que, em sua opinião, o deputado federal Rocha Loures (PMDB-PR) não tinha influência política para, diretamente, interferir em decisões de órgãos públicos, tratando-se de mero "porta-voz" do presidente da República.

Em seu depoimento, já como delator, o executivo Ricardo Saud foi enfático ao afirmar que Rodrigo Rocha Loures era um mero intermediário e que a propina era para o presidente da República, Michel Temer.

— Com as minhas palavras, eu tenho certeza absoluta que nós tratamos de propina com o Temer, nunca tratamos de propina com o Rodrigo. Rodrigo foi um mensageiro que o Michel Temer mandou pra conversar com a gente, pra resolver os nossos problemas e pra receber o dinheiro dele.

O procurador da República o questiona:

— Isso também é a visão que o Joesley passou para você. Quem teve pessoalmente contato com o Temer para esse assunto foi o Joesley?

— Foi o Joesley.

— E ele passou essa visão?

— Eu tô afirmando pro senhor, porque nós não tratamos de propina com o Rodrigo Rocha Loures.

Rodrigo Rocha Loures foi preso, preventivamente, na manhã de 3 de junho de 2017, ficando, primeiro na Penitenciária da Papuda, depois transferido para a carceragem da Polícia Federal, em Brasília, e, posteriormente, transferido para a prisão domiciliar, com uso de tornozeleira eletrônica, no dia 30 de junho de 2017, por determinação do ministro Edson Fachin, do STF.

O procurador-geral da República, Rodrigo Janot, afirmou, no pedido de prisão, que Rocha Loures é um "homem de total confiança" e "verdadeiro *longa manus*" do presidente da República, Michel Temer.

Michel Temer foi denunciado ao Supremo Tribunal Federal por corrupção passiva, por valer-se da interposição de Rocha Loures para aceitar vantagem indevida, em razão da função.

Como a Câmara dos Deputados não deu autorização para que o presidente da República fosse investigado no Inquérito Criminal que corre no Supremo Tribunal Federal, o ministro Edson Fachin determinou o desmembramento do processo, deixando a ação contra o presidente congelada até o término de seu mandato, e a ação contra o ex-deputado Rodrigo Rocha Loures foi enviada para a 10ª Vara Federal de Brasília, comandada pelo juiz federal Vallisney de Souza Oliveira.

Uma conversa de bêbados

Conversa de bêbados. Essa foi a alegação de Joesley Batista em seu depoimento à PGR no dia 7 de setembro de 2017, a respeito das quatro horas de gravação descoberta pela perícia da Polícia Federal na mídia e entregue pelos delatores da J&F. A gravação foi feita no dia 17 de março de 2017, portanto dez dias depois de Joesley Batista ter gravado o presidente Michel Temer.

O empresário Joesley Batista afirmou que acreditar no conteúdo da conversa gravada entre ele e o ex-diretor de Relações Institucionais do grupo J&F, Ricardo Saud, seria como acreditar em uma conversa de bêbados.

Na verdade, alguns trechos do diálogo podem até ser considerados como típicos de uma conversa de botequim, mas, às vezes, é em momentos de bebedeira que as pessoas revelam seu lado mais obscuro.

Xico Sá, escrevendo com maestria para o *El País*, no dia 8 de setembro de 2017, foi na jugular:

> Nada contra o axé da Ivete, Joesley, é que prefiro os bêbados mais tristes, são mais confiáveis, os bêbados que afogam as mágoas com um brega do José Ribeiro ou uma moda sofrida de Tião Carreiro e Pardinho. Também soaria supimpa e irônica, no quase monólogo do rapaz da Friboi, uma trilha de ópera bufa ou um rock-sacanagem do grupo Velhas Virgens.

Lembrando Oscar Wilde, nunca se deveria lamentar o fato de um poeta ser um bêbado, mas sim lamentar que nem todos os bêbados sejam poetas.

E Xico Sá tinha plena razão, porque na conversa de bêbados entre Joesley Batista e Ricardo Saud nada havia de poesia.

Logo no início do tal colóquio sexo conjuntural travado entre Joesley Batista e Ricardo Saud, ouvindo a música Farol, cantada por Ivete Sangalo – que ele havia acabado de pedir que aumentassem o som –, Joesley Batista confessa em relação à cantora: "Sabe, eu sou louco por ela, é meu número".

No Brasil da impunidade seletiva, Joesley Batista apostava todas as suas fichas em que nada de pior iria lhe acontecer, mesmo depois de tantos crimes cometidos e alguns já confessados à PGR pelos delatores do grupo.

Nas palavras de Joesley Batista, ele seria a "joia da coroa".

– Ricardo, nós somos... nós somos a joia da coroa deles. O Marcelo [Miller] já descobriu e já falou para o [Rodrigo] Janot: "Janot, nós temos o cara, nós temos o pessoal que vai dar todas as provas que nós precisamos".

Joesley se vangloriava da delação premiada que articulava fazer com a Procuradoria-Geral da República, pela qual iria garantir imunidade aos dirigentes de seu grupo empresarial. Joesley afirma:

– Sabe qual a chance de eu ser preso? Nenhuma. Zero. Não precisa dar explicação nenhuma. Por quê? Porque não vai. Não tem nenhuma chance. É o seguinte: vamos conversando tudo, nós vamos tocar esse negócio. Nós vamos sair lá na frente. Queria tranquilizar todo mundo, eu não vou ser preso, ninguém vai ser preso.

Joesley Batista destaca:

– Nós vamos sair amigos de todo mundo e nós não vamos ser presos. Pronto. E nós vamos salvar a empresa.

O empresário parecia tentar deixar Ricardo Saud mais tranquilo e acreditando na impunidade:

– Aí o Janot, espertão, o que o Janot falou: "Bota pra foder, bota pra foder. Põe pressão neles pra eles entregar tudo. Mas não mexe com eles. Pra foder, dá pânico neles. Mas não mexe com eles".

Em outro trecho da conversa, que teria sido gravada acidentalmente, embora haja controvérsia, já que a gravação foi feita por Ricardo Saud, o "falastrão" Joesley Batista, como qualificado por Temer, fala a respeito de uma das profissionais envolvidas na negociação com o Ministério Público Federal:

– Dei ordem objetiva. Ricardinho, eu já falei para o Francisco... Francisco, você tem até domingo que vem para comer a... Senão, eu vou comer. Francisco, é trabalho, viu? Vou te dar até domingo que vem. Senão, eu vou fazer o serviço. Não é fetiche, não, velho. Um de nós tem de botar ela na cama.

Ricardo Saud, parecendo demonstrar total afinidade com o pensamento do chefe, reforça:

– Isso não é tesão, nem amor, nem paixão. É trabalho.

Veja o trecho da conversa em que Joesley Batista põe mais ênfase:

– Eu não consigo entender o seguinte... Então por que, então por que nós estamos assim tudo bacana, está só a joia da coroa e por que a Fernanda não acha isso?

– Calma. É porque ninguém comeu ela ainda.

– E eu falei para ele. Falei: Francisco, missão. Eu vou te dar até domingo que vem, senão me libera que eu vou fazer o serviço. Não, e vou mesmo! [...] E eu falei: Francisco, eu te dou até o outro. Porque é o seguinte: Ricardinho tem que fazer.

– Pro Marcelo...

– Não é nada. Tem que... Francisco, não é fetiche não, *véio*. É o seguinte: assim um de nós tem de botar ela na cama. Que ela tá enxerida pro nosso lado...

E Joesley Batista continua desfilando a sua estratégia sexual para, possivelmente, utilizar como moeda de troca com algum dos membros do MPF:

– Eu já arrumei um veado pra dar para quem nós (sic) precisar. Eu já tenho um. Sério, tem mesmo. Eu já tenho contratado um. É o seguinte: ou vai no amor, ou vai na... É serviço, cara.

– Então eu vou falar pro Marcelo, quem você vai querer comer, eu ou um veado. Tá tudo nossa aqui.

– Não, num pode...

– Acho que o Marcelo não enquadra, acho que quem tá enquadrado ali é na Fernanda...

– Eu falei pro Francisco: cê tá comendo, não? Então, cê tem mais uma semana, senão eu resolvo isso.

Na gravação, o empresário Joesley Batista cita a advogada Fernanda Lara Tórtima, do escritório Tórtima Tavares & Borges Advogados Associados, que atuava para a JBS e que teria "surtado" com a possibilidade de a delação do grupo atingir o Supremo Tribunal Federal (STF), razão pela qual a "transa" seria para "acalmar" a dita advogada e cooptá-la para a estratégia traçada por Joesley Batista e que envolvia queimas de algumas cabeças brancas ou carecas da Suprema Corte.

– A Fernanda surtou por quê? Porque a Fernanda entendeu que nós somos muito mais e nós podemos muito mais. E aí até a Fernanda perdeu o controle. Ela falou: "Nossa senhora, pera aí, calma, o Supremo não, pera aí, calma, vai foder meus amigos, vai...". Só para... Ricardinho, eu não vou conseguir te explicar e te falar assim... Ricardinho, confia ni mim.

– Surtou por causa do Zé, porque sabe que, se nós entregar o Zé, nós entrega o Supremo. Eu falei pro Marcelo: ô, Marcelo, cê quer pegar o Supremo? Quero. Pega o Zé. Guarda o Zé, o Zé entrega o Supremo.

Aí o grau alcoólico vai subindo e a língua vai perdendo a "tramela". E o caubói goiano, embora estivesse segurando a onda e comendo uma porção de "picanha aperitivo", passa a falar até da intimidade de seu casamento, dizendo a Saud como conseguia deixar sua mulher, Ticiana Tanajura Villas Boas, fora de sua vida extraconjugal e ainda tripudia em cima de sua ex--mulher "Cris", que não seria tão perspicaz quanto a atual esposa.

Em grande estilo canastrão, Joesley Batista conta a Ricardo Saud o plano que teria bolado para contar à sua esposa, Ticiana, suas "traquinagens", antes que a Globo anunciasse em cadeia nacional:
– Eu já tenho a história pronta. Eu vou começar no dia, de manhã cedo. Eu vou acordar dizendo assim: "Quero me separar". Nós vamos passar o dia em crise. "Quero separar." "Não, eu te amo." "Eu quero separar, eu não te mereço." Aí vai... "Eu não te mereço, eu não sou o homem certo para você." Aí, quando ela jurar que me ama e tal, eu vou falar: "Então, hoje à noite o William Bonner vai dar uma notícia..."

Quanto mais uísque eles tomavam, embora acompanhado por um suculento caldo de lagostim, a dupla de candidatos à delação deixa a língua mais solta. Eles falam em preferências sexuais, inclusive com Joesley Batista confessando ao comparsa Ricardo Saud que estava a fim de comer "umas veinhas de uns 50 anos e casadinhas".

Embora Joesley Batista tenha dito em seu depoimento à PGR, no dia 7 de setembro de 2017, que Marcello Miller havia se apresentado a ele como advogado e toda aquela encenação de que pretendia convidá-lo para assumir a gestão de *compliance* da J&F, em sua conversa com Ricardo Saud fica claro que ele via Marcello Miller como homem do MPF, mesmo que tentando se infiltrar na organização empresarial para fins de investigação: "[...] Na minha cabeça, o Marcello é do MPF. Ponto. O Marcello tem linha direta com o Janot. Quando eu falo Janot, é Janot, Pelella... Tudo a mesma coisa".

Ricardo Saud demonstra aflição com o fato de que, mesmo em tratativas "extraoficiais" com o procurador Marcello Miller, o MPF continuava pressionando a JBS e, no dia da gravação, 17 de março, havia deflagrado a Operação Carne Fraca. Joesley Batista tenta tranquilizá-lo, mas afirma que não tem nada acertado, dizendo apostar cem por um que o procurador-geral da República, Rodrigo Janot, aceitaria a delação premiada dos executivos do grupo J&F.

Com relação à Operação Carne Fraca, o empresário Joesley Batista diz a Saud que o MPF havia feito uma operação de dar risada. E com suas reiteradas bravatas, afirma que, se estivesse em frente ao procurador Rodrigo Janot, diria que aquilo teria sido coisa de menino, uma operação idiota.

Joesley Batista, um tanto alto pelas excessivas doses de uísque que tomava para tentar se manter mais calmo, embora cheio de pose, fala para Saud se tranquilizar quanto à continuidade das operações do MPF, chegando a afirmar: "Para, Ricardinho... Na escola que eles estudam, nóis é professor".

No auge da prepotência, Joesley Batista fala até em "organizar" o Supremo Tribunal Federal, usando o ex-ministro da Justiça José Eduardo Cardozo para obter dados comprometedores de ministros da Corte Suprema. Chegou ao cúmulo de sugerir que poderia "dissolver o Supremo", usando para isso possíveis gravações que seriam feitas com o ex-ministro da Justiça José Eduardo Cardozo.

– O Zé vai entregar tudo... A gente vai falar de dois só, nós só vai entregar o Judiciário e o Executivo, a Odebrecht moeu o Legislativo, nós vamos moer.

Depois de Joesley Batista e Ricardo Saud terem prestado depoimento no dia 7 de setembro de 2017, e ainda enquanto o ex-procurador da República Marcelo Miller estava prestando seu longo depoimento à Procuradoria da República do Rio de Janeiro, que durou dez horas, no dia 8 de setembro de 2017 Rodrigo Janot pediu a prisão de Joesley Batista e do ex-executivo da J&F Ricardo Saud, com análise feita pelo ministro do STF Edson Fachin, ainda no sábado, dia 9 de setembro de 2017, detalhada no próximo capítulo.

Em depoimento ao Ministério Público Federal em 7 de setembro, Ricardo Saud falou dos dissabores familiares que tem passado após a revelação do áudio. A gravação foi acidental e, em decorrência dela, a esposa pôs o depoente para fora de casa, registra o termo de depoimento.

Ao longo das investigações que abalaram o governo de Michel Temer, Saud apareceu, em conversas telefônicas, discutindo a necessidade de se casar para que a futura esposa eventualmente pudesse ter um visto americano caso ele e os demais delatores da JBS se mudassem para os Estados Unidos.

Como se viu, os dois delatores conversaram sem pudor e sem a menor preocupação de que poderiam ser ouvidos; sobre mulheres, encontros, carros e, em tom de bravata, até sobre a vida privada de autoridades, como a citação em relação à ex-presidente Dilma Rousseff, à presidente do Supremo Tribunal Federal, Carmem Lúcia, e ao ex-ministro da Justiça José Eduardo Cardozo, que, na atravessada conversa, Ricardo Saud diz que ouviu falar que os três seriam adeptos de uma "suruba".

Conversa vai, conversa vem, e Joesley Batista fala para Ricardo Saud sobre o impacto das gravações que fez do presidente da República, Michel Temer, sobre seus negócios futuros:

– Porra! Virar essa página, nem lembrar disso, mais nunca... E nós não vamos poder mais fazer rolo mesmo. Acabou. Com essa história aqui, acabou. Nós não vamos fazer rolo mais nunca.

– Até porque ninguém vai querer fazer com a gente mesmo – fala o executivo Ricardo Saud, com Joesley seguindo o raciocínio:

– Lógico. Não tem maior governança do que isso. Primeiro: um negócio desses, você se autoprendeu, se autoisolou. Segundo: você "se autocompliance", porque ninguém mais vai fazer rolo com você. Ninguém vai ter coragem de ter uma conversa meio assim com você... "Rapaz, esses caras denunciaram o presidente da República, tá louco? Vai fazer rolo com esses caras?". Ou seja, nós nunca mais vamos ganhar a vida fazendo rolo. Pronto!

E Ricardo Saud complementa:

– Graças a Deus já não precisa mais mesmo, então pronto.

No dia 20 de setembro de 2017, o jornal *Correio Braziliense* publicou extensa entrevista com o ex-procurador-geral da República Rodrigo Janot, em que este chega a chamar Joesley Batista de bandido: "Quando se faz acordo de colaboração, se está negociando com bandido, bandi-dê-ó-dó".

Sobre como o áudio "Conversa de Bêbados", que foi assim intitulado por Joesley Batista, teria chegado à PGR, Rodrigo Janot deu a seguinte explicação:

> Quando foi feito esse acordo, contrataram um grupo para fazer levantamentos dentro do grupo empresarial para identificar as provas para a orientação da colaboração. E, aos poucos, iriam fazendo os novos anexos e indicação dos fatos criminosos. Pediram 120 dias para fazer isso. No acordo, constaram aqueles anexos que trouxeram no primeiro momento e, no período de 120 dias, trariam complementos. Um pouco antes, pediram a prorrogação por mais 60 dias. A gente concordou com a prorrogação. Com medo de perderem o prazo e ter rescindida a colaboração, eles empurraram tudo para cá. Vieram muitos anexos e muitos áudios. Para agilizar, a gente dividiu tudo entre os colegas. No grupo da Lava Jato, ficou todo mundo ouvindo os áudios. A Carol (procuradora Ana Carolina Rezende) ficou com

um grupo de áudios. Tinha um anexo que envolvia uma pessoa cujo processo está em sigilo, o codinome era Piauí, com quatro áudios. O maldito áudio Piauí 3 não tinha nada a ver com esse anexo. O Piauí 1, 2 e 4 tinham a ver, eram conversas com determinado senador. A Carol, domingo de manhã, manda mensagem no nosso grupo dizendo que tinha um áudio jabuti, contrabando, de quatro horas, falando de Miller, de várias coisas. Viemos para cá, passamos a tarde aqui. Era um jabuti, um anexo de contrabando colocado sem nenhuma remissão de que não tinha nada a ver com Piauí. A PF disse que tinha recuperado sete áudios, que estão sob sigilo, porque o advogado dos colaboradores disse que boa parte é conversa entre advogado e cliente. E que a perícia da PF teria recuperado mais 11 áudios.

Outra pergunta do *Correio Braziliense* a Rodrigo Janot: Joesley tinha apagado e a Polícia Federal conseguiu resgatar?

Isso. Na leitura que fizemos, isso não poderia ter sido um equívoco, foi uma casca de banana mesmo. O ministro Fachin lacrou os 11 áudios, nem nós conhecemos. Eles, com medo de um dos 11 áudios ser um dos que estão recuperados pela polícia, colocaram um jabuti. Lá na frente, quando estourasse o negócio, diriam que entregaram e nós ficamos calados. É óbvio que foi uma armadilha.

Embora não tenha sido questionado pela reportagem do *Correio Braziliense*[7], dá para se inferir que talvez o jabuti tenha sido colocado, não para se garantir com relação à PGR, mas provável obra do executivo Ricardo Saud para incriminar Joesley Batista. Afinal, pelo que se sabe, esse áudio foi gravado por Saud e não por Joesley.

Em nota datada de 20 de setembro de 2017, de acordo com o *Correio Braziliense*, a defesa do empresário Joesley Batista se disse "perplexa" com o tom "fora do adequado a alguém que ocupou cargo tão importante". Assinado pelo advogado Antônio Carlos de Almeida Castro, o texto acusa Rodrigo Janot de agir de forma desleal e injusta com seu cliente.

---

7 O jornalista Ricardo Noblat afirmou, no dia 8 de setembro de 2017, que o diretor de relações institucionais do grupo J&F, Ricardo Saud, teria gravado deliberadamente a conversa com o empresário Joesley Batista, o que poderia lhe custar, e a executivos de sua empresa, a perda dos benefícios da delação premiada e até a liberdade. Saud meteu a gravação em meio a documentos enviados recentemente ao procurador Rodrigo Janot. Não teria sido também uma conversa de bêbados. O único bêbado era Joesley, que não sabia que estava sendo gravado.

Outras conversas comprometedoras

Em arquivo, que havia sido apagado pelos delatores da JBS e que foi recuperado pela perícia da Polícia Federal, e que foi gravado, provavelmente no dia 27 ou 28 de março de 2017, o advogado e delator da J&F, Francisco de Assis e Silva, insinua possuir a gravação de uma reunião com a equipe do ex-procurador-geral da República Rodrigo Janot, durante reunião de negociação de colaboração premiada, e cita alguns fatos relevantes.

A conversa ocorre dentro de um carro, logo depois de os colaboradores irem à Procuradoria-Geral da República para ter retorno sobre as gravações secretas feitas com o presidente da República, Michel Temer, seu ex-assessor Rodrigo Rocha Loures e o senador Aécio Neves.

A reunião foi com o procurador da República Eduardo Botão Pelella, também chefe de gabinete de Rodrigo Janot, e com o procurador da República Sérgio Bruno Fernandes, coordenador do grupo de trabalho da Lava Jato.

E Francisco de Assis e Silva insinua ter uma gravação da reunião que acabara de acontecer: "E teve mais outra coisa que ele [Pelella ou Sérgio Bruno] falou, logo que o Joesley entrou, que era uma conversa; que, que era mesmo? Eu vou ouvir aqui de novo..."

Embora animado com a perspectiva de fechar o acordo de delação com a Procuradoria-Geral da República, Joesley Batista – como que prevendo o futuro – fala sobre a eventual possibilidade de anulação dos benefícios conquistados pela delação e da necessidade de se tomar cuidado para não mencionar assuntos e pessoas além do material que já tinham apresentado.

– É a goleada deles [procuradores], sabe o que é? Você vir aqui, ajoelhar no milho, contar tuuuuudo e deixar um rabinho de fora. Aí vem outro, conta, e ele derruba seu acordo. Aí você ficou com cara de idiota. Ou seja, ele pegou tudo e te fodeu.

Mas isso não fora dito sem motivo. O próprio Joesley Batista deixa claro, na conversa que mantinha com Ricardo Saud e Francisco de Assis e Silva, que a JBS mantinha outras gravações longe dos ouvidos dos procuradores da República, com quem negociava a delação.

– Você [Saud] quase pisou na bola, falou que gravou. Cai fora. Deixa só eu gravando. Sorte que não encompridou a conversa. Deixa que sou eu porque aí, pronto. Um filho da puta de plantão e acabou. E completa ao final: quatro horas e quarenta de gravação.

Em outro áudio, Joesley Batista fala sobre como enxergava a "onda" de delações, que, em sua visão, iria acabar no Judiciário, sendo para ele motivo de risada.

Pouco antes de deixar a advogada Fernanda Tórtima em seu destino, no Lago Sul, ela elogia Joesley Batista sobre sua postura diante dos procuradores da República e afirma que se alguém dissesse a ela qualquer coisa sobre ele e o irmão Wesley, ela não acreditaria e "botaria a mão no fogo, dizendo que não deram R$ 1,00 para ninguém".

Joesley gargalha e responde: "Não demos porra nenhuma, só corrompemos tudo".

E Joesley ainda promete ensinar como se corrompe: "Viu, Francisco? Você quer aprender a corromper os outros? Tem uma técnica, sabia?". E a advogada Fernanda Tórtima pergunta a Joesley Batista: "Qual é a técnica? Não que eu queira fazer".

Mas o carro chega ao endereço em que a advogada iria descer e ela se despede dos executivos sem ter a curiosidade saciada, já que Joesley Batista tinha interrompido o raciocínio, justamente para checar sua localização.

Em outro áudio recuperado pela PF, Joesley Batista conversa com o deputado federal Gabriel Guimarães (PT-MG), que, a partir de 2013, passou a usar seu escritório de advocacia para receber R$ 5,6 milhões de propina destinada ao governador Fernando Pimentel (PT-MG).

Joesley diz que sem Renan Calheiros e Geddel Vieira Lima, o Congresso Nacional teria perdido o rumo e ficado "sem agenda". O deputado petista concorda, fala que os políticos estão acomodados por causa do foro privilegiado e propõe uma espécie de "Refis" para crimes eleitorais.

Segundo sua proposta, a saída legislativa seria para beneficiar os políticos e os empresários envolvidos com Caixa 2 de campanha. Para Gabriel, o político deveria confessar seus crimes eleitorais e ficar "uma eleição sem poder se candidatar", para se livrar de uma ação judicial, mas fala das dificuldades: "Sabe qual que é a segurança de todos hoje? O foro que, ou vai acabar no Supremo, ou acaba no final do ano, porque o político não se elege".

Joesley Batista comenta sobre o conselho que teria dado a "um amigo" sobre a decisão de delatar ou não: "Ô meu, é a coisa mais simples do mundo, porque se você tem problema e o problema é, como se diz, batom na cueca, ô meu, corre lá e faz a porra da delação".

Joesley Batista e seu irmão, Wesley Batista, entretanto, iriam conhecer dias de muita penúria na prisão, para onde foram por decretação de prisão preventiva. No caso de Joesley Batista, ele foi preso acusado de sonegar informações em sua delação premiada, assim como fez o diretor da J&F Ricardo Saud, recolhido na Penitenciária da Papuda, em Brasília (DF).

Capítulo 9

A prisão de Joesley Batista e Ricardo Saud

Pensei que era liberdade, mas na verdade eram as grades da prisão.

Engenheiros do Hawaii

Embora a confiança exagerada de Joesley Batista de que nunca seria preso, nem ninguém da companhia, e que, ao contrário, ele iria se tornar "amigo" do procurador-geral da República, no dia 8 de setembro de 2017, ainda durante a oitiva do ex-procurador da República Marcello Miller na Procuradoria de Justiça do Rio de Janeiro, Rodrigo Janot pediu ao Supremo Tribunal Federal as prisões temporárias de Joesley Batista, Ricardo Saud e do ex-procurador Marcello Miller.

Os executivos da JBS prestaram depoimento à Procuradoria-Geral da República no dia anterior, mas não foram convincentes. A avaliação na instituição foi de que o discurso dos investigados era somente para manter a validade do acordo, mas os fatos narrados eram especialmente graves, principalmente pela combinação entre os dois executivos em deixar de fora alguns crimes, o que, pela legislação específica, não é permitido.

No pedido de prisão de Joesley Mendonça Batista e de Ricardo Saud, feito ao STF pela Procuradoria-Geral da República, Rodrigo Janot afirma:

> Instados a comparecer à Procuradoria-Geral da República no dia 7 de setembro de 2017, os colaboradores foram evasivos, deixaram de apresentar

fatos importantes e levantaram explicações confusas. Igualmente, reconheceram que há outras informações e áudios não entregues.

Para Rodrigo Janot, o fato de o delator Ricardo Saud ter revelado, em depoimento à PGR, que teria gravado o ex-ministro da Justiça José Eduardo Cardozo e de ter remetido o áudio para o exterior – embora isso possa ser tido como algo curioso, pois poderia ser simplesmente destruído –, teria sido feito "em aparente tentativa de ocultação dos arquivos das autoridades", ou seja, possível crime de obstrução da Justiça.

Pedida no dia 8, a prisão dos executivos Joesley Batista e Ricardo Saud chegou a ser defendida publicamente pelo ministro Luiz Fux, do Supremo Tribunal Federal, durante sessão plenária da Corte, no dia 6 de setembro de 2017.

Na ocasião, o ministro afirmou:

> Eu verifico que esse episódio revelou que esses partícipes do delito, que figuraram como colaboradores, ludibriaram o Ministério Público; eles degradaram a imagem do país no plano internacional, eles atentaram contra a dignidade da Justiça e eles revelaram a arrogância dos criminosos do colarinho-branco. De sorte que eu deixo ao MP a opção de fazer com que esses participantes dessa cadeia criminosa, que confessaram diversas corrupções, que eles passassem do exílio nova-iorquino para o exílio da Papuda.

As defesas dos três acusados entraram com pedidos na Suprema Corte para que Joesley Batista e Ricardo Saud fossem ouvidos antes de qualquer decisão sobre os pedidos de prisão e entregaram seus passaportes como aceno de garantia de que eles não se evadiriam do país.

De acordo com alegações da defesa, uma vez que o pedido de prisão se tornou público, não se justificaria a imposição de um contraditório diferido, que é quando o juiz toma a decisão antes de ouvir uma das partes, diante, por exemplo, da necessidade de produção de provas urgentes.

Os advogados também pediram a observação do parágrafo 3º do artigo 282 do CPP [Código de Processo Penal], o qual determina que:

> Ressalvados os casos de urgência ou de perigo de ineficácia da medida, o juiz, ao receber o pedido de medida cautelar, determinará a intimação da parte contrária, acompanhada de cópia do requerimento e das peças necessárias, permanecendo os autos em juízo.

"Dessa forma, em prol do contraditório e da ampla defesa, requer--se a intimação dos peticionários, bem como a cópia do requerimento e das peças necessárias, para manifestação, consoante o texto legal mencionado", afirmou a defesa dos executivos da J&F no pedido feito ao STF.

Entretanto, o ministro Luiz Edson Fachin tomou a decisão, no dia 9 de setembro de 2017, de mandar prender, temporariamente, o empresário Joesley Batista e o executivo da J&F Ricardo Saud, com base em suspeitas de que eles omitiram informações, o que teria quebrado cláusulas do acordo. No caso do ex-procurador Marcello Miller, o pedido de prisão feito por Janot foi negado pelo Supremo Tribunal Federal.

Na manhã do dia 10 de setembro de 2017, foi divulgado pela assessoria de comunicação da J&F que Joesley Batista e Ricardo Saud haviam tomado a decisão de se entregar às autoridades e que isso estaria em negociação, embora ainda não tivesse definição de como e onde eles se apresentariam.

Em sua decisão, o ministro Luiz Edson Fachin explicou que a razão do pedido de prisão temporária era fundada em indícios de que Joesley Batista e Ricardo Saud omitiram informações a que estavam obrigados a prestar sobre a participação do então ex-procurador Marcello Miller.

Segundo o então procurador-geral da República, Rodrigo Janot, teria ocorrido aconselhamento ilegal de Marcello Miller como procurador da República, e que tal atitude permitiria concluir que, em liberdade, os colaboradores Joesley Batista e Ricardo Saud encontrariam os mesmos estímulos que os levariam a continuar ocultando fatos criminosos.

As prisões de Joesley Batista e de Ricardo Saud foram feitas em São Paulo, após eles se apresentarem na Superintendência da Polícia Federal, no bairro da Lapa, zona oeste da capital paulista, no início da tarde do dia 10 de setembro de 2017 (domingo), tendo eles sido transferidos para Brasília no dia seguinte, utilizando-se de um jatinho da Polícia Federal.

Por solicitação da defesa de Joesley Batista e de Ricardo Saud, eles não fizeram exame de corpo de delito no IML de São Paulo para, segundo a mesma, preservar a imagem deles, já que grande número de jornalistas cobria a prisão dos executivos.

Em nota distribuída à imprensa, o advogado Antônio Carlos de Almeida, vulgo Kakay, afirmou que considerava as prisões desnecessárias, pois seus clientes "cumpriram rigorosamente tudo que lhes era imposto" desde a assinatura da delação, e que o então procurador Rodrigo Janot não poderia "agir com falta de lealdade e insinuar que o acordo de delação foi descumprido".

"Meus clientes agiram com lealdade e continuam à disposição do Poder Judiciário, ressaltando a confiança no Supremo Tribunal", diz a nota, o que foi contestado pelo Ministério Público Federal e reafirmado pelo ministro Luiz Edson Fachin, em sua decisão pela prisão temporária.

Por exemplo, narra o procurador-geral da República, Rodrigo Janot, em seu pedido ao Supremo Tribunal Federal:

> Há indícios de má-fé por parte dos colaboradores ao deixarem de narrar, no momento da celebração do acordo, que estavam sendo orientados por Marcello Miller, que ainda estava no exercício do cargo, a respeito de como proceder quando das negociações, inclusive no que diz respeito a auxílio prestado para manipular fatos e provas, filtrar informações e ajustar depoimentos.

Na manhã da segunda-feira, 11 de setembro de 2017, a Polícia Federal e os procuradores da República, incluindo a procuradora Janice Ascari, que trabalhava diretamente com Rodrigo Janot, fizeram quatro operações de busca e apreensão em São Paulo, no escritório da J&F, nas residências de Joesley Batista, do ex-diretor de Relações Institucionais Ricardo Saud e do diretor jurídico Francisco de Assis e Silva. O quinto mandado de busca foi cumprido na casa do ex-procurador Marcello Miller, no Rio de Janeiro.

Não havia mandado de busca e apreensão, mas as equipes do MPF e da PF, que atuaram no Rio de Janeiro, estiveram na sede carioca do escritório Trench, Rossi e Watanabe. Esse é o escritório de advocacia que contratou o ex-procurador da República Marcello Miller, e que esteve à frente do processo de negociação do acordo de leniência da J&F para receber documentos de investigação interna sobre a participação do ex-procurador nas negociações com a J&F e que foram base para a demissão de Miller.

No mesmo dia, o empresário Joesley Batista e o executivo Ricardo Saud, que haviam passado a noite na carceragem da PF, foram conduzidos ao Aeroporto de Congonhas, onde embarcaram com destino a Brasília.

Na saída da carceragem da Polícia Federal, em São Paulo, Joesley Batista foi fotografado já dentro da viatura da Polícia Federal com um terço nas mãos e rezando. Provavelmente, o terço lhe foi dado pela mãe, já que antes de se entregar à Polícia Federal Joesley Batista foi à casa dos pais.

Devido a atraso na decolagem, em São Paulo, somente por volta das 15h50 o comboio levando Joesley Batista e Ricardo Saud chegou à Superintendência da Polícia Federal, em Brasília, onde foram "recepcionados" por um grupo de manifestantes que portavam cartazes contra a corrupção, como: "Joesley, a Papuda te espera".

Um dos manifestantes chegou a dizer aos repórteres presentes: "Estamos comemorando a prisão de Joesley. Antigamente só prendiam pretos e pobres. Hoje vão [presos] brancos ricos e poderosos também".

Joesley Batista e Ricardo Saud, depois de se submeterem a exames de corpo de delito no IML de Brasília, foram colocados em celas de nove metros quadrados, com cama de cimento e colchão, um tubo de água fria e um vaso sanitário turco. Portanto, nada a ver com o status que Joesley Batista adquiriu e que, conforme ele mesmo proclamou em uma das gravações feitas, ele "seria o maior empresário do Brasil".

De acordo com o jornalista Renato Souza, do *Correio Braziliense*, "o primeiro dia de cadeia do empresário Joesley Batista, que antes dizia não ter medo de ser preso, foi um choque de realidade".

A defesa de Joesley Batista e de Ricardo Saud protocolou, no dia 12 de setembro, no Superior Tribunal Federal, uma petição de revogação das prisões temporárias, deferidas pelo ministro Luiz Edson Fachin, no bojo da Ação Cautelar nº 4.352/DF.

A defesa sustentou que os acusados não mantinham tratativas com Marcello Miller sabendo de sua condição de procurador da República, mas de ex-procurador. Assim, em tese, não teriam cooptado um membro do MPF.

A defesa reiterou que o áudio entregue à PGR (Piauí Ricardo 3 17032017. WAV) continha apenas "conversa particular travada entre os dois, com uma série de observações jocosas, ironias de toda natureza e bazófias próprias de uma conversa informal entre amigos em ambiente privado".

A defesa afirmou ainda que nada do que foi falado, como o que dizia respeito a ministros da Suprema Corte, tinha algum fundo de verdade. Por fim, apresentaram uma série de alegações, entre as quais se destaca:

> Vale ponderar de início, por oportuno, que os peticionários não romperam absolutamente nenhuma cláusula constante do acordo de colaboração, tampouco omitiram deliberadamente informações e/ou documentos por

má-fé, tendo voluntariamente entregado todo o material complementar que julgaram relevante para as apurações relacionadas à colaboração e na plena vigência do prazo de 120 dias assinalado no próprio acordo, atualmente prorrogado e com vencimento tão somente em 30 de outubro próximo, cumprindo estritamente as cláusulas ali previstas e em atitude de transparência e boa-fé para com as autoridades investigativas.

No dia 14 de setembro, véspera de vencimento da prisão temporária de Joesley Batista e de Ricardo Saud, a Procuradoria-Geral da República decidiu pedir a revogação da imunidade penal dos dois delatores da JBS, com a rescisão de seus acordos de delação premiada. No entanto, Rodrigo Janot ressaltou que as provas apresentadas por eles continuariam válidas.

A Procuradoria-Geral da República solicitou ainda, ao Supremo Tribunal Federal, que as denúncias relativas aos delatores da JBS fossem enviadas à Justiça Federal no Paraná (TRF-4).

Diz a denúncia apresentada pela PGR:

> Em razão de fatos novos, foi instaurado Procedimento de Revisão acerca destes ajustes firmados e o procurador-geral da República concluiu que houve omissão deliberada, por parte dos referidos colaboradores, de fatos ilícitos que deveriam ter sido apresentados por ocasião da assinatura dos acordos. Em razão disso, houve o pedido de rescisão desses ajustes, mas isso não limita a utilização das provas por eles apresentadas.

A rescisão dos acordos de delação premiada foi solicitada após um áudio ter sido enviado para a Procuradoria-Geral da República, com uma conversa gravada entre Joesley Batista e Ricardo Saud. Os dois debatiam formas de não serem presos e sobre o que – ou quem – falaria na delação premiada.

A Procuradoria-Geral da República também solicitou ao Supremo Tribunal Federal a conversão das prisões de Joesley Batista e de Ricardo Saud, de temporárias para preventivas (sem prazo determinado para soltura).

No mesmo dia, Joesley Batista e Ricardo Saud novamente prestaram depoimento à Polícia Federal, em inquérito determinado pela presidente do Supremo Tribunal Federal, que investiga parte do áudio em que os dois conversam sobre ministros da Suprema Corte.

Por orientação da defesa, ambos permaneceram calados. De acordo com o criminalista Antônio Carlos de Almeida Castro, seus clientes permaneceram em silêncio porque não sabiam, juridicamente, o que seriam: se colaboradores, que devem dizer a verdade e entregar provas, ou investigados, que não precisariam produzir provas contra si.

O ministro do STF Luiz Edson Fachin, atendendo ao pedido da PGR, determinou a conversão das prisões temporárias de Joesley Batista e Ricardo Saud em prisões preventivas, dando prazo de dez dias para que a defesa de ambos se manifestasse sobre o pedido de rescisão de suas colaborações premiadas feita pelo procurador-geral da República, Rodrigo Janot, mas que não foi aceita de imediato pelo Supremo Tribunal Federal.

No dia 15 de setembro de 2017, Joesley Batista foi levado para a Polícia Federal de São Paulo, para audiência de custódia com o juiz federal João Batista Gonçalves, da 6ª Vara Criminal Federal, por ter tido prisão decretada também por crime de *insider trading* junto com seu irmão Wesley.

Por questão de segurança, Joesley Batista foi transferido para a carceragem da Polícia Federal no bairro da Lapa, na capital paulistana, onde já estava preso seu irmão, Wesley Batista, acusado pela prática do mesmo crime.

Já Ricardo Saud, ex-diretor de Relações Institucionais da J&F, foi transferido, também no dia 15 de setembro, para o Complexo Penitenciário da Papuda, em Brasília, para uma ala mais reservada e com maior segurança, a chamada "ala dos vulneráveis", para cumprir prisão preventiva.

Na mesma ala estão Geddel Vieira Lima e Lúcio Bolonha Funaro, sem comunicação entre eles. Embora estejam separados e não se encontrem no banho de sol, há relatos de que eles trocam constantes insultos. Está havendo, inclusive, revezamento entre os advogados para que eles não se encontrem.

De acordo com informações do presídio, o delator Lúcio Funaro, no fim do banho de sol e antes de voltar para a cela, manda aos gritos recado para Ricardo Saud, preso do outro lado: "Saud, vou te matar", tentando criar terror no delator da JBS que o entregou em seu depoimento ao Ministério Público Federal. Do seu lado "do muro", Geddel Vieira Lima engrossa o coro: "Saud, também vou te matar". Na ocasião, o delator Ricardo Saud devolve as provocações, mas só para Geddel: "Cala a boca, seu gordo!".

Já Joesley Batista, preso em São Paulo, experimenta uma rotina melhor, por ter sido mantido na carceragem da PF, mas sem prazo para deixar a prisão.

No dia 25 de setembro, o ministro da Suprema Corte de Justiça José Antonio Dias Toffoli, ao rejeitar os embargos em *habeas corpus* que negou seguimento ao pedido de revogação da prisão preventiva de Joesley Batista, destacou que a jurisprudência do Supremo Tribunal Federal não admite *habeas corpus* contra decisão de ministro da Corte.

O ministro Dias Toffoli manteve o entendimento que já havia apresentado quando negou o seguimento do *habeas corpus*:

> A decisão embargada não incorreu em obscuridade, já que decidiu o caso, fundamentadamente, nos limites necessários ao seu deslinde e de acordo com a pacífica jurisprudência da Corte, segundo a qual não cabe *habeas corpus* contra decisão monocrática de seus próprios membros.

O ministro Dias Toffoli disse que, apesar de a defesa de Joesley Batista dizer que estava contestando um ato da Procuradoria-Geral da República, "a insurgência tinha como real propósito a desconstituição da prisão temporária do paciente, decretada pelo ministro Edson Fachin nos autos da AC nº 4.352/DF".

As defesas de Joesley Batista e Ricardo Saud recorreram no dia 26 de setembro de 2017, da decisão do ministro do Supremo Tribunal Federal Luiz Edson Fachin, que converteu em preventiva a prisão temporária de ambos.

Os advogados alegam que não houve má-fé dos empresários na colaboração premiada, que o ex-procurador-geral da República Rodrigo Janot havia solicitado a rescisão ao STF. Eles pediram que o ministro Luiz Edson Fachin reconsiderasse sua decisão com relação à decretação da preventiva ou que o caso fosse analisado na turma ou no plenário do STF.

Na prática, se os pedidos da defesa fossem aceitos pela Suprema Corte, apenas o executivo Ricardo Saud seria libertado. Isso porque havia contra Joesley Batista outra ordem de prisão preventiva, emitida pelo juiz da 6ª Vara Criminal Federal de São Paulo, João Batista Gonçalves, em razão do suposto uso de informações privilegiadas para lucrar no mercado financeiro.

Capítulo 10

O imbróglio JBS-Bertin

A verdade sem dúvidas é linda; assim como as mentiras.

Ralph Waldo Emerson

Em 2008, o BNDES virou sócio do frigorífico Bertin, com a injeção de R$ 2,5 bilhões, por meio de subscrição de ações. Naquele ano, o Bertin realizava um grande trabalho de reformulação de sua estrutura organizacional e de sua governança corporativa, com a contratação de dois executivos de grande prestígio no mercado.

Entretanto, tais mudanças eram feitas porque o Bertin acumulara uma vultosa dívida com bancos públicos e privados, que já passava de R$ 5,5 bilhões, além de estar operando no vermelho, indicando situação pré-falimentar, com prejuízo de R$ 681 milhões no ano de 2008.

Já em meados de 2009, havia um burburinho no mercado indicando que haveria uma fusão entre a JBS e o frigorífico Bertin, tendo ambas as companhias divulgado nota tratando como boataria uma eventual fusão.

O BNDES, por sua vez, tinha receio de uma fusão entre a JBS e o Bertin, porque a concentração de mercado poderia ser um impeditivo para a concretização do negócio. Entretanto, após a tentativa de fusão entre o Bertin e a Marfrig não ter sido possível, optou-se pela fusão com a JBS.

E, num claro arranjo patrocinado por bancos credores, certamente com uma mãozinha do BNDES, as dívidas do Bertin foram alongadas, criando facilidade para atrair os irmãos Batista para o negócio e também para dar, à família Bertin, peso para negociar uma possível fusão com a JBS.

Pelos termos da negociação, que corria em sigilo, os donos do frigorífico Bertin deveriam ficar com uma fatia de 40% da nova estrutura societária, e os 60% restantes ficariam com a JBS. Para tanto, deveria ser criada uma nova holding, que passaria a deter o controle da empresa resultante da fusão, como de fato ocorreu.

Vale ressaltar que o Bertin, em 2009, era um dos maiores exportadores de produtos de origem animal da América Latina, como carne bovina *in natura* e processada, lácteos (Vigor) e couros, com 39 unidades produtivas no Brasil e no exterior, e já empregava mais de 25 mil pessoas.

O Acordo de Associação foi assinado no dia 16 de setembro de 2009, entre a J&F Participações S.A., a ZMF Fundo de Investimento em Participações, até então acionistas controladoras da JBS S.A., e os acionistas controladores do grupo Bertin. O acordo foi divulgado pela JBS S.A. nessa mesma data, através de apresentação ao mercado, feita por Joesley Mendonça Batista e por Fernando Antônio Bertin, que presidia o frigorífico Bertin.

Nessa apresentação foi informado que a holding a ser criada, para ser controladora da JBS, teria contribuição de 73,1% do capital da Bertin e 100% do capital da JBS S.A.

O BNDES divulgou nota ao mercado informando que via como positiva a união anunciada entre a JBS e o grupo Bertin, e que o banco passaria a deter, segundo seus cálculos, uma parcela de 22,4% da JBS S.A., considerando sua participação de 26,92% no Bertin e de 19,4% na JBS S.A.

Ainda de acordo com o BNDES, o banco considerava positivo o processo:

> [...] A estratégia de crescimento destas empresas visa ao aproveitamento de sinergias no processo de agregação de valor na cadeia produtiva por meio do aumento da industrialização, da verticalização, dos investimentos em logística, em canais de distribuição nacionais e internacionais, além dos ganhos de escala inerentes ao processo de consolidação em curso. [...]

O protocolo e justificação da incorporação das ações de emissão da Bertin S.A. pela JBS S.A., datado de 12 de dezembro de 2009, previa a transferência, para o patrimônio da JBS, mediante aumento de capital, de ações de emissão do Bertin, resultando, portanto, na transformação do Bertin em subsidiária integral da JBS.

De acordo com laudo de avaliação apresentado pelo grupo Bertin, o valor econômico de suas ações seria de R$ 13.562.329.000,00, sendo que, de acordo com documentação entregue ao Cade, em 15 de outubro de 2009, as empresas da família Bertin que integrariam a operação de incorporação com o grupo JBS eram as seguintes:

- Vigor S.A.
- Companhia Leco de Produtos Alimentícios
- Dan Vigor Indústria e Comércio de Laticínios Ltda.
- Novaprom Foods e Ingredients Ltd.
- Bertin Paraguay S.A. (Paraguai)
- IPFSA S.A. (Paraguai)
- Cascavel Couros Ltda.
- S.A. Fábrica de Produtos Alimentícios Vigor
- Laticínios Serrabelia Ltda.
- M213 Alimentos Ltda.
- Frigorífico Canelones S.A. (Uruguai)

A fusão envolveria, exclusivamente, a transferência ou incorporação de participação societária, não se falando em venda, ou seja, oficialmente "a operação envolvia exclusivamente a transferência ou incorporação de participações societárias, não havendo a transferência direta de ativos".

Segundo o ato de concentração da JBS e Bertin:

> A operação permitiria à empresa resultante fortalecer sua posição e aproveitar sinergias e vantagens operacionais significativas decorrentes da redução de custos administrativos, além daqueles provenientes dos ganhos de produtividade, resultantes da fabricação, exportação e distribuição conjunta de seus produtos e da diluição de riscos operacionais. Não se podem descartar, ainda, os benefícios para a economia e para o mercado brasileiros, decorrentes das eficiências geradas em razão de sua atuação global de uma empresa do porte da empresa resultante da operação.

Para a JBS, eram essas as razões para a associação com o Bertin:

> A associação entre Bertin e JBS permitirá à empresa resultante da

operação passar a atuar em segmentos e localidades diversos, bem como ampliar seus canais de distribuição e otimizar seus ativos industriais, tendo em vista a complementaridade geral de produtos entre as atividades de cada uma das requerentes. Para a JBS, por exemplo, a operação resultará na possibilidade de entrada no mercado de lácteos, no qual a Bertin já atua. Do ponto de vista geográfico, há também complementaridade, em termos mundiais, já que a JBS detém capacidade produtiva em países nos quais a Bertin atua apenas por meio de exportação, como, por exemplo, Estados Unidos e Austrália. Nesse cenário, será possível buscar uma otimização de processos, possibilitando captar as melhores práticas de cada empresa.

Assim, a operação permitirá à empresa resultante fortalecer sua posição financeira e aproveitar sinergias e vantagens operacionais significativas decorrentes da redução de custos administrativos, além daqueles provenientes dos ganhos de produtividade, resultantes da fabricação, exportação e distribuição conjunta de seus produtos, e da diluição de riscos operacionais. Não se podem descartar, ainda, os benefícios para a economia e para o mercado brasileiros, decorrentes das eficiências geradas em razão de sua atuação global de uma empresa do porte da empresa resultante da operação.

A negociação envolvendo a JBS S.A. e o Bertin, concluída em 31 de dezembro de 2009, na verdade interessava a muita gente, a começar pelos Bertin, imersos em uma crise profunda naquele momento. Entretanto, não pode ser desconsiderado que o BNDES também tinha razões de sobra para torcer pelo sucesso da operação e dela ter participado ativamente, pois o banco, que detinha 26,92% do capital do Bertin – os restantes 73,08% pertenciam à Bracol Holding Ltda., da família Bertin – não queria correr o risco de ver o frigorífico entrar em processo falimentar.

O surgimento de um grande grupo, derivado da fusão de Bertin e JBS, também confirmaria, em tese, o acerto da política de "campeões nacionais", posta em prática pelo presidente do BNDES, Luciano Coutinho. Ou seja, um "mico" poderia não só virar um valioso ativo econômico, mas também político.

O acordo de acionistas que havia entre a BNDESPar e o Bertin previa que a BNDESPar poderia exigir o direito de retirada da totalidade de sua participação no capital do frigorífico, com base no maior dos seguintes valores:

a) Valor patrimonial da ação apurado de acordo com o último balanço levantado pela companhia, atualizado pelo IGPM desde a data de encerramento do balanço até o mês anterior à data do efetivo pagamento. Sob esta hipótese, a participação da BNDESPar seria R$ 1,02 bilhão.

b) Preço de emissão das ações corrigido por TJLP + 11% a.a. desde a data de integralização até a data do efetivo pagamento. Sob esta hipótese, o valor da participação da BNDESPar atingiria R$ 3,1 bilhões.

c) Preço de emissão das ações corrigido por IGPM + 13% a.a. desde a data de integralização até a data do efetivo pagamento. Sob esta hipótese, o valor da participação da BNDESPar atingiria R$ 3 bilhões.

Embora a BNDESPar pudesse ter se retirado do negócio ou ter exigido a entrada na "Nova Holding" com um quinhão de mais de R$ 3 bilhões (conforme letra "c"), ela preferiu não fazê-lo, justificando que sua decisão seria para não inviabilizar o negócio entre a JBS e o Bertin, prevendo que o mesmo seria vitorioso no futuro, especialmente pela expectativa de transformar o Bertin, que era uma empresa de capital fechado, em nova estrutura societária aberta ao mercado, "com observância de regras de governança".

Ainda como forma de viabilizar o negócio, nos moldes pretendidos pela JBS e o grupo Bertin, ficou definido que:

– O comparecimento de representante da BNDESPar à Assembleia Geral de Acionistas da JBS, convocada para o dia 29/12/2009, o qual deveria abster-se de votar com relação aos itens da ordem do dia.

– O comparecimento de representante da BNDESPar à Assembleia Geral de Acionistas do Bertin, convocada para o dia 29/12/2009, o qual deveria abster-se de votar com relação aos itens da ordem do dia.

Como se estivesse fazendo cortina de fumaça, a JBS passou a vincular a incorporação do Bertin – que não envolvia entrada de dinheiro, mas apenas de ações das duas empresas na "Nova Holding" – à capitalização da JBS, conforme Fato Relevante (2009) "viabilizar a conclusão do projeto de integração das operações da JBS com o Bertin" e também a compra de 64% da Pilgrim's Pride Corporation, o que seria feito com a venda de debêntures, até o limite do equivalente em reais a US$ 2 bilhões. Trechos desse comunicado merecem comentários:

> As debêntures que serão emitidas pela companhia (JBS S.A.) constituem o instrumento de capitalização que a companhia considera adequado para sustentar a sua estrutura de capital, **na medida em que as debêntures jamais serão pagas em dinheiro pela companhia**, mas serão, mandatoriamente, permutáveis por ações de emissão da JBS USA Holding, Inc. ("JBS USA") ou conversíveis em ações da companhia. [...]

Esse trecho em negrito, mais a indicação de que "A companhia informa que está em fase adiantada de negociação com investidor que pretende garantir a subscrição da totalidade das debêntures até o limite do valor em reais equivalente a US$ 2.000.000.000,00", tudo retirado de Fato Relevante (2009), mais o trecho a seguir...

> Nem a emissão das debêntures, nem a permuta das debêntures por ações de emissão da JBS USA ou a conversão das debêntures em ações da companhia, conforme o caso, serão objeto de registro perante a Comissão de Valores Mobiliários (CVM), uma vez que as debêntures serão objeto de colocação privada, sem qualquer esforço de venda pública perante investidores.

... só poderia demonstrar que tudo já estava arranjado entre a JBS S.A. e a BNDESPar, com a garantia do banco em comprar integralmente as debêntures, assumindo um investimento obrigatório, que começou a soar de forma muito negativa junto ao mercado, que via o governo no comando dessa operação com o intuito de salvar o Bertin, onde a BNDESPar era detentora de um investimento nada saudável, de R$ 2,5 bilhões.

Em 29 de dezembro de 2009 foi feita "a emissão de debêntures no valor total de R$ 3.479.600.000,00 (equivalente a US$ 2 bilhões); capitalização essa que foi apoiada pela BNDES Participações S.A. – BNDESPar, que assumia assim o compromisso firme de subscrição da totalidade das debêntures".

Com efeito, a JBS divulgou, em 31 de dezembro de 2009, Fato Relevante, no qual comunicou ao mercado a conclusão do processo de incorporação do Bertin na Nova Holding e a compra do controle acionário da Pilgrim's Pride Corporation por US$ 800 milhões.

A nova holding era a FB Participações S.A., que, em 31 de dezembro de 2009, passou a deter 59,1% do capital da JBS S.A.

Depois da "fusão", a composição acionária do novo grupo ficou assim:

Acionista	%
FB Participações S.A.	59,1
BNDESPar	18,5
PROT - Fundo de Investimento em Participações	1,0
Ações em tesouraria	1,8
Minoritários	11,9

Somente nove meses depois, ou seja, em setembro de 2010, surgiam rumores de que a família Bertin pretendia acionar a Justiça para tentar romper o acordo de "fusão" feito com a JBS S.A. e reaver as suas unidades produtivas.

A motivação da família Bertin em querer romper o acordo estava na discordância quanto à avaliação feita, a mando da JBS, dos ativos aportados pelos Bertin na fusão e ao descumprimento de cláusulas do acordo, notadamente em relação à troca de ações entre as duas companhias.

Pelo que foi ventilado, os irmãos Batista teriam exigido um aporte extra dos Bertin para que esses assegurassem a participação de 40% na nova companhia, prevista no acordo original, porém o grupo Bertin não quis se manifestar a respeito do assunto, passando à JBS a responsabilidade por dar informações sobre o caso. A JBS, por sua vez, garantiu não haver pendência com o Bertin e que o processo de "fusão" seguiria conforme o planejado.

No dia 25 de novembro de 2010, o jornal *O Estado de S.Paulo* publicou entrevista com o CEO Joesley Batista, que demonstrou imensa inquietação com as perguntas formuladas pelos jornalistas Raquel Landim e David Friedlander, especialmente as três vinculadas à negociação para compra do frigorífico Bertin.

Perguntaram a ele: "O BNDES foi muito criticado por emprestar dinheiro para os frigoríficos. Como o senhor conseguiu um relacionamento tão especial com o banco?".

Respondeu Joesley Batista: "É óbvio que o BNDES é importante para a JBS, assim como o J.P. Morgan, o Bradesco. Sabe quanto o Bradesco tem de linha de crédito aqui? US$ 2 bilhões. O Bradesco me ajuda? Lógico, assim como eu ajudo o Bradesco. Ele me escolheu? Claro, me escolheu como cliente, assim como eu o escolhi como banco. Passamos pela crise muito bem. Eu fui pessoalmente dizer ao Luciano Coutinho (BNDES), ao Fábio Barbosa (presidente do Santander), ao Bradesco: senhores, não se preocupem conosco, cuidem de quem precisa..."

A próxima resposta de Joesley para a pergunta dos jornalistas é ainda mais interessante. Pergunta: "O BNDES investiu muito dinheiro no Bertin, que depois entrou em dificuldade. É verdade que o banco pediu para vocês comprarem a empresa em troca do empréstimo para comprar a Pilgrim's?".

O CEO da JBS foi taxativo: "Existem essas histórias, mas se pedissem eu não comprava. Era sinal de que tinha um problema grande. Sabe o que ninguém lembra? É que o Bertin tinha R$ 4 bilhões de dívida com o Itaú, Bradesco, Santander, Banco do Brasil. Por que ninguém pergunta: o Bradesco pediu para você comprar? O BNDES tinha R$ 2 bilhões. O fato é que naquele momento ninguém tinha balanço para comprar o Bertin. [...]".

Outra pergunta formulada: "Mas o empréstimo estava condicionado à compra do Bertin?". Respondeu Joesley Batista, literalmente contradizendo o que foi dito anteriormente: "Não, ia comprar a Pilgrim's de qualquer jeito, já tinha um ano de negociação. Mas para fazer duas aquisições ao mesmo tempo eu não tinha balanço. Quando o pessoal veio falar, eu disse que só tinha uma condição: não ia parar o negócio com a Pilgrim's para comprar o Bertin. Falei para o BNDES, para os bancos: vocês vão ter que nos financiar. [...]".

Entretanto, continuava a preocupação em torno dessa negociação.

A Câmara dos Deputados apresentou, em novembro de 2010, Relatório da Subcomissão Permanente para acompanhar o processo de fusão da JBS e o Bertin, onde relatou duas preocupações principais com o processo em curso: a concentração de poder para definir preços aos fornecedores de animais e insumos, além da possibilidade de fechamento de unidades compradas e a consequente redução de postos de trabalho.

Já a Secretaria de Acompanhamento Econômico (Seae), do Ministério da Fazenda, concluiu, no dia 29 de abril de 2011, a análise dos efeitos da "fusão" entre a JBS e o Bertin, tendo aprovado a operação com algumas ressalvas.

A Secretaria recomendou a aprovação da "fusão", mas, por causa do risco de monopólio nesses locais, recomendou que fosse condicionada à alienação de plantas frigoríficas, correspondente à participação de mercado da empresa Bertin no ano de 2009, nos dois estados.

Somente no dia 17 de abril de 2013 o Cade aprovou **a aquisição** (veja que não se fala mais aqui de fusão) do frigorífico Bertin pela JBS. Em sua decisão, o Cade exigiu que fosse feito monitoramento das condições do mercado.

O então diretor executivo de Assuntos Jurídicos e Corporativos da JBS, Francisco de Assis e Silva, ressaltou que, além da compra do Bertin, o Cade também havia aprovado a aquisição de onze frigoríficos em operações menores realizadas pela JBS.

Mesmo se falando, ainda de forma esparsa, que a JBS havia comprado o Bertin, inclusive aceito pelo Cade, a estrutura societária oficial da JBS ainda mantinha o FIP Pinheiros como acionista, assim como a Blessed Holdings e a Tinto Holding, como se fossem representantes dos Bertin.

E foi por isso que, no dia 25 de novembro 2014, o Tribunal de Justiça de São Paulo, confirmando decisão de 1ª Instância de julho daquele mesmo ano, determinou a penhora do equivalente a R$ 700 milhões do que o Bertin tinha como participação na JBS S.A., para garantir o pagamento de uma dívida de R$ 500 milhões que o grupo Bertin tinha com a empresa Mitarrej Empreendimentos e Participações Ltda., ex-sócia na empresa MC2, com atuação no setor de energia.

Em seu relatório, a juíza dra. Maria Rita Dias, da 30ª Vara Cível da Comarca de São Paulo, apontou que os autores da referida ação acusavam a Heber Participações e os irmãos Bertin de promoverem a segregação patrimonial da participação que detinham na JBS S.A., e que eles "faziam uso disfuncional de personalidade jurídica e de fraude a credores com o intuito de blindagem patrimonial, diante da constatação quanto à sua crescente dificuldade econômica de fazer frente às suas obrigações".

Não vamos aqui analisar esse processo, mas transcrever parte dele para demonstrar o que era público, àquela época, sobre a participação dos Bertin na JBS S.A., conforme consta dos autos e relatado pela juíza Maria Rita Dias, especialmente ao que se refere à suposta blindagem de patrimônio, com a segregação e isolamento de ativos, consistindo, segundo os autores da ação de arresto "em transferências de ativos entre sociedades do grupo com o intuito de segregar o ativo mais relevante que a Heber tinha – participação na JBS S.A. – com o objetivo de protegê-lo de futuras execuções, esvaziando o patrimônio".

A indicação de folhas referidas do processo também foi retirada para facilitar a leitura, já que o trecho, destacado do processo, é um tanto longo.

Os autores defenderam na ação que a Heber era a holding dos Bertin, que detinha a participação remanescente na JBS S.A., e que tinha 99% do capital social da Tinto Holding Ltda. (antiga Bracol Holding Ltda.), a qual, por sua vez, detinha 34,21% do capital social da Bertin Fundo de Investimentos em Participações, e esta, por sua vez, detinha 48,51% do capital social da FB Participações S.A, e esta, por derradeiro, era controladora da JBS S.A. com 54,52% de participação no capital social da companhia.

Veja o tamanho do imbróglio!

Os autores esclarecem que, em razão da estrutura societária citada, a Tinto Holding Ltda. detinha, de forma indireta, participação de 9,04% na JBS S.A., que corresponderiam, em valor de mercado, a aproximadamente R$ 2 bilhões, uma vez que o valor desta última empresa era de cerca de R$ 22 bilhões.

Afirmavam ainda que, em 15 de abril de 2011, teria havido a criação do FIP Gestão – Fundo de Investimento em Participações, que passou a controlar 100% do capital social da Heber Participações S.A.

Em razão da criação do referido fundo, as Holdings Pessoais (e, indiretamente, as pessoas físicas dos irmãos Bertin) passaram a deter cotas de 16,7% cada uma no FIP Gestão, e este, por sua vez, controlava 100% do capital social da Heber, e, indiretamente, a participação de 9,04% na JBS S.A.

Os autores ponderaram que o objetivo da referida medida seria blindar o patrimônio pessoal dos irmãos Bertin, em razão da prática de *layering*, ou seja, sobrepondo camadas societárias, em especial, recorrente à forma de "Fundo de Investimentos em Participações", que não é comumente atingida pela Jurisprudência, em razão da desconsideração de personalidade jurídica.

Os autores acusaram os irmãos Bertin de ensaiarem transferir, da Tinto Holding Ltda., a participação detida na JBS S.A. para as Holdings Pessoais, em atos societários realizados em 29 de junho de 2011.

Isso porque, em tal data, houve Assembleia Geral Extraordinária da

Heber Participações S.A., na qual foi deliberado que haveria conversão das ações detidas pelas Holdings Pessoais, de ordinárias para preferenciais, com seu resgate e entrega, em contrapartida dos seguintes ativos: todas as cotas da Tinto Holding Ltda. e créditos detidos pela Heber Participações S.A.

Foi afirmado na ocasião que o propósito de tal estratégia societária da família Bertin era apenas transferir, para as Holdings Pessoais, sua participação na JBS S.A., detida, indiretamente, pela Tinto Holding Ltda.

Os autores disseram, contudo, que muito embora tal conversão tenha sido autorizada em Assembleia Geral Extraordinária da Heber Participações S.A., não foi realizada na própria Tinto Holding Ltda., pois tal medida seria apenas de caráter preventivo, porque os irmãos Bertin acreditavam que conseguiriam equacionar as dívidas da Heber Participações S.A.

Os autores argumentaram ainda que a Heber, justamente nesse momento [janeiro de 2012], por estar ciente de que não conseguiria se desincumbir de suas obrigações, teria praticado fraude contra credores, transferindo a Tinto Holding para outra sociedade de apenas um dos irmãos Bertin, e que teria sido feito da seguinte forma:

a) Em 16/3/2012 foi arquivado na Jucesp o 64º Instrumento Particular de Alteração e Consolidação do Contrato Social da Bracol Holding Ltda. (antiga denominação social da Tinto Holding), que já estava assinado desde 30/11/2011, em razão do qual a Heber transferia para a Riober Participações Ltda. 700.000.000 de cotas da Tinto Holding, permanecendo a Heber com 833.704.188 cotas.

b) Em 17/4/2012 foi arquivado na Jucesp o 65º Instrumento Particular de Alteração e Consolidação do Contrato Social da Bracol Holding Ltda. (antiga denominação social da Tinto Holding), que já estava assinado desde 28/12/2011, por meio do qual a Heber cedia suas 833.704.188 cotas para a Riober Participações, retirando-se da sociedade.

Os autores esclareceram que a Riober Participações Ltda. seria controlada 99% por Natalino Bertin. Os autores afirmaram que tais contratos eram todos de gaveta e que apenas estariam aguardando as definições das suas negociações em relação ao contrato que fundamentava as execuções em trâmite perante o juízo.

Destacaram ainda que, corroborando esse entendimento, o fato de, muito embora terem datas pretéritas, todas anteriores ao primeiro registro em 2012, a Heber optou por registrá-las com 30 dias de espaçamento para conferir falsa aparência de regularidade, ou, alternativamente, para praticar a fraude da forma que melhor lhe conviesse, ou seja, preservando 50% ou 100% da participação indireta detida pelos irmãos Bertin na JBS S.A.

Os autores acusaram ainda os irmãos Bertin de enviarem para o exterior um pedaço relevante de seus ativos, em operações feitas com a sociedade *offshore* Blessed Holginds LLC, cuja sede se encontraria em casa "de beira de estrada" de Delaware/EUA, paraíso fiscal, constituída em 16 de dezembro de 2009, oito dias antes de lhe transferirem ativos do grupo Bertin.

Os autores esclareceram ainda que a Blessed Holdings era detida pelas sociedades US Commonwealth e Lighthouse Capital Insurance Company, cada qual com 50%, ambas *offshore* com ações ao portador, também situadas em paraísos fiscais, em Porto Rico e Ilhas Cayman, respectivamente. Alegaram que tais empresas seriam seguradoras que teriam comprado 65,79% do FIP Bertin.

Sobre o controle das cotas da Blessed Holdings, os autores esclareceram que sua titularidade dava-se por uma estrutura baseada em um tipo especial de apólice de seguro denominado Segregated Assets Plan Insurance (Plano de Seguro de Ativos Segregados), o qual tem por objetivo a segregação e blindagem de patrimônios, tratando--se de serviços prestados por seguradoras menores e independentes, geralmente localizadas em paraísos fiscais.

Os autores esclareceram que a apólice mencionada – Segregated Assets Plan Insurance – consiste em um seguro de vida em que os ativos de uma determinada pessoa, alvo da apólice, são segregados de seu patrimônio e passam a ser detidos pela seguradora, ficando protegidos de impostos e credores, sendo entregues aos beneficiários quando da morte do segurador.

Destacaram parecer elaborado por escritório de advocacia de Porto Rico dirigido à Seguradora, US Commonwealth, assegurando que tal modalidade de apólice protege o beneficiário do seguro contra seus credores, conforme as leis de Porto Rico.

Os autores apontaram que tais controladoras – US Commonwealth e Lighthouse Capital Insurance Company –, apesar de terem sede em países diversos e aparentemente não possuírem qualquer vínculo, os seus sites eram praticamente idênticos, com mesmo conteúdo, telefones, e-mails para contato e equipes de trabalho.

Os autores destacaram, ainda, a estranheza de operação praticada entre a Tinto Holding Ltda. e a Blessed Holdings, em razão da qual esta última adquiriu aproximadamente 65% das cotas do FIP Bertin por valor simbólico, em duas etapas, sendo uma primeira em 2009, em que foram transferidas 1.174.351 cotas do FIP Bertin para a Blessed Holdings, pelo valor simbólido de US$ 10 mil. E, numa segunda operação suspeita, foram transferidas 348.317 cotas por US$ 10 mil.

Os autores destacam que, como resultado dessa operação, houve a transferência de 65% da participação na JBS S.A., sem contraprestação, para fora do país, o que, no seu entender, permite concluir que, ou os irmãos Bertin detinham algum direito sobre as cotas da Blessed, de modo que apenas estariam realocando a participação que detinham na JBS S.A. para fora do país, para esconder ativos, ou eles, efetivamente, venderam sua participação para terceiros, que seriam os donos da Blessed, mas receberam o pagamento de verdade "por fora", no exterior, e não declarado.

Os autores esclareceram que o acordo que foi homologado judicialmente na disputa envolvendo a transferência de cotas do FIP Bertin para a Blessed Holdings, referente à 2ª etapa, ficou sigiloso para o próprio juízo, que não tomou conhecimento de seus termos.

Os autores informaram, ainda, que a participação que os irmãos Bertin detinham na JBS S.A., de 6,66%, foi reduzida para 3,33%, uma vez que eles e a família Batista promoveram, em 30 de maio de 2014, uma reestruturação societária que diminuiu a participação dos primeiros na JBS S.A. pela metade, com o posicionamento e uma sociedade interposta denominada J&F Investimentos S.A.

Alegaram que o FIP Bertin, que detinha participação direta na FB Participações S.A., passou a deter 24,7% na J&F Investimentos, que detinha então 99% das ações da FB Participações S.A. Os autores destacaram ainda que tal participação já foi feita dentro da estrutura societária resultante das manobras adotadas, em que o FIP Bertin era controlado.

Diante de uma operação de tal complexidade, não dá para acreditar que tudo não tenha sido arquitetado com participação da própria JBS S.A. e até mesmo do BNDES. E tudo parece um roteiro, pretensamente bem elaborado, como de uma novela que, a cada dia, deixa um suspense no ar. Não parece?

O processo de incorporação da Bertin pela JBS S.A., que teve início em agosto de 2009, foi concluído no dia 17 de março de 2013, mas somente a parte que se referia à produção de proteína animal e derivados, como biodiesel, sabonete e carnes enlatadas.

A jornalista Mônica Bergamo, em sua coluna do jornal *Folha de S. Paulo*, do dia 8 de maio de 2013, publicou nota sobre o envio a Joesley Batista, pela família Bertin, de uma notificação, pela qual informou da disposição em adotar medidas legais com relação à incorporação da Bertin pela JBS S.A., já que se considerava em prejuízo por ter, três anos depois, menor participação do que a estipulada na época da negociação para a fusão dos dois grupos frigoríficos.

É comentado pela jornalista que os dois grupos tentavam negociar para evitar que esse questionamento passasse para a esfera judicial.

Bergamo voltou a falar sobre o imbróglio envolvendo a Bertin e a JBS S.A., dessa vez para informar que a família Bertin, insatisfeita com sua situação acionária no grupo JBS, teria afastado Natalino Bertin das negociações, que fora, desde 2010, o interlocutor da família. Em seu lugar, para negociar com os representantes da JBS, foi designado Reinaldo Bertin.

Entretanto (ou continuando o roteiro), no dia 10 de junho de 2013, a Tinto Holding, da família Bertin, entrou na Justiça com uma ação cautelar, em que fazia graves acusações contra a J&F Participações S.A.

Segundo os termos da referida ação cautelar, 348,3 mil cotas do FIP Bertin, holding pela qual a família participava da JBS, teriam sido desviadas de forma "criminosa" para uma empresa com sede no estado de Delaware, nos Estados Unidos: a Blessed LLC, e que tal empresa seria da J&F Participações S.A.

Ainda segundo a cautelar impetrada pela Tinto Holding contra a J&F Participações S.A., as assinaturas de Natalino Bertin e Silmar Bertin, autorizando a transferência dessas cotas, teriam sido falsificadas, conforme atestaria laudo assinado pelo perito Celso Mauro Ribeiro Del Picchia, do Instituto Del Picchia.

A Tinto Holding acusava a J&F Participações S.A. de falsificar as assinaturas de integrantes da família Bertin para que houvesse a transferência dessas cotas. Disse ainda que tais cotas valeriam R$ 900 milhões, mas teriam sido transferidas por apenas R$ 17 mil e que, além disso, tais cotas haviam sido dadas em garantia a um empréstimo de R$ 100 milhões contraído pelo grupo Bertin junto ao Banco do Brasil.

No dia 11 de junho de 2013, o juiz Fernando Cúnico, da 5ª Vara Cível de São Paulo, deferiu o pedido de Liminar da família Bertin e mandou bloquear a comercialização de tais cotas. Os Bertin disseram que isso seria só o começo, pois eles pretendiam mover uma ação maior contra a Blessed Holdings LLC, de ressarcimento de perdas e danos pelo ilícito praticado.

A J&F Participações S.A. negou ser dona da Blessed Holdings LLC e, no site oficial da companhia, com informações aos investidores, a Blessed Holdings aparecia integrando o Fundo de Investimento em Participações – FIP Bertin – justamente aquele em que a família Bertin tinha suas cotas na JBS.

De acordo com reportagem do jornal *Valor Econômico*, na edição de 17 de junho de 2013, "no formulário de referência protocolado pela JBS S.A. na Comissão de Valores Mobiliários (CVM), [...] a Blessed Holdings aparece como uma das cotistas do FIP Bertin, com 65,79%. A Bracol Holding detém as cotas restantes do Fundo (34,2%), e que o advogado da Bertin, Sérgio Bermudes, havia negado que o Bertin tivesse relação com a Blessed Holdings".

"Eu queria saber quem são os donos da Blessed. Dos Bertin ela não é", teria garantido Sérgio Bermudes.

A família Bertin dizia que iria provar que a Blessed Holdings seria, na verdade, controlada pela família Batista. De acordo com a publicação, havia uma série de "coincidências" que, segundo os Bertin, indicavam o envolvimento da JBS nesse imbróglio. Uma dessas coincidências seria a ligação do procurador da Blessed Holdings no Brasil, Gilberto de Souza Biojone Filho, a uma consultoria de um ex-diretor da JBS S.A.

Um detalhe: Biojone Filho foi indicado, no dia 28 de novembro de 2012, como representante titular do Ministério do Trabalho e Emprego, para integrar o Comitê de Investimento do Fundo de Investimento do FGTS. Poucos dias depois, o FI aprovou a compra de R$ 950 milhões em debêntures da Eldorado Celulose, do grupo J&F, operação que envolveu o pagamento de propina para Eduardo Cunha e Lúcio Funaro. Biojone deixou o comitê do FI-FGTS cerca de seis meses depois, em maio de 2013.

Questionado pela reportagem sobre quais seriam os indícios que apontariam que a Blessed Holdings seria controlada pelos irmãos Batista, o advogado preferiu não comentar. "Por enquanto, essa é uma matéria interna do escritório, eu não posso fazer declaração sobre isso."

Em mais um lance dessa história, no dia 19 de junho de 2013 apareceu o representante brasileiro da Blessed, Sr. Gilberto de Souza Biojone Filho.

Segundo revelação feita por Biojone ao *Valor Econômico*, sua função na Blessed seria "meramente burocrática". Ele disse que a empresa o procurou para representá-la, por ser "conhecido no mercado financeiro".

Biojone foi diretor da Corretora Socopa e superintendente da Bovespa nos anos 1990. Até março de 2013, ele foi diretor de Relações com Investidores da Rodopa Indústria e Comércio de Alimentos Ltda., que pertencia a Sérgio Longo, empresário e ex-diretor financeiro da JBS S.A.

Desde então, Biojone prestava serviços como associado para a "Selo Consultoria e Gestão Empresarial", criada em 2006, e que também era comandada por Sérgio Longo.

Questionado pela reportagem do *Valor Econômico*, Biojone foi taxativo: "Fizemos a operação de transferência. Eu assinei o contrato junto com o seu Natalino (Bertin). Ele assinou na minha frente".

Silmar Bertin teria assinado o contrato de transferência depois, segundo Biojone. O representante da Blessed Holdings também falou que era "estranho" que a Bertin tenha demorado tanto para entrar com a ação, já que a transferência das cotas do Fundo teria acontecido em 11 de novembro de 2010.

Biojone questionou ainda o valor atribuído no processo judicial às cotas do FIP Bertin. Na ação cautelar, os advogados afirmaram que "a transferência criminosa tornou-se inequívoca pela diferença entre o valor real das cotas e o minúsculo valor indicado no vicioso instrumento".

Agora, pasme!

Contrapondo-se ao que disseram na ação cautelar os advogados do frigorífico Bertin, de que as cotas transferidas valeriam R$ 970 milhões, e não os R$ 17 mil pagos pela Blessed, Biojone disse que "o quanto valia ou deixava de valer não importava, porque esse preço foi negociado e pago. O preço não tem lastro com a JBS S.A., e sim com a receita do fundo, que é muito pequena".

Diga você: alguém, em sã consciência, faria um negócio desses se fosse, de fato, uma coisa lícita? Claro que não!

O suposto representante da Blessed Holdings foi além. Segundo ele, a participação da Tinto Holding Ltda. no FIP Bertin era menor do que os 34,2% que aparecem no Formulário de Referência da JBS S.A., protocolado em maio de 2013 na Comissão de Valores Mobiliários (CVM). "A Blessed tem mais de 90% das cotas do FIP Bertin", diz. No documento apresentado pela JBS S.A., a Tinto Holding Ltda. ainda seria chamada por sua antiga denominação, "Bracol".

Biojone não revelou, porém, quem seriam os verdadeiros proprietários da Blessed Holdings. Disse apenas que eram "duas empresas estrangeiras", mas que isso não vinha ao caso. O representante também não disse se os acionistas dessas duas empresas estrangeiras seriam brasileiros. Conforme o advogado Sérgio Bermudes, o escritório trabalhava com a "hipótese" de a Blessed Holdings pertencer à família Batista, controladora da JBS S.A.

O *Estadão* divulgou que, no dia 30 de maio de 2014, "a posição de Bertin e Blessed Holdings teria sido alterada após o jornal buscar informações sobre elas com Bolsa, CVM e J&F". Segundo a reportagem, na manhã desse dia a posição da Blessed Holdings seria de 13% da JBS S.A., o que equivaleria a cerca de R$ 2,8 bilhões, pelo valor de mercado do dia na Bovespa.

Ao anoitecer, porém, tal participação passou a ser de apenas 6,6% (R$ 1,4 bilhão). O jornal ainda informou que o mesmo movimento teria ocorrido com o Bertin, caindo sua participação para a metade do que tinha na manhã, mas que "teriam ganhado" pequenas fatias de outras empresas do grupo J&F, inclusive na Eldorado Brasil Celulose e Papel.

No dia 6 de junho de 2014, o jornal *Valor* afirmou que a JBS havia prestado esclarecimentos à CVM sobre a Blessed, por exigência da Comissão de Valores Mobiliários, já que a JBS não cumpria a norma da CVM que obriga as companhias a informarem todos os acionistas com mais de 5% de capital.

A JBS S.A., em face disso, informou que a Blessed Holdings era controlada por duas companhias, a Lighthouse Capital Insurance Company, com sede nas Ilhas Cayman, e a US Commonwealth Life, com sede em Porto Rico. As duas empresas têm como principal acionista Colin Murdoch-Muirhead, que foi executivo sênior do HSBC nas Bermudas, onde residia. Além dele, outros diretores da Lighthouse e da US Commonwealth também seriam acionistas da Blessed: Paul Backhouse, James Walker e Nicholas Ferris.

A Blessed Holdings, empresa americana que detinha 65,8% do Fundo Bertin FIP até 31 de maio de 2014, detinha 48,51% da FB Participações, controladora da JBS, quando a FIP Bertin transferiu suas ações da FB Participações para a J&F Investimentos, holding da família Batista.

O acordo foi feito em 31 de dezembro de 2013, mas só divulgado em 30 de maio de 2014, após a conclusão de atos societários e registro na Junta Comercial. Relata o site que durante grande parte de 2013, a J&F Investimentos S.A. detinha 45,2% das ações ordinárias da FB Participações S.A., e a família Bertin detinha 48,51%, por meio do FIP Bertin.

Por meio dessa negociação, o FIP Bertin teria deixado de ser um acionista da JBS S.A. para assumir uma participação de 24,75% na J&F Investimentos, que controlava outras empresas além da JBS, incluindo a Eldorado Brasil Celulose, o Banco Original, a Vigor Alimentos e o Canal Rural. Não foi divulgado se e quanto os Bertin receberam em dinheiro por essa transação.

Em nota divulgada pela JBS S.A., foi informado que, por exigência da CVM, teria sido solicitado à Blessed Holdings que fornecesse os dados de identificação de seus acionistas e que, até aquela data, a CVM não havia feito ao grupo tal solicitação. Ressalte-se que, uma semana antes, a JBS dizia desconhecer quem seriam os sócios da Blessed Holdings.

Essa polêmica ainda não foi encerrada, pois a CVM tem de prezar pela transparência no Novo Mercado e não pode aceitar tantos rolos em uma empresa com ações na BM&FBovespa. E estes são muitos e graves, como será visto adiante.

Os mistérios continuaram na ordem do dia, do mesmo jeito que esse imbróglio começou – do nada surgia uma acusação dos Bertin contra os irmãos Batista. Estranhamente o processo judicial foi encerrado, com um acordo extrajudicial entre as famílias Bertin e Batista, sem revelação de valores nem de outros detalhes envolvendo tal negociação.

A revista *Carta Capital*, que vinha buscando informações sobre essa disputa bilionária entre a JBS S.A. e os Bertin, no dia 2 de setembro de 2014 divulgou nova reportagem, com destaque para a divulgação de um suposto "acordo de gaveta" assinado entre as famílias Batista e Bertin no dia 16 de setembro de 2009 e "nunca revelado à Comissão de Valores Mobiliários, Receita Federal, BM&FBovespa e aos demais acionistas e auditores do maior frigorífico do mundo", o que, segundo a revista, teria sido o caminho adotado para fraudar a Receita e os acionistas minoritários.

Conforme evidenciou a revista, "assinaram os papéis três representantes dos Bertin (Silmar, Fernando e Natalino) e dois dos Batista (José Batista Sobrinho, o patriarca, e Joesley Mendonça Batista, presidente da J&F, holding controladora dos negócios da família)". Além deles, também assinaram o acordo os representantes do administrador do ZMF, um fundo de participação dos fundadores da JBS.

Segundo o documento divulgado pela revista *Carta Capital*, os representantes da família Bertin se comprometeram a repassar à JBS (família Batista) 12% da futura participação que teriam no controle da JBS S.A. pelo valor de R$ 750 milhões, ficando cerca de 10% na empresa, "enquanto os Batista controlariam perto de 38% e não 26%, segundo indicavam os termos da aquisição anunciados publicamente". Assim, o valor da empresa da família Bertin não passaria de R$ 1,5 bilhão, muito abaixo dos R$ 12 bilhões que valeria originalmente.

Ainda segundo a revista, existiriam dois itens fundamentais no anexo do acordo. O primeiro, e que determinava o preço, definia que "Os acionistas controladores Bertin deverão ter mecanismo de liquidez para seus investimentos no valor de R$ 750 milhões", sendo que essa quantia poderia variar dependendo do tamanho da dívida a ser apurada por auditores contratados pela JBS.

O item "b" do acordo, segundo a revista, definia claramente qual deveria ser a participação efetiva dos Bertin na nova empresa: "Não obstante o disposto no item 2 do acordo, imediatamente após a incorporação, os acionistas controladores Bertin deverão deter uma quantidade de ações da nova holding que corresponda indiretamente a 10% (dez por cento) das ações do capital social".

Questionou a *Carta Capital*: "Como essa operação, não comunicada ao mercado, apareceria na composição acionária da nova empresa?".

Relembrando: em 2010, concluída a aquisição, um Fundo da família Bertin, criado no fim de 2009, passou a integrar a FB Participações, sociedade até então titular direta das ações dos irmãos Batista na JBS. O Fundo (FIP Bertin), por sua vez, tinha outros dois acionistas, sendo a

Bracol Holding Ltda. (depois Tinto Holding Ltda.), empresa dos Bertin, com 34,21%, e a Blessed Holdings, que tinha 65,79%, ou 13% do capital total, antes de ter essa participação reduzida a 6,6% em junho de 2014.

Se o acordo aconteceu nesses termos, segundo a revista, surgiria uma nova versão para a briga judicial entre as partes: as ações da família Bertin não teriam sido transferidas por meio de uma fraude protagonizada pela JBS S.A., conforme alegou a família na Justiça, mas de comum acordo entre as partes.

Quais seriam, então, as razões do embate? Uma hipótese seria o não cumprimento do acerto de gaveta. Quando a aquisição veio a público, a dívida do frigorífico Bertin estava estimada em 4,5 bilhões de reais. O montante de 750 milhões, conforme descrito no anexo, poderia sofrer alterações, dependendo do real valor da dívida encontrada durante a auditoria.

Uma das hipóteses levantadas era que os irmãos Batista não haviam efetuado o pagamento combinado e levado os Bertin a questionar judicialmente tal atitude, alegando fraude. Mas, motivações à parte, só a existência de tal anexo já lançava dúvidas sobre a operação realizada entre as partes.

Lembra ainda a revista que, em 2009, quando a aquisição tornou-se pública, os termos anunciados do acordo foram outros. Haveria uma mera troca de ações na proporção de 40% a 60% a favor dos Batista. Os bancos J.P. Morgan e Santander avaliaram as empresas. A JBS valeria R$ 18 bilhões e o Bertin, R$ 12 bilhões.

Na conta final, a partir da proporção de controle definida, os irmãos Batista teriam 26% do capital total da nova empresa, enquanto os Bertin ficariam oficialmente com 22%. Todos os demais acionistas receberiam participações menores e equivalentes ao tamanho da nova JBS S.A., que saltaria de um valor patrimonial de R$ 18 bilhões para R$ 30 bilhões.

Por causa da dívida de R$ 4 bilhões e da magnitude do negócio, a transação gerou um ágio de R$ 9 bilhões, abatido anualmente dos impostos devidos pela companhia. A economia em tributos ao longo dos anos seria de R$ 3 bilhões[8].

---

8 Pelas regras do Fisco, ao adquirir um patrimônio com ações, o comprador tem direito a abater do Imposto de Renda os dividendos futuros que seriam pagos por aquelas ações. Quanto maiores os dividendos a serem pagos no futuro, maior será o valor que ele poderá deduzir do imposto. Portanto, ao declarar que as ações valiam R$ 12 bilhões, a JBS pode ter tido um desconto de imposto muito maior do que se o valor fosse de R$ 1 bilhão. A vantagem fiscal da JBS nessa operação teria sido da ordem de R$ 4 bilhões.

O anexo estabeleceu, porém, outra relação societária. Os Bertin ficariam apenas com 10%, e os irmãos Batista passariam a controlar uma fatia maior, pela qual pagaram menos do que deram a entender.

Ao mesmo tempo, os minoritários não tiveram a mesma vantagem e viram sua participação cair em razão do preço inflado anunciado publicamente. Resumo: com mais participação, os irmãos Batista embolsam uma fatia maior do lucro (sem ter desembolsado o valor correto para obter essa vantagem), à custa dos demais sócios.

Esses acionistas da JBS S.A. poderiam alegar na Justiça abuso do poder de controle, especialmente a BNDESPar, que detinha 22,26% das ações, e a Caixa Econômica Federal, que era detentora de 10% das ações. Mas não só isso. Havia um claro prejuízo ao Fisco, já que a participação da família Bertin valia menos, e o ágio de R$ 9 bilhões e o consequente benefício fiscal de aproximadamente R$ 3 bilhões, que não existiram.

Assim, a Receita Federal considerou que a operação representou uma tentativa de elisão fiscal, tendo aberto um procedimento em dezembro de 2014 cobrando do grupo Bertin o valor de R$ 3,1 bilhões em impostos e multas. A Receita foi enfática ao afirmar que, graças ao Fundo, "ocorreu a mais explícita fraude combinada entre os dois grupos". Houve "a entrada fictícia" dos Bertin na sociedade, pois eles "nunca tiveram ações da JBS"; sonegação, porque os fundos têm tributação inferior e diferenciada (que resultou na multa para o sócio que deveria ter pago os tributos, o Bertin), e, por fim, afetou os minoritários.

Para a Receita Federal, as irregularidades foram possíveis porque, apesar de falar em "fusão", a JBS comprou o Bertin por meio de uma troca de ações – os papéis do Bertin foram entregues de forma indireta para a holding da JBS. Já o grupo Bertin foi representado pelo fundo de investimento FIP Bertin, que detinha 100% das cotas da família Bertin.

Cinco dias antes do negócio, porém, a empresa Blessed Holdings entrou no fundo e ficou com 67% das cotas, que valiam R$ 3 bilhões, por US$ 10 mil. Em 2014, a Blessed Holdings tinha 86% do fundo e ainda integrava o grupo JBS. Para a Receita, o FIP Bertin permitiu uma fraude "explícita" entre os dois grupos empresariais, com a "entrada fictícia" dos Bertin na sociedade, os quais "nunca tiveram ações da JBS".

O grupo Bertin tentou reverter no Conselho Administrativo de Recursos Fiscais (Carf) a autuação fiscal, aplicada pela Receita Federal por supostas irregularidades no processo de fusão de suas operações com a JBS.

Depois da revelação bombástica da revista *Carta Capital*, inclusive com a divulgação de reprodução do suposto "acordo de gaveta", a BM&FBovespa pediu explicações à JBS S.A., que negou, por meio de resposta à CVM, a existência do tal contrato de gaveta.

Entretanto, a revista *Carta Capital* afirmou que, à reportagem, Joesley Mendonça Batista, então presidente da J&F Participações S.A., dissera "não se lembrar de ter assinado o documento" e que o diretor de Relações Institucionais da JBS S.A., Francisco de Assis e Silva, teria afirmado que o acordo não "existia juridicamente".

Atendendo à solicitação da CVM, a JBS S.A. enviou a ela a seguinte correspondência, conforme divulgado pela revista *Carta Capital*, que também na mesma edição publicou o documento negado pela JBS S.A., inclusive com as assinaturas.

> REF: Esclarecimentos ao Ofício SAE/GAE 2817-14 de 28 de agosto de 2014
> Questionamento
> Em notícia veiculada na revista *Carta Capital*, edição de 22/8/2014, consta, entre outras informações, que um acordo secreto entre a JBS e o Grupo Bertin causou prejuízos aos acionistas minoritários e ao Fisco. Solicitamos, até 29/8/2014, esclarecimentos sobre o teor da referida notícia, bem como outras informações consideradas importantes.
> Em atendimento à solicitação de Vossa Senhoria, vimos por meio desta prestar nossos esclarecimentos sobre o teor da notícia veiculada na revista *Carta Capital*, edição de 22/8/2014, que consta, entre outras informações, que um suposto acordo secreto entre a JBS e o Grupo Bertin teria causado prejuízos aos acionistas minoritários e ao Fisco.
> Destacamos que não há qualquer acordo secreto celebrado entre nós e o Grupo Bertin, referente à operação societária realizada em 2009, sendo que esta operação observou estritamente as normas existentes à época, tendo sido dada a devida publicidade dos atos, conforme fatos relevantes divulgados pela JBS S.A. entre setembro e dezembro do referido ano e tendo, inclusive, sido objeto de análise pela Comissão

de Valores Mobiliários (CVM) por meio do Ofício/CVM/SEP/GEA-4/ nº 294/09, de 18 de dezembro de 2009, devidamente respondido em 23 de dezembro de 2009.

Conforme informado à época, a operação societária em comento teve como etapas (i) a constituição de uma nova sociedade FB Participações S.A. que passaria a deter nosso controle direto (FB); (ii) a incorporação das ações da Bertin S.A. por nós e distribuição de ações de nossa emissão aos então acionistas da sociedade cujas ações foram incorporadas (Incorporação de Ações); (iii) a conferência das ações de nossa emissão de titularidade dos antigos acionistas controladores da Bertin S.A. para a integralização de aumento de capital na FB; e (iv) a incorporação da Bertin S.A. por nós. Todas as etapas supramencionadas foram submetidas a todas as aprovações societárias exigíveis pela regulamentação. [...]

Ademais, afirmamos à época e reiteramos neste ato nossa convicção em relação à ausência de benefício particular dos nossos acionistas controladores em decorrência da operação, inexistindo, assim, impedimento para o exercício do voto em nossas assembleias gerais de acionistas convocadas para deliberar sobre Incorporação das Ações. A operação societária descrita acima demonstra efetiva negociação entre as partes independentes, com a observância da regulamentação da CVM referente aos acionistas minoritários. Nesse contexto, o ágio decorrente da operação observou estritamente a lei e todas as demais regras tributárias vigentes à época, sendo que o aproveitamento, por nós, do benefício fiscal originado desse ágio decorrente da operação é perfeitamente legítimo e beneficia todos os nossos acionistas.

Em 2014, o grupo Bertin chegou a publicar uma nota de esclarecimento, na qual afirmava que havia efetuado nesse ano a venda definitiva de toda a sua participação indireta na JBS S.A., encerrando também a disputa judicial sobre transferências anteriores de cotas do fundo de investimento onde se encontrava a participação indireta da empresa na JBS.

"Nossa participação indireta jamais teve os mesmos direitos políticos e econômicos garantidos aos demais acionistas minoritários da JBS. Nesse contexto, o valor da transação refletiu a condição de subordinação de direitos", afirmava a nota.

O Bertin, ainda de acordo com a revista *Carta Capital*, lembrava que a transação societária com a JBS, realizada em dezembro de 2009, resultou na participação indireta da Bertin em uma nova companhia, por meio de cotas de um fundo de investimento que, por sua vez, detinha parte das ações da FB Participações S.A., holding que controla a JBS S.A.

Ainda segundo a nota do Bertin, a disputa entre o grupo e a empresa Mitarrej seguia em andamento desde 2012, no Tribunal de Justiça do Estado de São Paulo. Nesse período, informou o Bertin que, por meio de decisão, em caráter liminar, dada em primeira instância, houve decisão pela penhora de cotas que o grupo havia negociado com a J&F Investimentos, mas que, "por meio de recurso cabível, tal decisão foi contestada e aguardava julgamento da Câmara especializada em direito empresarial no Estado de São Paulo".

Segundo a família Bertin, o processo judicial seguia seu curso, ainda sem decisões definitivas, cabendo o amplo direito de defesa de seus interesses.

A Justiça de São Paulo manteve o bloqueio da participação acionária de 3,2% (R$ 700 milhões) que o grupo Bertin tinha na JBS S.A., para garantir o pagamento da dívida, avaliada em R$ 500 milhões, que o grupo Bertin tinha com a empresa Mitarrej, ex-sócia no setor de energia, mas que os Bertin ainda poderiam recorrer de tal decisão.

A decisão foi tomada por três desembargadores do Tribunal de Justiça de São Paulo, confirmando a decisão da juíza Maria Rita Dias, que havia entendido em seu julgamento, em julho de 2014, "que o bloqueio se fazia necessário para evitar que os Bertin esvaziassem seu patrimônio" para não quitar as dívidas.

Em nota, a JBS alegou que o bloqueio decretado pela Justiça não fazia mais sentido, pois "essas ações já não lhe pertencem mais". A J&F Participações S.A. confirmou a versão da JBS S.A. e disse que havia pagado R$ 346 milhões pela participação dos Bertin no FiP Bertin, em junho de 2014, ou seja, um mês antes do bloqueio determinado em sentença judicial.

No dia 26 de novembro de 2014, a JBS S.A. encaminhou ofício à Comissão de Valores Mobiliários (CVM) respondendo a ofício recebido dessa autarquia (Ofício/CVM/SEP/GEA-2/N°374/2014), que questionava sobre a veracidade do fato publicado pelo jornal *Folha de S. Paulo*, no dia 23 de novembro de 2014, de que as ações da família Bertin estariam penhoradas "e, se confirmada sua veracidade, explicasse os motivos pelos quais entendeu não se tratar de Fato Relevante".

Além disso, o ofício da CVM exigia que a JBS se manifestasse "sobre todos os pontos abordados na notícia, considerando a obrigação disposta no parágrafo único do art. 4º da Instrução CVM nº 358/02, de inquirir os administradores e acionistas controladores da companhia, com o objetivo de averiguar se eles teriam conhecimento de informações que deveriam ser divulgadas ao mercado".

A burocrática resposta assinada pelo diretor de Relações com Investidores, Jeremiah Alphonsus O'Callaghan, parece algo ficcional:

> A companhia esclarece que tomou conhecimento sobre a existência de processo judicial em face da família Bertin por seus ex-sócios na MC2 por meio da mídia, uma vez que o processo mencionado na notícia tramitava em segredo de justiça.

Em seguida, afirma que "até aquela data, nem a JBS, nem o agente de custódia das ações de sua emissão foram intimados pela autoridade judicial competente a respeito de qualquer assunto relacionado ao referido processo ou de eventual ordem de penhora das ações de emissão da JBS S.A.", razão pela qual entendia não haver motivo para emissão de um Fato Relevante.

Informa ainda o ofício que a JBS teria, em função da cobrança da CVM, questionado a J&F Investimentos S.A., sua acionista controladora indireta, "se esta havia sido intimada pela autoridade judicial a respeito do processo anteriormente referido". Afirma então que a J&F informou que havia sido intimada e que "as ações de sua emissão de titularidade do Pinheiros Fundo de Investimento em Participações (substituto do Bertin Fundo de Investimento em Participações) (FIP) foram penhoradas por determinação judicial".

Segundo O'Callaghan, ele teria recebido informação da J&F de que as tais cotas encontravam-se gravadas, razão pela qual tal alienação não havia aperfeiçoado, mediante o que a JBS não teria que emitir Fato Relevante.

Para o Fisco, a estrutura societária do negócio foi "fraudulenta", conforme procedimento fiscal feito em uma das empresas do grupo Bertin, que foi autuado em R$ 3 bilhões em impostos e multas.

As irregularidades foram possíveis, de acordo com a Receita, graças à estratégia adotada, em que sempre se falou em fusão, embora, na prática, a JBS tenha comprado o Bertin, conforme atesta a Receita. A aquisição ocorreu com uma troca de ações, sendo que os Bertin entregaram as suas – mas indiretamente.

De acordo com a Receita Federal, graças ao fundo, "ocorreu a mais explícita fraude combinada entre os dois grupos".

Apesar de o frigorífico Bertin estar passando por dificuldades na época do negócio, foi avaliado em cerca de R$ 12 bilhões. Emitiram-se, então, novas ações da JBS para "pagar" os Bertin, que, na sequência, deveriam entregá-las à holding da JBS e se tornarem sócios. Segundo a RF, foi aí que os minoritários saíram perdendo, pois as novas ações nunca foram registradas pelos Bertin.

As ações saíram da JBS para a holding da JBS, a FB Participações S.A. Na JBS, foram registradas a valor de mercado (R$ 8,8 bilhões), mas, na holding, o registro foi a valor patrimonial (R$ 4,9 bilhões), tendo os donos da JBS protegido, assim, a sua fatia na nova configuração empresarial.

O Conselho Administrativo de Recursos Fiscais (Carf) reconheceu, no dia 11 de abril de 2017, a ocorrência de fraudes fiscais no processo que resultou na fusão dos frigoríficos JBS S.A. e Bertin, em 2009. Para o colegiado, foi irregular a criação do Fundo de Investimento em Participações Bertin FIP, que possibilitou o adiamento do pagamento de IRPJ e CSLL.

A Fazenda Nacional alegou que o fundo tinha o objetivo de aproveitar os benefícios trazidos pelo artigo 2º da Lei nº 11.312, de 2006, e diferir o pagamento do IRPJ e da CSLL. A norma permite o pagamento dos tributos apenas na alienação ou resgate das ações que compõem o fundo, o que deveria ocorrer somente em 2019.

Para a relatora do caso no Carf, conselheira Eva Maria Los, o Bertin FIP não cumpre com os requisitos para a criação de um Fundo de Investimento em Participações. Para ela, não houve uma "comunhão de investidores", uma vez que a Tinto Holding era a única participante. A julgadora salientou que houve economia de tributos com a criação do fundo. "É um clássico caso de simulação", afirmou o conselheiro Luis Henrique Marotti Toselli.

Nos próximos dois capítulos, essa fraude realizada pela JBS e pelo Bertin será detalhada para um melhor entendimento de como os irmãos Batista usaram e abusaram da perspectiva da impunidade aos poderosos, que sempre imperou na Justiça brasileira.

Capítulo 11

Sobre a Blessed Holdings

As duas virtudes cardinais da guerra: força e fraude.

Thomas Hobbes

Além do que já foi dito no capítulo anterior sobre a Blessed Holdings, vamos detalhar melhor os mistérios criados e alimentados pelos irmãos Batista e pela família Bertin em torno dessa *offshore*, para esconder seus reais proprietários e seus criminosos propósitos.

Um rápido retrospecto:

Fernando Bertin, então presidente do grupo Bertin, disse em coletiva à imprensa, no dia 17 de setembro de 2009, que as negociações entre a JBS e o Bertin haviam se intensificado nos últimos 40 dias. "É um amor antigo", disse Fernando Bertin, lembrando que as empresas haviam sido sócias antes, na BF Alimentos, que tinha negócios de exportação de carne industrializada.

Do lado da JBS, falou o diretor de Relações com Investidores da J&F, Jeremiah O'Callaghan, afirmando que o processo de fusão entre a JBS e o Bertin estava no caminho certo. "Estaremos trabalhando na finalização da fusão até o final do ano, dependendo das condições usuais", afirmou.

Entre outras informações relevantes, foram apresentados os nomes das pessoas que comporiam o Comitê Especial Independente – exigido pela CVM –, para recomendar ao Conselho de Administração da companhia a melhor forma de se fazer a incorporação pretendida entre a JBS e o Bertin.

Ou seja, a Nova Holding não havia ainda sido definida, e cada empresa deveria criar uma comissão de pessoas independentes para ajudar a determinar a estrutura adequada e produzir um relatório com uma decisão conjunta, como pode ser visto no trecho do comunicado ao mercado publicado pela JBS:

Para tanto, os administradores da JBS informam que, em reunião do Conselho de Administração da JBS realizada nesta data, foram eleitos os seguintes membros para integrar, no âmbito da JBS, o Comitê Especial Independente de que trata o PO 35, composto por não administradores da companhia, todos independentes e com notória capacidade técnica, observado que a formação de tal comitê obedece aos fins do artigo 160 da Lei nº 6.404, de 1976, conforme item 5, de caráter transitório ("Comitê da JBS"): Srs. Omar Carneiro da Cunha, José Cláudio Rego Aranha e Wallim Vasconcellos. Este Comitê tem a finalidade única e exclusiva de analisar as condições de uma incorporação da Bertin na JBS, ou de uma incorporação de ações envolvendo a Bertin e a JBS, conforme estrutura que venha a ser adotada, submetendo suas recomendações ao Conselho de Administração da JBS, observadas orientações previstas no PO 35.

Igualmente, observadas as orientações previstas no PO 35, composto por não administradores da companhia, todos independentes e com notória capacidade técnica, observado que a formação de tal comitê obedece aos fins do artigo 160 da Lei nº 6.404, de 1976, a administração da JBS informa que foi informada, nesta data, pela administração da Bertin, que foram eleitos os seguintes membros para integrar o Comitê Especial Independente de que trata o PO 35, de caráter transitório, no âmbito da Bertin: Srs. Eleazar de Carvalho Filho, José Pio Borges de Castro Filho[9] e Emilio Humberto Carazzai Sobrinho.

O destaque, pelo lado da JBS, fica por conta da escolha do engenheiro José Claudio Rego Aranha, que já havia atuado em 2007 e 2008 como representante do BNDES no Conselho de Administração da JBS e que

---

9 José Pio Borges de Castro Filho está listado na *offshore* RJX Capital Ltd., identificada em 2016, em nova investigação do Consórcio Internacional de Jornalistas Investigativos (ICIJ), quando descobriu a existência de 175 mil registros de *offshores* nas Bahamas, com centenas de pessoas físicas e jurídicas do Brasil, entre políticos, agentes públicos, grandes empresários, executivos de grandes empresas, dirigentes de estatais e de partidos políticos.

também havia sido chefe do Departamento de Mercado de Capitais, do BNDES, responsável por aprovar processos de investimentos em grandes empresas.

Do lado do frigorífico Bertin, destacava-se o senhor José Pio Borges de Castro Filho, que foi funcionário do BNDES, tendo ocupado os cargos de vice-presidente (1990-1992) e presidente do banco (1998-1999).

Já no dia 8 de dezembro de 2009, a JBS informava o resultado do estudo e as sugestões apresentadas pelos comitês independentes da JBS e do Bertin para a composição acionária da empresa resultante da fusão:

> A JBS Friboi informou que os conselhos de administração da empresa e da Bertin, juntamente com os comitês especiais independentes das duas companhias, sugeriram os critérios para a relação de troca de suas ações dentro do processo de fusão da JBS e da Bertin.
> O comitê da JBS recomendou que a relação de troca se situasse dentro de um intervalo, de forma que o valor atribuído à JBS seja entre 53,5% e 70,2% da empresa combinada, e o da Bertin entre 46,5% e 29,8%.
> Por sua vez, o comitê da Bertin recomendou que a relação de troca ocorresse dentro de um intervalo entre 31,23 a 34,61 ações de emissão da JBS por ação de emissão da Bertin.
> Segundo o comunicado da JBS, a relação de troca anteriormente anunciada era de 32,45 ações da JBS para cada ação da Bertin, portanto dentro dos intervalos sugeridos agora pelos comitês.
> A empresa vai concluir a negociação da estrutura financeira e convocar assembleia geral de acionistas para aprovar a incorporação das ações. A JBS continua trabalhando nas outras condições precedentes para a efetivação da operação com a Bertin, como a finalização do processo de *due diligence* e a realização de uma capitalização de US$ 2,5 bilhões.

No dia 14 de dezembro de 2009, a JBS S.A. publicava novo Fato Relevante, no qual, entre outros assuntos, declarava:

> Direito de Retirada.
> A Incorporação de Ações enseja a possibilidade de exercício do direito de retirada, tanto para os acionistas da JBS quanto para os acionistas da Bertin (conforme o caso) que dissentirem ou se abstiverem da deliberação de Incorporação das Ações, ou não comparecerem à assembleia geral

extraordinária pertinente, e que manifestarem expressamente sua intenção de exercer o direito de retirada, no prazo de 30 (trinta) dias contados da data de publicação das atas das assembleias gerais de acionistas da JBS (para os acionistas da JBS) e da Bertin (para os acionistas da Bertin) que aprovarem a Incorporação de Ações.

O valor de reembolso das ações de emissão da JBS de que sejam titulares os acionistas mencionados no item acima, calculado pelo valor de patrimônio líquido constante do balanço da JBS levantado em 30/9/2009, é de R$ 3,54548463 por ação, considerando as ações em circulação nesta data.

Aqui é interessante observar que a JBS indicava como valor a ser resgatado, por cada ação, caso houvesse desistência em relação à incorporação proposta, pouco mais de um terço do valor de mercado na data indicada como referência, pois as ações da JBS ("JBSS3"), no dia 30 de setembro de 2009, haviam sido cotadas a R$ 9,10 cada uma.

Isso ocorreu porque as cotas da FB Participações S.A. foram calculadas pelo valor do patrimônio líquido e não pelo valor consignado às ações da JBS. Para quê? Para simular um ágio sobre o valor da participação acionária e, assim, auferir vantagens fiscais.

No dia 29 de dezembro de 2009, foi aprovada a incorporação da totalidade das ações de emissão do Bertin pela JBS S.A. Em contrapartida, os acionistas do Bertin receberam, indiretamente, através da FB Participações S.A. (Nova Holding), ações de emissão da companhia representando aproximadamente 28,7% do capital social da JBS S.A.

Posteriormente, no dia 31 de dezembro de 2009, foi aprovada a incorporação do Bertin pela JBS. A família Bertin, conforme documentação, seria representada na FB Participações S.A. pelo FIP Bertin, do qual teria 100% da participação.

Logo depois, a figura da Blessed Holdings apareceu, pela primeira vez, no Formulário de Referência da JBS S.A., como parte da cadeia societária. No Formulário de Referência – JBS S.A. – 2010, versão 12, emitido pela JBS no dia 31 de dezembro de 2010, em atendimento à Instrução CVM nº 480, de 7 de dezembro de 2009, indicava que a FB Participações era a acionista controladora direta da companhia, cujo único investimento seria a participação de 54,52% no capital social total e votante da companhia, representada pela titularidade de 1.399.867.018 ações.

A participação acionária, no final de 2009, era assim definida:

ACIONISTA	PART. %	QUANT. AÇÕES
FB Participações S.A.	54,523177	1.399.867.018
PROT – FIP	7,998730	205.365.111
BNDESPar	17,024620	437.102.262
Outros	17,541921	450.383.818
Mantidos em Tesouraria	2,911549	74.753.190
TOTAIS	100,00	2.567.471.476

Fonte: Formulário de Referência – JBS S.A. – 2010, versão 12

E, no mesmo documento, a JBS demonstra a cadeia de pessoas físicas e jurídicas que controlavam a participação da família Bertin na FB Participações S.A., entre as quais aparece a Blessed Holdings:

Bertin Fundo de Investimento em Participações é controlado por Bracol Holding Ltda. e Blessed Holding. A Bracol Holding Ltda. é controlada por Heber Participações S.A. e Silmar Roberto Bertin. A Heber Participações S.A. é controlada por BERF Participações S.A., JBF Participações S.A., JUFERB Participações S.A., REIVO Participações S.A., SRB Participações S.A., VIAMAR Participações S.A., Natalino Bertin, João Bertin Filho, Fernando Antônio Bertin, Reinaldo Bertin, Silmar Roberto Bertin e Mario Henrique Frare Bertin. A BERF Participações S.A. é controlada por Juracy Frare Bertin, Cláudia Maria Frare Bertin Paiva, Fernando Henrique Frare Bertin e Mario Henrique Frare Bertin. A JBF Participações S.A. é controlada por João Bertin Filho e Cleonice Espelho Verona Bertin. A JUFERB Participações S.A. é controlada por Natalino Bertin, Fernanda Pereira Bertin e Natalino Júnior. A REIVO Participações S.A. é controlada por Reinaldo Bertin, Giovanni Prado Bertin, Renato Prado Bertin, Roberta Bertin Barros e Rubia Bertin Diniz Junqueira. A SRB Participações S.A. é controlada por Silmar Roberto Bertin e José Henrique Santana Bertin. A VIAMAR

Participações S.A. é controlada por Fernando Antônio Bertin, Mariana Granado Bertin, Vitor Granado Bertin e Aline Granado Bertin.

No documento referido ainda era informado que a Blessed Holdings seria detentora, na FB Participações S.A., com base em 29 de dezembro de 2009, de 65,790028% do total de participação da família Bertin, sendo que os restantes 34,209972% estariam em nome da Bracol Holding Ltda. (que depois foi substituída pela Tinto Holding Ltda.) e controlada pela Heber Participações S.A., que detinha 99,999999% da Bracol Holding Ltda., com os restantes 0,000001% em nome do sócio Silmar Roberto Bertin.

Ainda no dia 29 de dezembro de 2009 foi aprovada, em Assembleia Geral Extraordinária, a incorporação de ações da Bertin S.A. pela JBS S.A. Em razão da incorporação de ações, o capital social da companhia foi aumentado de R$ 4.495.580.968,94 para R$ 16.483.544.165,08.

A composição acionária da JBS, no dia 31 de dezembro de 2009, ficaria como indicado a seguir:

ACIONISTA	PART. %	QUANT. AÇÕES
FB Participações S.A.	100,000000	1.399.867.018
Bertin FIP	48,517610	679.182.020
Blessed Holdings	31,919749	446.834.038
Bracol Holding Ltda.	16,597861	232.347.982
J&F Investimentos	45,202982	632.781.636
ZMF FIP	6,279405	87.903.319
Outros	0,000003	3

Fonte: Formulário de Referência – JBS S.A. – 2010, versão 12

Considerando que a cotação da ação "JBSS3" na Bovespa, no pregão do dia 29 de dezembro de 2009, foi de R$ 9,49, e o total de 1.399.867.018 ações detidas pela FB Participações S.A. no capital da JBS S.A., então a participação da FB Participações S.A. valeria, naquela data, o total de R$ 13.284.730.000,00.

Assim, o capital que a família Bertin detinha na FB Participações S.A. era de R$ 6.445.433.491,00, sendo que em nome da Blessed Holdings estariam R$ 4.240.452.498,00 e em nome da Bracol Holding Ltda. (Tinto Holding Ltda.), os restantes R$ 2.204.980.993,00.

Mas acontece que a Blessed Holdings iria comprar 86% da participação da Tinto Holding Ltda., em duas operações: na primeira, cinco dias antes do FIP Bertin se tornar efetivamente acionista da JBS na troca de ações prevista na operação, a Tinto Holding Ltda. cedeu 67% de suas cotas no FIP Bertin para a Blessed Holdings, avaliadas em cerca de R$ 3 bilhões, mas pela bagatela de R$ 10 mil.

Menos de um ano depois (2011), ocorreria nova operação de cessão de cotas em poder da Tinto Holding Ltda., pela Blessed Holdings. Desta feita, por apenas R$ 17 mil, em outra negociação nebulosa e inverossímil, a Blessed Holdings teria adquirido mais 19%, aumentando a sua participação para 86%.

De acordo com a Receita Federal, que investigou o caso, em 2010 o patrimônio líquido do Bertin era de R$ 4,9 bilhões, não fazendo qualquer sentido lógico e lícito que tal ativo fosse transferido pela irrisória soma de R$ 27 mil.

Em decorrência disso, a Citibank DTVM (Citibank Distribuidora de Títulos e Valores Mobiliários), que havia assessorado a família Bertin na fusão com a JBS, fez ao Conselho de Controle de Atividades Financeiras (Coaf) e à Comissão de Valores Mobiliários (CVM), em 2010 e 2011, duas comunicações, depois que o FIP Bertin cedeu cotas à Blessed Holdings a preços simbólicos.

No final de 2011, a FB Participações S.A. possuía 45,7% das ações, a BNDESPar, 30,4%, e os minoritários, 20,8%. Os restantes 3,1% das ações encontravam-se em tesouraria ao final do exercício. Devido à conversão de debêntures em ações, ocorreu o aumento da participação da BNDESPar.

Vale ressaltar que o "Formulário de Referência – JBS S.A.", em todas as suas versões, era documento público, e todos os interessados tinham livre acesso a ele. Portanto, a existência da Blessed Holdings como detentora de participação acionária na JBS S.A., vinculada ao

Bertin Fundo de Investimento em Participações (FIP Bertin), nunca foi novidade.

Em 2012, a família Bertin ensaiou rediscutir as transferências de cotas para a Blessed Holdings, mas não se chegou a um acordo satisfatório.

Então, em 2013, a família Bertin recorreu à Justiça. Porém, a coisa nunca foi efetivamente esclarecida, e tudo que se sucedeu, nesse caso, parece ter sido apenas uma cortina de fumaça para tentar encobrir as reais maracutaias que envolviam o negócio.

Na reclamação feita pela família Bertin à Justiça, por meio do renomado escritório de advocacia Sérgio Bermudes, ela alegava ter sido "roubada", já que ações do FIP Bertin, no valor de R$ 1 bilhão, teriam sido transferidas para o Blessed Holdings, uma *offshore* sediada em Delaware, nos Estados Unidos.

Na ocasião, o grupo Bertin tinha um débito com o Banco do Brasil e foram dadas como garantia do empréstimo justamente as ações do FIP Bertin. Quando o banco quis executar a dívida, veio à tona o fato de que o dinheiro teria, de forma fraudulenta, sido transferido para a Blessed Holdings.

A denúncia feita pela família Bertin apontava que a transferência das ações do FIP Bertin para a Blessed Holdings havia sido feita por meio de um documento que teria sido forjado.

Os irmãos Bertin, Silmar e Natalino, teriam se comprometido, de acordo com tal documento, a transferir aos irmãos Batista as cotas que detinham na FB Participações S.A., caso a dívida do frigorífico, que seria apurada em auditoria, excedesse os R$ 4 bilhões declarados por ocasião da venda.

A ação cautelar que tramitava na 5ª Vara Cível de São Paulo, em nome da Tinto Holdings Ltda. contra a Blessed Holdings, questionava a transferência de 348,3 mil cotas do FIP Bertin – criado em 27/11/2009 – detidas pela Tinto Holdings para a Blessed Holdings. No processo, os Bertin sustentavam que a transferência das cotas para a Blessed seria uma "escancarada falcatrua".

O nó da questão está no fato de as cotas da Tinto Holding Ltda. terem sido transferidas para a Blessed Holdings de forma que aparentava, claramente, uma estratégia para esconder algum pagamento "por fora" feito pelos irmãos Batista aos Bertin, por fatia de sua participação ou para encobrir algum esquema de ocultação de patrimônio da família Bertin, com a utilização da Blessed Holdings, *offshore* que ninguém assumia ser seu real proprietário.

Na ação proposta contra os irmãos Batista, a família Bertin alegava que não seriam verdadeiras as assinaturas de Natalino e Silmar no documento de gaveta, e que a transferência das cotas tinha sido feita de forma fraudulenta e que a Blessed Holdings pertenceria, de fato, aos irmãos Batista.

Já os irmãos Batista rebateram a acusação dizendo que nada tinham a ver nem com a Blessed Holdings, nem com a transferência das cotas de ações.

Depois de uma longa batalha jurídica entre as famílias Batista e Bertin, que vinha se arrastando desde 2012, com acusações de lado a lado e gerando desconfianças no mercado sobre o que se passava de fato com tais empresas, no último dia de 2013 os grupos informaram terem feito acordo extrajudicial para encerrar a controvérsia, sem, contudo, dar mais explicações.

Isso somente viria a público em maio de 2014, quando foi publicado no *Diário Oficial*, justificado pela prévia realização de atos societários e registro na Junta Comercial. A JBS S.A., ato contínuo, comunicou também à Comissão de Valores Mobiliários (CVM), em seu formulário de referência de 2014.

Pelo que foi divulgado à época, a J&F Investimentos S.A. passaria a deter 100% da FB Participações S.A., sendo que o FIP Bertin deixaria de ser acionista direto da JBS S.A. e passaria a ser acionista da J&F Investimentos, com participação acionária de 24,75%. Além de participar indiretamente da JBS, os Bertin teriam participação em outros negócios do grupo J&F, como a Eldorado Celulose, a Flora, o Banco Original, a Vigor e o Canal Rural.

Isso seria informado no dia 1º de junho de 2014, com publicação em primeira mão pelo *Estadão*, com reportagem das jornalistas Alexa Salomão e Josette Goulart. De acordo com as autoras da reportagem, havia ocorrido mudança sorrateira na composição acionária da J&F, justamente depois que elas haviam buscado informações sobre a participação da Blessed Holdings na CVM, na Bovespa e na própria J&F.

No dia 30 de maio de 2014, a Comissão de Valores Mobiliários enviou à JBS o Ofício/CVM/SEP/GEA-2/nº 126/2014, com a seguinte exigência:

> Em relação à Blessed Holding, deverão ser identificados seus controladores diretos e indiretos, até os controladores que sejam pessoas

naturais, independente do eventual tratamento sigiloso conferido às informações por força de negócio jurídico ou pela legislação do país em que forem constituídos ou domiciliados o sócio ou controlador.

Em 3 de junho de 2014, a JBS protocolou resposta à CVM afirmando ter indicado em seu formulário de referência as pessoas naturais controladoras da Blessed Holdings, o que não correspondia à verdade, já que foram indicados os nomes de pessoas proprietárias das seguradoras US Commonwealth e Lighthouse Capital Insurance Company e não os reais proprietários, pessoas físicas, da Blessed Holdings.

O diretor jurídico da J&F, Francisco de Assis e Silva, afirmou ainda que as seguradoras US Commonwealth e Lighthouse Capital Insurance Company, também situadas em paraísos fiscais, no caso, Porto Rico e Ilhas Cayman, tinham à frente o norte-americano Murdoch-Muirhead, e que tais seguradoras estavam por trás da Blessed Holdings.

É a situação ideal para quem quer ocultar os reais proprietários ou blindar um patrimônio: cria-se uma holding em um paraíso fiscal, controlada por duas seguradoras igualmente registradas em paraísos fiscais, e pronto!

E foi isso que levou a Receita Federal, em 2015, a ter a convicção de que a Blessed Holdings teria sido criada pela família Bertin para driblar o Fisco e não pagar bilhões em Imposto de Renda.

Mas a coisa não terminaria tão fácil. No dia 29 de fevereiro de 2016, a CVM, embora sempre condescendente com os poderosos, encaminhou à JBS pedido de esclarecimento sobre matéria publicada pelo *Estadão*, que, em sua edição do dia anterior, divulgava, entre outras informações, que a Receita Federal havia apontado fraude na fusão entre a JBS e o Bertin e que, em função das irregularidades, cobrava, em impostos e multa, R$ 3,1 bilhões.

Eis a resposta do diretor de Relações com Investidores da J&F, Jeremiah Alphonsus O'Callaghan, datada de 1º de março de 2016:

> A companhia informa que não tem legitimidade para se manifestar a respeito de assuntos referentes a terceiros, na medida em que a matéria trata de um suposto auto de infração de ganho de capital dos antigos controladores da companhia Bertin S.A. – o FIP Bertin, nem sobre a autuação de R$ 3 bilhões – supostamente aplicados aos então cotistas do FIP Bertin.

Todavia, a companhia esclarece que a operação envolvendo a Bertin S.A. foi realizada em 2009, com total transparência e rigoroso cumprimento da legislação societária vigente. A operação ocorreu mediante incorporação de ações, ou seja, os controladores da Bertin S.A. entregaram sua participação em troca de ações da JBS S.A., as quais foram conferidas ao capital da FB Participações S.A. em razão de aumento de capital realizado pelo FIP Bertin. Assim, a operação não envolveu quaisquer repasses financeiros. Toda a operação foi detalhada em fatos relevantes na época.

A JBS S.A. ressalta, ainda, que as tratativas da incorporação foram realizadas entre os "controladores da JBS" e os "controladores da Bertin", sendo que a companhia acessou e disponibilizou a seus acionistas todos os documentos da incorporação na data de 28 de dezembro de 2009, **isto é, quando a Bertin S.A. tornou-se subsidiária integral da JBS S.A.** [grifo dos autores]

A companhia afirma que não houve fraude, tentativa de fraude ou de subtração de qualquer participação societária, pois a operação de incorporação deu-se à luz da legislação em vigor e contou com as assessorias competentes em questões tributárias e societárias dos escritórios de advocacia Barbosa, Müssnich & Aragão Advogados e Pinheiro Neto Advogados, bem como a assessoria financeira do Banco J.P. Morgan S.A. e Banco Santander Brasil S.A. Ademais, também participou da operação a empresa Apsis Consultoria Empresarial Ltda., que foi responsável pela avaliação do patrimônio líquido da Bertin S.A.

Por fim, a companhia destaca que o FIP Bertin, atualmente denominado FIP Pinheiros, sempre foi, desde a referida operação de incorporação de ações, um veículo de investimento indireto da JBS, tendo suas informações apresentadas no Formulário de Referência da Companhia nos termos das Instruções da CVM em vigor.

Em abril de 2017, o Conselho Administrativo de Recursos Fiscais (Carf) concordou com os técnicos de que houve fraudes fiscais no processo de fusão dos frigoríficos JBS e Bertin. Por unanimidade, os integrantes do órgão concordaram que os Bertin deveriam pagar a multa, que em valores atualizados já estaria em R$ 4 bilhões.

O FIP Bertin "foi substituído" pelo FIP Pinheiros Fundo de Investimento em Participações, que na posição de 31 de maio de 2017 detinha a participação de 21,92% de ações ordinárias e 21,94% de ações preferenciais da J&F Investimentos S.A.

O FIP Pinheiros não é novidade. Ele foi criado em 27 de dezembro de 2009 e é administrado pela Socopa – Sociedade Corretora Paulista S.A. Ele foi constituído sob a forma de condomínio fechado, com prazo de duração de dez anos e período de investimento de cinco anos, o qual poderá ser prorrogado mediante aprovação de Assembleia Geral de Cotistas, ambos com início a partir da data da primeira integralização de cotas.

O portfólio alvo do FIP Pinheiros é o conjunto dos títulos e valores mobiliários de emissão da J&F Investimentos S.A., que detém um patrimônio líquido de R$ 5.253.596.325,54 divididos em ações ordinárias e preferenciais, na proporção de 50% de cada categoria, conforme posição de 30/9/2016.

Veja o que a Socopa informa sobre o FIP Pinheiros:

> O Fundo tem como principal ativo a participação na J&F Investimentos S.A. (companhia), detendo 48,52% das ações ON do seu capital. O objetivo social da companhia consiste na participação social em outras sociedades, como sócio ou acionista (holding) e administração de bens próprios. A companhia foi constituída para a criação de uma associação entre as companhias JBS S.A. e Bertin S.A.

Ressalte-se também da resposta da JBS à CVM, que a mesma afirmou que a Bertin S.A. havia se tornado uma subsidiária integral da JBS S.A. Esse fato, na prática, não ocorreu, nem houve uma fusão, conforme era a proposta difundida pela companhia. Houve, sim, a compra e incorporação dos ativos da Bertin pela JBS, com o aludido pagamento em ações, embora haja indícios de que houve pagamento em dinheiro, sem ser declarado ao Fisco.

Os Bertin recorreram da multa aplicada pela Receita Federal, mas ela foi mantida. O Fisco ainda considerou toda a história muito estranha. Concluiu que o fundo e as operações envolvendo o Bertin e a Blessed traziam fortes indícios de que serviram apenas para lavagem de dinheiro e evasão fiscal. Na análise, a Receita disse que o Bertin, com ciência da JBS, havia infringido a lei tributária.

No encadeamento acionário, o FIP Pinheiros tem como parte a

Blessed Holdings, com 85,73% do total detido pelo FIP. Fazendo parte da *offshore*, aparece, pela primeira vez, a Blessed Holdings Cayman, que tem como proprietários Wesley e Joesley Batista, com 3 mil ações ordinárias cada um.

Os irmãos Batista, depois de muito vai e volta, acertaram o discurso em torno da afirmativa de que eles agora são os reais donos da Blessed Holdings, depois de terem comprado, em outubro de 2016, a participação da *offshore*.

Diz um provérbio chinês que "Quanto mais longa a explicação, maior é a mentira", e você verá, a partir de agora, quanto os irmãos Batista se esforçaram, com tantas mentiras, até chegarem a esse ponto crítico.

Aliás, quem escutou ou leu as transcrições de depoimentos de Joesley Batista para a Polícia Federal e para o Ministério Público Federal e conhece um pouco mais da história do grupo J&F terá percebido a quantidade de mentiras que ele desfilou nesses eventos, que deveriam aferir a verdade.

Vejamos, então, como se chegou a esse espetáculo protagonizado pelos irmãos Batista:

No dia 23 de maio de 2017, a CVM encaminhou à JBS o ofício nº 175/ 2017/CVM/SEP/GEA2, com diversos questionamentos referentes às informações que a mídia divulgava sobre a delação premiada de executivos da J&F. Citava, inclusive, notas veiculadas pelo site O Antagonista sobre a fala do CEO Wesley Batista de que seu irmão, Joesley Batista, saberia dizer quem seriam os reais donos da Blessed Holdings e que a JBS pretendia comprar tais ações e outras notícias, com a transcrição das mesmas.

Em resposta, no dia seguinte, o diretor de Relações com Investidores Jeremiah Alphonsus O'Callaghan escreveu à Comissão de Valores Mobiliários:

> 1. A companhia informa, inicialmente, que, anualmente, atualiza o item 15 do Formulário de Referência, nos termos do artigo 24, parágrafo 3º, da Instrução CVM 480/2009 e questiona seus acionistas controladores e detentores de quantidade superior a 5% das ações de sua emissão sobre qualquer alteração em sua participação acionária na companhia.
> 2. Desde 3 de junho de 2014, a companhia não recebeu qualquer atualização de seu acionista indireto, Blessed Holdings, sobre a composição de sua participação acionária, que vem se mantendo ao

longo dos últimos anos, de modo que as informações prestadas em seu Formulário de Referência estão, portanto, devidamente atualizadas.
3. No que se refere às notícias veiculadas em 16/5/2017 e 19/5/2017, mencionadas no Ofício, a companhia informa não estar envolvida em qualquer tratativa para aquisição de participação na Blessed Holdings.
4. Assim, a companhia entende não haver qualquer informação relevante sobre os temas tratados no Ofício a ser divulgado.

Como pode ser visto, o diretor de Relações com Investidores da J&F, que está na companhia desde 2008, aprendeu direitinho como mentir, de forma oficial, para os órgãos reguladores e sancionadores, como é o caso da CVM, que talvez tenha grande parte de culpa nessa sua atitude, por ter sido sempre leniente todos esses anos com a gigante das carnes.

Mas, aparentemente, esta não se deu por vencida e voltou a questionar e rebateu a resposta recebida da JBS:

[...] 2. Destacamos, inicialmente, que o acordo de colaboração premiada dos controladores da companhia, tornado público há cerca de uma semana e que pode ser acessado em vários sites de notícias, traz cópias das declarações de Imposto de Renda dos Srs. Wesley e Joesley Batista, onde se lê que os mesmos informaram à Receita Federal terem comprado em 31/10/2016, cada um, 50% de participação na Blessed Holding Cayman Ltd, pelo valor de US$ 150.000.000,00, de forma que, desde aquela data, os controladores da JBS também são detentores de 100% de participação em controladora indireta da companhia.
3. Nessa mesma linha, reportamo-nos à notícia veiculada no site do jornal *Valor Econômico*, no dia 23/5/2017, sob o título "Irmãos Batista citam ao Fisco compra da acionista 'misteriosa' Blessed", na qual constam as seguintes informações:
Os irmãos Joesley e Wesley Batista, controladores da JBS, informaram nas declarações de Imposto de Renda de 2016 a compra de 50% cada um das ações da *offshore* Blessed Holdings, uma acionista indireta da JBS.
A Blessed surgiu na cadeia societária da empresa de proteína animal após a união da empresa com o frigorífico Bertin, em 2009, mas nunca se soube quem eram os investidores pessoa física por trás do investimento.
Em comunicado divulgado na noite desta terça-feira, a Comissão de Valores Mobiliários (CVM) disse que abriu processo para investigar se

é verdadeira a informação que a JBS presta sobre quem são as "pessoas naturais" por trás da Blessed. A Receita Federal investiga o caso há anos por suspeita de fraude tributária.

Em seu mais recente Formulário de Referência, a JBS diz que os acionistas, pessoas jurídicas da *offshore*, são duas seguradoras – uma com sede em Cayman e outra em Porto Rico; e lista, como pessoas físicas por trás das duas, executivos de um agente fiduciário com sede em Guernsey – uma ilha no Canal da Mancha –, chamado Cogent, que controla as duas seguradoras.

Joesley e Wesley informaram nas declarações de IR, que constam da documentação entregue ao Ministério Público Federal, que teriam pago US$ 150 milhões (ou R$ 477 milhões) cada um por 50% da Blessed Holdings Cayman Limited. Um total de US$ 300 milhões, ou R$ 954 milhões, em valores da época. O preço equivale a apenas 37% do valor de mercado de R$ 2,56 bilhões da fatia indireta da Blessed na JBS, que era de 9,25% do capital total em 31 de outubro de 2016, data do negócio. Essa conta não considera os demais negócios da J&F, já que a participação da Blessed na empresa de carnes se dá por meio dela.

Conforme as declarações de impostos, até o fim do ano passado teriam sido pagas duas parcelas de US$ 7,5 milhões cada, restando uma dívida de US$ 135 milhões para cada irmão.

Apesar de a transação ter sido formalmente realizada em outubro passado e declarada pelos controladores da empresa à Receita Federal, a informação sobre quem são os acionistas da Blessed não foi atualizada no Formulário de Referência da JBS, datado de 23 de maio.

4. A esse respeito **requeremos** que a companhia se manifeste sobre a aparente contradição entre o informado pelos controladores diretos e indiretos à companhia e o que está informado à justiça brasileira, bem como **informe** se questionou ou recebeu comunicação dos acionistas controladores Wesley e Joesley Batista sobre essa alteração em sua participação acionária.

5. Adicionalmente, como a informação a respeito da aquisição da Blessed Holding é pública e está em documento homologado por autoridade judicial, além de fazer parte das hipóteses que ensejam reapresentação do Formulário de Referência (alteração dos acionistas controladores indiretos), **determinamos** que a companhia, com os meios que julgar necessários, certifique-se da informação prestada à justiça brasileira

e **atualize** seu Formulário de Referência de forma a compatibilizar as informações prestadas ao mercado com as informações que constam nos documentos anexados ao acordo de colaboração homologado pelo Supremo Tribunal Federal. [grifos da CVM]

O diretor de Relações com Investidores da J&F, Jeremiah Alphonsus O'Callaghan, no dia 26 de maio de 2017, respondeu à CVM:

> 1. Diante das notícias divulgadas nos últimos dias sobre a suposta alteração no quadro societário da Blessed Holdings, sociedade referida nas páginas 474 e seguintes da versão 18 do Formulário de Referência de 2016 da companhia, o diretor de Relações com Investidores da companhia questionou, em correspondência encaminhada em 25 de maio de 2017, os Srs. Wesley Mendonça Batista e Joesley Mendonça Batista acerca da veracidade das informações publicadas pela imprensa, com o que responderam que adquiriram, de fato, a totalidade das participações societárias de emissão daquela sociedade em 31 de outubro de 2016.
> 2. Em razão disso, a companhia apresentou, nesta data, nova versão do Formulário de Referência com a atualização do item "15.1/15.2 – Posição Acionária".

Já no dia 21 de junho de 2017, o empresário Joesley Batista prestou depoimento na Superintendência da Polícia Federal, em Brasília, perante a delegada Danielle de Meneses Oliveira Mady, que também questionou Joesley sobre o processo de fusão da JBS com o Bertin e sobre a Blessed Holdings.

O empresário Joesley Batista falou como se de nada soubesse:

> Em relação à aquisição do Bertin, o depoente esclarece que, a princípio, o BNDES não desejava que essa fusão fosse realizada com a JBS, para evitar concentração de mercado. Que, entretanto, após tentativa de fusão entre Bertin e Marfrig não ter sido possível, Natalino Bertin procurou o BNDES para que essa fusão fosse realizada com a JBS. Que havia interesse da JBS, desde que fosse aberta uma holding e o controle da companhia fosse mantido com a família Batista. Que foram realizadas várias reuniões, especialmente para verificação da correlação da participação acionária do BNDES no Bertin e a manutenção de acordo de acionistas. Que Natalino

Bertin procurou o depoente para realização de fusão (dezembro de 2008), e não desejavam realizar venda, portanto, o depoente não teve a percepção de que o frigorífico estava em situação de dificuldade financeira. Que, entretanto, quando o negócio foi fechado, a situação do frigorífico estava muito ruim e, por isso, as condições de negociação para o Bertin foram muito desfavoráveis. Que as negociações foram assessoradas pelo J.P. Morgan, pelo lado da JBS, e pelo Santander (Valadão, ao que se recorda o depoente) pelo lado do Bertin. Que na época das negociações, o mercado já falava em enormes dívidas que o Bertin tinha acumulado. Que em relação à criação da Blessed, o depoente esclarece que foi gestada por Fábio Pegas, do J.P. Morgan, de NY. Que a criação dessa offshore foi pensada para garantir que o controle acionário da JBS, após a fusão com o Bertin, continuasse com a família Batista. Que o depoente não conhece muito a estrutura, mas sabe que Gilberto Biojone é o representante legal das seguradoras Lighthouse e US Commonwealthy. Que essas seguradoras estão em nome de James e Collins, apresentados ao depoente por Fábio. Que o depoente não se recorda de valores, mas afirma que ambos foram remunerados para que essas empresas constassem como sócias do Fundo. Que o depoente afirma não se sentir muito habilitado para falar dessa estrutura, porque foi toda gestada por Fábio, mas informa que essa estratégia foi pensada para reduzir ainda mais a possibilidade da família Bertin vir a ter alguma forma de controle acionário na JBS. Que o depoente esclarece que não há e nunca houve político envolvido nesta holding. [...]

O que se viu nesse depoimento de Joesley Batista – e não só no trecho destacado – foi o total desprezo pela verdade e pelo trabalho da Justiça.

Cito alguns exemplos fragorosos:

Joesley Batista falou que "não teve a percepção de que o frigorífico estava em situação de dificuldade financeira", que "na época das negociações o mercado já falava em enormes dívidas que o Bertin tinha acumulado" e que "entretanto, quando o negócio foi fechado, a situação do frigorífico estava muito ruim".

Quem faz um negócio de tal monta, envolvendo bilhões de reais e o futuro de uma companhia que já se destacava como a segunda maior exportadora de carne bovina do Brasil, não iria, de forma alguma, confiar apenas em "percepção". Tanto é que a empresa Apsis Consultoria Empresarial Ltda., uma das maiores avaliadoras de ativos do Brasil, foi contratada para esse fim, o J.P. Morgan atuou como assessor financeiro exclusivo da JBS e para questões tributárias e societárias foram contratados os escritórios de advocacia Barbosa, Müssnich & Aragão Advogados e Pinheiro Neto Advogados.

Ora bolas, se "o mercado já falava em enormes dívidas que o Bertin tinha acumulado", isso não teria sido detectado na fase de *due diligence*?

Claro que sim. Tanto é verdade que no Fato Relevante divulgado ao mercado e acionistas, de 16 de setembro de 2009, a JBS afirmou no item 4:

> 4. Além disso, a obrigação das partes de concluir o negócio previsto no Acordo de Associação está sujeita à aprovação da operação pelas autoridades de defesa da concorrência no Brasil e exterior, conforme aplicável, a condições de praxe, tais como a inexistência de efeito adverso material nos ativos a serem contribuídos, e à conclusão, satisfatória, de *due diligence* em tais ativos.

Dizer que a situação financeira "muito ruim" do Bertin só foi descoberta depois de o negócio ser fechado é querer achar que todo mundo é idiota.

Outra coisa: o BNDES detinha 26% de participação no Bertin e 13% de participação na JBS, ficando ao final da fusão entre os dois frigoríficos com cerca de 20% de participação na FB Participações. E o banco também não procurou saber antes qual a situação financeira da empresa em que era sócio?

Quanto à criação da Blessed Holdings, o depoimento de Joesley Batista beira o ridículo e o acinte diante da autoridade policial. Ele afirmou quanto à criação da *offshore*: "A criação dessa *offshore* foi pensada para garantir que o controle acionário da JBS, após a fusão com o Bertin, continuasse com a família Batista" e que "essa estratégia foi pensada para reduzir ainda mais a possibilidade que a família Bertin viesse a ter alguma forma de controle acionário na JBS".

Veja: o FIP Bertin teria 48,51% da FB Participações S.A., que, por sua vez, deteria 54,52% do capital votante da JBS S.A. Os 100% das cotas do FIP Bertin foram distribuídos entre a Blessed Holdings (65,79%) e a Bracol Holding Ltda., depois substituída pela Tinto Holding, com 34,21%.

Se a Blessed Holdings fosse dos Bertin, a fala de Joesley Batista não teria sentido, já que ela era majoritária no FIP Bertin. Outra coisa foi Joesley Batista dizer que quem criou a *offshore* foi Fábio, do J.P. Morgan de Nova

York, o mesmo banco que assessorou a JBS na união com os Bertin. Por que não foi criada pelo Santander, que foi o assessor da família Bertin?

Antes de prosseguir, é relevante esclarecer que a composição acionária em julho de 2017 da FB Participações S.A. tem a J&F Investimentos como controladora de 100% de seu capital. O FIP Pinheiros Fundo de Investimento em Participações, sucessor do FIP Bertin, desde final de 2014, detém 21,92% da parcela de capital que a J&F Investimentos tem na FB Investimentos (42,31%) e pertence aos irmãos Batista, nada mais tendo com os Bertin.

A Blessed Holdings detém 85,76% do capital do FIP Pinheiros, sendo que a Blessed Holding Cayman, em nome dos irmãos Wesley e Joesley Batista, detém 100% (50% para cada um) do capital da Blessed Holdings.

O que falta para fechar os 100% do capital da J&F na JBS está em nome dos irmãos Wesley e Joesley Batista (25,29% para cada um), 17,53% da ZMF Participações, que também pertence integralmente aos irmãos Wesley e Joesley Batista, e em duas holdings pessoais destes, com 7,14% cada, conforme quadro acionário anterior.

Essa nova estrutura societária, com atualização em 31 de maio de 2017, feita, portanto, antes do depoimento de Joesley Batista à PF, derruba toda a sua narrativa a respeito da Blessed Holdings, especialmente ao dizer que não conhecia muito a estrutura, mas que sabia "que Gilberto Biojone é o representante legal das seguradoras Lighthouse e US Commonwealth".

Ele ainda insistiu em seu depoimento que não seria o mais habilitado a falar sobre a Blessed Holdings, mas afirmou que conhece James e Collins, das seguradoras Lighthouse e US Commonwealth, que foram apresentados a ele por Fábio, do J.P. Morgan.

Muito típico dele, que, quando o assunto é um tanto espinhoso, procura passar a bola para outro falar, depois de muita preparação interna para tornarem convincentes as muitas mentiras construídas ao longo de tantos anos.

Conclusão: enquanto todo mundo ficou querendo desvendar o mistério da Blessed Holdings, não se percebeu que a armadilha não estava na Blessed, mas no menos provável, o FIP Bertin, que sempre foi uma figuração, sem nunca ter detido, de fato, ações da JBS, que sempre estiveram em poder do FIP Pinheiros, que controlava as cotas da Blessed Holdings e, do nada, acabou incorporando o restante das ações da Tinto Holding.

JBS Posição Societária Acionista	Ações Ordinárias		Ações Preferenciais	
	Quantidade	(%)	Quantidade	(%)
⊟ FB Participações S.A	1.154.456.613	42,31	0	0,00
⊟ J&F Investimentos	4.811.386.976	100,00	0	0,00
⊟ Pinheiros Fundo de Investimentos S.A	12.366.100	21,92	12.366.100	21,94
⊟ Blessed Holdings	1.524.028	85,73	0	0,00
⊟ Blessed Holding Cayman	200	100,00	0	0,00
Wesley Mendonça Batista	3.000	50,00	0	0,00
Joesley Mendonça Batista	3.000	50,00	0	0,00
⊞ JJMB Participações Ltda	126.861	7,14	0	0,00
⊞ WWMB Participações Ltda	126.861	7,14	0	0,00
Joesley Mendonça Batista	14.266.142	25,29	14.339.204	25,44
Wesley Mendonça Batista	14.266.142	25,29	14.339.204	25,44
⊞ WWMB Participações Ltda	2.846.550	5,05	2.724.780	4,83
⊞ ZMF Participações	9.820.199	17,41	9.879.659	17,53
⊞ JJMB Participações Ltda	2.846.550	5,05	2.724.780	4,83

Fonte: Econoinfo

Essas "estruturas", que Joesley Batista disse não se sentir habilitado para comentar, sempre foram de domínio absoluto da família Batista, desde quando foram costuradas as negociações para a mentirosa fusão.

Foi uma grande jogada arquitetada para tentar livrar a família Bertin de encrenca com um caminhão de dívidas em outros negócios, com bancos estatais, com a Eletrobras e com empreiteiras às quais se associou para obras, que acabaram não concluindo e deixando enorme passivo.

E o pior disso tudo, se é que tem coisa pior: um grupo empresarial de capital aberto, com a JBS listada na Bolsa de Valores (Novo Mercado), que manipula a bel prazer e com interesses criminosos a participação acionária de suas controladas, causa prejuízo imensurável ao mercado como um todo ao infringir a legislação societária e normas da CVM.

O MPF e a Receita Federal devem investigar como os fundos Bertin e Pinheiros conviveram todo esse tempo à margem da legalidade, já que apareciam as cotas em nome do Bertin, que, aparentemente, era apenas uma ficção, enquanto o verdadeiro dono das cotas era o FIP Pinheiros.

Responsável pela Operação Bullish, o procurador Ivan Marx quer ampliar suas apurações e saber quem esteve por trás da Blessed Holdings LLC. Marx ouviu o empresário Joesley Batista em 12 de junho de 2017 e, desde então, requer os dados, sem sucesso. No dia 4 de agosto de 2017, concedeu mais dez dias para o envio. "Ele não entrega. Ninguém sabe quem eram os sócios da empresa", disse o procurador.

Mas, como foi visto aqui, essa história não é tão escondida assim.

Capítulo 12

O roteiro de uma grande fraude acionária

A arte, felizmente, ainda não soube encobrir a verdade.

Oscar Wilde

No dia 31 de dezembro de 2009, como foi visto, estavam finalizados os entendimentos entre as famílias Bertin e Batista. Chegava ao fim o processo de incorporação do frigorífico Bertin à JBS, com a holding FB Participações em Investimentos S.A. passando a deter 54,52% do total de ações da JBS. Veja a seguir como as ações foram distribuídas:

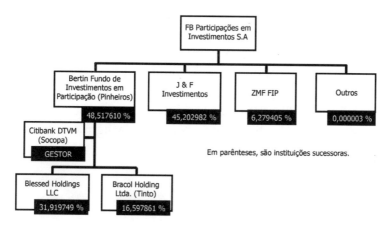

Fonte: Formulário de Referência – JBS S.A. – 2010, versão 12

Pela estrutura divulgada em documento da própria JBS, pode-se verificar que não havia, aparentemente, qualquer conflito em saber a quem pertencia o que, ficando a família Bertin com 48,5% da FB Participações em Investimentos S.A. e a família Batista com os restantes 51,5%. Isso equivalia a família Bertin deter 26,44% do capital da JBS S.A., a família Batista com 28,07% e o restante de posse do BNDES e minoritários. Mas, como agora poderá ser comprovado, tudo foi uma grande armação dos irmãos Batista.

Ressalve-se que, embora o Citibank DTVM apareça como gestor do FIP Bertin, foram os bancos J.P. Morgan e Santander Brasil que atuaram como assessores financeiros exclusivos da JBS S.A. e da Bertin S.A., respectivamente, para a operação de "fusão" entre os dois grupos.

Tanto que o Citibank DTVM contestou, em processo perante o Carf, a sua possível solidária participação no pagamento da multa imposta pelo Conselho, por fraude no processo de "fusão" entre Bertin e JBS, o que foi acatado:

> No referido procedimento fiscal, juntamente com os corréus Natalino Bertin, Fernando Antônio Bertin, Silmar Roberto Bertin, João Bertin Filho, Reinaldo Bertin e Heber Participações, o autor fora incluído como devedor solidário de dívida atribuída à corré Tinto Holding no valor de R$ 3.797.148.574,37, em que pese sustentar não ter tido nenhuma influência no processo decisório que levou à constituição do Bertin FIP ou à reorganização societária para a unificação dos grupos JBS e Bertin.

A Bracol Holding Ltda., que aparecia com o registro no CNPJ de nº 01.597.168/0001-99, foi criada em 12 de dezembro de 1996. Contudo, numa consulta à Receita Federal do Brasil, é possível verificar que no dia 3 de novembro de 2005 a Bracol Holding Ltda. teve sua denominação alterada para Tinto Holding Ltda., conforme a figura 1, tendo como sócio Natalino Bertin.

Figura 1 – Cartão de CNPJ da Tinto Holding Ltda., sucessora da Bracol Holding Ltda.

REPÚBLICA FEDERATIVA DO BRASIL
CADASTRO NACIONAL DA PESSOA JURÍDICA

NÚMERO DE INSCRIÇÃO 01.597.168/0001-99 MATRIZ	COMPROVANTE DE INSCRIÇÃO E DE SITUAÇÃO CADASTRAL	DATA DE ABERTURA 12/12/1996

NOME EMPRESARIAL
TINTO HOLDING LTDA

TÍTULO DO ESTABELECIMENTO (NOME DE FANTASIA)
****

CÓDIGO E DESCRIÇÃO DA ATIVIDADE ECONÔMICA PRINCIPAL
64.62-0-00 - Holdings de instituições não-financeiras

CÓDIGO E DESCRIÇÃO DAS ATIVIDADES ECONÔMICAS SECUNDÁRIAS
46.49-4-08 - Comércio atacadista de produtos de higiene, limpeza e conservação domiciliar
82.99-7-99 - Outras atividades de serviços prestados principalmente às empresas não especificadas anteriormente

CÓDIGO E DESCRIÇÃO DA NATUREZA JURÍDICA
206-2 - Sociedade Empresária Limitada

LOGRADOURO R CARDEAL ARCOVERDE	NÚMERO 2811	COMPLEMENTO ANDAR 6 CONJ 604/605

CEP 05.407-004	BAIRRO/DISTRITO PINHEIROS	MUNICÍPIO SAO PAULO	UF SP

ENDEREÇO ELETRÔNICO TINTO.MATRIZ@BOL.COM.BR	TELEFONE (11) 3819-0138

ENTE FEDERATIVO RESPONSÁVEL (EFR)
*****

SITUAÇÃO CADASTRAL ATIVA	DATA DA SITUAÇÃO CADASTRAL 03/11/2005

MOTIVO DE SITUAÇÃO CADASTRAL

SITUAÇÃO ESPECIAL ********	DATA DA SITUAÇÃO ESPECIAL ********

Fonte: Receita Federal do Brasil

A Tinto Holding Ltda. passou a figurar como nova denominação da Bertin Ltda., que virou nome fantasia, conforme pode ser visto na figura 2, que foi recortada do cartão de CNPJ de nº 01.597.168/0045-00 (filial de Aruana-GO).

Figura 2 – Recorte de CNPJ de uma filial da Tinto Holding Ltda.

NOME EMPRESARIAL
TINTO HOLDING LTDA

TÍTULO DO ESTABELECIMENTO (NOME DE FANTASIA)
BERTIN LTDA

Fonte: Receita Federal do Brasil

Entretanto, a família Bertin continuou usando o nome Bracol Holding Ltda. (CNPJ nº 01.597.168/0010-80), mesmo não existindo mais, como se Bracol fosse uma nova denominação para Bertin Ltda., como demonstra a figura 3, em evento ocorrido no ano de 2008.

O CNPJ nº 01.597.168/0010-80, ainda ativo no site da Receita Federal, pertence a uma filial da Tinto Holding Ltda., de Lins (SP), cuja atividade e endereço são coincidentes com a BSB Produtora de Equipamentos de Proteção Individual S.A. (figura 6). Ou seja, um mesmo estabelecimento comercial é visto como se tivesse dois cadastros de pessoa jurídica, provavelmente com o objetivo de usar o nome que fosse mais conveniente para a situação.

Figura 3 – Trecho de ata de processo de licitação em Maringá (PR)

ATA Nº. 201/08 DA REUNIÃO DE JULGAMENTO DA DOCUMENTAÇÃO E PROPOSTAS AO EDITAL DE CONCORRÊNCIA Nº. 012/2008-PMM – PROCESSO Nº. 8281/2008 – REGISTRO DE PREÇOS PARA AQUISIÇÃO DE MATERIAIS DE LIMPEZA GERAL, EQUIPAMENTOS DE LIMPEZA E CONSERVAÇÃO DO PISO, GÊNEROS ALIMENTÍCIOS, GÁS ENGARRAFADO, BOTAS, BOTINAS, KIT HIGIÊNICO PARA BANHO, CADEIRAS DE RODAS PARA PASSAGEIROS COM NECESSIDADES ESPECIAIS, DESTINADOS AO USO NO TERMINAL URBANO E RODOVIÁRIO VEREADOR DR. JAMIL JOSEPETTI - SECRETARIA MUNICIPAL DE TRANSPORTES - SETRAN. Às 08h45min (oito horas e quarenta e cinco minutos) do dia 24 (vinte e quatro) do mês de abril do ano de 2008 (dois mil e oito) na Sala de Reuniões da Diretoria de Compras e Licitações, reuniu-se a Comissão Especial designada pela **Portaria nº. 134/2008-GAPRE**, composta por: José Maria Bernadelli, na presidência, Rosa Maria Loureiro, Hermes Salgueiro da Silva e Anderson Damião Soares (suplente), como membros, com vistas ao Edital de **Concorrência nº. 012/2008-PMM**. Registramos a presença dos representantes: André Veigas Teixeira (CPF: 045.489.389-23), pela empresa **NOBRE PRODUTOS DE LIMPEZA LTDA. - ME (CNPJ: 07.667.698/0001-42)**, João Henrique Garcia (CPF: 021.374.549-63), pela empresa **FG COMÉRCIO DE PRODUTOS DE HIGIENIZAÇÃO PROFISSIONAL LTDA. - EPP (CNPJ: 07.567.818/0001-30)**, Antonio Carlos Pires (CPF: 143.473.269-04), pela empresa **LIG-GÁS COMÉRCIO DE GÁS LTDA.-ME (CNPJ: 04.632.364/001-45)**, Marcos de Souza Almeida (CPF: 022.578.369-01), pela empresa **CHEMICALS COMÉRCIO DE PRODUTOS QUÍMICOS LTDA. (CNPJ: 85.495.000/0001-62)**, Claudenir Aparecido Pereira (CPF: 079.336.538-47), pela empresa **KAKOGÁS COMÉRCIO DE GÁS LTDA. (CNPJ: 03.984.308/0001-07)**, Francisco Lopes Garcia (CPF: 043.671.629-15), pela empresa **BRACOL HOLDING LTDA. (CNPJ: 01.597.168/0010-80)**. As empresas: **NOVACOM COMÉRCIO DE PRODUTOS ALIMENTÍCIOS LTDA. (CNPJ: 08.055.364/0001-80); JJR – JEVERSON JENIEL REGLY - ME (CNPJ: 08.087.374/0001-06)** e **A. PAZINATO MARINGÁ (CNPJ: 04.352.905/0001-81)** protocolaram os envelopes, mas não enviaram

Fonte: http://venus.maringa.pr.gov.br/arquivos/licita/arquivos/CPN_012-08.pdf

A Bracol Holding Ltda., extinta e substituída por Tinto Holding Ltda. desde 2005, volta a aparecer em 2008 como doadora da candidata Jandira Feghali (e outros) nas eleições municipais do Rio de Janeiro, conforme a figura 4.

Figura 4 – Divulgação de doação eleitoral em 2008

Jandira Feghali
♦ Construtora OAS Ltda – R$ 400 mil
♦ Bracol Holding Ltda – R$ 175 mil
♦ Partido Comunista do Brasil – R$ 149 mil

Fonte: Jornal do Brasil, pág. A6, 5/10/2008

Em 2009, a Bertin Ltda. criou a holding BSB – Produtora de Equipamentos de Proteção Individual S.A. (CNPJ da matriz de nº 10.472.968/0001-74), que tem a marca Bracol como uma das líderes de venda de calçados de segurança, conforme a figura 5.

Figura 5 – CNPJ da BSB

REPÚBLICA FEDERATIVA DO BRASIL		
CADASTRO NACIONAL DA PESSOA JURÍDICA		
NÚMERO DE INSCRIÇÃO 10.472.968/0005-06 FILIAL	COMPROVANTE DE INSCRIÇÃO E DE SITUAÇÃO CADASTRAL	DATA DE ABERTURA 20/01/2009
NOME EMPRESARIAL BSB PRODUTORA DE EQUIPAMENTOS DE PROTECAO INDIVIDUAL S.A.		
TÍTULO DO ESTABELECIMENTO (NOME DE FANTASIA) ********		
CÓDIGO E DESCRIÇÃO DA ATIVIDADE ECONÔMICA PRINCIPAL 15.31-9-01 - Fabricação de calçados de couro		
CÓDIGO E DESCRIÇÃO DAS ATIVIDADES ECONÔMICAS SECUNDÁRIAS 32.92-2-02 - Fabricação de equipamentos e acessórios para segurança pessoal e profissional 15.40-8-00 - Fabricação de partes para calçados, de qualquer material 46.23-1-02 - Comércio atacadista de couros, lãs, peles e outros subprodutos não-comestíveis de origem animal 33.14-7-99 - Manutenção e reparação de outras máquinas e equipamentos para usos industriais não especificados anteriormente 47.81-4-00 - Comércio varejista de artigos do vestuário e acessórios 47.82-2-01 - Comércio varejista de calçados 46.43-5-01 - Comércio atacadista de calçados 46.42-7-02 - Comércio atacadista de roupas e acessórios para uso profissional e de segurança do trabalho		
CÓDIGO E DESCRIÇÃO DA NATUREZA JURÍDICA 205-4 - SOCIEDADE ANONIMA FECHADA		
LOGRADOURO AV SAO PAULO	NÚMERO 1805	COMPLEMENTO
CEP 16.403-266	BAIRRO/DISTRITO JARDIM GUANABARA	MUNICÍPIO LINS	UF SP
ENDEREÇO ELETRÔNICO CONTROLADORIALINS.EPIS@BSBSAFETY.COM	TELEFONE (14) 3533-2211	
ENTE FEDERATIVO RESPONSÁVEL (EFR) *****		
SITUAÇÃO CADASTRAL ATIVA	DATA DA SITUAÇÃO CADASTRAL 20/01/2009	
MOTIVO DE SITUAÇÃO CADASTRAL		
SITUAÇÃO ESPECIAL ********	DATA DA SITUAÇÃO ESPECIAL ********	

Fonte: Receita Federal

A BSB é uma sociedade de capital fechado e tem como conselheiros, de acordo com a base de dados da Receita Federal, os seguintes membros da família Bertin: Silmar Roberto Bertin, Vitor Granado Bertin e José Henrique Santanna Bertin.

Figura 6 – Extrato de CNPJ de filial da Tinto Holding Ltda.

REPÚBLICA FEDERATIVA DO BRASIL		
CADASTRO NACIONAL DA PESSOA JURÍDICA		
NÚMERO DE INSCRIÇÃO 01.597.168/0010-80 FILIAL	COMPROVANTE DE INSCRIÇÃO E DE SITUAÇÃO CADASTRAL	DATA DE ABERTURA 14/01/1997
NOME EMPRESARIAL TINTO HOLDING LTDA		
TÍTULO DO ESTABELECIMENTO (NOME DE FANTASIA) ********		
CÓDIGO E DESCRIÇÃO DA ATIVIDADE ECONÔMICA PRINCIPAL 15.31-9-01 - Fabricação de calçados de couro		
CÓDIGO E DESCRIÇÃO DAS ATIVIDADES ECONÔMICAS SECUNDÁRIAS 15.40-8-00 - Fabricação de partes para calçados, de qualquer material		
CÓDIGO E DESCRIÇÃO DA NATUREZA JURÍDICA 206-2 - SOCIEDADE EMPRESARIA LIMITADA		
LOGRADOURO AV SAO PAULO	NÚMERO 1805	COMPLEMENTO
CEP 16.403-266	BAIRRO/DISTRITO JARDIM GUANABARA — MUNICÍPIO LINS	UF SP
ENDEREÇO ELETRÔNICO	TELEFONE (14) 3533-2022 / (14) 3533-2027	
ENTE FEDERATIVO RESPONSÁVEL (EFR) *****		
SITUAÇÃO CADASTRAL ATIVA	DATA DA SITUAÇÃO CADASTRAL 03/11/2005	
MOTIVO DE SITUAÇÃO CADASTRAL		
SITUAÇÃO ESPECIAL ********	DATA DA SITUAÇÃO ESPECIAL ********	

Fonte: Receita Federal do Brasil

Nas eleições de 2010, a Bracol Holding Ltda., empresa fantasma, voltou a ser doadora de campanhas políticas. O fato teve muita repercussão em 2016, com apreensão pela Operação Lava Jato de documentos de um dos membros da família Bertin, Natalino Bertin.

Em uma caderneta apreendida pela Polícia Federal, constavam quase 30 nomes de políticos que receberam doações da Bracol, entre eles o presidente Michel Temer, que recebeu R$ 1,5 milhão do grupo Bertin.

Em nota enviada depois da publicação da reportagem da revista *Veja*, o deputado federal Domingos Sávio (PSDB-MG) afirmou:

> Na campanha de 2010 recebi 50.000 reais da empresa **Bracol Holding Ltda.**, que está devidamente declarado em minha prestação de contas

à Justiça Eleitoral. O setor produtivo rural apoiou minha candidatura e indicou meu nome à referida empresa Bracol, que fez a doação pelos meios legais. Só agora, vendo a informação na própria *Veja* de que a senadora Ana Amélia também recebeu recursos da Bracol, soube que a referida empresa é ligada ao Grupo Bertin. Portanto, a ajuda que recebi foi absolutamente legal e foi em razão da minha dedicação ao setor rural que sempre me apoiou.

Uma verificação no site do Tribunal Superior Eleitoral (TSE), com atualização em 11 de novembro de 2010, confirma que a candidata ao Senado Federal pelo Rio Grande do Sul, Ana Amélia Lemos (PP-RS), recebeu R$ 200 mil da "fictícia" empresa Bracol Holding Ltda., cujo CNPJ declarado é o de nº 01.597.168/0001-99, que desde 3 de novembro de 2005 pertencia à Tinto Holding Ltda., sucessora da Bracol Holding Ltda.

Na verdade, o grupo Bertin usou o nome da extinta empresa Bracol Holding Ltda. a partir de sua renomeação para Tinto Holding Ltda., de acordo com seu interesse. Veja na figura 7, do despacho com data de 27 de março de 2015, que é um bom exemplo de como o grupo Bertin aproveitou essa confusão de forma a atender seus interesses em protelar ações judiciais, inclusive muitas da Justiça do Trabalho.

Figura 7 – Trecho do processo nº AIRR-0097000-20.2009.5.02.0255

Brasília, 27 de março de 2015.

Firmado por assinatura digital (MP 2.200-2/2001)
MINISTRO BARROS LEVENHAGEN
Presidente do TST

Processo Nº AIRR-0097000-20.2009.5.02.0255

Complemento Processo Eletrônico

Relator Relator do processo não cadastrado

Agravante BRACOL HOLDING LTDA.

Advogado Dr. Antony Araújo Couto (OAB: 226033SP)

Agravado JOSÉ FRANCISCO DANTAS

Advogado Dr. Riscalla Elias Júnior (OAB: 97300SP)

Recurso de embargos à SBDI-1 interposto pela Bracol Holding Ltda. em face da decisão desta Presidência que negou seguimento ao agravo de instrumento, por intempestividade do recurso de revista. Intimada a esclarecer a divergência entre a razão social e o CNPJ apresentado, a empresa informou que, por alteração contratual, sua denominação passou a ser Tinto Holding Ltda., requerendo, na ocasião, que as notificações e intimações fossem feitas exclusivamente para o subscritor da petição, Dr. Walter José Martins Galenti.

Tendo em vista a irregularidade da representação processual pela ausência de procuração outorgada ao ilustre advogado pela empresa sob a nova denominação de "Tinto Holding Ltda.", foram concedidos, por 3 vezes, prazos para que a empresa regularizasse a situação dos autos. A agravante, porém, manteve-se inerte.

Pois bem, o entendimento consolidado nesta Corte é o de que ocorrendo alteração na denominação social, é ônus da parte comprovar a mudança havida, bem como regularizar a representação processual, juntando nova procuração com a atual denominação capaz de legitimar a atuação do advogado subscritor, sob pena de não conhecimento do apelo, conforme os seguintes precedentes:

Fonte: http://www.buscaoficial.com/c/diario/cGbIfneDu/

A confusão com a Bracol Holding Ltda. não se restringiu ao cenário interno, e até o prestigiado site Bloomberg "comeu mosca" ao anunciar que a Bracol Holding Ltda. era uma subsidiária da JBS.

Embora no site da Bloomberg não existam muitos detalhes sobre a defunta Bracol Holding Ltda., como o CNPJ, há a indicação de que se tratava de empresa ligada à produção de equipamentos de proteção individual, como calçados de segurança, e também a indicação de pessoas que tinham cargos gerenciais na empresa, conforme a figura 8.

Figura 8 – Trecho de informação no site da Bloomberg

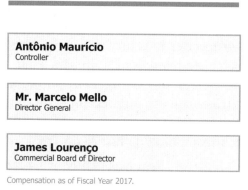

Fonte: Bloomberg

Por exemplo, o então diretor-geral, Marcelo Mello, que trabalhou na Bracol EPI no período de 1998 a 2010 e depois se transferiu para a JBS S.A. como diretor executivo, onde exerceu a função entre 2010 e 2012, conforme mostra seu perfil no Linkedin.

Outro indicado pelo Bloomberg é James Lourenço, que ainda é diretor de Operações da BSB Produtora de Equipamentos de Proteção Individual S.A. Em seu perfil no Linkedin, ele cita a Bracol Holding Ltda. como a empresa em que teria trabalhado anteriormente.

O terceiro executivo é Antônio Maurício, que ainda permanece na BSB Produtora de Equipamentos de Proteção Individual S.A., desde 2013 no cargo de diretor financeiro. No caso, ele indica como cargo anterior o de controller, conforme o Bloomberg, figura 9, e a empresa BSB – Brazil Safety Brands.

Figura 9 – Cargos exercidos por Antônio Maurício

Experiência

Diretor Financeiro
BSB PRODUTORA DE EQUIPAM PROTECAO INDIVIDUAL S A
janeiro de 2013 – o momento (5 anos) | Lins e Região, Brasil

Controller
BSB - BRAZIL SAFETY BRANDS
abril de 1997 – o momento (20 anos 9 meses) | Lins e Região, Brasil

Fonte: Linkedin

Uma análise dos três perfis nos mostra que, numa mesma época, até pessoas que ocupavam cargos gerenciais na empresa a conhecia por nomes diferentes. Isso não é coisa rara e pode ser vista em vários exemplos de empresas que mudaram de nome, mas as pessoas que trabalham nela há muito tempo custam a se acostumar com o nome novo. É o caso da JBS S.A., que depois de mais de uma década continua sendo chamada de Friboi por uma imensa parcela da população. Mesmo que Friboi tenha se tornado apenas uma marca de carne vendida pela JBS, ou talvez por isso mesmo.

Ao verificar um trabalho de conclusão de curso de Administração de 2008 para a Unisalesiano, em Lins (SP), essa confusão começa a ficar esclarecida. Os autores informam que o grupo Bertin atuava com sete divisões de negócios: Agropecuária, Alimentos, Couros, Equipamentos de Proteção Individual, Higiene e Limpeza, Produtos Pet e Higienização Industrial. No caso, essas divisões estariam embaixo da Bracol Holding Ltda., e o nome Bertin é citado como sendo o grupo que englobava a Bracol e outros negócios.

O trabalho em referência dá destaque para duas áreas: couros e equipamentos de proteção individual. Define tais áreas como sendo divisões da Bracol Holding Ltda., mas associando o nome Bracol à marca de couro e de calçado e denominando a divisão de couros como "Bertin Couros" e a área de Equipamentos de Proteção Individual, onde o trabalho foi desenvolvido, como sendo "Bracol Holding Ltda. – EPIs", como indicou em seu perfil no Linkedin o diretor comercial Marcelo Mello.

O nome Bracol, fortemente associado à marca de calçado de segurança com maior visibilidade no mercado, parece ter se perpetuado mesmo depois de a empresa Bracol Holding Ltda. ter sido renomeada para Tinto Holding Ltda.

No Ato de Concentração nº 08012.008074/2009-11, a JBS S.A. e a Bertin citam uma empresa do grupo Bertin chamada Bracol Comércio de Equipamentos de Proteção Individual Ltda., mas nada foi encontrado sobre ela, e pode ser que seja a Bracol que se fundiu com a Fujiwara em 2010, dando origem à BSB Produtora de Equipamentos de Proteção Individual S.A.

Mas, mesmo com todas as evidências de que na época (2009) da negociação da fusão entre a JBS S.A. e a Bertin S.A., a Bracol Holding Ltda. havia sido renomeada como Tinto Holding Ltda., o Ato de Concentração nº 08012.008074/2009-11 citava a Bracol como associada ao BNDES e na estrutura do grupo Heber (holding da família Bertin), como demonstram as figuras 10 e 11.

Figura 10 – Composição Acionária da Bertin S.A.

Acionista	Ações Ordinárias / total	
	Unidade	(%)
Bracol Holding Ltda.	20.926.771	73,078
BNDES Participações S.A.	7.709.407	26,922
Total	28.636.178	100,000

Fonte: https://pt.slideshare.net/arykara7002/jbs-bertin-grupo-heber

Figura 11 – Empresas do grupo Heber

Grupo Heber
No Brasil e no Mercosul, o Grupo Heber é composto pelas seguintes empresas:

Heber Participações S.A
- Bracol Holding Ltda.
- Riober Participações Ltda
- Mafrip Matadouro Frigorífico Rio Pardo S.A.
- BSB Participações Ltda
- BSB Equipamentos de Proteção Individual Ltda
- BSB Internacional S.A.
- Inversiones BSB Chile Ltda
- Asvic Participações Ltda
- Vicsa Brasiç EPIs Ltda
- Mercure Participações Ltda

- Mercure Equipamentos de Proteção Individual Ltda
- Londrina EPI Ltda
- Mace Maringa Assessoria Comercio Exterior Ltda
- Fujiwara Argentina S.A.
- Unimulds Matrizes Ltda
- Ecopur Ind. Com. Prod. Químicos Ltda
- Violet Participações ltda
- Apucarana Comercialização de Equip. Prot. Individual ltda

Fonte: https://pt.slideshare.net/arykara7002/jbs-bertin-grupo-heber

O grupo Bertin tentou "colar" que a Bracol Holding Ltda. havia sucedido a Bertin Ltda., e isso foi contestado de diversas maneiras, como na figura 12:

Figura 12 – Extrato de pessoa jurídica

Fonte: Portal da Transparência

O Bertin Fundo de Investimento em Participações (Bertin FIP), de acordo com relatórios depositados na Comissão de Valores Mobiliários (CVM), teria sido criado e constituído no dia 11 de dezembro de 2009, tendo como CNPJ o nº 11.369.979/0001-96, detendo um total de 1.775.231 cotas da FB Participações em Investimentos, que tinham valor patrimonial unitário de R$ 2.787,801120, ou seja, o FIP Bertin tinha de participação o equivalente a R$ 4.948.990.970,00.

O primeiro relatório de demonstrações financeiras do Bertin FIP, administrado pelo Citibank Distribuidora de Títulos e Valores Mobiliários S.A., foi auditado pela PricewaterhouseCoopers (PwC), relativo ao período de 11 de dezembro de 2009 (início das atividades do FIP) até 31 de março de 2010, indicando que na Assembleia Geral de 23 de dezembro de 2009 foi deliberada pela sua substituição à BDO Trevisan Auditores Independentes, para prestar serviços de auditoria ao Bertin FIP.

As Demonstrações Financeiras do período de outubro de 2010 a março de 2011 receberam auditoria da KPMG Auditores Independentes, com relatório datado de 27 de maio de 2011 e assinado por dois contadores.

Já as Demonstrações Financeiras do período de outubro de 2011 a março de 2012, de outubro de 2012 a março de 2013, de outubro de 2013 a março de 2014 e de outubro de 2014 a março de 2015 foram auditadas pela BDO Trevisan Auditores Independentes.

No dia 24 de agosto de 2011 houve uma Assembleia Geral (Ordinária e Extraordinária) dos cotistas do Bertin Fundo de Investimento em Participações, na sede do Citibank DVTM, onde, entre outras deliberações, foi aprovada por unanimidade e, no mínimo muito estranha, a seguinte questão:

> (3) Ratificar todos os atos praticados pelo Administrador a fim de constituir ônus sobre 521.739.130 ações detidas pela FB Participações S.A. (CNPJ nº 11.309.502/0001-15) ("FB Participações") na empresa JBS S.A. (CNPJ nº 02.916.265/0001-60) em favor da empresa J&F Participações Financeiras Ltda. (CNPJ nº 07.570.673/0001-26) ("J&F"), em garantia ao Contrato de Mútuo firmado com o Fundo Garantidor de Créditos no âmbito das negociações de aquisição pela J&F da totalidade da participação societária no Banco Matone.

Somente uma dúvida:

Por que o FIP Bertin iria colocar sua participação acionária na FB Participações S.A. como garantia de empréstimo feito pela J&F Participações Financeiras Ltda. perante o Fundo Garantidor de Crédito (FGC) para a compra do Banco Matone?

Mas, como "miséria pouca é bobagem", no dia 18 de maio de 2012 a Concessionária Rodoviária do grupo Bertin dava, em garantia à emissão de debêntures no volume mínimo de R$ 500 milhões, a totalidade das cotas do FIP Bertin detidas pela Bracol Holding Ltda., conforme a figura 13:

Figura 13 – Extrato de Ata de Reunião

(B.5) Celebração, em conjunto com o Agente Fiduciário e demais partes conforme aplicável, do contrato de penhor em terceiro grau das cotas do Bertin Fundo de Investimento em Participações ("FIP Bertin"), detidas pela Bracol Holding Ltda. ("Bracol"), a fim de que a totalidade das cotas do FIP Bertin detidas pela Bracol seja dada em garantia à Emissão.

Fonte: http://www.pavarini.com.br/SPMARAGD180512.pdf

No dia 10 de junho de 2013, quase dois meses depois de o Conselho Administrativo de Defesa Econômica (Cade) ter autorizado a incorporação do Bertin pela JBS, a família Bertin entrou com ação cautelar contra a JBS.

O jornal *Opção* reproduziu a matéria do jornal *Folha de S. Paulo*:

> De acordo com o documento, cotas do fundo de participação Bertin-FIP (por meio do qual a família participa da JBS) teriam sido desviadas de maneira "escabrosa" e "criminosa" para a empresa Blessed LLC, sediada no Estado norte-americano de Delaware. A família Bertin diz que a Blessed seria da J&F. O advogado Antônio Carlos Velloso Filho, que é do escritório Sergio Bermudes e atua na causa, disse à coluna que "trabalha com a hipótese de que a Blessed pertence à família Batista". Uma das acusações diz que as assinaturas de integrantes da família paulista – estimadas em R$ 900 milhões, mas transferidas por apenas R$ 17 mil – foram supostamente falsificadas, para que as cotas fossem repassadas. Elas iriam garantir um empréstimo de R$ 100 milhões do grupo Bertin no Banco do Brasil, o que pode ser inviabilizado pelo risco de o banco poder levar um calote. A J&F informou que a dívida contraída é de responsabilidade exclusiva da família Bertin. Já no último dia 11 de junho de 2013, o juiz da 5ª Vara Cível de São Paulo despachou favoravelmente o pedido de liminar do grupo Bertin e bloqueou a comercialização das cotas. E o grupo afirma que isso ainda é só o começo, pois pretende "mover uma ação maior contra a Blessed LLC, de ressarcimento de perdas e danos pelo ilícito praticado", anuncia a coluna. De acordo com a J&F, a empresa Blessed LLC, localizada nos Estados Unidos, não tem nada a ver com o grupo JBS e nem com a própria J&F, mas sim que estaria ligada à própria família Bertin. Documentos disponíveis no site oficial da JBS, que trazem informações aos investidores, mostram que a Blessed integra o fundo Bertin FIP, justamente aquele em que a família Bertin tem cotas.

Nas Demonstrações Financeiras do período de outubro de 2013 a março de 2014, foi apontada pela BDO, como ressalva, a Nota Explicativa 4.2:

> 4.2. Evento não considerado na carteira do Fundo
> Em 31 de dezembro de 2013, a totalidade das ações que o Fundo possuía do capital social da FB Participações S.A. foi objeto de permuta por ações da J&F Investimentos S.A. em ato que aumentou

o capital social desta empresa. Nesta transação, essas novas ações foram valorizadas para fins de registro contábil no Fundo pelo seu valor de mercado, resultando em ganho para o Fundo no montante de R$ 303.824,00. Os efeitos monetários desse evento e os acertos formais da carteira do Fundo foram considerados por sua administração em 31 de maio de 2014.

Nas Demonstrações Financeiras do período seguinte (abril a setembro de 2014) foi demonstrada a nova composição do Fundo, com a saída da FB Participações e a entrada da J&F Investimentos S.A., conforme a figura 14:

A FB Participações sairia de campo e entraria a J&F Investimentos?

Figura 14 – Demonstração Financeira do FIP Bertin

Bertin Fundo de Investimento em Participações
(Administrado pela SOCOPA - Sociedade Corretora Paulista S. A. - CNPJ: 62.285.390/0001-40)

Demonstrações financeiras

Notas explicativas da administração às demonstrações contábeis
Em 30 de setembro de 2014

(Em milhares de Reais, exceto o valor unitário das cotas)

	Valor de Custo	Valor de Contábil	Diferença
	30/09/2014		
JF Investimentos ON	2.626.435	2.626.435	-
JF Investimentos PN	2.626.345	2.626.345	-
	5.252.870	5.252.870	

Fonte: CVM

No dia 3 de junho de 2014, o jornal *Valor Econômico* publicou longa matéria, reproduzida por diversos órgãos de imprensa. Informava que chegava ao fim a demanda judicial entre as famílias Bertin e Batista, e que a família Bertin deixaria de ser acionista da JBS e passaria a deter participação direta em outras empresas do grupo J&F, como a Eldorado Celulose, a Flora, o Banco Original, a Vigor e o Canal Rural.

De acordo com o informe da J&F, "nessa operação a Bertin FIP ficou com uma participação de 24,75% da J&F Investimentos. O percentual diminuiu porque agora a Bertin FIP é acionista de vários outros negócios e não apenas da JBS". O mesmo teria acontecido com as fatias da Tinto e da Blessed Holdings.

Não foi revelado quanto o Bertin recebeu nessa negociação, mas o mercado tinha conta de que a FB Participações, na qual o FIP Bertin tinha fatia de 48,51%, valia R$ 10,566 bilhões.

É importante transcrever parte da Ata da Assembleia Geral Extraordinária da J&F Investimentos, realizada no dia 31 de dezembro de 2013, para um melhor entendimento sobre o que foi definido, em comparação ao que foi divulgado pelo jornal *Valor Econômico*:

> [...] Foi examinado, discutido e aprovado, em seu inteiro teor, pela totalidade das acionistas, pelo FIP Bertin e pelo FIP ZMF, os Laudos de Avaliação que seguem anexos à presente Ata como Anexo I (Anexo I - Laudos de Avaliação), sem que tenham sido solicitadas maiores informações à Empresa Especializada [Apsis], incluindo a conclusão apresentada pela Empresa Especializada de que: (a) o valor das ações de emissão da FB, de titularidade do FIP Bertin, é de R$ 5.252.870.183,28 (cinco bilhões duzentos e cinquenta e dois milhões, oitocentos e setenta mil, cento e oitenta e três reais e vinte e oito centavos); e de que (b) o valor das ações de emissão da FB de titularidade do FIP ZMF é de R$ 679.854.065,02 (seiscentos e setenta e nove milhões, oitocentos e cinquenta e quatro mil, sessenta e cinco reais e dois centavos). (iii) Foi aprovado pela totalidade dos acionistas o aumento de capital social da Companhia [J&F Investimentos S.A.], totalmente integralizado, atualmente de R$ 894.593.500,28 (oitocentos e noventa e quatro milhões, quinhentos e noventa e três mil, quinhentos reais e vinte e oito centavos), para R$ 6.733.743.566,12 (seis bilhões, setecentos e trinta e três milhões, setecentos e quarenta e três mil, quinhentos e sessenta e seis reais e doze centavos), com aumento efetivo de R$ 5.839.150.065,84 (cinco bilhões, oitocentos e trinta e nove milhões, cento e cinquenta mil, sessenta e cinco reais e oitenta e quatro centavos) [...]

Estranho, muito estranho. Estranhíssimo...

No início do processo da pseudofusão entre a JBS e o Bertin, a J&F Investimentos teria – conforme informado pela JBS S.A. – 45,2% do capital da FB Participações em Investimentos S.A., o FIB Bertin teria 48,5% e o FIP ZMF teria 6,27% das ações.

Agora, explique: como quatro anos depois a J&F Investimentos S.A. só tinha de capital social R$ 894.593.500,28, enquanto o FIP Bertin detinha, em ações da FB, o total de R$ 5.252.870.183,28?

Claro que isso era parte da trama engendrada pelos irmãos Batista, provavelmente em conluio com o BNDES para burlar o Fisco.

Mas vamos em frente...

As demonstrações financeiras do período de outubro de 2014 a março de 2015 foram feitas em nome de **Pinheiros Fundo de Investimento em Participações** (FIP Pinheiros), colocado como sendo sucessor do FIP Bertin e com o mesmo CNPJ nº 11.369.979/0001-96 deste, segundo Relatório de Auditoria emitido pela BDO Trevisan Auditores Independentes, sem qualquer referência ao fato.

O Relatório de Demonstrações Financeiras indicava na Nota Explicativa 1 (Contexto Operacional) que o Fundo investiria no portfólio alvo, que seriam os títulos e valores mobiliários emitidos pela J&F Investimentos S.A.

Figura 15 – Composição Acionária da JBS S.A.

Acionistas	Nº de Ações	%
Grupo de Controle (FB Participações SA e Banco Original)	1.150.478.841	42,16%
Ações em Tesouraria	24.996.144	0,91%
Ações em circulação		
- BNDES Participações S.A. - BNDESPAR	581.661.101	21,32%
- Minoritários	971.611.326	35,60%
Total das ações em circulação	1.553.272.427	56,92%
TOTAL	2.728.747.412	100,00%

Fonte: JBS S.A.

Recorrendo ao site da JBS S.A., com atualização em 11 de julho de 2017, conforme mostra a figura 16, a FB Participações S.A. continua sendo a controladora da companhia e aí não há indicação de como é a real estrutura societária, o que somente fica claro ao se consultar tal estrutura societária no site do Econoinfo.

Diferentemente dos semestres anteriores, compreendendo outubro e março, o último relatório de Demonstrações Financeiras depositado na CVM, entre 2015 e 2016, não teve auditoria independente. E o relatório do período entre outubro de 2016 e março de 2017 ainda está indisponível no site da CVM.

Figura 16 – Posição Acionária da JBS S.A.

JBS Posição Societária Acionista	Ações Ordinárias		Ações Preferenciais	
	Quantidade	(%)	Quantidade	(%)
⊟ FB Participações S.A	1.154.456.613	42,31	0	0,00
⊟ J&F Investimentos	4.811.386.976	100,00	0	0,00
⊟ Pinheiros Fundo de Investimentos S.A	12.366.100	21,92	12.366.100	21,94
⊟ Blessed Holdings	1.524.028	85,73	0	0,00
⊟ Blessed Holding Cayman	200	100,00	0	0,00
Wesley Mendonça Batista	3.000	50,00	0	0,00
Joesley Mendonça Batista	3.000	50,00	0	0,00
⊞ JJMB Participações Ltda	126.861	7,14	0	0,00
⊞ WWMB Participações Ltda	126.861	7,14	0	0,00
Joesley Mendonça Batista	14.266.142	25,29	14.339.204	25,44
Wesley Mendonça Batista	14.266.142	25,29	14.339.204	25,44
⊞ WWMB Participações Ltda	2.846.550	5,05	2.724.780	4,83
⊞ ZMF Participações	9.820.199	17,41	9.879.659	17,53
⊞ JJMB Participações Ltda	2.846.550	5,05	2.724.780	4,83

Fonte: Econoinfo (http://www.econoinfo.com.br/governanca-corporativa/posicao-acionaria?codigoCVM=20575)

Em nenhum dos relatórios de demonstrativos financeiros há qualquer referência à participação da Blessed Holdings e da Bracol/Tinto nos FIPs Bertin ou Pinheiros. O FIP Pinheiros, sucessor do FIP Bertin, aparece como sendo um Fundo dos irmãos Batista, assim como a Blessed Holdings, em atualização de 21 de agosto de 2017.

E aí surge mais uma incógnita:

Se o FIP Bertin foi sucedido pelo FIP Pinheiros, tendo o CNPJ do FIP Bertin, conforme figura 17, o que sugeriria que teria havido uma troca de nomes por iniciativa da família Bertin, por que então a Receita Federal informa que o FIP Pinheiros foi criado em 27 de novembro de 2009, sem qualquer alteração cadastral desde então?

Figura 17 – CNPJ do FIP Pinheiros

REPÚBLICA FEDERATIVA DO BRASIL		
CADASTRO NACIONAL DA PESSOA JURÍDICA		
NÚMERO DE INSCRIÇÃO 11.369.979/0001-96 MATRIZ	COMPROVANTE DE INSCRIÇÃO E DE SITUAÇÃO CADASTRAL	DATA DE ABERTURA 27/11/2009
NOME EMPRESARIAL PINHEIROS FUNDO DE INVESTIMENTO EM PARTICIPACOES MULTIESTRATEGIA		
TÍTULO DO ESTABELECIMENTO (NOME DE FANTASIA) PINHEIROS FIP MULTIESTRATEGIA		
CÓDIGO E DESCRIÇÃO DA ATIVIDADE ECONÔMICA PRINCIPAL 64.70-1-01 - Fundos de investimento, exceto previdenciários e imobiliários		
CÓDIGO E DESCRIÇÃO DAS ATIVIDADES ECONÔMICAS SECUNDÁRIAS 64.99-9-01 - Clubes de investimento		
CÓDIGO E DESCRIÇÃO DA NATUREZA JURÍDICA 222-4 - Clube/Fundo de Investimento		
LOGRADOURO AV BRIGADEIRO FARIA LIMA	NÚMERO 1355	COMPLEMENTO ANDAR 3
CEP 01.452-002	BAIRRO/DISTRITO JARDIM PAULISTANO	MUNICÍPIO SAO PAULO / UF SP
ENDEREÇO ELETRÔNICO estruturacao.fundos@socopa.com.br	TELEFONE (11) 3299-2001 / (11) 3299-2166	
ENTE FEDERATIVO RESPONSÁVEL (EFR) *****		
SITUAÇÃO CADASTRAL ATIVA	DATA DA SITUAÇÃO CADASTRAL 27/11/2009	
MOTIVO DE SITUAÇÃO CADASTRAL		
SITUAÇÃO ESPECIAL ********	DATA DA SITUAÇÃO ESPECIAL ********	

Fonte: Receita Federal do Brasil

Ressalte-se que o endereço atrelado ao CNPJ do FIP Pinheiros é o mesmo da Socopa – Sociedade Corretora Paulista S.A. que, desde 2012, geria o FIP Bertin, conforme figura 18, extraído do Regulamento do FIP Pinheiros. Lembre-se de que a Socopa foi impedida, inicialmente, de ser a gestora do FIP Bertin. Impedida ou, na ocasião, não quis se comprometer com a fraude?

Figura 18 – Endereço da Socopa e do FIP Pinheiros

Administrador ou Administradora - É a SOCOPA - SOCIEDADE CORRETORA PAULISTA S.A., sociedade devidamente autorizada pela CVM para o exercício profissional de administração de carteira de valores mobiliários, com sede na cidade de São Paulo, estado de São Paulo, na Av. Brigadeiro Faria Lima, nº 1.355, 3º andar, inscrita no CNPJ/MF sob o nº 62.285.390/0001-40.

Fonte: https://www.socopa.com.br/Arquivo/11369979000196-FIP%20PINHEIROS-Regulamento.pdf

Com base no exposto, pode-se inferir que:

a) Em nenhum momento houve associação, de fato, entre a família Bertin e a família Batista, pelo menos em negócio envolvendo a JBS S.A. e a Bertin S.A. Tudo foi uma grande simulação, tendo os irmãos Batista, desde o início, efetivado a compra das operações frigoríficas do Bertin.

b) A ação cautelar impetrada pelo grupo Bertin contra a família Batista acusando-a de ter "desviado" ações da Tinto Holding para a Blessed Holdings fazia parte da encenação, tendo sido uma "cortina de fumaça" dentro do enredo previamente construído por habilidosos advogados e experts no mercado de valores mobiliários ou, em outra hipótese, pode ter sido a construção de uma mentira para encobrir a outra, e assim vai se tentando construir uma verdade.

c) Como demonstrado, a Bracol Holding Ltda., antecessora da Tinto Holding Ltda., já estava inoperante desde 2005 e estava sendo utilizada de forma indevida, porque quem detinha os direitos jurídicos era a Tinto.

d) Deve-se cobrar da família Bertin a destinação do dinheiro que recebeu da JBS S.A. pela venda de suas operações frigoríficas, os devidos tributos e as fraudes com a utilização do FIP Bertin e Bracol Holding Ltda.

e) O que poderia ainda ser objeto de esclarecimentos pelas inferências acima.

f) Como ficou a garantia dada com as cotas da Blessed Holdings à dívida que o Bertin tinha com o Banco do Brasil?

g) E o arresto judicial de cotas, equivalente a R$ 500 milhões para garantir o pagamento da dívida da Bertin com a empresa Mitarrej?

h) Qual foi o papel do Citibank DTVM em todo esse imbróglio? E os bancos J.P. Morgan e Santander Brasil, todos estavam inocentes? Por que a DBO RCS Auditores Independentes foi, inicialmente, excluída da auditagem do FIP Bertin e depois voltou a fazer o serviço com a saída do Citibank DTVM e entrada da Socopa na administração do Fundo?

Capítulo 13

A JBS/Friboi nas páginas policiais

A primeira igualdade é a justiça.

Victor Hugo

O grupo JBS/Friboi também é um campeão nacional quando o assunto é encrenca com a Justiça. Ele acumula problemas que poderiam até passar despercebidos pela grandiosidade da empresa. Mas até por isso mesmo, e também por ter se tornado vidraça com o apoio da BNDESPar, tudo que acontece com o grupo JBS vira notícia e, algumas, com forte poder de impactar seus negócios e sua credibilidade no mercado.

A relevância disso está associada ao fato de a JBS ter ações listadas na Bolsa de Valores (Novo Mercado) e precisar manter a credibilidade com seus acionistas e o público em geral, sentimento que procura transmitir a seus clientes por meio do seu produto principal, que é a carne, em alto investimento na área de marketing, com fortes estratégias e artistas de renome global.

Vejamos alguns desses problemas enfrentados pela JBS S.A.:

Operação Abate

No dia 16 de junho de 2009, a Polícia Federal (PF) e o Ministério Público Federal (MPF) deflagraram a Operação Abate, com o objetivo de reprimir crimes cometidos para favorecer frigoríficos, laticínios e curtumes fiscalizados pela Superintendência Federal da Agricultura em Rondônia, quando foram expedidos 22 mandados de prisão e 43 mandados de busca e apreensão em nove estados e no Distrito Federal.

A origem das investigações do MPF teve por base uma denúncia anônima, recebida pelo órgão em março de 2008, contra a JBS/Friboi, que, segundo o denunciante, estaria adicionando água à carne, na câmara de resfriamento, para aumentar o seu peso. O trabalho de investigação do MPF e da PF durou um ano e dois meses e teve interceptações telefônicas e de correios eletrônicos.

As supostas fraudes ocorriam pelo menos desde 2007, e as apurações realizadas pelo MPF e pela PF apontaram a prática de diversos crimes cometidos para favorecer frigoríficos, entre eles os gigantes JBS e Margen, laticínios e curtumes, que teriam o respaldo de uma "quadrilha" montada na Superintendência Federal da Agricultura em Rondônia (SFA/RO), repartição local do Ministério da Agricultura, Pecuária e Abastecimento (Mapa).

O procurador Reginaldo Trindade, durante entrevista coletiva à imprensa sobre a Operação Abate, afirmou que o protecionismo praticado pelos fiscais chegou a tal ponto que produtos impróprios para consumo e até com validade vencida receberam certificado do SIF (Serviço de Inspeção Federal), emitido pelo Ministério da Agricultura.

"Quem não aceitava entrar na organização sofria pressão, perseguição e até ameaça. Alguns poucos fiscais honestos tiveram coragem e denunciaram o fato à Justiça", afirmou o procurador.

Segundo Trindade, as propinas variavam de R$ 3 mil a R$ 40 mil, dependendo da dificuldade do "trabalho" a ser realizado em favor da organização criminosa.

Apurou-se na investigação o envolvimento dos frigoríficos JBS, Quatro Marcos, Santa Marina, Margen e o grupo Bihl, dono do curtume Nossa Senhora Aparecida, além de um laticínio, dez empresários e funcionários das indústrias envolvidas nos crimes.

A JBS interpôs agravo contra a decisão que determinou o bloqueio de bens, o qual restou provido pelo Tribunal Regional Federal da 1ª Região (Brasília). No entanto, o MPF interpôs o REsp 1.311.013/RO para restabelecer o bloqueio patrimonial, o qual foi acatado pelo STJ.

A JBS, em seguida, interpôs Recurso Extraordinário sob o argumento de ofensa ao Princípio da Razoabilidade. O STJ não admitiu a subida do Recurso Extraordinário para o Supremo Tribunal Federal (STF), por entender não ser cabível contra decisões liminares.

Novamente, a JBS ingressou com agravo dirigido ao STF para desbloquear seus bens em Rondônia. O MPF apresentou, no dia 5 de junho de 2013, contrarrazões ao último agravo da JBS, que pedia a subida dos autos para o STF para se discutir o bloqueio dos bens da companhia em Rondônia.

Operação Chumbo Cruzado

No dia 19 de fevereiro de 2014, "o noticiário econômico-policial" trazia em destaque o indiciamento, pela Polícia Federal, dos controladores da J&F Participações S.A., Joesley Mendonça Batista e a ex-presidente do Banco Rural Kátia Rabello (condenada no caso do Mensalão), por fazerem empréstimos cruzados entre o Banco Original, pertencente ao grupo J&F Participações S.A., e o Banco Rural.

Pelo Banco Rural, além de sua presidente Kátia Rabello, foram também indiciados os vice-presidentes Vinicius Samarane e José Roberto Salgado – os três condenados no Mensalão –, além de outras 13 pessoas.

Segundo investigações da Polícia Federal, as empresas recorreram à troca de empréstimos numa operação conhecida como "Chumbo Cruzado", muitas vezes usada para simular negócios e inflar balanços.

Em outra frente de apuração, o Banco Central também viu irregularidades nos empréstimos entre o Banco Rural e o Banco Original. O Banco Central havia instalado dois procedimentos: um deles para investigar a atuação do Banco Rural e o outro, do Banco Original. A primeira posição do Banco Central sobre o assunto, em dezembro de 2012, foi desfavorável às duas instituições.

O relatório do Banco Central apontava indícios de que o Banco Rural tinha como objetivo obter recursos, por meio da holding financeira Trapézio, para aumentar o seu capital em R$ 65 milhões, ato confirmado na Ata da Assembleia Geral do Banco Rural, de 29 de dezembro de 2011, ao deliberar que parte do dinheiro do empréstimo, concedido pelo Banco Original à Trapézio, deveria ter essa finalidade, o que foi cumprido à risca.

Segundo foi apurado, o Banco Rural concedeu um empréstimo de R$ 80 milhões à J&F Participações S.A. e à empresa Flora Produtos de Higiene e Limpeza, do grupo J&F, em 22 de dezembro de 2011.

Em 2011, o Banco Rural realizou duas operações de crédito, uma de R$ 30 milhões e outra de R$ 10 milhões para a J&F Participações, além de dois empréstimos de igual valor à Flora, controlada pela J&F Participações S.A.

No mesmo dia em que as empresas da J&F Participações S.A. receberam os empréstimos em suas contas do Banco Rural, o dinheiro foi transferido às contas no Banco Original. Quatro dias depois, o Banco Original repassou os R$ 80 milhões para a empresa Trapézio S.A., holding que controlava as instituições financeiras do Banco Rural.

Três dias depois dessa transação, a empresa Trapézio aplicou parte do valor (R$ 65 milhões) no aumento de capital social do Banco Rural, ao integralizar ações ordinárias nominativas. Na época, o Banco Rural estava sendo pressionado pelo Banco Central a reforçar seu capital e, com a operação, o Banco Rural obteve a "folga" financeira necessária.

Embora nem Joesley Batista, nem Kátia Rabello tenham participado diretamente das decisões dos comitês de crédito dos bancos que aprovaram a concessão dos empréstimos, eles atuaram como avalistas das operações.

Foram denunciados Joesley Mendonça Batista, CEO do grupo J&F Participações S.A., João Heraldo dos Santos Lima, presidente do Banco Rural, o diretor financeiro da J&F, Antônio José Barbosa Guimarães, o presidente do Banco Original, Emerson Fernandes Loureiro, o vice-presidente do Banco Original, José Eduardo Tobaldini Jardim, a presidente da Trapézio S.A., Kátia Rabello, o vice-presidente da Trapézio, Plauto Gouveia, o vice-presidente do Banco Rural, Vinícius Samarane, e o diretor financeiro do Banco Rural, Wanmir Almeida Costa.

Operação Ararath

O esquema que redundou na Operação Ararath começou a ser investigado em 2010. Durante os trabalhos, foi identificado que o grupo criminoso usava empresas de *factoring* como fachada para a concessão de empréstimos a pessoas físicas e jurídicas de Mato Grosso, por meio de uma empresa com sede em Várzea Grande, que encerrou as atividades em 2013.

A Operação Ararath foi fruto de uma denúncia feita à Polícia Civil em 2006, pela ex-mulher de Gércio Mendonça Júnior, a colunista social de Cuiabá (MT) Karina Peres, dois anos depois de sua separação. Na ocasião, ela ligou o nome de Mendonça Júnior a operações ilegais de lavagem de dinheiro. Em 2010, a PF abriu inquérito e ouviu Karina, que confirmou a história e apontou o envolvimento de seu ex-marido com políticos e "laranjas".

Segundo a Polícia Federal, em seis anos teriam sido movimentados mais de R$ 500 milhões. Mas não é toda a história. A gestão do senador Blairo Maggi (PR), no governo de Mato Grosso (2003-2010), fez pagamentos milionários a empresas suspeitas de abastecer um esquema de Caixa 2 no estado. Blairo e outras autoridades de Mato Grosso, como o próprio governador Silval Barbosa (PMDB), foram investigados pela Operação Ararath, da Polícia Federal.

Na primeira fase da Operação Ararath, no dia 12 de novembro de 2013, a Polícia Federal cumpriu 11 mandados de busca e apreensão em Cuiabá, Várzea Grande e Nova Mutum, durante a investigação de um esquema de crimes financeiros e lavagem de dinheiro por meio de *factorings* de fachada.

O juiz da 1ª Vara Federal de Mato Grosso, Julier Sebastião da Silva, e o presidente do Departamento Estadual de Trânsito (Detran-MT), Gian Castrillon, foram alvos da Polícia Federal na segunda fase da Operação Ararath, durante cumprimento de mandados de busca e apreensão decorrentes dessa operação, que investiga crimes contra a administração pública e lavagem de dinheiro.

A Polícia Federal divulgou, no dia 19 de fevereiro de 2014, uma nota a respeito da quarta fase da Operação Ararath. Após a deflagração das primeiras três fases e da análise de materiais apreendidos, teriam sido obtidos documentos que, "além de reforçarem os indícios de crimes contra o sistema financeiro e lavagem de dinheiro, indicaram o envolvimento de outras pessoas e empresas".

Fato estarrecedor, apontado na operação de busca e apreensão realizada na residência do ex-secretário de Estado Eder Moraes, no dia 19 de fevereiro de 2014, foi a Polícia Federal encontrar uma planilha contendo os nomes de 47 membros do Ministério Público Estadual. Na relação, na frente de cada nome de promotor e procurador de Justiça, havia as indicações "valor original", "valor corrigido" e "valor a pagar".

Diante das implicações do caso e seus possíveis desdobramentos, o procurador-geral da República, Rodrigo Janot, chegou a determinar imediato e total sigilo sobre as investigações da Operação Ararath. O sigilo só foi suspenso por decisão do juiz Jefferson Schneider, titular da 5ª Vara da Justiça Federal de Cuiabá, onde tramita o processo.

A Polícia Federal informou ainda que "foi apurado que o grupo criminoso possuía uma intensa movimentação financeira, por intermédio de recursos de terceiros e empréstimos, com atuação análoga à de uma verdadeira instituição financeira". Foi averiguado, segundo a Polícia Federal, que esse fluxo de altos valores ia além do uso das empresas de *factoring*; também utilizava outras pessoas jurídicas, entre as quais, empresas de "fachada".

Durante a quinta fase da Operação Ararath, foi realizada busca e apreensão de documentos que estavam de posse do empresário do ramo de combustíveis, *factoring* e agiotagem Gércio Mendonça Júnior, o "Júnior Mendonça". Também foram feitas as prisões do ex-secretário de Estado de Fazenda, Casa Civil e Secopa de Mato Grosso, Éder Moraes Dias, do deputado estadual José Geraldo Rival (PSD), presidente afastado da Assembleia Legislativa de Mato Grosso, e do gerente do Bic Banco na capital mato-grossense, Luiz Carlos Cuzziol.

Parte dos documentos apreendidos durante a quinta etapa da Operação Ararath, em posse do empresário Gércio Mendonça Júnior, colocou o empresário Wesley Batista (JBS), os então senadores Pedro Taques (PDT-MT) e Blairo Maggi (PR-MT) no olho do furacão.

Durante a operação de busca e apreensão na casa do governador do Mato Grosso, Silval Barbosa (PMDB), foi encontrada uma arma com registro vencido, o que levou à sua prisão em flagrante. No mesmo dia, Silval Barbosa foi solto depois de pagar fiança.

Por mais incrível que possa parecer, na ocasião, o ministro Gilmar Mendes, do Supremo Tribunal Federal, cuja família é de Mato Grosso (Diamantino), ligou para solidarizar-se com o governador Silval Barbosa.

Como o governador estava sendo monitorado pela Polícia Federal, por determinação da Justiça Federal, foi flagrado no seguinte diálogo ocorrido no dia 20 de maio de 2014:

– Alô.
– Alô, governador Silval Barbosa?
– É.
– Tudo bem? O ministro Gilmar Mendes gostaria de falar com o senhor. Posso transferi-lo?
– Positivo.
– Obrigado. Boa noite.
– Boa noite.
– Alô.
– Ilustre ministro.
– Governador, que confusão é essa?
– Barbaridade.
– Isso é uma loucura, viu?
– Que coisa, estou sabendo disso agora.
– É uma decisão aí do Toffoli. Acho que eles pediram do Blairo e junto com Blairo mandaram minha e de outros, uma delação do... desse Júnior [Gércio Mendonça Júnior] aqui, desse Ararath, sabe?
– Hum... hum...
– (Inaudível) A busca e apreensão que o Toffoli mandou lá em casa não tem nem sentido. Dinheiro que peguei na campanha pra 2010. Eu não sei o que é porque vou ter que olhar no processo. Viu, ministro?
– Hum... hum...
– E não tem, graças a Deus, nada aqui que levaram, a não ser uma arma com registro vencido, que eu achava... eu achava que vencia porte, registro não.
– Hum... hum...
– A única coisa, mais nada. Uma loucura, viu?
– Que loucura!
– É.
– Que loucura!
– Eu estou indo para o TSE, vou conversar com o Toffoli.
– É, eu não sei o que é. Baseado nisso aí que ele falou... O cara que falou. Agora, eu não conheço. Vou ter que ir ao advogado agora de manhã.
– Hum... hum...

– Fazer, pegar cópia, o que é isso? Dinheiro que ele fala. Negócio de R$ 4 milhões que eu teria pego pra campanha. Que ele teria dado pro Wesley pagar umas coisas. Eu não sei o que é isso.
– Hum... hum...
– É com isso que fizeram busca e apreensão aqui em casa.
– Meus Deus do céu.
– É.
– Que absurdo! Eu vou lá. Se for o caso, depois a gente conversa.
– Tá bom, então, ministro. Obrigado pela atenção!
– Um abraço aí de solidariedade.
– Obrigado, ministro.

Esse, infelizmente, é o retrato de nossa podre República, onde um ministro da Suprema Corte de Justiça telefona para se solidarizar com um investigado da Justiça por crime de formação de organização criminosa, corrupção, ocultação de patrimônio.

Continuando...

O empresário Gércio Mendonça Júnior, operador financeiro da estrutura chamada de "sistema" por Éder Moraes Dias, se tornou o principal delator do esquema à Polícia Federal. Ele disse que agia frequentemente sob a orientação do ex-secretário por meio de uma *factoring*, a Globo Fomento, e de uma rede de postos de combustíveis, a Amazônia Petróleo, que compunham um banco "clandestino" que atuava com o Bic Banco.

Entre os documentos apreendidos nas residências e escritórios de Gércio Mendonça, a Polícia Federal encontrou contratos sociais das empresas Global Participações Empresariais Ltda. e Confiança Participações Empresariais Ltda., cujo sócio é o empresário do ramo de supermercados e atacados Fernando Mendonça, primo dos irmãos Joesley e Wesley Batista, e a filha de Gércio, Ariane Victor de Matos Mendonça, bem como o casal Leonardo Rodrigues de Mendonça (também primo dos irmãos Batista) e Raquel Souza Ferreira Rodrigues de Mendonça.

As suspeitas do Ministério Público Federal e da Polícia Federal são de que Wesley Mendonça Batista fosse, na verdade, um dos "donos" secretos das empresas Global Participações Empresariais Ltda. e Confiança Participações Empresariais Ltda., usadas como "lavanderia".

Wesley Batista foi administrador e procurador das duas empresas desde que foram abertas, mas teria deixado tais empresas quando seu irmão mais velho, José Batista Júnior, o "Júnior Friboi", se aposentou da área frigorífica, há cerca de dois anos, para se dedicar à política.

Chamadas de empresas "irmãs", conforme consta do inquérito e da denúncia do MPF, a Global Participações Empresariais Ltda. e a Confiança Participações Empresariais Ltda. foram criadas em 2 de abril de 2008 e 1º de dezembro de 2008, respectivamente. Ambas tiveram, desde a fundação, Wesley Mendonça Batista como seu procurador e administrador.

A empresa Global, inicialmente, tinha como sócias fundadoras duas companhias americanas, a Elany Trading LLC, criada em 23 de janeiro de 2006, e a Avel Group LLC, criada em 1º de fevereiro de 2006, ambas nos Estados Unidos e "instaladas" no mesmo endereço, o número 520 da 7th Street Suíte C, no estado de Nevada.

Como sócia das duas empresas americanas na Global, aparece Raquel Souza Ferreira Rodrigues de Mendonça, esposa do primo dos irmãos Batista, Leonardo Rodrigues de Mendonça. O MPF destacou no inquérito o fato de que, desde a criação da Global, Wesley Mendonça Batista era o seu administrador e procurador no Brasil.

Já as duas empresas americanas têm como representante legal uma 3ª companhia, a MF Corporate Service, e têm como gerente a *offshore* Camille Service, cuja sede fica no Panamá, o maior paraíso fiscal das Américas.

Os procuradores da República e a Polícia Federal procuram saber a quem, de fato, pertencem ou pertenceram as empresas Elany Trading LLC e Avel Group LLC, que se associaram para fundar a Global Participações Empresariais Ltda. em 9/3/2006, com sede na Av. Rubens de Mendonça, 1.731, sala 1.005, 10º andar, Centro Empresarial Paiaguás, em Cuiabá (MT).

As duas empresas americanas foram registradas no Brasil em datas próximas, no mesmo ano: a Elany Trading LLC teve seu registro emitido em 23 de janeiro de 2006, e a Avel Group LLC recebeu seu registro em território brasileiro no dia 1º de fevereiro de 2006.

Ou seja, as duas empresas foram registradas no país, e em pouco mais de 30 dias criaram a Global Participações Empresariais Ltda. e entregaram a sua administração e representação a Wesley Mendonça Batista.

O empresário Fernando Mendonça entrou na sociedade da Global em 17 de outubro de 2007, quando saiu da sociedade da empresa Elany

Trading LLC, enquanto a filha de Gércio Mendonça, Ariane Victor de Matos Mendonça, substituiu a Avel Group LLC na sociedade em 1º de janeiro de 2008.

Já Raquel Souza Ferreira Rodrigues de Mendonça, que permanece na sociedade da Global desde a sua criação, perpetua assim o vínculo da família Batista com as empresas investigadas.

O casal Leonardo e Raquel também já foi sócio de Fernando Mendonça na empresa Comércio Regional de Alimentos Ltda., cujo nome fantasia é "Atacado Mendonça". A Global e a Confiança seriam, segundo indicam as investigações do MPF e da Polícia Federal, empresas usadas pelo grupo para "lavar" dinheiro do esquema de agiotagem e desvio de recursos públicos.

A descoberta de vínculo entre os negócios escusos operados por Júnior Mendonça, Fernando Mendonça e o então presidente executivo da JBS, Wesley Mendonça Batista, surpreendeu e chocou tanto a procuradora que comanda as investigações quanto a alta cúpula do Ministério Público Federal.

O Ministério Público do Estado de Mato Grosso, por meio do Grupo Especial de Trabalho, criado com o objetivo de promover as medidas judiciais cabíveis em relação aos fatos apontados na Operação Ararath, propôs, no dia 19 de dezembro de 2014, mais cinco ações civis públicas, por ato de improbidade administrativa, e mais duas ações relacionadas a fraudes na contratação de gráficas, que apareceram, acidentalmente, durante as investigações do Ministério Público Federal e da Polícia Federal.

A décima fase da Operação Ararath, realizada em 4 de dezembro de 2015, foi levada a efeito para apurar o desvio de aproximadamente R$ 313 milhões em recursos públicos, que, segundo a Polícia Federal, ocorria por meio da utilização de sistema financeiro clandestino.

Nessa fase, o ex-secretário Eder Moraes foi preso novamente porque teria quebrado 92 vezes as regras de utilização da tornozeleira eletrônica, em um período de 60 dias. A Polícia Federal declarou, na época, que o ex-secretário chegou a passar até quatro horas e quarenta minutos com a tornozeleira descarregada, o que não é permitido.

Foram cumpridos 47 mandados de busca e apreensão e 18 conduções coercitivas, todos expedidos pela 5ª Vara Federal de Mato Grosso, em vários municípios. Também foi expedida ordem de sequestro de bens e valores no total de R$ 313.165.011,26, com a finalidade de reparar os prejuízos causados aos cofres públicos.

Essa fase da Operação Ararath apurava não só desvio de dinheiro público, mas também crimes financeiros, violação à ordem de pagamento de precatórios, lavagem de dinheiro, bem como crimes de corrupção.

O ex-secretário estadual de Fazenda do Mato Grosso Éder Moraes e o ex-superintendente do Bic Banco no Estado Luis Carlos Cuzziol foram condenados pela Justiça Federal pela prática dos crimes de lavagem de dinheiro e operação de instituição financeira sem a devida autorização. Éder foi condenado também por falsificação de documentos públicos.

Conforme a decisão, Éder Moraes deveria pagar multa de R$ 1.335.500,00, correspondente ao valor total captado e intermediado. Já o ex-superintendente do Bic Banco deveria pagar indenização de R$ 3 milhões referente ao crime de gerir fraudulentamente instituição bancária. Ambos ainda foram condenados ao pagamento de R$ 12 milhões de indenização pelos crimes cometidos.

O juiz federal Jeferson Schneider também não decretou a prisão preventiva dos acusados, afirmando que Éder Moraes teve a prisão decretada por duas vezes e que ambas as decisões foram revistas pelo Supremo Tribunal Federal. Ele manteve, porém, as medidas cautelares diversas da prisão preventiva, como o recolhimento domiciliar, monitoração eletrônica e proibição de manter contato com acusados e investigados.

No dia 9 de maio de 2016, o ministro Antonio Dias Toffoli, do Supremo Tribunal Federal, revogou a prisão preventiva do ex-secretário estadual de Fazenda do Mato Grosso Éder Moraes, que se encontrava detido no Centro de Custódia de Cuiabá (MT) desde dezembro de 2015, quando foi deflagrada a 10ª fase da Operação Ararath.

A Polícia Federal deflagrou, no dia 2 de junho de 2016, a 11ª fase da Operação Ararath. O objetivo foi colher provas sobre possível esquema de lavagem de dinheiro realizado por intermédio de aquisição de imóveis em nome de terceiros, com recursos originários de crimes financeiros e corrupção, investigados nas fases anteriores da operação.

O delegado Wilson Rodrigues de Souza Filho comandou a operação que envolveu 90 policiais federais no cumprimento de 45 mandados de busca e apreensão e três mandados de condução coercitiva, expedidos pela 5ª Vara Federal de Mato Grosso. Os mandados foram cumpridos em Cuiabá e Várzea Grande, em empresas do ramo imobiliário e em residências de alguns de seus controladores.

O delegado responsável pela 11ª fase da Operação Ararath, Wilson Rodrigues de Souza Filho, revelou, durante entrevista coletiva à imprensa, que a Polícia Federal trabalha em 14 inquéritos policiais que ainda se encontram em andamento. O delegado não descartou que novas fases da Operação Ararath aconteçam em Mato Grosso ainda este ano.

Até dezembro de 2015, o Ministério Público Federal já havia solicitado o bloqueio de um total de R$ 449,5 milhões por meio da força-tarefa montada para combater os esquemas.

No final de agosto de 2016, o ex-secretário de Fazenda, da Casa Civil e da Copa do Mundo Éder Moraes foi sentenciado a 12 anos de prisão pelo juiz da 5ª Vara Federal de Mato Grosso, Jeferson Schneider. Na sentença, Schneider declarou que o réu tentou atrapalhar as investigações oferecendo uma colaboração premiada. Éder entregou documentos à Polícia Federal em dezembro de 2013, um mês após a deflagração da 1ª fase da Operação Ararath, com o objetivo de subsidiar as investigações e na expectativa de ser beneficiado com acordo de delação premiada.

Na instrução processual da ação penal, Éder Moraes alegou que os documentos entregues seriam os mesmos que foram apreendidos pela Polícia Federal na quarta fase da operação, em fevereiro de 2014. Porém, não foi isso o constatado pelas autoridades. "Vale dizer, conforme Informação nº 0016/2014 – NIP/SR/DPF/MT, que os documentos entregues não correspondem a 1% de todo o material apreendido na residência do acusado por ocasião da busca e apreensão", diz trecho da decisão.

Schneider afirmou ainda que a situação da entrega de documentos por parte do ex-secretário gera divergência nas declarações da defesa e do próprio ex-secretário. Num primeiro momento, a defesa considerou a entrega dos documentos como uma forma de auxiliar nas investigações, enquanto Éder não soube expressar claramente sua intenção com a suposta colaboração.

Segundo o juiz federal Jeferson Schneider:

> O acusado sequer soube dizer por qual motivo entregou os documentos ao Departamento de Polícia Federal, pois, questionado um a um, não soube explicar o significado de nenhum desses documentos, resumindo-se a dar respostas evasivas e pouco esclarecedoras, muito embora continuasse pretendendo ser reconhecido como um efetivo colaborador da Justiça.

Diante da insistência da defesa em afirmar que os documentos entregues por Éder Moraes embasaram toda a investigação da "Operação Ararath", inclusive envolvendo pessoas com foro privilegiado, o juiz Schneider informou que tomou o cuidado de questionar o destino dado aos elementos fornecidos pelo ex-secretário e que também havia procurado saber sobre os materiais apreendidos na casa dele.

> "Em outras palavras, até aquele momento os ditos documentos não integravam o acervo probatório dos autos e, quando vieram a integrar, o acusado não soube dizer sequer qual o real significado de tais documentos, o que afastou por completo qualquer alegação de usurpação de competência. Ademais, esses mesmos documentos são de pleno conhecimento do procurador-geral da República", concluiu.

O ex-secretário Éder Moraes foi condenado a 12 anos de prisão pelo crime de lavagem de dinheiro e contra o sistema financeiro, em decisão proferida por Schneider. Outro réu na operação, Vivaldo Lopes, foi condenado a oito anos e quatro meses de reclusão. Além disso, ambos foram condenados a devolver R$ 520 mil. Apesar de a condenação estipular pena em regime fechado, ambos poderiam recorrer da decisão em liberdade.

No dia 10 de janeiro de 2017, o juiz Luis Aparecido Bortolussi Júnior, da Vara Especializada em Ação Civil Pública e Ação Popular de Cuiabá, ordenou o afastamento do conselheiro Sérgio Ricardo, do Tribunal de Contas de Mato Grosso, sob a acusação de comprar cadeira na Corte de Contas com recursos recebidos do esquema de corrupção na gestão do ex-governador Blairo Maggi (PP), atual ministro da Agricultura.

Na mesma decisão, o magistrado ordenou o bloqueio de R$ 4 milhões do conselheiro, de Blairo e de outros investigados na Operação Ararath.

O juiz Luis Aparecido Bortolussi acolheu ação de improbidade administrativa proposta pelo Ministério Público do Estado no âmbito da Ararath – investigação sobre lavagem de dinheiro supostamente desviado do Tesouro de Mato Grosso.

Também são investigados e alvos da ação de improbidade os ex-conselheiros do TCE Alencar Soares Filho e Humberto Bosaipo, o ex-secretário Éder Moraes, os empresários Gércio Mendonça Júnior e Leandro Soares, o ex-deputado José Riva e o ex-governador Silval Barbosa (PMDB).

O ministro do Supremo Tribunal Federal Luiz Fux homologou, no dia 9 de agosto de 2017, a delação premiada do ex-governador Silval Barbosa, que Fux chegou a afirmar, dias antes, que se tratava de uma delação "monstruosa".

O ex-governador Silval Barbosa fez delação premiada após sua prisão na Operação Sodoma, sob a suspeita de liderar esquema de recebimento de propina em troca de concessão de incentivos fiscais. Na delação, espera-se que ele faça revelações que tenham relação tanto com a Operação Sodoma quanto com a Operação Ararath, na qual também é investigado.

Em junho de 2017, a juíza Selma Santos Arruda, da 7ª Vara Criminal de Cuiabá (MT), autorizou a transferência do ex-governador do regime fechado para a prisão domiciliar. A decisão foi proferida no âmbito da Operação Sodoma e levou em conta o fato de Barbosa ter confessado uma série de crimes e disponibilizado para a Justiça mais de R$ 40 milhões em bens.

A delação premiada do ex-governador Silval Barbosa, apesar da homologação, foi mantida em sigilo pelo ministro Luiz Fux, porque ela deveria dar origem a novas operações do Ministério Público e da Polícia Federal.

A delação premiada do ex-governador Silval Barbosa, homologada pelo Supremo Tribunal Federal, deixa evidente laços familiares entre pessoas que supostamente participaram dos pelo menos 57 eventos de corrupção relatados pelo peemedebista. Na lista dos delatados aparecem quatro casais, duas duplas de pai e filho e diversos irmãos.

Entre os irmãos citados na delação de Silval Barbosa, Wesley e Joesley Batista dispensam apresentação. A dupla, que pagou propina para benefício de seus negócios em Mato Grosso, abalou o cenário político nacional com revelações de crimes que envolviam até mesmo o presidente da República, Michel Temer.

O ex-governador Silval Barbosa afirmou, em sua delação premiada, que repassou o "crédito" de propina de R$ 4 milhões do grupo JBS para a campanha de Pedro Taques (PDT-MT) ao governo do estado em 2014. A doação teria sido feita "de forma oculta" pela JBS.

A Polícia Federal deflagrou, no dia 27 de setembro de 2017, a 13ª fase da Operação Ararath, por ordem do Supremo Tribunal Federal (STF). Os policiais cumpriram quatro mandados de busca e apreensão em Cuiabá.

A 13ª fase da Operação Ararath mirava dois advogados. Foram alvos da Polícia Federal Ricardo Spinelli, que atua na defesa do ex-secretário Éder de Moraes; e Ocimar Carneiro de Campos, concunhado do deputado estadual afastado e que está preso, Gilmar Fabris (PSD). Os dois juristas tiveram quatro mandados de busca e apreensão expedidos pelo ministro Luiz Fux, do STF.

Essa fase teria sido um "resquício" da 12ª fase. Segundo a Ararath, na última etapa, denominada "Fabris", Ocimar Carneiro de Campos soube da deflagração da operação e saiu de casa com uma mala nas mãos, antes da chegada da Polícia Federal, e depois se encontrou com Ricardo Spinelli.

Wesley Batista, pelo menos nessa operação, continua livre, leve e solto...

Sonegação de impostos

A JBS/Friboi chegou a acumular 49 autos de infração entre 2006 e 2014, no estado de Goiás. O fisco estadual cobrava da JBS/Friboi uma dívida acumulada de mais de R$ 1,212 bilhão em impostos.

Em outra ponta, o presidente da J&F Participações S.A., Joesley Batista, responde, judicialmente, por sonegação de impostos, ainda da época em que era sócio majoritário e administrador da Friboi Ltda., empresa que deu origem, posteriormente, ao grupo JBS.

A Justiça Federal determinou a abertura de ação penal contra o administrador da J&F pela suposta sonegação de cerca de R$ 10 milhões (em valores atualizados) entre janeiro de 1998 e julho de 1999.

Segundo a denúncia do MPF de Goiás, a empresa não recolheu o Imposto de Renda Pessoa Jurídica, as contribuições devidas de PIS (Programa de Integração Social) e Cofins (Contribuição para o Financiamento da Seguridade Social) e a Contribuição Social.

O valor sonegado foi de R$ 4,8 milhões, o que corresponderia a cerca de R$ 10 milhões (sem atualização), segundo o Ministério Público Federal, que alegou em sua denúncia que a Friboi Ltda. continuou recebendo grandes depósitos nas contas da empresa, mesmo após ter encerrado suas atividades, quando foi substituída pela JBS Ltda.

A empresa deu baixa cadastral na Receita Federal em 31 de janeiro de 1998, mas o Ministério Público diz ter identificado pelo menos 16 depósitos nas contas da empresa de janeiro de 1998 a 30 de setembro de 1999.

A movimentação incluiria um depósito de R$ 12 milhões e outro de R$ 2 milhões. O MPF alegou que as transações não foram informadas às autoridades financeiras, e não foi recolhido o imposto devido sobre esses valores, o que caracterizaria crime de sonegação. A pena, nesse caso, poderia ser de reclusão de dois a cinco anos, além de multa.

Em nota, Joesley Batista afirmou que "obteve decisão favorável em grande parte da discussão na esfera administrativa e espera que o Ministério Público Federal tenha a mesma interpretação".

Ainda disse que "considera que o débito é nulo e, portanto, indevido".

Joesley Batista afirmou ter oferecido uma carta de fiança no valor de R$ 10 milhões para que não existisse prejuízo aos cofres públicos, independentemente da decisão a ser tomada, e que tal proposta foi aceita pela Receita Federal. O processo judicial, em que se discute a nulidade da cobrança, aguarda decisão da Justiça Federal de Anápolis (GO).

Voltando à cobrança de R$ 1,212 bilhão de ICMS pelo Fisco goiano, segundo o jornal *O Popular*, que foi o órgão de imprensa a dar o furo de reportagem, três autos de infração (R$ 140,8 milhões) já estavam inscritos na dívida ativa e com ação de execução iniciada, mas estavam sendo contestados pela JBS no Judiciário.

Em nota enviada pela JBS à imprensa, a companhia garantiu que cumpre suas obrigações fiscais e que estava em dia com a Sefaz. "A CND da JBS, emitida pelos órgãos responsáveis do governo goiano, está vigente e garante total liberdade para que a companhia mantenha suas atividades", defendeu-se.

A empresa justificou que os autos de infração aplicados contra a companhia tiveram suas cobranças suspensas e aguardavam por uma definição tanto na esfera administrativa quanto na área judicial, para os casos já julgados pelo Conselho Administrativo Tributário (CAT).

Dizia a nota da JBS:

> A maior parte desses autos se refere a divergências na análise de documentos de exportação. [...] Todas as operações de venda da companhia ao mercado externo estão devidamente documentadas e a JBS está disponível a qualquer momento para apresentar esses documentos, esclarecer eventuais dúvidas aos órgãos responsáveis do Estado ou mesmo para a Justiça, quando for necessário, demonstrando seu compromisso com o Estado.

Entretanto, no dia 3 de maio de 2014, foi divulgado que José Batista Júnior, o "Júnior Friboi", que foi pré-candidato ao governo de Goiás em 2014, teria feito circular pelas redes sociais nota sobre o caso, onde afirmou:

> Vale lembrar que parte importante dos supostos débitos se refere a dívidas pela incorporação do frigorífico Bertin. Se a JBS não tivesse assumido esse passivo, a empresa teria fechado e milhares de goianos teriam perdido o emprego. Júnior Friboi disse também na nota que a JBS já havia respondido e deixou claro que não havia nenhuma irregularidade.

Mas, de repente, não mais que de repente, chegava a notícia de que o grupo JBS/Friboi realizara um acerto com o governo do estado para o pagamento de sua dívida, que beirava R$ 1,3 bilhão. O pagamento ocorreu depois de o governo estadual publicar uma alteração no Programa de Incentivo à Regularização Fiscal de Empresas no Estado de Goiás (Regulariza), por meio da Lei nº 18.709/2014, de 22 de dezembro de 2014.

Por essa Lei, que foi chamada pelo senador Ronaldo Caiado (DEM-GO) de "Lei Friboi", houve a alteração da Lei nº 18.459, de 5 de maio de 2014, com a inclusão do artigo 6º, como segue:

> Art. 6. A - Na hipótese em que o sujeito passivo aderir ao regulariza e realizar o pagamento, à vista e em moeda de, no mínimo, 40% (quarenta por cento) de todos os créditos tributários constituídos em seu nome, inclusive aqueles em que seja solidário, a redução da multa, dos juros e da correção monetária será de 100% (cem por cento), observado o disposto no art. 8º.

É importante ressaltar que a Lei nº 18.459 tinha vigência até 29 de dezembro de 2014 e, portanto, essa alteração foi feita para durar uma semana e, pelo que tudo indica, já estaria negociado entre o Executivo estadual, a Assembleia Legislativa e a JBS, pois até o percentual de honorários advocatícios, destinado aos procuradores do Estado de Goiás, foi reduzido de 5% para 3% nesse apagar das luzes de 2014.

E, como havia pressa, ou se a hipótese era que o menor número de pessoas tomasse conhecimento do fato, os termos da Lei nº 18.709/2014 foram publicados no suplemento do *Diário Oficial do Estado* (DOE) do dia 26 de dezembro. Portanto, na prática, a lei só teve vigência de três dias, embora outras 968 empresas tenham aderido ao programa, pagando um total de R$ 34,6 milhões, conforme informa a Fenafisco. O governo do estado já havia aberto negociação com o grupo em eventos anteriores e o Regulariza vinha sendo reeditado com alterações pontuais para facilitar a renegociação de dívidas de outros contribuintes.

No dia 22 de dezembro de 2016, porém, o *Diário Oficial do Estado* circulou com a Lei nº 18.709, que autorizava a redução de 100% da multa, juros e correção monetária de débitos tributários, o que sacramentou a operação tentada anteriormente.

A Lei teve vigência até o dia 29 de dezembro de 2014. E, para facilitar ainda mais a vida da JBS, o art. 6º-A trazia em seu parágrafo 1º a seguinte redação:

> Para fazer jus ao percentual de redução de que trata o *caput*, o sujeito passivo deve, ainda, parcelar o remanescente em até 60 (sessenta) parcelas, não se admitindo o pagamento por meio de crédito acumulado, hipótese em que os juros e a atualização monetária estimada, incidentes sobre o parcelamento, serão de 0,2% ao mês.

A JBS, cuja dívida chegava a R$ 1,56 bilhão, pagou à vista R$ 150 milhões, e os 60% restantes da dívida para com a Fazenda Estadual deveriam ser pagos em até 60 parcelas (cinco anos) de R$ 2,9 milhões, com juros e atualização monetária da ordem de 0,2% (dois décimos por cento) ao mês. Tudo isso em retribuição feita pelo governador Marconi Perillo (PSDB) aos irmãos Batista, que o apoiaram nas eleições.

A origem de toda essa dívida fiscal era, em parte, a simulação de exportação feita pela JBS, para deixar de recolher o ICMS. Os auditores fiscais, que lavraram os sucessivos autos de infração contra a JBS, constatavam, de forma reiterada, que a empresa simulava venda de carnes e produtos industrializados para o exterior e emitia notas fiscais como se os produtos saíssem via terminais de exportação, como o porto de Santos e outros locais de livre comércio. Todavia, os produtos eram reintroduzidos no mercado interno.

O Ministério Público Estadual instaurou investigação para apurar as circunstâncias em que, não somente a JBS, mas também outras empresas contribuintes que, mesmo acionadas na Justiça por sonegação e irregularidades na escrita fiscal, ainda continuavam a receber incentivos fiscais.

As suspeitas foram aceleradas depois que a JBS recebeu esse perdão fiscal de mais de R$ 1 bilhão, mesmo tendo sido autuada por sonegação e crime fiscal, simulando exportar carnes que vendia no mercado interno.

O fato fez soar um alerta no Ministério Público e na Delegacia de Ordem Tributária sobre empresas que devem altas somas de tributos, multas, juros e correção e, mesmo assim, são beneficiárias de programas de incentivos fiscais concedidos pelo estado de Goiás.

Foram lavrados autos de infração contra Joesley Mendonça Batista, seu irmão Wesley Mendonça Batista e José Batista Sobrinho, pelos auditores fiscais Cristóvão de Arimatéia Pereira, Sandra Márcia Mendonça de Paula e Alípio de Araújo Rocha Júnior pelas práticas de "infração fiscal" descritas nos autos.

Outra parte da dívida da JBS com o fisco goiano vinha desde 2009 e tinha origem em atrasos de recolhimento de ICMS pelo frigorífico Bertin, que foi absorvido pelo grupo J&F, que assumiu todas as suas dívidas.

O governador de Goiás, Marconi Perillo, e os irmãos Joesley e Wesley Batista foram citados no dia 26 de julho de 2017 pelo juiz da Fazenda Pública Estadual de Goiânia, Avenir Passo de Oliveira, no âmbito da ação popular movida pelo senador Ronaldo Caiado, a respeito de isenção de impostos pelo governo ao grupo, ocorrida em 2014 por meio do Programa de Incentivo à Regularização Fiscal de Empresas, mais conhecido como Regulariza.

O Ministério Público de Goiás divulgou nota no dia 28 de setembro de 2017, na qual nega que tenha conduzido com lentidão o inquérito sobre suposto benefício à JBS em programa de isenção de impostos no estado.

A investigação foi aberta em 2015 e remetida em 2017 para a Procuradoria-Geral de Justiça, devido ao foro privilegiado do governador de Goiás, Marconi Perillo (PSDB).

A farsa do benefício fiscal em Mato Grosso

No dia 13 de fevereiro de 2012 foi editado, pelo governador do Mato Grosso, Silval da Cunha Barbosa (PMDB), o Decreto nº 994, que introduziu alterações "irregulares" no regulamento do ICMS com finalidade única de beneficiar a empresa JBS S.A., segundo atestou o Ministério Público Estadual, em Ação de Improbidade Administrativa, acatada pela Justiça Federal.

Na realidade, o governo do Mato Grosso fez um malabarismo numérico e de redação para conseguir criar um decreto que permitisse conceder à JBS S.A. incentivos fiscais não aplicáveis, cujas cláusulas e condições estabeleceram a concessão pelo Estado de crédito fiscal à JBS S.A., relativo a matérias-primas e insumos adquiridos no período de 2008 a 2012, no valor de R$ 73.563.484,77.

Dois dias depois da publicação do decreto, o governo e a JBS S.A. acordaram um Protocolo de Intenções, sem que fosse dada publicidade ao fato. A partir disso, a JBS, representada por Valdir Aparecido Boni, receberia créditos de ICMS no valor exato de R$ 73.563.484,77, além de outros três incentivos fiscais: redução da base de cálculo, crédito presumido e incentivo fiscal, via Prodeic (Programa de Desenvolvimento Industrial e Comercial de Mato Grosso).

O MPE entrou com ação de ressarcimento argumentando que os atos praticados pelo Executivo Estadual criaram créditos fiscais fictícios e estabeleceram tratamento tributário de forma parcial, direcionando determinados contribuintes em detrimento dos demais empresários do ramo.

A promotora responsável pela ação, dra. Ana Cristina Bardusco, pediu uma medida liminar de indisponibilidade de bens dos requeridos e bloqueio dos valores encontrados nas contas bancárias e aplicações financeiras dos réus e o bloqueio de bens, como imóveis e veículos.

Diante da decisão judicial prolatada em 20 de outubro de 2014, a Sefaz-MT divulgou nota na qual afirma que o secretário de Estado de Fazenda, Marcel de Cursi, teria suspendido em 2013 os benefícios fiscais da JBS S.A. e lavrado um auto de infração no valor R$ 180 milhões contra a companhia, sendo que a multa ainda não foi aplicada devido ao direito de ampla defesa e contraditório da rede de frigoríficos.

O que se pode apreender dessa história da carochinha contada pela Sefaz-MT é que o governo do Mato Grosso, diante dos questionamentos feitos, tão logo aprovou o polêmico e criminoso Decreto nº 994/2012, tentou fazer uma cortina de fumaça sobre o caso com o tal auto de infração de R$ 180 milhões, para o qual a JBS S.A. teria todo o tempo do mundo para contestar devido ao direito de ampla defesa e contraditório. E, no final, jogaria uma pá de cal sobre o caso, operação abortada pelo MPE-MT.

No dia 11 de dezembro de 2014, o juiz da Vara Especializada em Ação Civil Pública e Ação Popular de Cuiabá, dr. Luis Aparecido Bertolucci

Júnior, negou novo recurso impetrado pela JBS S.A., no qual a companhia solicitava a troca do bloqueio bancário de R$ 73,5 milhões por apólices de seguro com data de vencimento em novembro de 2016.

O ex-governador Silval Barbosa foi preso preventivamente em setembro de 2015, na Operação Sodoma. Apelidada de Lava Jato pantaneira, a Operação Sodoma, em sua quarta fase, foi deflagrada no dia 26 de setembro para apurar desvio em compras de terrenos, fraude em licitações e propina para cobrir custos de campanha eleitoral.

Em janeiro de 2016, o juiz dr. Luis Aparecido Bertolucci Júnior voltou a atuar no caso, negando a homologação de um acordo (TAC) firmado entre a JBS e o Ministério Público Estadual (MPE), que resultaria na extinção parcial da ação cível que resultou no bloqueio dos R$ 73,5 milhões da JBS.

Caso o Termo de Ajustamento de Conduta (TAC) fosse homologado, a JBS e o diretor Valdir Aparecido Boni seriam "inocentados" de qualquer participação no suposto esquema denunciado pelo próprio MPE, que tem ainda como réus o ex-governador Silval Barbosa e os secretários Pedro Nadaf (Casa Civil), Marcel Souza Cursi (Fazenda) e Edmilson José dos Santos (Fazenda).

Apesar da devolução de R$ 360 milhões feita pela JBS em 2015, o juiz Luis Bertolucci havia optado por não homologar o TAC, uma vez que a ação de improbidade não deveria visar apenas reparar os cofres públicos, mas também aplicar as devidas sanções legais, como multa, suspensão de direitos políticos e proibição de contratar com o poder público.

Entretanto, o Superior Tribunal de Justiça (STJ), por meio da 1ª Turma, homologou o TAC firmado entre a JBS e seu diretor, Valdir Boni, com o MPE, em uma ação de improbidade administrativa.

O pagamento de propina pela JBS a integrantes do esquema de corrupção no governo de Mato Grosso em troca de incentivos fiscais foi confirmado, em agosto de 2017, pelo ex-governador Silval Barbosa, em acordo de delação premiada.

Silval Barbosa afirmou que tinha um crédito de propina no valor de R$ 12 milhões com o grupo JBS, em 2014, e, para o pagamento desse crédito, foi feito um acordo durante a campanha eleitoral. Esse acordo teria beneficiado o também atual governador de Mato Grosso, Pedro

Taques (PSDB). Esse montante seria de propina referente aos anos de 2013 e 2014.

O esquema de pagamento de propina em Mato Grosso era tão grande que o ex-governador Silval Barbosa afirmou que, depois desses pagamentos e de outros que ele não se recordava, a JBS ainda ficou devendo R$ 8 milhões. Ele disse à Procuradoria que acreditava que a empresa pode também ter financiado sua campanha ao governo do estado em 2010.

Silval Barbosa contou que, após se reeleger em 2010, soube que havia ocorrido uma troca na presidência do grupo JBS, assumindo Wesley Batista no lugar do irmão, Joesley Batista, com quem ele manteve tratativas no primeiro mandato. Afirmou o ex-governador que, a partir desse momento, até o ano de 2014, passou a tratar sobre a relação da empresa com o estado de Mato Grosso, inclusive sobre os recebimentos de propina, com Wesley Batista.

A farsa de Mato Grosso na delação premiada da JBS

No dia 4 de maio de 2017, o CEO do grupo J&F, Wesley Mendonça Batista, prestou depoimento à Procuradoria-Geral da República sobre fatos envolvendo a JBS e o governo do então governador do Mato Grosso, Silval Barbosa, que havia assumido o lugar de Blairo Maggi, que saiu do cargo para concorrer a uma vaga no Senado Federal.

Silval da Cunha Barbosa assumiu o cargo de governador de Mato Grosso no dia 31 de março de 2010 e já se colocava como eventual candidato à reeleição, cujo pleito seria naquele ano. Wesley afirmou que o governador procurou Joesley Batista para discutir apoio para sua campanha à reeleição, tendo já naquela oportunidade oferecido vantagens indevidas, como compensação das doações que o grupo J&F viesse a fazer à sua campanha.

Ao contrário do aparato organizacional e tecnológico utilizado pela Odebrecht para controlar seu Departamento de Operações Estruturais (Departamento de Propinas), Wesley Batista demonstrou que a J&F era bem desorganizada nesse sentido, ao afirmar em seu depoimento que não sabia informar se houve de fato a doação solicitada, de quanto teria sido e a forma com que foi operacionalizada.

Wesley Batista explicou que, durante o governo de Blairo Maggi, e em 2010, quando Silval Barbosa assumiu o governo, o ICMS em Mato Grosso era cobrado por estimativa, ou seja, era definido um valor fixo a ser pago por cada empresa e esta abria mão de eventuais créditos que teria de energia, embalagem etc., tendo, em sua opinião, "funcionado superbem".

Passada a eleição estadual de 2010, com a vitória de Silval Barbosa, logo no início de 2011 o governador acabou com esse esquema de estimativa de cobrança do ICMS e passou a adotar a cobrança de 3,5% de ICMS de todas as empresas, por meio de Ato Normativo.

Aí começava o problema. De acordo com o depoente, havia no Mato Grosso umas seis ou sete grandes fábricas que recebiam incentivos fiscais do Prodeic, criado pela Lei nº 7.958, de 25 de setembro de 2003, e isso fazia com que tais fábricas, além de outros benefícios possíveis, de acordo com tal lei (concessão de empréstimos e financiamentos, participação acionária, prestação de garantias e outras formas de assistência financeira), pagassem muito menos ICMS do que as demais empresas, chegando a quase zerar a incidência desse imposto.

"Imediatamente eu fui ao gabinete do governador Silval Barbosa, em Cuiabá, e disse a ele: "Olha, governador, do jeito que vai ficar aqui agora, vai ficar impossível, porque tem uma meia dúzia de fábricas e empresas que têm um incentivo, que é o Prodeic, que vão ficar pagando de 0% a 1% de imposto, e as outras pagando 3,5%", afirmou Wesley Batista.

De acordo com ele, havia empresas do mesmo ramo de atividade frigorífica (abate de bovinos) que iriam pagar menos ICMS que a JBS, o que criaria um desequilíbrio no setor. Foi quando, segundo Batista, começou a negociação para resolução do problema com o então governador, Silval Barbosa, e o secretário da Indústria e Comércio, Pedro Nadaf, tendo sido proposto um pagamento de propina para se proceder a um acordo pelo qual a JBS passaria a pagar ICMS em nível similar às empresas que tinham o Prodeic.

A proposta do governo estadual era que a JBS fizesse um levantamento de todos os créditos que ela teria "aberto mão" nos oito anos anteriores, para que o Estado reconsiderasse esses créditos para abatimento no ICMS que seria pago com a alíquota de 3,5%. Pelo levantamento feito pela JBS, a empresa chegou à conclusão de que teria aberto mão de algo em torno de R$ 73 milhões, com o que Silval Barbosa teria concordado em conceder o crédito.

Entretanto, o governador exigia uma propina de 30% sobre o crédito concedido. A JBS discordou a princípio porque não estava tendo vantagem alguma, mas apenas a equiparação com as empresas que tinham benefícios fiscais do Prodeic. A negociação a respeito de pagamento de propina que se estabeleceu entre a empresa e o governo de Silval Barbosa resultou no pagamento de R$ 10 milhões anuais, entre 2011 e 2013.

Tais pagamentos, de acordo com Wesley Batista, foram feitos de diversas maneiras, inclusive com a utilização de doleiros para terceiros indicados por Silval Barbosa, que entregava à JBS notas fiscais frias para justificar os pagamentos de propina.

Outro evento relatado pelo delator Wesley Batista foi a solicitação feita pelo governador Silval Barbosa para que ele pagasse R$ 7,5 milhões para uma pessoa a quem ele devia dinheiro de empréstimo e que o estaria ameaçando. Como a pessoa a quem deveria ser feito o pagamento era, "coincidentemente", a mesma que estava negociando com a JBS a venda de uma transportadora (Carol Mila Agropecuária), Wesley Batista afirmou que adicionou o valor de R$ 7,5 milhões ao contrato em negociação e saldou a dívida do governador.

No segundo semestre de 2014, a Secretaria da Fazenda de Mato Grosso desconsiderou os créditos negociados entre a JBS e o governador Silval Barbosa para os anos de 2012 a 2014 e autuou a empresa em R$ 200 milhões. Diante disso, Wesley Batista afirmou que procurou, pessoalmente, o governador para cobrar dele uma solução, já que havia feito todos os pagamentos de propina requeridos.

A solução encontrada pelo governador Silval Barbosa, junto com seus secretários da Casa Civil e da Fazenda, foi estender o benefício do Prodeic que já tinha uma das fábricas da JBS, em Diamantino (MT) – que havia sido comprada do Bertin –, para as demais unidades de abate de gado, em número de 12. Para isso, foi feito um documento com data retroativa a 2012, tendo sido, portanto, um documento ideologicamente falso.

Mas havia ainda outro grande problema. A JBS S.A. também atua com curtume e tem uma grande unidade em Barra do Garças (MT), que tinha incentivo do Prodeic (crédito de ICMS) de 80%. Entretanto, dentro do acerto feito entre a JBS e o governo de Silval Barbosa, tanto o curtume quanto as unidades de abate de gado passaram a ter um crédito de ICMS de 90%, sendo tais documentos ideologicamente falsos.

Daqui para a frente a narrativa envolve fato já descrito anteriormente, pelo qual o MPE-MT entra com ação de improbidade administrativa, relativa à utilização do suposto crédito de R$ 73 milhões, com alguns detalhes adicionais.

De acordo com Valdir Aparecido Boni, que também foi réu na ação, foi feito um arresto de R$ 73 milhões da JBS, e, dele, o valor de R$ 500 mil mais um veículo. Eram também réus na referida ação a pessoa jurídica da JBS S.A., o governador Silval Barbosa e os secretários de governo Pedro Nadaf e Marcelo Cursi.

Wesley Batista, em seu depoimento, afirmou que a JBS pagou todos os valores acertados com o MPE, o que teve posterior esclarecimento do diretor de Tributos da JBS. Valdir Aparecido Boni informou que foi assinado um Termo de Ajustamento de Conduta (TAC) com o MPE, pelo qual foi feito o desbloqueio dos valores e bens da JBS e dele, como pessoa física, tendo havido o pagamento relativo ao auto de infração e dos tributos devidos nos anos de 2012, 2013 e 2014, sendo que a ação continuava tramitando na Justiça.

A carne "esquentada"

No dia 6 de agosto de 2005, a Polícia Federal fez a apreensão, em um posto fiscal de Cuiabá (MT), de um carregamento de carne proveniente da Friboi, de Araputanga (MT), por suspeita de fraude. Essa ação de apreensão foi resultado de uma denúncia recebida na SFA/MT, de que essa unidade da Friboi, sob o Serviço de Inspeção Federal (SIF) nº 2979, estaria realizando operação irregular de etiquetagem de produtos, utilizando o SIF de outra unidade do grupo, situada em Andradina (SP), sob o SIF nº 385, para fins de exportação para a Comunidade Europeia e para a Rússia.

A prática irregular havia sido denunciada à Superintendência Federal de Agricultura do Mato Grosso (SFA/MT), que assim realizou uma ação conjunta com a Polícia Federal, objetivando averiguar a procedência da denúncia, ou seja, que carnes bovinas de estados vizinhos a Mato Grosso, sem habilitação para exportar, por não possuírem status livre de febre aftosa, pudessem estar sendo "esquentadas" com o SIF nº 385 para atingir o mercado internacional.

No dia 12 de agosto de 2005, a Polícia Federal apreendeu quatro computadores da unidade da Friboi em Araputanga (MT), que foram encaminhados para perícia. A ação fez parte das investigações da PF sobre a fraude investigada e que teve como evidência a apreensão de um caminhão da Friboi que transportava cortes de carne bovina com o código do Serviço de Inspeção Federal (SIF) adulterado, num total de 25 toneladas.

Por meio de nota à imprensa, a diretoria da Friboi afirmou que iria aguardar o fim das investigações para se manifestar. Entretanto, a nota dizia não haver irregularidades nos produtos e que "o fato ocorrido poderia ser fruto de erro operacional de informática ou até mesmo de sabotagem".

No dia 12 de setembro de 2005, um funcionário da Friboi, de Araputanga, em um depoimento assinado e entregue para nove autoridades estaduais, entre elas o governador Blairo Maggi, o procurador da República Mário Lúcio Avelar e o delegado federal Dennis Cali, relatou como seria o esquema que fraudava o selo SIF. Com o testemunho do funcionário foram anexadas duas notas fiscais que comprovariam a compra de carne processada de frigoríficos de Cacoal e Vilhena, em Rondônia.

O funcionário, acompanhado de outra pessoa que se apresentou como ex-funcionário da empresa, contou que a unidade de Araputanga comprava cortes de carne em estados como Rondônia e Pará, e em cidades inclusas na zona tampão, em Mato Grosso, como Sinop e Cáceres.

A carga resfriada, com data de validade máxima de dois meses, era reprocessada da seguinte forma, como contaram as duas testemunhas: os cortes eram retirados da embalagem original, que também tinham os selos descartados. Em seguida, era embalada com a marca Friboi e recebia o SIF nº 2979, que indicava que a carne tinha sido adquirida e processada pela unidade de Araputanga (MT), quando, na verdade, era originária de área sem status de livre da febre aftosa e com a data do reprocessamento.

Os dois denunciaram, ainda, que a carne que vinha resfriada, embalada há 30 dias, ao ser "esquentada com o SIF nº 2979", era congelada (a validade passaria a ser de até dois anos)[10].

Os funcionários ainda garantiram que tudo acontecia debaixo dos olhos de 22 funcionários do Sistema de Inspeção Federal (SIF). Um desses fiscais, ainda conforme a denúncia, estaria na planta somente para conferir o volume embarcado e lacrar o contêiner.

Depois de lacrada, a carga só seria aberta no destino, ou seja, na Rússia, por exemplo. "Fica clara a conivência dos fiscais. É impossível lacrar uma carga sem perceber que o SIF tem numeração diferente da planta", completou o ex-funcionário. As notas de compra de cortes de outras plantas, fora do estado, estavam datadas de 22 de agosto de 2005, e a outra mais antiga estava com data de 2 de fevereiro de 2004.

Sobre a alegação da Friboi de que só poderia ter sido um erro operacional ou sabotagem, o funcionário que fez a denúncia falou:

> Além de modificar data de validade e SIF, a carne reembalada tinha rastreabilidade. No caso do mercado russo, as embalagens saíam do estado com outro selo, com a discriminação do produto em russo. Como uma máquina seria capaz de cometer tantos erros assim?

O advogado da Araputanga Frigoara, Eduardo Mahon, em depoimento para a Comissão de Agricultura da Câmara dos Deputados, no dia 30 de novembro de 2005, distribuiu um dossiê aos deputados presentes, segundo o qual "a fraude aos SIFs 2979 e 385 era fruto de corrupção passiva entre o grupo Friboi e servidores públicos federais".

O frigorífico Araputanga Frigoara formalizou a notícia-crime ao Ministério Público, citando crimes de corrupção passiva e ativa, formação de quadrilha, formação de cartel, falsidade de documento e selo público, falsidade de documento particular e sonegação fiscal.

A SFA/MT concluiu, no dia 5 de setembro de 2005, relatório sobre a suposta participação de servidores federais na fraude em selos do Serviço

---

10 Em 2012, a empresa tornou a responder em ação criminal pelo mesmo motivo: tentar exportar 25 toneladas de carne bovina para a Rússia usando selos de inspeção federal do frigorífico de Andradina (SP). O selo de inspeção federal é conhecido pela sigla SIF (Serviço de Inspeção Federal). A "troca" foi identificada pela fiscalização em Cuiabá. O artifício tentava beneficiar a Friboi, aponta o MPF, que, com a conivência de servidores e agentes públicos, teve seu frigorífico submetido a um processo fiscalizatório menos rigoroso do que aquele estabelecido para exportação.

de Inspeção Federal (SIF) encontrados de forma irregular em uma carga da Friboi procedente de Araputanga. O resultado seguiu nesse mesmo dia, em sigilo, para o Departamento de Inspeção de Produtos de Origem Animal (Dipoa), em Brasília.

De acordo com o conteúdo enviado, caberia ao Departamento a abertura de um processo administrativo.

Somente em 11 de janeiro de 2012, por meio da Portaria 012/2012, o MPF fez a conversão do procedimento administrativo em inquérito civil público, a fim de apurar a responsabilidade de servidores públicos federais do Mapa na suposta utilização, pelos frigoríficos Frigoara/Friboi, de Selo de Inspeção Federal – SIF, afeto às suas unidades localizadas no município de Andradina (SP), na comercialização de carnes produzidas em Araputanga (MT) para fins de exportação.

O site JusBrasil publicou decisão do STJ, de 2013, em que um fiscal federal agropecuário, suspenso por 30 dias por omitir-se a certificar para exportação carne com origem em áreas com restrições sanitárias, não conseguiu reverter a penalidade. A decisão foi da Terceira Seção do Superior Tribunal de Justiça.

Pelo processo administrativo, ao se omitir ele teria permitido que a Friboi Ltda. exportasse, para a Rússia, carne com origem em Araputanga como se originária de Andradina. A unidade mato-grossense não tinha, à época dos fatos, habilitação para exportar para aquele país, configurando exportação fraudulenta. O servidor argumentou que as irregularidades apontadas seriam de responsabilidade exclusiva de outro fiscal, configurando fato atípico e deixando o processo disciplinar contra si sem justa causa.

A decisão ainda seria contrária às provas apuradas.

Em fevereiro de 2016, o frigorífico Friboi, o gerente da unidade de abate situada em Araputanga em 2005, Gerson Antônio Balena, dois fiscais federais (Caio Henrique de Carvalho e Gomes José Monteiro Neto) e dois agentes de inspeção, servidores municipais (Luiz Carlos de Franca Oliveira e Adalberto Florentino de Carvalho), tornaram-se réus na ação por improbidade administrativa proposta pelo Ministério Público Federal em Cáceres.

Desde 2012, todos já respondem também a uma ação criminal pelo mesmo motivo: para tentar exportar 25 toneladas de carne bovina para a

Rússia, a unidade da Friboi em Araputanga, que não tinha autorização de exportação, usou o SIF do frigorífico em Andradina (SP).

Na ação, além da condenação, o MPF pede a fixação de indenização capaz de garantir a efetividade da sentença e desestimular que práticas semelhantes se repitam.

O pedido é de pagamento de danos morais no valor de R$ 5 milhões, em caráter educativo e inibitório de tais práticas.

Um trecho da ação do MPF afirma:

> É evidente que acontecimentos dessa estirpe contribuem para a desmoralização da Administração Pública e prejudicam a livre concorrência que deve permear o campo econômico, dado que, apesar de sujeito a atividade reguladora e fiscalizatória do Estado, este não pode, contrariando o interesse público, dar causa a distorções ou abusos advindos da livre iniciativa, o que merece reparo.
>
> De outra banda, num mundo globalizado, abalos de confiança no setor produtivo causam uma repercussão negativa em cadeia de quebra de confiança dos países compradores, que acaba por diminuir ou refrear o processo de exportação. As empresas do setor tiveram seu potencial de crescimento diminuído em razão da restrição do mercado consumidor.

Afirma ainda o procurador federal Felipe Antonio Abreu Mascarelli:

> As ilicitudes praticadas pelos requeridos macularam a imagem do Serviço de Inspeção Federal e, em última análise, da própria República Federativa do Brasil, dado que os reflexos das condutas não ficaram circunscritos às fronteiras nacionais, mas ganharam repercussão pelo mundo e contribuíram para o desprestígio do país e do serviço público brasileiro.

Operação Carne Fraca

A Operação Carne Fraca foi um golpe muito forte para a JBS, mais do que outros entreveros com a Justiça; fez acender um sinal vermelho para os irmãos Batista. E isso porque o Brasil é o segundo maior produtor de carne bovina e de frango do mundo e líder global em exportação de carne bovina, tendo exportado, em 2016, 6,7 milhões de toneladas de carne, com uma receita total de US$ 14,21 bilhões a mais na conta das exportações brasileiras.

A repercussão negativa com a deflagração da Operação Carne Fraca pela Polícia Federal foi imediata, levando alguns dos mercados compradores da carne brasileira a suspender, por tempo indeterminado, as importações do produto, como a China, que é um dos maiores importadores.

Embora no despacho da Justiça não haja referências a irregularidades sanitárias na JBS (Seara), a companhia foi acusada de tentar mudar a data de validade das embalagens e de esquema de corrupção entre frigoríficos e fiscais para acelerar a liberação de produtos.

Contudo, a Operação Carne Fraca descobriu a relação muito próxima da chefe do Serviço de Inspeção de Produtos de Origem Animal no Paraná, Maria do Rocio Nascimento, com o médico veterinário Flávio Evers Cassou, empregado da Seara, que pertence ao grupo JBS. Ambos foram alvos de mandados de prisão preventiva.

Em escuta telefônica autorizada pela Polícia Federal, na Operação Carne Fraca, o funcionário da Seara/JBS Flávio Evers Cassou foi flagrado combinando com o fiscal Eraldo Cavalcanti Sobrinho, do Mapa, a assinatura de certificados para exportação de carne para a China, sem que houvesse qualquer inspeção do produto.

Operação Tendão de Aquiles

No dia 9 de junho de 2017, a Polícia Federal realizou uma operação de busca e apreensão na sede da JBS e condução coercitiva de quatro pessoas para prestarem esclarecimentos. A operação, batizada de Tendão de Aquiles, foi autorizada pelo juiz João Batista Gonçalves, da 6ª Vara Federal Criminal de São Paulo, sendo uma ação coordenada pela CVM e a PF para "apurar se houve uso indevido de informações privilegiadas das empresas JBS S.A. e FB Participações S.A. em transações de mercado financeiro ocorridas entre abril e maio de 2017".

Em sua decisão, ele aponta como motivo "operações feitas em condições fora dos padrões e durante o período em que os dirigentes da empresa estavam negociando termos de acordo de delação premiada, ainda em fase de sigilo absoluto naquela ocasião".

O magistrado baseou-se em análise de relatórios técnicos apresentados pela PF, feitos após diligências e compartilhamento de informações com a CVM (Comissão de Valores Mobiliários), que abriu 13 procedimentos administrativos para investigar o grupo J&F.

A operação, realizada em conjunto com a Comissão de Valores Mobiliários, apura se houve uso indevido de informações privilegiadas por parte da JBS S.A. e de sua controladora na compra e venda de dólares nos dias anteriores à delação premiada dos irmãos Joesley e Wesley Batista.

O inquérito policial foi instaurado no dia 19 de maio de 2017, após a Polícia Federal ter tomado conhecimento do Comunicado ao Mercado nº 02/2017 da CVM, que tornou pública a instauração de processos administrativos para apuração dos fatos, apenas um dia depois de deflagrada a Operação Patmos, com investigações da Delegacia de Repressão a Crimes Financeiros.

De acordo com nota divulgada pela Polícia Federal, havia indícios de que essas operações ocorriam com o uso de informações privilegiadas (*insider trading*), "gerando vantagens indevidas no mercado de capitais num contexto em que quase todos os investidores tiveram prejuízos financeiros".

A operação também investiga a atuação da companhia no mercado de dólar futuro e negociações do acionista controlador FB Participações S.A. com ações da empresa. Foram cumpridos três mandados de busca e quatro mandados de condução coercitiva expedidos pela 6ª Vara Criminal Federal de São Paulo, a pedido da Polícia Federal. Durante a operação, a Polícia Federal apreendeu documentos, computadores, HDs, pendrives, telefones celulares e informações de HDs em dois endereços da JBS.

Conforme já havia sido antecipado pelo jornal *O Globo*, formulários apresentados pela JBS à CVM mostravam que pessoas ligadas à J&F haviam vendido R$ 328,5 milhões em ações da JBS S.A., no período em que o empresário Joesley Batista negociava a delação premiada que envolveria o presidente Michel Temer com a corrupção[11].

Segundo o portal de notícias G1, a Polícia Federal investiga dois eventos.

---

11 Um dia após a divulgação do áudio em que Joesley Batista gravou durante encontro com o presidente da República, Michel Temer, no Palácio do Jaburu, as negociações na Bolsa de Valores foram interrompidas por meia hora. O mecanismo, chamado de Circuit Breaker, utilizado para evitar maiores perdas no mercado de ações, não era acionado desde 2008. O valor do real teve queda de mais de 8% e as ações da JBS recuaram 10% no dia.

O primeiro seria a venda de ações de emissão da JBS na Bolsa de Valores, entre os dias 24 de abril e 17 de maio, por sua controladora, a empresa FB Participações em Investimentos S.A., e a compra de tais ações em mercado, por parte da empresa JBS S.A., com isso causando manipulação do mercado acionário e fazendo com que seus acionistas absorvessem parte do prejuízo decorrente da baixa das ações que, de outra maneira, somente a FB teria sofrido.

De acordo com documentos em poder da CVM, a FB Participações S.A. realizou seis operações por meio da corretora do Bradesco, entre os dias 20 e 28 de abril de 2017. Desde fevereiro de 2016, a J&F não vendia nem comprava papéis no mercado. A suspeita é de que, se desfazendo desses papéis antes da divulgação da delação premiada, blindaria a JBS contra a perda de patrimônio, que aconteceria com a queda do valor de suas ações na Bolsa.

Outro evento investigado é a intensa compra de contratos de derivativos de dólares entre 28 de abril e 17 de maio por parte da JBS S.A., em desacordo com a movimentação usual da empresa, gerando ganhos decorrentes da alta da moeda norte-americana após o dia 17 de maio de 2017.

A legislação brasileira (Lei nº 6.385/76, que dispõe sobre o mercado mobiliário e que criou a Comissão de Valores Mobiliários) define como crime:

> Art. 27-D: Utilizar informação relevante ainda não divulgada ao mercado, de que tenha conhecimento e da qual deva manter sigilo, capaz de propiciar, para si ou para outrem, vantagem indevida, mediante negociação, em nome próprio ou de terceiro, com valores mobiliários (artigo incluído pela Lei nº 10.303, de 31/10/2001).

Os investigados da Operação Tendão de Aquiles, caso culpados, poderão pegar de um a cinco anos de reclusão e multa de até três vezes o valor da vantagem ilícita obtida. E, para garantir o pagamento de possíveis multas, a Justiça Federal em São Paulo decretou o bloqueio de R$ 800 milhões de Joesley Batista, que, posteriormente, foi desbloqueado.

Joesley Batista prestou depoimento no dia 9 de agosto de 2017 na Superintendência da Polícia Federal, em São Paulo, no âmbito da investigação sobre a venda de ações da JBS após acordo de delação premiada dele, do irmão e de outros cinco executivos do grupo J&F.

Joesley Batista deixou o local às 12h42 sem falar com a imprensa, depois de três horas de depoimento.

Segundo a coluna Poder, da *Folha*, Joesley Batista teria negado ao delegado Edson Fábio Garutti, da Polícia Federal que investiga o caso, "que tenha manipulado o mercado e feito operações fora do padrão".

Indagado pelo delegado da PF se teria usado informações privilegiadas (*insider trading*) em benefício da JBS, Joesley Batista teria falado que não tinha como saber da data da homologação do acordo.

O site O Antagonista divulgou que Joesley Batista dissera à Polícia Federal: "Eu não tinha como saber a data da divulgação [da delação] nem a extensão do impacto sobre o preço das ações".

O advogado Pierpaolo Cruz Bottini, que defende os irmãos Batista, disse que seu cliente havia respondido a todas as perguntas e reiterou que não havia relação entre a delação e as operações feitas pelas empresas nos últimos meses.

Wesley Batista, que prestou depoimento nesse mesmo dia, repetiu o que tinha ensaiado com o irmão Joesley, de que o grupo atua de forma padronizada há muitos anos e que não teria feito uso de informações privilegiadas para operar recompra de ações e atuar na compra de dólares no mercado futuro. "Wesley explicou cada operação de recompra de ações e de hedge cambial e os critérios técnicos e econômicos adotados", disse o criminalista Pierpaolo Cruz Bottini.

Apesar de todo o falatório de seu advogado, o presidente global da JBS, Wesley Mendonça Batista, foi preso, preventivamente, na manhã do dia 13 de setembro de 2017[12].

De acordo com a coluna do *Estadão*, Wesley Mendonça Batista repetiu o ex-diretor da Petrobras Renato Duque, ao ser preso. Informado de que, além do mandado de busca e apreensão, a Justiça também ha-

---

12 O advogado especialista em mercado de capitais e professor do Insper, Evandro Pontes, avalia que a decisão abrirá um novo precedente no direito brasileiro. "Não há nenhum registro no Brasil que a gente tenha notícia de alguém que tenha ido para a prisão por conta de *insider trading*." Segundo ele, essa decisão causou um alvoroço muito grande no setor jurídico por ser preventiva. "Isso é algo até então nunca visto", diz. "Tecnicamente se dizia que é impossível prender preventivamente porque o *trading* já ocorreu. Dessa vez, o juiz focou muito mais no fato dele ser *insider*. Ou seja, fez (o uso da informação privilegiada) e mostrou que tem apetite para continuar fazendo, daí a justificativa para a prisão preventiva", analisa. Fonte: https://g1.globo.com/economia/noticia/prisao-de-irmaos-batista-em-investigacao-de-informacao-privilegiada-e-inedita-dizem-especialistas.ghtml

via autorizado sua prisão, Wesley Batista teria colocado as mãos na cabeça, dado um chute no chão e soltado um desabafo: "Que país é este?".

Seu irmão, Joesley Batista, também foi alvo do mesmo mandado de prisão preventiva, que é quando não há prazo para que o preso seja solto.

Também estão sendo investigados por manipular o mercado financeiro a advogada Fernanda Lara Tórtima, o diretor Jurídico da J&F, Francisco de Assis e Silva, e o ex-procurador da República Marcelo Miller.

A prisão faz parte da 2ª fase da Operação Tendão de Aquiles, em que também foram cumpridos dois mandados de busca e apreensão nas sedes da JBS S.A. e FB Participações S.A., autorizados pelo juiz titular da 6ª Vara Federal Criminal de São Paulo, João Batista Gonçalves.

Em nota distribuída à imprensa, a CVM afirmou que a 2ª fase da Operação Tendão de Aquiles foi realizada somente pela Polícia Federal, sem participação de pessoal da Comissão de Valores Mobiliários, devido ter sido noticiado pela imprensa que a JBS exercia pressão sobre membros da autarquia, o que não foi negado por esta.

"É absurda e lamentável a prisão no inquérito aberto há vários meses, em que investigados se apresentaram para dar explicações. Mais uma vez o Estado brasileiro é desleal com quem colabora com a Justiça", teria dito o advogado de Wesley Batista, Pierpaolo Cruz Bottini, de acordo com a *Folha de S. Paulo*.

Já a Polícia Federal informou em nota à imprensa:

> Após a deflagração da primeira fase da operação, com intensa cooperação institucional com a Comissão de Valores Mobiliários, policiais federais analisaram documentos, ouviram pessoas e realizaram perícias, trazendo aos autos elementos de prova que indicam o cometimento de crimes e apontam autoria aos dois dirigentes das mencionadas empresas.

Os irmãos Batista teriam praticado, de acordo com o G1, o chamado *insider trading*, com a compra de US$ 1 bilhão às vésperas da divulgação da gravação e venda de R$ 327 milhões em ações da JBS, durante seis dias do mês de abril, enquanto os réus negociavam a delação premiada com a Procuradoria-Geral da República.

Na coletiva à imprensa feita no dia 13 de setembro de 2017 pela Polícia Federal, o delegado Victor Hugo Rodrigues Alves, chefe da Delegacia de

Repressão ao Crime Organizado, e Rodrigo de Campos Costa, delegado regional de Combate ao Crime Organizado, falaram sobre a motivação da prisão de Wesley Mendonça Batista e de Joesley Mendonça Batista.

O delegado Victor Hugo Rodrigues Alves afirmou que a FB Participações S.A. vendeu parte de suas ações da JBS S.A. antes da divulgação da delação premiada e, quando esta veio a público e as ações tiveram uma queda de mais de 30%, a JBS S.A. as recomprou.

Segundo disse o delegado Victor Hugo:

> Os investigados lucraram milhões de reais com essas operações ilícitas. As vítimas não foram somente os acionistas da JBS, mas, num contexto mais amplo, a vítima é o próprio país, pois a confiança no mercado foi abalada.

Com relação aos valores envolvidos nas transações com ações e derivativos atrelados ao dólar feitos pela FB Participações S.A., foi informado pelo delegado Rodrigo de Campos Costa que os números definitivos seriam apresentados pela CVM.

Entretanto, o delegado antecipou que a JBS comprou mais de US$ 2 bilhões, e que no dia 17 de maio de 2017 a companhia ficou em segundo lugar na compra da moeda americana, com a aquisição de US$ 474 milhões, com um lucro estimado de 9%.

De acordo com nota distribuída pela Procuradoria da República de São Paulo, o valor das operações com os dólares teria sido de quase US$ 3 bilhões, permitindo aos irmãos Batista um lucro de US$ 100 milhões, praticamente o mesmo valor da multa prevista no processo criminal, que foi de US$ 110 milhões.

Ou seja, para pagar por um crime, os irmãos Batista cometeram outro, razão pela qual o delegado Victor Hugo Rodrigues Alves, justificando a prisão preventiva, afirmou que esta se fazia necessária porque os irmãos Batista "têm uma personalidade voltada para o crime", e também para se manter a ordem pública e econômica.

Fazendo o seu papel, o advogado dos irmãos Batista, Pierpaolo Cruz Bottini, disse ao G1 que a prisão preventiva de seus clientes seria "injusta, absurda e lamentável", e que "o Estado brasileiro usava de todos os meios para promover uma vingança contra aqueles que colaboraram com a Justiça".

Depois da prisão de Wesley Batista, o BNDES emitiu a seguinte nota: "Para o BNDES, contribuiria para o melhor interesse da companhia o início de uma renovação de seus quadros estatutários, inclusive com a abertura de um processo seletivo para a escolha de um novo CEO em caráter definitivo".

O CEO da JBS, Wesley Batista, em audiência de custódia na Justiça Federal de São Paulo, na tarde do dia 13 de setembro de 2017, reclamou de sua detenção e atacou o Ministério Público Federal.

Na fase de checagem da qualificação do preso pelo juiz federal João Batista Gonçalves, este perguntou a Wesley Batista por quantas pessoas ele era, financeiramente, responsável. Depois de um sorriso maroto, Wesley Batista disse que era responsável por 250 mil pessoas, o total de empregados do grupo J&F.

Questionado pelo juiz João Batista Gonçalves, da 6ª Vara Federal Criminal, se sabia por qual crime tinha sido preso, Wesley Batista afirmou que a empresa não teria feito qualquer operação diferente da normalidade, como sempre agiu, para fazer hedge.

"Não sei que crime eu cometi para me tornar um preso. Começo a achar que o crime foi ter assinado um acordo de delação com a Procuradoria-Geral da República", afirmou Wesley Batista. E acrescentou: "Estou me perguntando se o crime que cometi foi ter me tornado colaborador. Qual a minha periculosidade? Hoje eu estou me vendo em pânico".

Em seguida, o juiz João Batista Gonçalves explicou a Wesley Batista que o crime que ele havia cometido foi ter feito uma operação financeira, e que sobre a qual o MPF reuniu provas de que, durante o processo de delação premiada, ele e seu irmão vendiam ações em alta e compravam dólares, o que lhes teria auferido um lucro de R$ 100 milhões com tais operações.

Após ouvir o empresário, o juiz federal João Batista Gonçalves disse ao preso Wesley Mendonça Batista:

> O histórico dos senhores é de influência e cooptação junto a autoridades. Os investigados têm uma ampla experiência em corromper e forçar uma situação política e econômica que lhes seja favorável. Então entendo necessária a manutenção da prisão preventiva.

E arrematou: "Peço ao senhor, como pessoa física, como cidadão, como empresário, compreensão, porque a legislação tem que ser cumprida".

Ainda na audiência de custódia, o juiz federal acatou, depois da anuência da representante do Ministério Público, o pedido da defesa de Wesley Batista e determinou que ele permanecesse preso na carceragem da Superintendência da Polícia Federal, na capital paulista, por razões de segurança, e não deveria ser, portanto, transferido para instituições carcerárias estaduais.

Para o juiz federal, a medida também se justificava porque, se algo acontecesse ao empresário Wesley Batista durante o curso de sua prisão preventiva, a indenização que a União teria que pagar seria algo extraordinário.

Na manhã do dia 14 de setembro de 2017, a defesa dos irmãos Joesley e Wesley Batista entrou no Tribunal Regional Federal de São Paulo (TRF-3) com pedido de *habeas corpus* para os empresários, alegando que a prisão deles seria ilegal. Ainda de acordo com a defesa, não haveria necessidade de manter Joesley e Wesley Batista presos, preventivamente, para que houvesse o aprofundamento das investigações, já que os empresários não tinham qualquer pretensão de fugir do país nem de obstruir a Justiça.

A defesa dos irmãos Batista alegou ainda que não havia surgido qualquer elemento que indicasse risco à apuração ou à aplicação da lei penal, nem qualquer fato novo ou relevante capaz de justificar a prisão.

> Não há um indicativo que o Paciente tenha se utilizado, durante as investigações, de qualquer expediente para influenciar o que quer que seja. A CVM vem colhendo os depoimentos dos envolvidos, assim como a Polícia Federal, sem que qualquer incidente tenha ocorrido. Nenhum servidor ou funcionário relatou qualquer constrangimento ou pressão. Ao contrário, todos os ofícios expedidos e requerimentos foram respondidos, nos prazos fixados, com presteza e prontidão.

No dia 15 de setembro de 2017, o TRF-3, seguindo a mesma linha do STF, que converteu a prisão de Joesley Batista de temporária a preventiva, negou o pedido de *habeas corpus* dos irmãos Batista.

Ato contínuo, o empresário Joesley Batista foi transferido para a Polícia Federal de São Paulo para, primeiro, ser ouvido em audiência de custódia com o juiz federal João Batista Gonçalves, a exemplo do ocorrido no dia anterior com seu irmão Wesley Batista.

Questionado pelo juiz João Batista Gonçalves sobre se sabia por que estava preso, Joesley Batista respondeu: "Fui mexer com poderosos e estou aqui pagando por ter delatado o poder"[13].

E, claro, o magistrado falou com Joesley Batista, o mesmo que havia dito ao seu irmão Wesley Batista, ou seja, que estavam presos em razão da prática de crimes financeiros.

Durante suas explicações, Joesley Batista ainda disse ao juiz da custódia: "Todas as operações foram do custo natural da empresa. Não houve *insider trading*. Tudo foi feito na rotina da empresa". E completou: "Ações da JBS caíram após vazamento. Mas não temos nada a ver com vazamento. Vendemos ações antes, durante, e continuamos vendendo".

Sobre a suspensão de sua imunidade penal pelo então procurador-geral da República, Rodrigo Janot, Joesley Mendonça Batista afirmou ao magistrado: "Ato de covardia dele. Depois de tudo que fizemos. Tudo o que entregamos de prova".

A defesa de Joesley Batista alegou ao juiz da custódia que o crime de *insider trading* nunca havia feito um preso no Brasil, e que, por isso, seu cliente não deveria permanecer preso. "A inexistência de qualquer outro preso preventivo no Brasil pela acusação de *insider trading* revela uma excepcionalidade no mínimo curiosa", disse a defesa.

Em resposta ao advogado Pierpaolo Cruz Bottini, o magistrado afirmou que "o caso é de grande repercussão no país e que, por isso, é preciso maior atenção que em outros casos que aconteceram".

O juiz federal João Batista Gonçalves, depois do posicionamento da defesa e do representante do Ministério Público Federal, disse que a prisão preventiva deveria ser mantida, porque o preso detém condições financeiras para, caso fosse solto, se evadir para qualquer parte do mundo, não permitindo assim o cumprimento da lei.

Terminada a audiência de custódia, que teve início às 15 horas, o

---

13 A jornalista Miriam Leitão, no dia 17 de setembro de 2017, corrigiu Joesley Batista, lembrando-o de que "está preso por corrupção, por ter comprado políticos para usufruir de vantagens", além da obtenção de "ganhos indevidos até com a delação, o que levou seu irmão Wesley à prisão" também. "Uma coisa já se sabe: a dissimulação não os levará a lugar algum. Frases como 'estou pagando por ter delatado o poder' ou 'estou preso porque mexi com os donos do poder' não convencem ninguém. Esse tipo de defesa, de se fazer de inocente perseguido por poderosos, não tem qualquer credibilidade, porque o país que eles enganaram durante tanto tempo já não se deixa mais enganar". Fonte: http://blogs.oglobo.globo.com/miriam-leitao/post/joesley-tenta-enganar.html

juiz federal João Batista Gonçalves manteve a prisão preventiva de Joesley Batista pelo uso indevido de informações privilegiadas no mercado financeiro e ordenou que o empresário fosse custodiado na Superintendência da Polícia Federal em São Paulo e que a corporação zelasse pela sua integridade física.

Depois de passarem o final de semana dividindo a mesma cela na Superintendência da Polícia Federal em São Paulo, os irmãos Joesley e Wesley Batista foram separados na manhã do dia 18 de setembro de 2017 (segunda-feira), mas com a possibilidade de se encontrarem durante as duas horas de banho de sol de manhã e também à tarde. A Polícia Federal esclareceu que a modificação ocorreu porque havia surgido nova vaga na carceragem.

A defesa de Wesley Batista ingressou com recurso no Superior Tribunal de Justiça (STJ) para tentar sua libertação. O advogado alegou que a pena por uso de informação privilegiada é de apenas um ano e afirmou que eles "nunca seriam presos por isso".

Ao negar liminar em *habeas corpus* a Joesley Batista e a seu irmão Wesley Batista, alvos da Operação Acerto de Contas, 2ª fase da Operação Tendão de Aquiles, isso no dia 15 de setembro de 2017, a juíza Tais Ferracini, convocada pelo Tribunal Regional Federal da 3ª Região (TRF-3), afirmou que o executivo "demonstra pouco apreço pela autoridade e observância da lei".

A defesa dos irmãos Batista então recorreu ao Superior Tribunal de Justiça (STJ). Na Corte, o ministro Napoleão Maia – aquele que pediu Alá para degolar os jornalistas que publicaram sobre seu filho ter ido ao STJ na hora do julgamento da chapa Dilma-Temer – se declarou suspeito para julgar o *habeas corpus* e pediu a sua redistribuição, que foi, por sorteio, para julgamento da ministra Fátima Nancy Andrighi.

Maia chamou de "maldosas ilações pejorativas" as acusações de um dos delatores da J&F, o seu diretor jurídico, Francisco de Assis e Silva, de que o ministro teria intercedido a favor de Joesley Batista em outra causa e escreveu:

> Por seguir, como sigo a rigorosa prerrogativa de não emitir qualquer juízo – por perfunctório que seja – sobre a conduta, ainda que censurável, de pessoas em relação às quais não me sinto distante e isento, vejo-me na contingência de afirmar a minha suspeição, neste

caso, o que ora faço no intuito de preservar a imparcialidade que se requer de qualquer julgador.

Joesley e Wesley Batista foram autorizados a receber visitas a partir do dia 21 de setembro de 2017, dentro das regras vigentes na Polícia Federal, que permite visitas somente às quintas-feiras, com duas pessoas por vez, entre 14h e 16h30, através do parlatório, onde o preso fica separado por um vidro e a comunicação é por telefone. As visitas pessoais, com contato físico, são permitidas após 75 dias de prisão.

Como o juiz federal João Batista Gonçalves já havia afirmado nas audiências de custódia de Wesley Batista e, depois, na de Joesley Batista, eles não estavam ainda indiciados pela Polícia Federal, o que somente veio ocorrer no dia 21 de setembro de 2017.

O empresário Joesley Batista foi indiciado pela autoria dos crimes previstos nos artigos 27-C (manipulação de mercado) e 27-D (uso indevido de informação privilegiada), previstos na Lei 6.385/76, com a agravante prevista no artigo 61, II, "g", do Código Penal (em razão do abuso de poder de controle e administração), em razão do evento de venda de ações da JBS S.A. pela FB Participações S.A., controladora desta última.

O empresário Wesley Batista foi indiciado como autor do crime previsto no artigo 27-C da Lei 6.385/76 (manipulação de mercado) e como partícipe no crime de uso indevido de informação privilegiada, praticado por Joesley Batista, previsto no artigo 27-D da Lei 6.385/76 (uso indevido de informação privilegiada), com a agravante prevista no artigo 61, II, "g", do Código Penal (em razão do abuso de poder de controle e administração), em relação aos eventos relativos à venda e compra de ações da JBS S.A.

Wesley Batista também foi indiciado como autor no crime previsto no artigo 27-D da Lei 6.385/76 (uso indevido de informação privilegiada), com a agravante prevista no artigo 61, II, "g", do Código Penal (em razão do abuso de poder de controle e administração), sobre os eventos relativos à compra de contratos futuros e contratos a termo de dólares.

Em seu despacho, o delegado Edson Fábio Garutti Moreira destacou:

> Enquanto participavam dos procedimentos de negociação de colaboração premiada, sabendo do potencial dessa delação no

mercado de valores mobiliários brasileiro, utilizaram essa informação privilegiada, ainda sigilosa, determinando a realização de operações de compra/venda no mercado de valores mobiliários.

Segundo a PF, os elementos probatórios reforçam que a compra desses derivativos foi atípica e havia grande celeridade na formação de uma posição de compra de dólares, o que pode ser comprovado nas mensagens de WhatsApp encontradas no celular apreendido de Wesley Batista durante a deflagração da 4ª fase da Operação Lama Asfáltica, no dia 11 de maio de 2017.

De acordo com informações publicadas pelo G1, no dia 29 de abril de 2017, o empresário Wesley Batista trocou mensagens de áudio com Rafael Harada – diretor de Controle de Riscos da JBS – sobre limites de crédito para realização de operações de câmbio em NDFs (Non-Deliverable Forward)[14], que consiste na venda ou compra da taxa de câmbio a termo, sem entrega física, para liquidação na data de vencimento.

> Wesley Batista: "Rafa, os limite que nós temo nos banco de NDF, se nós quiser voltar a usar, é coisa que tem que aprovar ou é coisa que tá pré-aprovado nos banco, como é que funciona isso? Me dá uma posição sobre isso. E outra: se puder, me passa uma relação qual é os bancos e os limite que nós temos pra usar e fazer NDF".

Ainda segundo apuração da Polícia Federal, a partir de então as operações atípicas de dólar, que já estavam em andamento, passaram a subir vertiginosamente. Configurou-se a suspeita do uso de informação privilegiada, que é crime e que não exige a ocorrência de vantagem, de fato, mas apenas que a informação seja capaz de gerar eventual vantagem indevida, razão pela qual não há relevância se as operações foram realizadas com finalidade especulativa ou protetiva (hedge), como alegado por Wesley Batista.

No dia 9 de maio de 2017, Wesley Batista e Rafael Harada trocaram diversas mensagens, e na medida em que Harada informava que havia

---

14 NDF (*Non-Deliverable Forward*) é um contrato a termo de moedas, negociado em mercado de balcão, cujo objetivo é fixar, antecipadamente, uma taxa de câmbio em uma data futura. No vencimento, a liquidação ocorre pela diferença entre a taxa a termo contratada e a taxa de mercado definida como referência. A operação permite proteção contra oscilações de moeda, sendo adequada principalmente para empresas exportadoras, importadoras e companhias com ativos e/ou passivos em moeda estrangeira.

conseguido aumento de limites de crédito com as instituições financeiras, Wesley Batista determinava a compra de mais contratos.

A Polícia Federal consignou em seu relatório:

> Em particular, a forma de realizar as operações de NDFs – com a utilização em curto período de tempo (aproximadamente duas semanas) de todos os limites de crédito disponíveis junto às instituições financeiras para esta finalidade – indica o ímpeto com que foram feitas essas operações e também informam a crença de que essas operações sairiam de fato vencedoras, lucrativas, e perfazem provas indiretas da utilização dessas informações relevantes como subsídio das operações cursadas em mercado.

Ainda de acordo com o relatório da Polícia Federal:

> Em 17 de maio [2017] foi registrada uma compra de NDF pela JBS no valor de US$ 370 milhões com vencimento em 01/06/2017 (a mesma data dos contratos futuros adquiridos em Bolsa) com taxa futura ajustada de R$ 3,134. Ou seja, apenas no dia 17/05/2017, horas antes do vazamento da colaboração premiada, a empresa elevou sua posição comprada via derivativos cambiais em US$ 751,5 milhões, sendo US$ 370 milhões via contrato de balcão organizado e US$ 381,5 milhões em derivativos de Bolsa.

Por quatro votos a um, os ministros da 6ª Turma do Superior Tribunal de Justiça (STJ) negaram, na tarde do dia 21 de setembro de 2017, o pedido de *habeas corpus* da defesa de Joesley e Wesley Batista. Só votou a favor da concessão do HC o relator, ministro Sebastião Reis Júnior.

O Superior Tribunal de Justiça decidiu que não poderia se manifestar sobre a liberdade de ambos já que não houve decisão de mérito sobre esse fato no Tribunal Regional Federal da 3ª Região (TRF-3), com base na Súmula 691, que entende que é preciso esperar o julgamento do mérito do *habeas corpus* em instância inferior antes de ser considerado nos tribunais superiores.

Foi o ministro Rogério Schietti que abriu a divergência em relação ao relator, ministro Sebastião Reis Júnior, e votou no sentido de manter Joesley e Wesley presos. Os outros ministros da Turma seguiram o voto de Schietti.

De acordo com o jornal *Valor*, os ministros Rogério Schietti, Nefi Cordeiro, Antônio Saldanha e Maria Thereza Moura confirmaram ainda a decisão do Tribunal Regional Federal da 3ª Região (TRF-3) de que a prisão é necessária, diante dos suficientes fundamentos que mostram a "reiteração delitiva" dos empresários – o que significaria "perigo à ordem pública".

Os ministros também entenderam que a decisão do Tribunal Regional Federal da 3ª Região (TRF-3) havia sido suficientemente fundamentada e não haveria motivos para que fosse revogada.

Diante da negativa do *habeas corpus* pelo STJ, a defesa dos irmãos Batista, o advogado Antônio Carlos de Almeida Castro, o "Kakay", disse que iria recorrer ao STF para tentar livrar seus clientes da cadeia. E explicou:

> Quando o tribunal de São Paulo negou a liminar, achávamos que poderíamos afastar essa súmula aqui, uma vez que o pedido de prisão não é bem fundamentado, e garantir a liberdade. Mas o STJ entendeu que é preciso esperar a análise do mérito do *habeas corpus* lá na Justiça paulista para que, depois disso, esse Superior Tribunal se manifeste.

O advogado disse acreditar que "a movimentação midiática" em torno do caso atrapalhou a tentativa da defesa de conseguir a liberação dos irmãos. Mas afiançou que, no mais tardar até o dia 22 de setembro, apresentaria recurso ao Supremo Tribunal Federal com teor idêntico ao pedido negado pelo STJ.

Além disso, tentaria liberar seus clientes por meio do julgamento do *habeas corpus* impetrado junto ao TRF-3 e, caso o pedido fosse negado, faria novo recurso ao Superior Tribunal de Justiça, mas sem pedir a exclusão da Súmula 691 da análise dos ministros.

Os advogados dos irmãos Batista informaram que também planejavam ingressar com um agravo contra a decisão do ministro Edson Fachin, do STF, que autorizou a prisão de Joesley Batista e do diretor Ricardo Saud, acusados de omitir informações de suas delações premiadas.

Além da Polícia Federal, a CVM também abriu processo para investigar as ações realizadas pela JBS, mas o órgão tem poder de impor apenas sanções administrativas. Além da investigação envolvendo a FB Participações, a CVM apura irregularidades em empresas, como a Eldorado Brasil Celulose,

Seara Alimentos e Banco Original[15], que podem ter-se aproveitado também de informação privilegiada para fazer negócio no mercado mobiliário.

E, no dia 22 de setembro de 2017, como havia previsto, a defesa de Joesley Batista e de Wesley Batista impetrou pedido de *habeas corpus* no Supremo Tribunal Federal, tendo sido sorteado para julgar o HC o ministro Gilmar Mendes, que se encontrava em viagem à Alemanha para acompanhar as eleições parlamentares daquele país, onde permaneceria até o dia 25.

Apesar de estar na Alemanha, Gilmar Mendes despachou o pedido de medida liminar em *habeas corpus* impetrado pela defesa dos irmãos Wesley e Joesley Batista, usando o recurso da assinatura eletrônica, indeferindo ambos os pedidos, sob a alegação de que não há manifesto constrangimento ilegal.

O pedido de HC em favor de Wesley Batista foi impetrado pelos advogados Igor Sant' Anna Tamasauskas e Pierpaolo Cruz Bottini contra acórdão proferido pela 6ª Turma do Superior Tribunal de Justiça, o qual não conheceu do HC 416.785/SP, nos termos da Súmula 691/STF.

Já o pedido de HC em favor de Joesley Batista foi impetrado pelos advogados Ticiano Figueiredo, Antônio Carlos de Almeida Castro, Pedro Ivo Velloso, Roberta Cristina Queiroz, Álvaro Chaves, Marcelo Turbay Freiria e Fernanda Reis contra a prisão preventiva decretada pela 6ª Vara Federal de São Paulo, nos autos da Ação Cautelar 0012131-73.2017.4.03.6181, com base em investigação de crimes de manipulação de mercado e de *insider trading* (arts. 27-C e 27-D Lei 6.386/76), para garantia da ordem pública e conveniência da instrução, bem como para assegurar a aplicação da lei penal.

De acordo com o ministro Gilmar Mendes:

> A gravidade concreta do crime, representada pelas circunstâncias especialmente gravosas da infração penal, é um indicativo válido da periculosidade do agente e de seu potencial para reiterar ilícitos. [...] Maus antecedentes também são indicativos de potencial reiteração delitiva, ainda que "desconexos" do fato imputado. Ressalto que,

---

15 O Banco Original, por exemplo, poderia ter feito aplicações em derivativos atrelados à taxa Selic, cuja queda de 1%, ocorrida na reunião do Copom (Conselho de Política Monetária) dos dias 11 e 12 de abril de 2017, foi uma informação privilegiada obtida por Joesley Batista no dia 7 de março.

baseada em juízo de probabilidade – não de certeza –, a medida cautelar pode ser aplicada ainda que inexista condenação definitiva pelo fato anterior.

Segundo a Polícia Federal, o relatório completo sobre as operações irregulares cometidas pelos irmãos Batista será encaminhado ao MPF no máximo até o dia 13 de outubro, 30 dias após a decretação de suas prisões.

Os irmãos Joesley e Wesley Batista, presos na carceragem da Polícia Federal, em São Paulo, estão incomodados ao ver a delação premiada assinada com a Procuradoria-Geral da República na iminência de naufragar. Seus advogados orientaram a dizerem que, sem eles, todo o esforço de investigação dos procuradores da República corre o risco de parar no lixo.

A defesa dos irmãos Joesley e Wesley Batista ofereceu, no dia 29 de setembro de 2017, ao juiz federal João Batista Gonçalves, que apura a acusação *de insider trading*, a caução dos valores citados pelo Ministério Público Federal como lucro indevido (US$ 100 milhões), obtido com o uso de informação privilegiada, informou o Painel da *Folha*.

O depósito seria feito em troca da suspensão da detenção, que os irmãos Batista alegam ser injusta, já que não cometeram crime, mas apontam a apresentação dos valores como uma garantia de que cumprirão qualquer decisão judicial de reparação e de que continuarão a contribuir com as apurações. O juiz federal enviou o pedido ao Ministério Público Federal para que este fale no processo sobre tal proposta.

O Ministério Público Federal, de São Paulo, denunciou, no dia 10 de outubro de 2017, os irmãos Wesley e Joesley Batista à 6ª Vara Criminal Federal por uso indevido de informações privilegiadas. Isso ocorreu apenas um dia depois de a Polícia Federal entregar relatório indicando que havia "provas robustas" de que as ordens financeiras de negociação de ativos do grupo às vésperas da divulgação da delação premiada da empresa partiram dos irmãos.

A Procuradoria Federal de São Paulo apontou que o lucro com a compra de dólares foi de R$ 100 milhões, e com a compra e venda de ações os irmãos Batista teriam deixado de perder R$ 138 milhões, num total de R$ 238 milhões de lucratividade que eles tiveram em cima do acordo de delação.

A Procuradoria da República também afirma que os irmãos Batista, caso não usassem a informação privilegiada para fazer negócios no mercado de ações e de dólar, teriam perdido R$ 196 milhões.

Além da ação criminal a que respondem em prisão preventiva, os irmãos Batista passaram, em 26 de outubro de 2016, a responder na CVM a um Processo Administrativo Sancionador (PAS), derivado de um dos processos administrativos, que investigava a venda e recompra de ações da JBS com o uso de informação privilegiada. Ou seja, a Comissão de Valores Mobiliários passou a investigar a responsabilidade de cada um na irregularidade.

Operação Lama Asfáltica

No dia 11 de maio de 2017, a sede da Eldorado Brasil Celulose, em Três Lagoas (MS), foi alvo de busca e apreensão de documentos, no âmbito da 4ª fase da Operação Lama Asfáltica, intitulada Operação Máquinas de Lama[16] e deflagrada pela Receita Federal, Polícia Federal, Ministério Público Federal e Controladoria-Geral da União (CGU), usando 270 agentes.

As investigações levaram a suspeitas de que a Eldorado e a JBS teriam pago, em 2014, cerca de R$ 10 milhões em propina a um grupo criminoso, formado por servidores públicos do estado do Mato Grosso do Sul, que concedia, em troca, isenções fiscais às empresas.

Seguindo o rastro do dinheiro, foi verificado que o valor teria retornado por meio de contratos fictícios de locação de máquinas e doação de campanha eleitoral. De acordo com as investigações, houve registro de débito de R$ 5 milhões com histórico "doação", em 14 de julho de 2014, numa planilha "Cefop André" apreendida na casa de André Luiz Cance, ex-secretário adjunto da Sefaz-MS.

Uma tabela similar foi entregue à PGR pelo delator Valdir Boni, "homem forte" da JBS na região Centro-Oeste, que assinou a maioria dos Tares (Termos de Acordo de Regime Especial) com o governo de Mato Grosso do Sul.

Também foi feita uma consulta ao sistema de prestação de contas do Tribunal Superior Eleitoral, que mostrou que a JBS fez uma doação de R$ 5 milhões ao PMDB do estado em 17 de julho de 2014.

---

16 O nome da operação (Máquinas de Lama) se refere à forma de pagamento de propina com a utilização de contratos de locação de máquinas de terraplanagem.

Outra planilha apreendida na casa de André Luiz Cance tinha o título "Créditos Utilizados com Base no TA 832/2013-Friboi". A tabela repete valores que constam como recuperados na planilha "Cefop André" e também na que foi entregue pela JBS em sua delação premiada.

A Eldorado e a JBS estariam envolvidas em um esquema de corrupção que reunia empreiteiras e duas empresas locatárias de máquinas de obra rodoviária, de acordo com o delegado da Polícia Federal, Cleo Mazzoti, e com o superintendente da Controladoria Regional de Mato Grosso do Sul, José Paulo Barbieri, que estão à frente das investigações.

As locatárias Proteco Construções e ASE Participações, de acordo com as investigações, alugavam maquinário para construção de rodovias a algumas empreiteiras, que fraudavam as licitações. Ainda segundo as análises dos agentes da força-tarefa, os contratos eram superfaturados: identificou-se que o número de máquinas contratadas foi superior ao necessário para a realização das obras. Também foi verificado que o maquinário era subutilizado, o que deu margem para a Polícia Federal e a CGU alegarem que havia desvio de verba pública (cerca de R$ 125 milhões desviados pelas empreiteiras).

As empresas Eldorado e JBS, mesmo não tendo nenhuma relação com as obras rodoviárias investigadas, teriam participado do esquema fraudulento, com contratos fictícios de aluguel de máquinas para, especificamente, obterem isenção fiscal, pela qual pagavam propina à base de 20% do montante das isenções fiscais que as empresas teriam até 2028.

José Paulo Barbieri relatou que as investigações tiveram início em obras públicas com suspeita de desvios. "Depois, com análise dos inúmeros contratos, vimos que havia o viés de isenção tributária de algumas empresas, como Eldorado e JBS."

Com a suspeita de que isenções financeiras concedidas pelo governo eram retribuídas com propina, foram também cumpridos, no dia 11 de maio de 2017, mandados de busca e apreensão em duas unidades da JBS em Campo Grande e na sede da companhia, em São Paulo.

Capítulo 14

Uma história muito mal contada

A vida vai ficando cada vez mais dura perto do topo.

Friedrich Nietzsche

No dia 27 de dezembro de 2010, a JBS S.A. divulgou Fato Relevante informando ao mercado que havia efetuado o pagamento do prêmio (multa de US$ 300 milhões por não abrir o capital da JBS USA) no valor bruto de R$ 260,97 para cada debênture emitida pela companhia, totalizando R$ 521.940.000,00 (99,92% do BNDES).

No mesmo comunicado, a JBS afirmou que estava em estágio avançado de negociação com o BNDES a segunda emissão de debêntures, mandatoriamente conversíveis, objetivando substituir as debêntures da primeira emissão.

De acordo com a Nota Explicativa nº 19 das Demonstrações Financeiras da JBS do 4º trimestre de 2010:

> Cada uma das debêntures será única e exclusivamente nas seguintes hipóteses, convertida em ações de emissão da companhia: (i) no caso de não verificação do Evento de Liquidez no prazo estabelecido na escritura, (ii) no caso de não verificação de certos requisitos descritos na escritura, ou (iii) nas hipóteses de Vencimento Antecipado previstas na escritura. A quantidade de ações ordinárias de emissão da companhia nas quais as

debêntures serão convertidas decorre da divisão entre (a) seu valor nominal unitário, acrescido de um prêmio de 10% (dez por cento); e (b) o preço de conversão, determinado com base na média ponderada, por volume do preço da ação ordinária de emissão da companhia em negociação ("JBSS3") nos 60 (sessenta) pregões imediatamente anteriores à data da efetiva conversão das debêntures, média esta ajustada para proventos declarados, limitado a um piso de R$ 6,50 (seis reais e cinquenta centavos) por ação e um teto de R$ 12,50 (doze reais e cinquenta centavos) por ação ("Conversão em Ações").

A colocação das debêntures da segunda emissão seria privada (ou seja, não precisaria ser registrada na CVM), com direito de preferência de subscrição para os acionistas na época da emissão, e que teria as seguintes características: valor de R$ 4 bilhões, com prazo de cinco anos e juros de 8,5% ao ano, pagos trimestralmente. As debêntures seriam mandatoriamente conversíveis em ações da JBS S.A. no quinto ano, ao preço unitário para conversão de R$ 9,50 (JBSS3), acrescidos dos juros pagos aos debenturistas, líquido de impostos e deduzidos de toda remuneração paga aos acionistas no período (dividendos e juros sobre capital próprio etc.); e opção de subscrição com as debêntures da primeira emissão.

Entre as vantagens da nova emissão, foi destacada a eliminação da obrigação de realização de uma oferta pública de ações da JBS USA em 2011 e a otimização da estrutura financeira e fiscal da companhia.

Entretanto, no Relatório Anual de 2010, com todas as informações consolidadas aos acionistas e ao mercado, a JBS informa o valor de R$ 521,9 milhões como "Dívida Líquida" relativa ao pagamento no quarto trimestre de 2010, de prêmio das debêntures. Ou seja, em dezembro de 2010 não houve pagamento, conforme escrito no referido Fato Relevante, mas "a promessa de pagamento" e os R$ 521,94 milhões – como foi demonstrado no relatório – se somaram à alavancagem da companhia, que já passava de R$ 15,5 bilhões.

A revista *Veja* publicou, em 28 de dezembro de 2010, que o BNDES não teria se manifestado, oficialmente, sobre a pretendida "rolagem de dívida" pela JBS S.A., com a emissão de R$ 4 bilhões em novas debêntures.

A proposta da JBS S.A. ainda não teria sido analisada pela diretoria do banco estatal e, segundo a publicação, a companhia estaria inadimplente com o banco numa das cláusulas do contrato da primeira operação, que previa o pagamento de multa de US$ 300 milhões, condicionada à abertura de capital da subsidiária americana do frigorífico, a JBS USA, e que isso deveria ser feito até o final de dezembro de 2010.

Nesse mesmo dia, foi divulgado pelo BNDES que este não previa "novo aporte de recursos para a JBS, nessa segunda emissão de debêntures avaliada em R$ 4 bilhões". Ainda de acordo com o BNDES, a direção do banco de fomento estaria analisando se iria fazer a migração dos cerca de 3,5 bilhões de debêntures permutáveis por Certificados de Recibos de Ações (BDRs) da JBS USA, que tinha em carteira, pelos novos títulos conversíveis da JBS S.A.

No dia 13 de janeiro de 2011, a JBS S.A., em comunicado enviado à SEC (Securities and Exchange Commission), solicitou a retirada do registro da oferta pública inicial de ações (IPO) da JBS USA no mercado americano. O pedido ocorreu após o anúncio de que a JBS S.A. estaria em estágio avançado de negociação com o BNDES para realizar a segunda emissão de debêntures conversíveis, eliminando a obrigatoriedade de realização de IPO da JBS USA.

Depois desse comunicado, a JBS não voltou a falar sobre a emissão dos R$ 4 bilhões em novas debêntures, como se o assunto nunca tivesse existido. E restou a dúvida sobre o que realmente teria ocorrido.

Nas Demonstrações Financeiras referentes aos exercícios findos em 31 de dezembro de 2010/2009 e de 2011/2010, preparadas pela BNDESPar e nos Relatórios dos Auditores Independentes (Deloitte Touche Tohmatsu Auditores Independentes) e respectivas Notas Explicativas às Demonstrações Financeiras, não há qualquer referência ao recebimento, pelo BNDES, da multa de US$ 300 milhões (R$ 521,94 milhões) que deveria ter sido paga pela JBS ao braço de participação acionária do banco, embora a JBS tenha divulgado o pagamento em Fato Relevante e colocado isso como motivo do prejuízo no ano de 2010.

Nas Demonstrações Financeiras de 2010/2009, a única referência que aparece nas Notas Explicativas é quanto à participação da BNDESPar no capital da JBS S.A. É citado que "a BNDESPar participa diretamente de 17,54% do capital votante da JBS e indiretamente de mais 3,66% do capital votante, através do Fundo PROT FIP, totalizando 20,98% de participação no capital votante da JBS em 31 de dezembro de 2010".

Nas Demonstrações Financeiras de 2011/2010, são feitas duas observações pelos auditores:

1. Em julho de 2011, a BNDESPar converteu debêntures emitidas pela JBS de sua propriedade em 493.968 ações desta coligada, equivalentes a R$ 3.477.568, aumentando seu percentual de participação de 17,60% para 31,35%. O aumento da quantidade de ações em tesouraria detidas pela coligada no 4º trimestre de 2011 elevou o percentual de participação, utilizado para apuração da equivalência patrimonial, para 31,41%.

2. O valor contábil do investimento na JBS S.A. inclui ágio por expectativa de rentabilidade futura (goodwill) no valor de R$ 908.847,00. O valor recuperável dessa participação, incluindo o ágio, foi determinado pelo valor em uso, calculado através do valor residual esperado com a alienação do investimento, obtido por meio de modelos de fluxos de caixa projetados da investida para os próximos cinco anos, tomando como base as demonstrações financeiras consolidadas do 3º trimestre de 2011, descontados a valor presente pelo custo médio ponderado de capital da empresa. As projeções do fluxo de caixa foram realizadas utilizando premissas próprias, de mercado, desempenho histórico da investida e expectativas econômicas futuras. Nessa avaliação, não foram identificadas perdas por redução ao valor recuperável, uma vez que o valor em uso é superior ao valor contábil do investimento.

No mesmo Relatório de Demonstrações Financeiras (pág. 47), os auditores independentes foram induzidos a cometer um equívoco, listando a JBS S.A. no item 9.2.1 (Carteira de Coligadas), empresas coligadas subordinadas ao item 9.2 (Investimentos – Coligadas avaliadas pelo método de equivalência patrimonial), pág. 46, se se tomar apenas por base a definição do item 3.2 (Investimento em coligadas), pág. 12.

Segundo o Relatório da Auditoria:

Coligadas são todas as entidades sobre as quais a BNDESPar

possui poder de participar nas decisões financeiras e operacionais da investida, sem controlar de forma individual ou conjunta essas políticas. A influência significativa é presumida quando a BNDESPar possui 20% ou mais do capital votante da investida.

No mesmo item, os auditores falam que "esta presunção de influência é afastada quando a BNDESPar não participa nas decisões da investida, mesmo que tenha 20% ou mais do capital votante", o que seria o caso da JBS S.A., considerando que a BNDESPar tinha, em 31 de dezembro de 2011, 31,41% de seu capital social, conforme transcrito anteriormente, mas sem qualquer influência direta sobre os destinos da companhia, a não ser apoio financeiro.

Afirmaram os auditores:

> A Administração entende que certas participações acionárias detidas pela BNDESPar, que representam mais de 20% do capital votante, não conferem influência significativa sobre tais entidades, em função, principalmente, da não participação na elaboração das políticas operacionais e financeiras da investida. Por outro lado, a Administração julgou exercer influência significativa em entidades nas quais detém menos de 20% do capital votante, por influenciar as políticas operacionais e financeiras de tais entidades.

A JBS S.A. era uma das empresas coligadas à BNDESPar e avaliadas pelo método de equivalência patrimonial, juntamente com Brasiliana, Copel, Fibria, Grambio e Tupy, avaliadas, em 31 de dezembro de 2011, em R$ 19.332.192.000,00, sendo que somente a JBS S.A. estava avaliada, pelo método de equivalência patrimonial, em R$ 7.154.432.000,00.

E daí, aonde se quer chegar com esse rodeio todo? Calma...

Antes, um detalhe: a BNDESPar tinha, em 2011, em carteira, o total de 931.070.000 ações, e no dia 31 de dezembro de 2011 a ação JBSS3 (JBS S.A.) encerrou o pregão cotada a R$ 6,08, o que daria à BNDESPar, se fosse vender sua participação na companhia, no máximo o valor de R$ 5.660.905.600,00, com quase R$ 1 bilhão de prejuízo.

Mesmo com essas condições, a BNDESPar colocou no seu balanço, como provisão de ágio para as ações da JBS S.A., o valor de R$ 908.847.000,00, o que elevaria o valor de sua participação acionária para R$ 7.463.127.000,00.

Outro documento do BNDES, datado de agosto de 2011, chama muito a atenção. Trata-se de um Informe Contábil referente ao primeiro semestre de 2011, que tem na segunda página uma nota dizendo: "Os saldos de jun/10 foram ajustados para refletir as mudanças implementadas a partir de 31/12/2010, de modo a permitir a comparabilidade do resultado entre os períodos".

E, abaixo da nota, é apresentada a seguinte justificativa:

1. O primeiro semestre de 2010 (1S/10) foi impactado por recuperação de créditos de R$ 2 bilhões. 1S/11 reflete melhora na qualidade da carteira de crédito como um todo e recuperação de créditos, de R$ 469 milhões. 2) Crescimento de R$ 1.956 bilhão reflete: (i) aumento de R$ 865 milhões da receita com alienações de participações societárias; (ii) aumento de R$ 915 milhões da receita com dividendos e JCP; e (iii) **crescimento de R$ 521 milhões do resultado com equivalência patrimonial.** (grifo dos autores).

É no mínimo curioso que a BNDESPar não tenha dado qualquer entrada do valor da multa de US$ 300 milhões ou de R$ 521 milhões no balanço de 2010, e só em agosto de 2011 fazia esse informe para corrigir uma equivalência patrimonial de, justamente, o valor que deveria ter entrado em espécie, mas foi para o balanço como Receita por Equivalência Patrimonial, como são avaliadas as empresas desse grupo na BNDESPar.

Afinal de contas, a JBS S.A. pagou a multa que devia ao BNDES por não ter aberto o capital da JBS USA até 31 de dezembro de 2010 ou não? Esta é uma dúvida cruel que precisa ser verificada, depois que for conseguido acesso aos dados da "caixa-preta" do BNDES.

As debêntures emitidas pela JBS S.A. e subscritas pela BNDESPar por R$ 3,479 bilhões eram um negócio de "pai para filho", já que não implicaria pagamento de juros, dividendos ou qualquer outro custo durante um ano (carência). Viraria um dilema, visto o pagamento dos US$ 300 milhões de multa ao fim de um ano, devido a não abertura do capital da JBS USA, diga-se de passagem, que foi por problema do mercado americano e não porque a JBS não quis fazer a abertura do capital da companhia.

Mas os empresários correm riscos, ou, pelo menos, a maioria deles.

A JBS fechou o ano de 2010 com um prejuízo líquido de R$ 264 milhões, sendo que informou que teria sido decorrente, basicamente, do pagamento do prêmio de R$ 521,94 milhões aos debenturistas.

Além de aparecer nas Demonstrações Financeiras da companhia, isso também foi comunicado numa teleconferência, no dia 24 de março de 2011, para operadores do mercado, conduzida pelo vice-presidente do Conselho de Administração da JBS S.A., Wesley Mendonça Batista, e pelo diretor de Relações com Investidores, Jeremiah O'Callaghan, que acrescentou que também pesou no resultado a recompra de ações no valor de R$ 208 milhões.

Se me perguntassem, eu apostaria que essa multa de R$ 521,94 milhões, devida ao BNDES, não foi paga, pelo que vinha sendo relatado das conversas do empresário Joesley Mendonça Batista desde o início de 2010, com ampla divulgação pela imprensa.

Veja que, no dia 25 de novembro de 2010, o *Estadão* publicou entrevista com o empresário Joesley Batista, com o curioso título "Será que eu joguei pedra na cruz?", que foi um desabafo dele ao final da entrevista. Nela, um dos repórteres pergunta ao empresário: "Vocês estão renegociando a dívida de US$ 300 milhões com o BNDES?".

Joesley Batista respondeu: "Acho muito normal e razoável uma companhia que levantou US$ 2 bilhões pagar US$ 300 milhões. Mas as pessoas esquecem o tamanho da JBS. Não acho essa questão relevante!".

Insatisfeito com a resposta, o repórter volta à carga: "Mas o senhor vai pagar a multa ou tentar renegociar?". Joesley Batista: "Às vezes não entendo repórter, me desculpa, mas não sei como as pessoas me perguntam isso. É contratual. Está lá; é líquido e certo. É como dizer: você vai pagar o cartão de crédito? Vou. Eu fico frustradíssimo. Por que essa multa? Inalca e Argentina rendem tanta matéria nos jornais!".

Em outra ocasião, dessa vez por meio de teleconferência para comentar com analistas de mercado os resultados da JBS no segundo trimestre de 2010, Joesley Batista, ao falar da multa de US$ 300 milhões que deveria pagar ao BNDES, caso não abrisse o capital da JBS USA até o final daquele ano, deu a seguinte explicação:

> Quanto mais passar o tempo, eu acho que a empresa (JBS USA) vai se valorizar mais do que os US$ 300 milhões... Estamos apresentando

bons resultados; enquanto tiver isso, eu quero postergar, porque vou converter (as ações) a um preço mais favorável.

Joesley Batista lembrou aos analistas que o BNDES era um grande acionista da JBS, já que possuía 17% da companhia, e fez uma conclusão um tanto nebulosa: "Ele [BNDES] não vai fazer um negócio contra a empresa. Ele tem total interesse de ver essa ação de R$ 8,00 subir para R$ 20,00", valor que nunca alcançou.

O que isso poderia significar? O que seria fazer um negócio contra a empresa? Cobrar a multa de US$ 300 milhões?

"Muito provavelmente a operação não será em 2010, a não ser que mude alguma coisa... Vou ter dois anos para incrementar os resultados das empresas, ganhar sinergias, melhorar os lucros para poder valorizar o melhor possível...", afirmou Joesley Batista, em seguida, a respeito da abertura de capital da JBS USA.

Isso mais parecia discurso articulado com a direção do BNDES, em alguma reunião de negociação, não é mesmo? Mas, arrematando, ficamos diante de duas hipóteses: uma, contrariando tudo que foi falado antes a respeito de um possível perdão da dívida e transformação do valor como parte do "resultado de equivalência patrimonial".

Nesse caso, a JBS teria conseguido transformar o valor da multa a ser paga ao BNDES em um novo empréstimo? A segunda hipótese é de que o BNDES, como sócio do empreendimento, "não fez nada contra a empresa"; fez de conta que nada aconteceu e confirmou as nossas suspeitas iniciais.

Mais uma coisa:

Se a JBS não pagou à BNDESPar os R$ 521,9 milhões da multa contratual; se a BNDESPar encobriu o não pagamento com a atualização do valor de sua equivalência patrimonial em igual valor; se a JBS apresentou prejuízo no balanço alegando o tal pagamento, supostamente não realizado, onde foi parar o dinheiro? Será que parte desse dinheiro também entrou na "caixinha" que a JBS mantinha em contas no exterior para financiar políticos?

E o prejuízo dado à BNDESPar e minoritários, incluindo a Caixa Econômica Federal (Funcef) e Petrobras (Petros) e o PROT Fundo de Investimentos em Participação, que tinha como maior contribuinte a BNDESPar, que também tinha o Funcef e o Petros como parte?

Essas perguntas foram feitas ao empresário Joesley Batista no dia 21 de junho de 2017, quando prestou depoimento, na Superintendência Regional do Distrito Federal, à delegada da Polícia Federal Danielle de Meneses Oliveira Mady.

Joesley Batista assim declarou:

> Que a respeito do preço de conversão das debêntures subscritas pela BNDESPar na operação de abertura de capital da JBS USA e dispensa de prêmio, o depoente esclarece que a fórmula para precificação do valor das ações foi abandonada porque estava jogando o preço das ações para baixo; QUE em negociação com CAIO [Melo] [superintendente do BNDES], o depoente comprovou que a abertura do capital em maio/2011 redundaria em enorme prejuízo para o BNDES, porque o mercado americano não estava favorável à operação; QUE, entretanto, a abertura de capital nos EUA poderia ser exercida pela empresa; QUE, em negociação, a JBS S.A. abriu mão do direito de converter as debêntures na JBS USA, o que traria prejuízos à BNDESPar, e, por sua vez, a instituição abriu mão de converter as debêntures utilizando a fórmula estabelecida na escritura; QUE as partes entraram em consenso e adotaram uma terceira fórmula, evitando perdas tanto para o BNDES quanto para a empresa.

Pelos cálculos dos técnicos do Tribunal de Contas da União, somente o acordo envolvendo a conversão das debêntures por ações da JBS S.A., tomando-se como base os cem últimos pregões, teria causado um prejuízo de R$ 266,7 milhões ao BNDES.

Mas veja por que toda essa história parece ser tão fantasiosa e por que persiste a dúvida de que a JBS não pagou a multa de US$ 300 milhões devida ao BNDES.

No relatório de demonstrações contábeis referentes ao ano de 2010, emitido pela JBS, é explicada a transação com o BNDES para que a companhia conseguisse que o banco subscrevesse as debêntures. Veja como elas deveriam ser convertidas pelos 60 últimos pregões:

Demonstrações contábeis acompanhadas do Parecer dos Auditores Independentes – 31 de dezembro de 2010 e 2009
A companhia emitiu no dia 28 de dezembro de 2009 a quantidade de 2.000.000 de debêntures, ao valor nominal unitário de

R$ 1.739,80. O valor total das debêntures é de R$ 3.479.600,00 sendo os custos inerentes à transação de R$ 17.388,00 não existindo prêmios nesse processo de captação, equivalentes na data da emissão das debêntures a US$ 2 bilhões, de acordo com a respectiva escritura de emissão.

Os 2.000.000 de debêntures são mandatoriamente permutáveis por certificados de depósito de valores mobiliários (Brazilian Depositary Receipts – BDRs), patrocinados de nível II ou III, lastreados em ações ordinárias votantes de emissão da JBS USA, ou mandatoriamente conversíveis em ações de emissão da companhia, caso essa não realize o evento de liquidez.

A companhia recebeu, no dia 22 de dezembro de 2009, correspondência da BNDES Participações S.A. – BNDESPar, comunicando a aprovação da realização de investimento mediante subscrição de debêntures subordinadas, conversíveis em ações e com cláusula de permuta da primeira emissão privada da companhia, a ser realizada em série única.

Tendo em vista o encerramento do prazo final de rateio de sobras na emissão das debêntures, a companhia comunicou, no dia 19 de fevereiro de 2010, com base em informações fornecidas pelo Banco Bradesco S.A., instituição depositária das debêntures da companhia, que foram subscritas a totalidade das debêntures emitidas, conforme aprovado em Assembleia Geral Extraordinária da companhia, realizada em 31 de dezembro de 2009.

O prazo de vencimento das debêntures será de 60 anos, contado da data de emissão, vencendo-se as mesmas, portanto, em 28 de dezembro de 2069.

Cada uma das debêntures será única e exclusivamente nas seguintes hipóteses, convertida em ações de emissão da companhia: (i) no caso de não verificação do Evento de Liquidez no prazo estabelecido na escritura, (ii) no caso de não verificação de certos requisitos descritos na escritura, ou (iii) nas hipóteses de Vencimento Antecipado previstas na escritura. A quantidade de ações ordinárias de emissão da companhia nas quais as debêntures serão convertidas decorre da divisão entre (a) seu valor nominal unitário, acrescido de um prêmio de 10% (dez por cento); e **(b) o preço de conversão, determinado com base na média** ponderada por volume do preço da ação ordinária de emissão da companhia em negociação ("JBSS3") nos 60 (sessenta) pregões imediatamente anteriores à data da efetiva conversão das debêntures, média esta ajustada para proventos declarados, limitado a um piso de R$ 6,50 (seis reais e cinquenta centavos) por ação e um teto de R$ 12,50 (doze reais e cinquenta centavos) por ação ("Conversão em Ações").

Como foi demonstrada anteriormente, a conversão foi feita com base nos cem últimos pregões, porque senão o BNDES passaria a deter mais de 33,3% das ações da JBS e, portanto, deveria adquirir o restante da companhia, conforme determina a lei das Sociedades Anônimas.

Em seguida, a JBS informa que determinou ao agente fiduciário que prorrogasse a data limite do evento de liquidez e que teria pago o prêmio de R$ 260,97 para cada debênture emitida, totalizando os R$ 521,94 milhões.

Mas, embora o título da nota seja pagamento à BNDESPar, existiam debenturistas minoritários.

Pagamento de prêmio de Debêntures à BNDESPar
Conforme divulgado ao mercado no dia 26 de dezembro de 2010, a companhia notificou a Planner Trustee DTVM Ltda. (Agente Fiduciário) para prorrogar a data limite do evento de liquidez até 31 de dezembro de 2011 e efetuou o pagamento do prêmio no valor bruto de R$ 260,97 (duzentos e sessenta reais e noventa e sete centavos) para cada debênture emitida, totalizando R$ 521.940.000,00, nos termos dos itens III.16.1.2. e III.21.a.vi. da Escritura da 1ª Emissão de Debêntures Conversíveis em Ações ("Debêntures da 1ª Emissão"). O Banco Mandatário e Agente Escriturador (Banco Bradesco S.A.) iniciou o pagamento aos debenturistas em 23 de dezembro de 2010.

No Relatório de Demonstrações Contábeis de 2011, portanto um ano depois de a JBS ter informado que havia pago a totalidade da multa de US$ 300 milhões, ela informa que "em 31 de dezembro de 2011 a companhia possui um saldo remanescente a pagar para os debenturistas no montante de R$ 1.283.000,00, que será quitado no decorrer do exercício de 2012".

Isso se refere aos debenturistas que não exerceram a opção de capitalização de suas debêntures. E é muito estranho que a JBS, que teve dinheiro para pagar mais de R$ 520 milhões à BNDESPar, não teria 1,2 milhão para pagar os demais debenturistas, que receberiam ao longo do exercício fiscal de 2012.

As coisas não fecham, de jeito nenhum...

Joesley Batista, em seu depoimento à Polícia Federal, referido anteriormente, nada falou sobre o não pagamento do prêmio de 10% que, de acordo com relatório do TCU, o BNDES teria renunciado "ao prêmio de 10% no momento da conversão das debêntures em ações, o que representa indício de dano no montante de R$ 347,8 milhões, equivalentes a aproximadamente 49,72 milhões de ações da JBS".

O prêmio de 10% não foi pago, e isso foi confirmado em outra ocasião pelo empresário Joesley Batista, que justificou que somente seria válido se tivesse havido a conversão das debêntures em papéis da JBS USA, sendo muito estranho tal entendimento.

Já a BNDESPar disse ao *Valor Econômico* que a multa de 10% da escritura foi levada em conta, ao se entender que o preço-alvo de R$ 8,44 para as ações da JBS no final de 2011, conforme previsto pelo banco, estaria acima de um preço-alvo neutro, que seria de R$ 7,74.

Não há explicação de onde tiraram esse número.

Os técnicos do TCU perceberam, de maneira precisa, que havia preocupação, não com o BNDES, mas, sim, que a JBS tivesse prejuízo. Informa o relatório do tribunal: "Para sanar a questão da diluição, poderia a BNDESPar ter buscado, em conjunto com a JBS, outra solução econômico-financeira que não resultasse em cessão graciosa de dinheiro público".

Nota-se, claramente, que a relação entre a JBS e o BNDES sempre foi de compadrio e sem o profissionalismo que se exige de uma instituição bancária estatal, que deve ter responsabilidade com a aplicação do dinheiro público.

Capítulo 15

O poder da JBS/Friboi na política brasileira

O Brasil progride à noite, enquanto os políticos estão dormindo.

Elias Murad

A Friboi Ltda., em 2002, já era dona da marca do abate de 5,8 mil cabeças de gado por dia, e foi também nesse ano que iniciou seu processo de internacionalização em vendas, despontando-se como líder brasileira na exportação de carne bovina, mas ainda não estava entre as 400 maiores empresas brasileiras.

Naquele ano de eleições, quando o candidato Luis Inácio Lula da Silva ganharia a disputa pela Presidência da República, a Friboi teve ainda uma discreta participação na política e não esteve nem entre as cem maiores doadoras na campanha para o plano federal, com doações "oficiais" que ficaram abaixo de R$ 200 mil.

José Batista Júnior, o irmão primogênito da família Batista e então presidente da empresa, sempre esteve ligado à política, mas só fez sua estreia partidária em 2005, quando se filiou ao PSDB. Embora fosse seu plano inicial, desistiu de tentar a candidatura, em 2006, ao governo de Goiás, quando a JBS Ltda. começou a enfrentar, no Conselho Administrativo de Defesa Econômica (Cade), acusações de formação de cartel na compra de gado.

Nas eleições de 2006, entretanto, a JBS Ltda. se destacou como grande financiadora, fazendo uma doação total de R$ 12 milhões, segundo o registro do TSE. Um terço desse valor foi destinado à campanha de reeleição do presidente Lula, a quem Batista Júnior (ou Júnior Friboi, como gosta de ser chamado) não poupou elogios: "Lula fez um governo que internacionalizou o Brasil", o que soaria mais como uma espécie de autorreferência, já que a JBS/Friboi, desde 2005, vinha comprando empresas na Argentina, nos Estados Unidos e na Austrália, e passou a trabalhar com carne bovina nesses países com um ainda modesto apoio financeiro do BNDES.

Além do dinheiro destinado à campanha de reeleição de Lula, a JBS Ltda. (que sucedia a Friboi Ltda.) financiou as campanhas do governador goiano Alcides Rodrigues (PP) com R$ 1,5 milhão, e a do governador do Distrito Federal, José Roberto Arruda (DEM), com R$ 500 mil.

A JBS também contribuiu, nas eleições de 2006, com mais de R$ 1,7 milhão para a eleição de sete deputados federais goianos e outros R$ 516 mil para a campanha de sete dos 41 parlamentares eleitos para a Assembleia Legislativa. O grupo também participou do financiamento de campanhas de candidatos a deputado federal e estadual de oito estados brasileiros.

"Tudo foi feito de forma clara, usando os benefícios que a lei confere. Nunca tomamos partido de qualquer um dos lados", afirmou, na ocasião, o então presidente do grupo JBS, José Batista Júnior.

Em São Paulo, durante palestra para jovens empreendedores, em 2008, José Batista Júnior foi só elogios para o governo: "Nunca tivemos um governo assim. Quem quiser internacionalizar o país, este ainda é o momento. O governo atual tem dado todo o apoio para isso".

E, deixando clara sua vontade de disputar as eleições de 2010, ele afirmou: "Teria muito prazer em contribuir com este país maravilhoso".

No início de 2009, objetivando conseguir sair candidato ao governo de Goiás na eleição de 2010, Júnior Friboi deixou o Partido da Social Democracia Brasileira (PSDB) e se filiou ao Partido Trabalhista Brasileiro (PTB), mas não conseguiu participar da chapa encabeçada por Marconi Perillo (PSDB-GO).

A JBS S.A., contudo, aumentou sua participação no investimento eleitoral, dessa vez com doações totalizando R$ 63 milhões. Já praticava o Caixa 2 em suas doações a candidatos, como no caso de José Serra, que disputava a Presidência da República.

De acordo com o empresário Joesley Batista, em seu depoimento à Procuradoria-Geral da República, o candidato José Serra o procurou na sede da JBS, em São Paulo, pedindo apoio financeiro para a disputa eleitoral de 2010, sendo atendido com R$ 6,42 milhões não contabilizados e outros R$ 14 milhões oficialmente declarados, totalizando R$ 20,42 milhões.

Conforme seu depoimento, o repasse de dinheiro não contabilizado ao candidato José Serra ocorreu por meio de "emissão de nota fiscal da LRC Eventos e Promoções, no valor de R$ 6 milhões, para simular a aquisição de um camarote no autódromo de Fórmula 1", e de "emissão de nota fiscal, no valor de R$ 420 mil, da empresa APPM Análises e Pesquisas".

Já em 2011, José Batista Júnior foi para o Partido Socialista Brasileiro (PSB), permanecendo até 2013, com as bênçãos do governador de Pernambuco à época, Eduardo Campos, que esteve em Goiás prestigiando sua filiação no dia 7 de julho daquele ano.

No dia 18 de abril de 2013, Júnior Friboi, então presidente do PSB-GO, esteve reunido com o vice-presidente da República, Michel Temer, não dando qualquer declaração pública ao final do encontro, mas acertando a sua transferência para o PMDB, que, dizem, foi uma exigência do ex-presidente Lula, cobrando o apoio do BNDES ao grupo J&F Participações.

"Uma grande aquisição para o PMDB", afirmou o então vice-presidente, Michel Temer, ao receber a ficha de filiação do empresário e pré-candidato ao governo do estado de Goiás, José Batista Júnior, o Júnior Friboi.

A solenidade foi realizada no dia 15 de maio de 2013, no auditório Sólon Amaral, da Assembleia Legislativa de Goiás, que ficou lotado de personalidades públicas e autoridades nas esferas federal, estadual e municipal, como o então presidente interino nacional da legenda, o senador por Rondônia Valdir Raupp e o ex-presidente estadual do antigo partido de Júnior Friboi, Barbosa Neto.

Novamente Júnior Friboi não conseguiu atingir o objetivo de se candidatar ao governo de Goiás, apesar das bênçãos de Michel Temer, que também presidia o PMDB. Júnior Friboi foi preterido pelo candidato Iris Resende, que foi derrotado pelo candidato Marconi Perillo.

Barrocal afirmou, na reportagem da *Carta Capital*, que o grande problema de Júnior Friboi era a questão financeira, tendo sido disseminada em Goiás a ideia de que o primogênito do clã Batista não pretendia fazer política, mas comprar os eleitores, na medida em que ele alardeava "sem constrangimentos" que utilizaria R$ 100 milhões em sua campanha para se tornar o futuro morador do Palácio das Esmeraldas.

Para o cientista político Francisco Mata Machado Tavares, da Universidade Federal de Goiás (UFG), citado por Barrocal, "seria uma tragédia para a democracia uma incursão política baseada apenas no dinheiro".

E Tavares complementou: "As manifestações de junho do ano passado [2013] de certa forma contestaram a imposição da agenda do Estado pelo poder econômico, e ele é o próprio poder econômico".

De outro lado, foi ventilado nas rodas políticas que a saída de Júnior Friboi da disputa pelo governo de Goiás teria sido uma grande armação do ex-presidente Lula, que o teria levado para o PMDB apenas como forma de afastá-lo do PSB, do candidato Eduardo Campos, pois Lula acreditava que, assim, cortaria uma possível fonte de financiamento para a campanha a presidente do socialista pernambucano.

Depois disso, Lula teria passado a incentivar a candidatura de Iris Rezende, o que atraiu a ira de Júnior Friboi, que declarou apoio à candidatura de Marconi Perillo e liberou seus companheiros de partido para apoiarem o candidato do PSDB ou a outro que bem quisessem.

Em carta endereçada a seus correligionários e divulgada no dia 7 de outubro de 2014, Júnior Friboi afirmava que se colocava à disposição de todos que quisessem somar forças com ele para reconstruir o PMDB. Após o dia 26 de outubro, "eis que, por seus méritos pessoais e políticos, por sua modernidade e eficiência, o povo de Goiás reelegeria o governador Marconi Perillo para mais um mandato frente aos destinos de Goiás".

"Restará a nós preparar o PMDB para os novos tempos que virão; livre, enfim, de projetos messiânicos, que só o levaram a sucessivos insucessos nas urnas, como o que estamos presenciando de forma vergonhosa e triste", finalizou Júnior Friboi.

Já nas eleições de 2014, a JBS S.A. foi a grande protagonista, com a doação de vultosa quantia. Pesquisando documentos do TSE, vê-se que a maioria dos candidatos recebeu repasses de seus diretórios, mas 68 candidatos receberam, direto da fonte, um pouco mais de R$ 84 milhões, sendo que desse valor a candidata a presidente Dilma Rousseff recebeu

R$ 59 milhões. O total recebido oficialmente pelo PT da JBS foi de R$ 120,37 milhões (31,43%).

Aos nove partidos e candidatos que formaram a coligação de apoio à candidata a presidente Dilma Rousseff (PT, PMDB, PDT, PCdoB, PP, PR, PSD, PROS e PRB), a JBS destinou a quantia de R$ 296.972.528,00, ou seja, 77,5% do montante que foi doado por esse grupo empresarial nas eleições de 2014.

É importante esclarecer alguns pontos para um melhor entendimento de toda essa confusão em torno do quanto realmente a JBS teria doado, pois a mídia divulga que foram R$ 352 milhões, mas na realidade foram R$ 383.013.022,50, consideradas apenas as doações declaradas ao TSE, sem contar o dinheiro de Caixa 2, o que as investigações do MPF começam a desvendar por meio das delações premiadas de executivos da J&F.

A J&F Participações S.A. apostou todas as suas fichas para eleger o maior número possível de senadores, deputados federais, deputados estaduais e governadores, com o seguinte objetivo: primeiro, barrar ou inviabilizar uma eventual Comissão Parlamentar de Inquérito (CPI) do BNDES; e, segundo, para colher outros frutos pelo caminho, em forma de emendas "jabutis" em projetos de lei, aprovação de decretos nebulosos em estados-chaves e outras artimanhas que esses políticos comprados pelos reis do gado sabem fazer com maestria e total desfaçatez.

Veja quanto a J&F, somente de forma oficial, contribuiu para os partidos vinculados aos parlamentares que defenderam os irmãos Batista. Isso representa 68,85% do total que a companhia investiu nas eleições de 2014.

Partido	Valor (R$)	Partido	Valor (R$)
PP	37.448.500,00	PSC	16.242,00
PT	120.370.000,00	PCdoB	10.000.000,00
PTN	400.000,00	PMDB	63.447.000,00
PRB	3.500.000,00	PSD	28.525.000,00

Fonte: Tribunal Superior Eleitoral (TSE)

E não foi por acaso que, antes de declarar o resultado do julgamento das contas da presidente Dilma Rousseff, nas eleições de 2014 (aprovadas por unanimidade, com ressalvas), o ministro Dias Toffoli, que então presidia o Tribunal Superior Eleitoral (TSE), fez duras críticas a empresas financiadoras de campanhas eleitorais. Sem citar a JBS, o presidente do TSE disse:

> Não pode ser aceito como normal, uma empresa que tem empréstimos de bancos públicos, principalmente do BNDES, que é destinado para empregos e desenvolvimento econômico, e que dá R$ 353 milhões para as campanhas. Isso é abuso de poder econômico. É uma tentativa de compra do Parlamento.

E o ministro Dias Toffoli não errou em sua avaliação, pois a JBS (ou a J&F Participações S.A.) comprou, literalmente, 15% do Senado Federal, 31% da Câmara dos Deputados, 75% dos governos estaduais e 100% da Presidência da República, além de alguns vereadores Brasil afora.

Qual o partido político que teria competência para tal façanha? O dinheiro ainda é a maior arma das eleições e a compra de votos é uma praga.

Alguém acertou quando escreveu nas redes sociais: "A JBS ganhou algum dinheiro vendendo carne e ficou bilionária comprando políticos".

O diretor de Relações Institucionais da J&F, Ricardo Saud, foi o operador do "dinheiroduto" e ganhou apelidos, como o "homem da mala" ou o "homem do rodízio". Ele conseguiu acesso à intimidade do poder organizando churrascos na residência oficial do presidente do Senado Federal, Renan Calheiros, quando participavam senadores, como Eduardo Braga (AM), Vital do Rêgo (PB) e Romero Jucá (RR), todos afamados políticos corruptos do PMDB.

A JBS S.A., na campanha eleitoral de 2014, doou recursos para 28 dos 32 partidos políticos registrados no TSE, num total de 1.829 candidatos, que consumiram cerca de R$ 600 milhões.

Em seu depoimento à PGR, Ricardo Saud afirmou ao procurador da República Sérgio Bruno Fernandes que, desse volume investido, praticamente tudo era propina e somente uns R$ 15 milhões eram doação eleitoral lícita. "Tudo tem ato de ofício, tudo tem promessa, tudo tem alguma coisa [em contrapartida]", afirmou Saud ao final de seu depoimento. Além disso, o que foi registrado no TSE como doação do grupo teria sido menos de dois terços do total.

Veja empresas do grupo J&F e valores doados oficialmente:

Empresa	Valor (R$)	Empresa	Valor (R$)
JBS S.A.	370.167.522,50	Flora	12.913.500,00
Vigor Alimentos	2.000.000,00	JBS Confinamento	1.700.000,00
Eldorado	1.400.000,00	JBS Aves	1.082.000,00

Fonte: Tribunal Superior Eleitoral (TSE)

De acordo com o relato do executivo Ricardo Saud, responsável pela contabilidade do "propinoduto Friboi", entre os políticos que receberam esses recursos foram eleitos: a presidente Dilma Rousseff, 28 senadores, 16 governadores, 167 deputados federais e 179 deputados estaduais.

Mesmo o deputado federal Tiririca (Francisco Everardo Oliveira Silva), que tripudiou em cima do comercial do Roberto Carlos para a Friboi, teve sua campanha bancada, em grande parte, pela companhia, pois 97,7% dos R$ 983.590,00 que prestou conta ao TSE vieram dos diretórios estadual e nacional do PR, que receberam juntos R$ 19 milhões da JBS S.A.

Criticada pelo alto volume de contribuições eleitorais (apenas oficiais), a JBS S.A., por meio de nota, teve a desfaçatez de declarar que o objetivo de suas doações seria "contribuir com o debate político e o desenvolvimento da democracia". E teve ainda a coragem de afirmar que a escolha de políticos e partidos era feita "a partir dos projetos apresentados por ambos e que estejam em linha com seus valores e crenças".

Foi em função do peso dessas doações que Joesley Batista tentou interferir na escolha do ministro da Agricultura, cargo que tem grande importância para os negócios do conglomerado e que tinha a senadora Kátia Abreu – sua notória adversária – como principal postulante, por escolha pessoal da presidente Dilma Rousseff.

Joesley Batista esteve com Aloisio Mercadante, em audiência "fora da agenda", para tratar do assunto, embora a JBS tenha negado que fosse esse o objetivo da reunião com o ministro chefe da Casa Civil da Presidência da República. Mas mentira tem perna curta. A estratégia adotada por Joesley Batista não deu certo.

O clima entre Kátia Abreu e o empresário desandou depois que a senadora acusou de "antiética" a campanha publicitária da Friboi com relação à segurança sanitária. Em discurso no Senado Federal, em agosto de 2013, a senadora Kátia Abreu protestou: "Vá e diga que a sua carne é boa, que tem boa qualidade, que é produzida em frigoríficos de primeira, mas não diga que é a única que o povo brasileiro pode comer".

Mas não é somente isso.

O lobby da JBS desnudou uma guerra nos bastidores sobre o comando na Agricultura. Como presidente da Confederação Nacional da Agricultura (CNA), Kátia Abreu assumiu uma posição de ataque à empresa dos irmãos Batista, em razão da reclamação dos criadores de gado contra a concentração de mercado que a JBS exerce cada vez mais, influenciando no valor do animal vendido pelos pecuaristas, já que a companhia responde por cerca de 20% do abate bovino no país.

Daí ser o peso da JBS na formação de preço uma das explicações para a animosidade da senadora para com a empresa.

Como exemplos de uma provável influência exercida pela JBS sobre o governo, o jornal *O Povo Online* cita dois casos ocorridos no âmbito do Ministério da Agricultura, cujas medidas favoráveis à JBS poderiam ser creditadas ao empenho do titular da Secretaria de Defesa Agropecuária (SDA), Rodrigo Figueiredo, que era apadrinhado do ex-deputado Eduardo Cunha.

Primeiro:

Em outubro de 2014, a Justiça teria imposto derrota ao Ministério da Agricultura por ter beneficiado a JBS S.A., determinando a aplicação de uma multa diária de R$ 100 mil, caso não fosse suspensa a limitação à exportação de despojos e miúdos bovinos pelos Entrepostos de Carnes e Derivados (ECDs), operados por pequenos frigoríficos.

O juiz determinou a suspensão do Ofício Circular nº 2, editado em 5 de maio de 2014, pelo Departamento de Inspeção de Produtos de Origem Animal (Dipoa), subordinado à SDA. A medida cautelar emitida pela Justiça Federal acolheu pedido da Associação Brasileira de

Frigoríficos (Abrafrigo), que acusava a limitação como sendo uma ação favorável à JBS.

Antes, em fevereiro de 2014, o dr. Antônio Cláudio Macedo da Silva, juiz da 8ª Vara Federal, havia apontado "suspeitas de possível favorecimento à empresa JBS" pelo Dipoa, quando o Ministério da Agricultura recorreu da decisão, resultando na medida cautelar solicitada pela Abrafrigo.

A tutela antecipada para manutenção da exportação de despojos e miúdos bovinos, decidida em fevereiro de 2014, foi burlada pela SDA em 1º de abril de 2014, com a publicação da Instrução Normativa nº 10.

Os efeitos desse novo documento foram apontados em artigo elaborado pelo veterinário Caetano Vaz dos Santos, consultor da Abrafrigo. O argumento do veterinário embasou a decisão do juiz da 8ª Vara do Tribunal Regional Federal. "A instrução normativa vem criando um cenário caótico no mercado de produtos de origem animal", afirmou o juiz ao conceder a medida cautelar. Assim, os efeitos da restrição à exportação de miúdos sobre os pequenos frigoríficos levaram o juiz a decidir contra o Ministério da Agricultura.

Dessa vez, a Justiça determinou a pena de multa diária à SDA em caso de descumprimento e determinou ao Ministério da Agricultura dez dias para cumprir a decisão, a partir da notificação do Tribunal Regional Federal da 1ª Região (TRF-1).

A importância econômica dos despojos foi abordada de forma clara, no início de 2014, pelo pesquisador Gelson Feijó, em estudo feito na Empresa Brasileira de Pesquisa Agropecuária (Embrapa Gado de Corte) de Campo Grande (MS): "É com os subprodutos do boi que as indústrias conseguem obter lucratividade, que, por sua vez, vai depender da eficiência da própria indústria na exploração e busca por clientes para esses subprodutos", observou Feijó, para quem os despojos e miúdos representam 17% em peso do animal.

Engraçado é que o *Estadão*, em matéria em que abordava a internacionalização e a expansão interna da JBS, citou a fala do diretor de Relações com Investidores da JBS S.A., Jeremiah O'Callaghan, que atribuía aos "detalhes" uma das estratégias que teriam contribuído para colocar a companhia na liderança do mercado mundial. "Do boi que abatemos hoje, aproveitamos 100%. Pode ser que exista ainda algo a ser comercializado, talvez o berro."

De acordo com a notícia, O'Callaghan teria afirmado que se pode ganhar US$ 1 por boi apenas com a venda das tripas do animal, e que até os pelos do rabo e das orelhas eram vendidos para fábrica de pincel.

Em seu depoimento à Procuradoria-Geral da República, no dia 3 de maio de 2017, o empresário Joesley Batista afirmou que não solicitou a parlamentares a definição de regras sobre despojos favoráveis à JBS, mas que foi cobrado em R$ 2 milhões por isso, que foram pagos, e mais R$ 5 milhões pela regra de "vermifugação" que passou a atingir todos os frigoríficos.

Segundo:

Em setembro de 2014, menos de dois meses depois de proibir o uso de expressões como "especial" e "premium" em rótulos de carne, a SDA desobedeceu a própria regra para atender a uma demanda da JBS S.A.

Exemplos mais recentes demonstram quanto é perigoso esse jogo de poder dentro do Congresso Nacional e em ministérios. Veja a emenda que se tentou "contrabandear" para a Medida Provisória nº 653/2014, cujo relator foi o deputado federal Manuel Júnior (PMDB-PB), com o único objetivo de favorecer os grandes frigoríficos. Leia-se, JBS.

O absurdo legislativo é tão grande – ou poderia ser visto até como criminoso em certos momentos – que o Congresso Nacional pegou uma Medida Provisória que dispunha sobre fiscalização farmacêutica e tentou enfiar, entre outros contrabandos ou "jabutis", de acordo com o jargão parlamentar (ex.: isenção de taxa para prova da OAB, carreira pública, carreira jurídica, aeródromos etc.), uma norma afeta aos frigoríficos e totalmente estranha ao objeto da Medida Provisória.

Entenda:

No dia 8 de agosto de 2014 foi emitida, pela Presidência da República, a Medida Provisória nº 653/2014, que alterava a Lei nº 13.021, sancionada nessa mesma data e que objetivava aplicar a farmácias que se caracterizassem como microempresas ou empresas de pequeno porte os mesmos critérios previstos no art. 15 da Lei nº 5.991, de 17 de dezembro de 1973, ou seja, que todas tivessem um responsável técnico inscrito no Conselho Regional de Farmácia (CRF). A modificação previa a inclusão de um parágrafo único ao art. 6º da referida lei.

A alteração na fiscalização dos frigoríficos foi inserida pelo relator, o deputado federal Manoel Júnior (PMDB-PB), com a seguinte previsão:

> A prévia inspeção industrial e sanitária de produtos de origem animal, de que trata a Lei nº 1.283, de 18 de dezembro de 1950, nos termos do art. 3º, inciso II (Garantir o desenvolvimento nacional), da Constituição Federal, seria de competência da União, através do Ministério da Agricultura, Pecuária e Abastecimento.

E deixava uma alternativa: "Até que seja implantado o Serviço de Inspeção de Produtos de Origem Animal em todos os estabelecimentos de produtos de origem animal no país, o Ministério da Agricultura, Pecuária e Abastecimento poderia celebrar convênios para delegação de competência, através do reconhecimento de equivalência dos serviços de inspeção sanitária de produtos de origem animal do Distrito Federal, dos estados e municípios.

Essa emenda foi apresentada pelo senador Romero Jucá (PMDB-RR) e defendida por representantes da JBS nos corredores do Congresso Nacional. Porém, no Relatório da Comissão Mista sobre a MP nº 653/2014 (Mensagem nº 235/2014-PR) não aparece essa emenda, que foi incluída na Medida Provisória, razão pela qual aqui está sendo considerado que essa emenda foi "contrabandeada" pelo relator da matéria, o deputado Manoel Júnior.

Para o então deputado federal Ronaldo Caiado (DEM-GO), que se manifestou completamente contrário à matéria, "a estranha inclusão seria fruto do interesse do governo e de sua política de privilegiar grupos seletos de empresários aliados". Além de se configurar como "matéria estranha", afirmou que as alterações propostas causariam um grande impacto no setor, já que extinguiria agências em todo o território nacional.

No final de tanta confusão e não tendo sido votada dentro do prazo de prorrogação da Medida Provisória, sem que o Projeto de Lei de Conversão (PLV) fosse votado pelo Congresso, no dia 9 de dezembro de 2014 foi emitido o Ato Declaratório nº 47, de 2014, do presidente da Mesa do Congresso Nacional, comunicando que a Medida Provisória nº 653, de 8 de agosto de 2014, teve seu prazo de vigência encerrado no dia 8 de dezembro de 2014.

Capítulo 16

Um propinoduto de confiança

A JBS ganhou algum dinheiro vendendo carne e ficou bilionária comprando políticos.

Autor desconhecido

Joesley Batista, em depoimento prestado à Procuradoria-Geral da República (PGR), no âmbito da Operação Patmos, que levaria a um acordo de leniência da J&F com a PGR, afirmou em relação às propinas distribuídas pela companhia:

> Normalmente acontece o seguinte: se combina o ilícito, se combina o ato lá de corrupção com o político, o dirigente do poder público. E daí para a frente se procede ao pagamento. [...] Até mesmo doação política oficial.

Em depoimento à PGR, Joesley e Wesley Batista, acompanhados dos executivos da J&F Ricardo Saud, Valdir Aparecido Boni, Demilton Antonio de Castro, Florisvaldo Caetano de Oliveira e Francisco de Assis e Silva, fizeram diversas revelações que demonstram como funciona, de fato, o submundo da política brasileira e dos negócios com governos.

Relataram sobre a compra e venda de partidos políticos para ampliação do tempo de propaganda eleitoral gratuita; presidentes de partidos políticos que desviaram dinheiro de propina – que seria endereçado ao partido – para seus próprios bolsos; a volumosa quantia depositada no exterior para alimentar campanhas eleitorais; a compra de leis; a fraude em programas de incentivos fiscais; pagamento de propina para levantamento de vultosos empréstimos em bancos estatais e outros fatos que são aqui relatados, demonstrando como funcionava o fantástico propinoduto bancado pelos irmãos Batista.

O delator Demilton Antônio de Castro informou em seu depoimento, prestado à Procuradoria-Geral da República, em Brasília, no dia 4 de maio de 2017, que, além de suas atividades normais, atuando no setor de Contas a Receber (ele é gerente), foi encarregado por Joesley Batista de realizar os pagamentos de propina, que eram, normalmente, feitos por meio de duas *offshores* que a JBS mantinha no Panamá, por intermédio de dois doleiros no Uruguai (Francisco "Paco" e Raul) e um em São Paulo (Davi Mariano).

De acordo com o delator, eles conversavam através de um sistema com rede VPN utilizada pelos doleiros uruguaios.

Outra pessoa que também executava tais pagamentos, quando no Brasil e em espécie, era Florisvaldo Caetano de Oliveira, um contabilista de São Paulo que atuava no Conselho Fiscal da JBS S.A. (entre 2007 e 2016), depois de ter saído da companhia.

Florisvaldo Caetano de Oliveira afirmou ao procurador da República Sérgio Bruno Fernandes, que tomou seu depoimento, que uma das formas de pagamento de propina consistia em um emissário receber na garagem de seu escritório de contabilidade – situado na Avenida Faria Lima – depois de receber ordem de Joesley Batista, Wesley Batista, Boni ou Demilton e apresentar a senha combinada para identificação da pessoa que iria recolher a propina.

Foi informado também que o doleiro do ex-deputado federal Eduardo Cunha, Lúcio Bolonha Funaro, algumas vezes era autorizado a recolher dinheiro em espécie em distribuidores de carne da JBS no estado do Rio de Janeiro. O distribuidor, avisado do esquema, em vez de quitar determinada fatura com a JBS, entregava o dinheiro ao doleiro do ex-deputado.

Além disso, Florisvaldo afirmou que também fazia pagamento de propina no estacionamento dos shoppings Iguatemi e Eldorado, em posto de gasolina, no estacionamento do supermercado Pão de Açúcar e até no estacionamento do próprio escritório da JBS, em São Paulo.

Para exemplificar a abrangência dos pagamentos de propina feitos entre 2007 e 2015, o gerente de Contas a Pagar da JBS, Demilton Antônio de Castro, que também fazia e controlava pagamentos de propina no exterior, afirmou que trabalhava com um "planilhão" com cerca de 9 mil linhas.

Embora a JBS S.A. tenha distribuído muita propina a políticos e agentes públicos, ela também buscava amparo na seara jurídica, tentando cooptar juízes e procuradores da República, com algum sucesso, usando como intermediário um destacado advogado de Brasília, preso pela Polícia Federal no dia 18 de maio de 2017, chamado Willer Tomaz.

A Operação Patmos, derivada da Operação Lava Jato, que levou à prisão o advogado Willer Tomaz, também colocou atrás das grades o procurador da República Ângelo Villela, assessor direto do subprocurador-geral da República e vice-procurador eleitoral Nicolau Dino.

Em seu depoimento à PGR, Joesley Mendonça Batista afirmou que Willer Tomaz pediu "ajuda de custo" de R$ 50 mil mensais para repassar ao procurador da República Ângelo Goulart Villela, em troca de informações privilegiadas da Operação Greenfield.

No mesmo depoimento, o empresário contou que o advogado Willer Tomaz sempre alegava proximidade com o juiz substituto da 10ª Vara Federal Criminal de Brasília, Ricardo Soares Leite, onde tramitam ações referentes à Operação Greenfield.

O relato de Joesley Batista e do advogado Francisco de Assis e Silva, outro delator da JBS, ainda atinge um expoente da advocacia brasiliense, o presidente da OAB-DF, Juliano Costa Couto. Segundo o delator, Couto teria intermediado a indicação de Willer Tomaz para Joesley Batista em troca de um terço dos honorários acertados entre a JBS e Willer, que foram de R$ 4 milhões de pró-labore (pago adiantado) e R$ 4 milhões como prêmio pelo sucesso da empreitada, que consistia em fazer arquivar a ação contra a JBS.

No pedido de abertura de inquérito no Supremo Tribunal Federal, o procurador-geral da República, Rodrigo Janot, afirmou:

O advogado Willer Tomaz, com possível ajuda do procurador da

República Ângelo Goulart Villela, estava tentando atrapalhar o processo de colaboração premiada, possivelmente para proteger amigos políticos integrantes do PMDB.

Janot também relatou que o empresário Joesley Batista mencionou em seu depoimento à PGR ter percebido o afastamento dos senadores Renan Calheiros e Romero Jucá Filho, depois que vieram a público as notícias de que estaria em curso sua colaboração premiada, justamente depois do contato do advogado Willer Tomaz com o advogado da JBS, Francisco de Assis e Silva, em que Tomaz reclamou de não ter sido informado acerca de possíveis tratativas de colaboração premiada.

Em seu depoimento à Procuradoria-Geral da República, o diretor jurídico da JBS, Francisco de Assis e Silva, relatou fato relacionado com a Operação Greenfield. Segundo ele, durante jantar de que participou, juntamente com o procurador da República Ângelo Goulart Villela, na casa do advogado Willer Tomaz, este último lhe relatou que o juiz federal da 10ª Vara Federal do Distrito Federal, Vallisney de Souza Oliveira, teria retirado do conjunto das medidas cautelares contra a J&F e seus executivos a destituição do cargo de presidente da Eldorado Celulose Brasil, José Carlos Grubisich.

Willer teria informado que isso foi conseguido por intervenção junto ao juiz federal, feita pelo ministro do Superior Tribunal de Justiça (STJ) Napoleão Nunes Maia. "Olha, a decisão contra o Zé Carlos estava pronta segunda-feira. Eu consegui reverter. Pedi para o ministro Napoleão interferir. Ele interferiu e vai me dizer alguma coisa nos próximos dias", teriam sido as palavras do advogado Willer Tomaz.

Segundo o advogado da JBS, Francisco de Assis e Silva, ele perguntou a Tomaz: "Pera aí, custou quanto?". E o advogado Willer Tomaz teria respondido: "Calma, está muito ansioso, depois eu te informo".

Essa última passagem não necessariamente configura crime, mas soa estranho que um ministro do STJ, que também atua como ministro do Tribunal Superior Eleitoral, tenha se predisposto, a pedido de um advogado, a interceder junto a um juiz de 1ª Instância Federal para mudar sua decisão, em favorecimento a um grupo empresarial investigado por diversos crimes pela Procuradoria-Geral da República. Muito estranho!

Um fato que chama a atenção na delação premiada dos cinco executivos da JBS foi que eles procuraram incriminar outras pessoas, como se a companhia não fosse corruptora, mas apenas vítima de um sistema político corrupto que "cria dificuldades para cobrar por facilidades", além de deixarem de falar sobre diversos crimes cometidos, principalmente no âmbito de suas negociatas com o BNDES.

Os depoentes falaram do banco, mas para incriminar o ex-ministro Guido Mantega e os ex-presidentes Lula e Dilma Rousseff, deixando de lado, por exemplo, o presidente do BNDES, Luciano Coutinho, que esteve à frente da instituição entre 1º de maio de 2007 e 16 de maio de 2016, anos em que a JBS se transformou em "campeã nacional", com bilhões de dólares que produziram a mais anabolizada produtora de proteínas do planeta.

Depoimento um tanto intrigante foi o de nº 4 do diretor de Tributos da JBS, Valdir Aparecido Boni, cujo tema foi "Agilização para liberação de créditos legítimos em São Paulo", pelo qual ele relatou astronômicos pagamentos a "despachante" utilizado para "homologar" créditos de ICMS que a JBS tinha em São Paulo, como legítimos, mas que a burocracia estatal emperrava seu recebimento.

Contou o delator Boni que, em 2003, foi contatado pelo responsável da área tributária e administrativa do frigorífico Independência, "sr. Prado", indicando uma pessoa chamada Davi Mariano da Silva, que se especializara em agilizar, fiscalizar e homologar os créditos das empresas.

Boni afirma que, depois disso, foi apresentada a ele e a Joesley Batista, além de Davi Mariano, uma pessoa chamada Antônio Miranda, e que ambos seriam especialistas em trabalhar para a homologação e liberação de créditos federais (ICMS) por meio da empresa DMS Participação Consultoria.

De acordo com Boni, a dupla pediu 8% de comissão sobre os valores de créditos de ICMS homologados, sendo que parte dessa comissão deveria ser destinada, conforme teria sido dito por Davi Mariano, aos fiscais da Receita Federal, embora não tenha citado os nomes dos envolvidos.

De acordo com o delator, Joesley Batista aceitou a proposta e os trabalhos tiveram início em 2004. Entre 2004 e 2015, o trabalho foi realizado pela dupla Davi Mariano e Antônio Miranda.

Depois de 2015, conforme explica o delator, o trabalhou passou a ser feito exclusivamente por Davi Mariano, que recebeu entre 2016 e início de 2017 cerca de R$ 20 milhões de comissão.

Antes de 2016, o valor pago pela JBS de comissão à dupla de despachantes foi de R$ 160 milhões. Pelos valores pagos, deduz-se que a JBS, entre 2004 e 2017, recebeu de crédito de ICMS cerca de R$ 2,25 bilhões.

Em sua delação premiada, o executivo da J&F Ricardo Saud disse que o presidente do Senado, Eunício Oliveira (PMDB-CE), e os senadores Renan Calheiros (PMDB-AL), Romero Jucá (PMDB-RR) e Aécio Neves (PSDB-MG) o pressionavam para que a delação não saísse do papel.

De acordo com a revista *Veja*, o motivo seria que "a colaboração acabaria com eles". Estava havia três anos falando com Renan, Aécio, Eunício, Jucá e eles não resolviam a situação do depoente.

Esses parlamentares pediam para não fazer a colaboração, aponta trecho do relato do executivo da JBS feito ao Ministério Público Federal em depoimento no dia 7 de setembro de 2017, em Brasília.

Veja a seguir os diversos crimes confessados pelos cinco delatores da J&F, que demonstram como operava essa organização que abarcava todos os poderes da República em seus longos braços:

Mensalinho para Fernando Pimentel

O delator Ricardo Saud afirmou à PGR que, a pedido do então ministro do Desenvolvimento Econômico, Fernando Pimentel, que estruturava sua campanha para o governo de Minas Gerais em 2014, a JBS passou a ajudá-lo, afirmando: "Como ele era um ministro importante, e a JBS atua em mais de 150 países, atendemos ao pedido dele e fizemos o repasse".

De acordo com o delator da JBS, a empresa repassava R$ 300 mil mensais para o escritório Andrade, Antunes e Henriques Advogados, em Belo Horizonte (MG), por meio de troca por notas frias. Segundo Ricardo Saud, "os pagamentos foram feitos de 6 de agosto de 2013 até 29 de outubro de 2014", totalizando R$ 4,5 milhões.

Além disso, Ricardo Saud afirmou que, por solicitação da então presidente Dilma Rousseff, a J&F repassou, em 2014, mais R$ 30 milhões para a campanha de Fernando Pimentel ao governo de Minas Gerais. O encontro para negociar tal pagamento de propina, de acordo com o delator, teria ocorrido no Palácio do Planalto.

Para viabilizar a transferência dos R$ 30 milhões, foi feito, pela empresa HAP Engenharia[17], de propriedade de Roberto Senna, um contrato de compra e venda de 3% do Estádio Governador Magalhães Pinto, o Mineirão, em Belo Horizonte, ou seja, a maior produtora de proteína animal do mundo é também dona de uma fração de um estádio de futebol.

Eleição de senadores do PMDB

Para bancar a reeleição de sete candidatos do PMDB (Renan Calheiros, Vital do Rêgo, Eduardo Braga, Eunício Oliveira, Jader Barbalho, Marta Suplicy e Valdir Raupp), de acordo com o delator Ricardo Saud, a J&F destinou, por orientação do então ministro Guido Mantega, o valor de R$ 35 milhões, que depois virariam R$ 46 milhões.

O pagamento da propina, segundo Joesley Batista, teria sido autorizado por Guido Mantega, porque esses senadores ameaçaram não apoiar a reeleição de Dilma Rousseff caso não recebessem apoio financeiro do Partido dos Trabalhadores para bancar suas campanhas.

Já o executivo do grupo J&F Ricardo Saud, em depoimento à PGR, esclareceu que "o objetivo seria acalmar a turma do PMDB, que queria tirar o poder de Michel Temer e colocar o senador Romero Jucá como presidente do partido, Eunício Oliveira como presidente do Senado e formar um grupo forte que pudesse indicar o candidato a vice-presidente da República na chapa PT-PMDB.

Joesley Batista, em entrevista concedida à revista *Época* no dia 16 de junho de 2017, confirmou os fatos apresentados por Ricardo Saud, a quem ele costuma tratar por Ricardinho, envolvendo a briga por dinheiro ocorrida dentro do PMDB durante a campanha presidencial de 2014 e revelada pelo diretor de Relações Institucionais do grupo J&F.

De acordo com Joesley Batista, Michel Temer e Eduardo Cunha, ao

---

17 A HAP é velha conhecida de Fernando Pimentel. Em maio de 2011, o ex-prefeito de Belo Horizonte tornou-se réu em ação civil pública ao lado do dono da empresa, Roberto Senna. A construtora foi acusada de superfaturar obra da prefeitura de Belo Horizonte em R$ 9,1 milhões e de desviar recursos para a campanha de Pimentel em 2004, quando o petista disputou a reeleição para a prefeitura da capital mineira. Na época, Pimentel contratou sem licitação a Ação Social Arquidiocesana (ASA), da Arquidiocese de Belo Horizonte, para construir 1,5 mil casas. A entidade subcontratou a HAP Engenharia, e o custo da obra passou de R$ 12,7 milhões para R$ 26,7 milhões. Segundo o Ministério Público, metade das casas não foi entregue. O juiz da 4ª Vara da Fazenda Pública Municipal de Belo Horizonte aceitou a denúncia.

tomarem conhecimento da destinação de R$ 35 milhões para a campanha dos senadores, arranjaram uma tremenda briga. Então, Michel Temer pediu R$ 15 milhões, o que foi feito pela JBS. Foi então que, segundo Ricardo Saud, Michel Temer voltou à presidência do PMDB, da qual ele havia se licenciado, somente para poder controlar os recursos financeiros da campanha.

Ainda de acordo com Ricardo Saud, o ex-deputado federal Eduardo Cunha também participou ativamente dessas negociações.

A candidata Marta Suplicy ficou sem os milhões da J&F na eleição de 2014, tendo sido explicado pelo empresário Joesley Batista que houve resistência dos peemedebistas em incluir a candidata na relação dos contemplados pela propina petista. O executivo Ricardo Saud confirmou esse fato e esclareceu que a verba proposta para a senadora Kátia Abreu seria de R$ 1 milhão, mas que o dinheiro ficou com os senadores candidatos.

Joesley Batista, embora tenha afirmado em seu depoimento que Marta Suplicy nunca realizou qualquer "ato de ofício" em favor da JBS, entre 2015 e 2016 a companhia doou R$ 200 mil mensais para a pretensa candidata à prefeitura de São Paulo, num total de R$ 3 milhões.

A JBS, claro, esperava receber em troca "possíveis negócios caso Marta Suplicy vencesse a eleição para a prefeitura de São Paulo". Joesley afirmou ainda ter repassado à senadora R$ 1 milhão para sua campanha de 2010.

Propina para o ex-governador do Ceará Cid Gomes

O ex-governador do Ceará Cid Gomes, irmão de Ciro Gomes – que se declarou candidato à Presidência da República em 2018 –, ambos alinhados com o Partido dos Trabalhadores (PT), foi citado como recebedor de propina do grupo J&F em duas oportunidades: a primeira em 2010 e a segunda em 2014.

As acusações foram feitas pelo CEO do grupo J&F, Wesley Batista, no dia 4 de maio de 2017. Ele relatou que a JBS tem um dos maiores curtumes do Brasil, instalado na cidade de Cascavel (CE), herdado da fusão com o frigorífico Bertin.

Segundo Wesley Batista, o curtume tinha incentivo fiscal concedido pelo governo do Ceará, relativo às suas exportações, na forma de crédito para desconto do ICMS devido para vendas internas, já que as exportações são feitas com alíquota zero e que o ressarcimento deveria ser feito em dinheiro.

Entretanto, Wesley Batista disse que o estado não estava pagando esse crédito e que havia um acúmulo a receber. Em 2010, o governador Cid Gomes solicitou a seu secretário de Turismo, Arialdo Pinho, que procurasse Joesley Batista para pedir apoio financeiro para a campanha daquele ano, em que ele, Cid Gomes, concorreria à reeleição.

Ficou acertado, então, que a JBS pagaria R$ 4,5 milhões – R$ 3,5 milhões por meio de troca por notas frias e R$ 1 milhão em doação oficial, pelo que o estado faria a liberação do pagamento dos créditos acumulados de incentivos fiscais à exportação.

Em 2014, o delator relata que também havia um acúmulo de créditos de R$ 110 milhões da JBS com o estado do Ceará, relativo aos anos de 2011 a 2014, e que o então governador Cid Gomes esteve no escritório da JBS, em São Paulo, pedindo um apoio financeiro de R$ 20 milhões para a campanha do candidato Camilo Santana (PT), que o sucederia no governo do estado. Os irmãos Batista não concordaram de imediato, alegando que o estado do Ceará devia a eles e não havia como fazer a doação solicitada sem receber os créditos em atraso.

Wesley Batista afirmou, ainda, que duas semanas depois os secretários estaduais do Ceará Arialdo Pinho, da pasta do Turismo, e Antônio Balhmann, de Assuntos Internacionais, foram ao escritório da JBS, em São Paulo, com a proposta de pagamento dos R$ 110 milhões de créditos à companhia, condicionado ao recebimento dos R$ 20 milhões que haviam sido solicitados para a campanha de Camilo Santana.

Wesley Batista disse que os secretários de Cid Gomes apresentaram uma proposta direta, sem rodeios:

"Olha, nós precisamos daquela contribuição de R$ 20 milhões e aqui o negócio é o seguinte: você paga os R$ 20 milhões e nós lhe pagamos; o estado lhe paga os R$ 110 milhões que você tem de crédito. Se você não paga, o estado não libera. Se você paga os R$ 20 milhões para a campanha, o estado libera. Simples".

Desse montante, de acordo com Wesley Batista, foram pagos R$ 9,8 milhões em troca de notas fiscais frias, e os restantes R$ 10,2 milhões por meio de doações oficiais de campanha para diversos candidatos e partidos.

"Em que pese ter sido pago via doação oficial, era uma propina?", indagou um dos procuradores da República presentes ao depoimento. "Era uma propina, era uma propina", respondeu Wesley Batista.

Propina para o governador Raimundo Colombo

Em depoimento prestado no dia 5 de maio de 2017, Ricardo Saud afirmou que a companhia pagou, entre 2013 e 2014, R$ 10 milhões em propina para o governador Raimundo Colombo (PSD-PR), sendo R$ 8 milhões em doação ao PSD nacional destinada à eleição de Colombo e R$ 2 milhões em dinheiro vivo pago ao secretário da Fazenda, Antonio Gavazzoni.

Em seu depoimento à Procuradoria-Geral da República, o executivo Ricardo Saud contou que foi procurado por Antonio Gavazzoni:

> "Eu fui procurado pelo secretário da Fazenda, o Gavazzoni, numa data oportuna, porque lá nós compramos a Seara. A empresa Seara estava para fechar, ia dispensar não sei quantos mil trabalhadores, ia ser o caos no estado de Santa Catarina. E, na época, o secretário da Fazenda, o Gavazzoni, nos fez um apelo, se podia comprar, o que tinha condição de fazer ou não".

Ricardo Saud também disse que Antonio Gavazzoni, Raimundo Colombo e diversos de seus assessores participaram de um jantar na casa de Joesley Batista, em São Paulo, em junho ou julho de 2013, para tratar de apoio financeiro à campanha do governador.

Na época, o interesse da JBS em contrapartida ao apoio (propina) à campanha eleitoral seria a privatização do sistema de tratamento de água e esgoto do estado, com facilidades introduzidas no processo de licitação, para que uma empresa que estava sendo montada pela J&F, para atuar em saneamento básico, saísse vitoriosa.

Ricardo Saud afirmou que, embora tenha havido concordância de Raimundo Colombo e que o processo licitatório tenha sido preparado, com participação de pessoal da J&F na sua elaboração, a companhia acabou desistindo de entrar nesse negócio, que também não prosperou, tendo a J&F dissolvido a referida empresa.

É relevante relatar que a propina de R$ 2 milhões, em espécie, foi feita ao secretário da Fazenda do Paraná, Antonio Gavazzoni, em um supermercado de Curitiba, o Angeloni, pelo genro do dono do supermercado, que, segundo Ricardo Saud, pagou como se fosse quitar uma nota fiscal que estava vencendo, sem saber que se tratava, na realidade, de pagamento de propina.

Propina para o ex-senador Delcídio do Amaral

O delator da J&F Ricardo Saud, em seu depoimento à PGR, afirmou que, quando o ex-senador Delcídio do Amaral (sem partido) foi presidente da CAE – Comissão de Assuntos Econômicos do Senado Federal, em sinal de amizade e também prospectando o futuro, dava informações: "Olha, vai entrar uma medida provisória assim, assim".

Ricardo Saud falou que "até aí não tinha nada de anormal, pois ele dava as mesmas informações para outros interessados", mas que Delcídio do Amaral também veiculava pedidos da J&F em relação a emendas e alterações de texto em projetos de lei e medidas provisórias.

De acordo com Ricardo Saud, a Eldorado Brasil Celulose iniciou a construção de seu terminal de cargas em 2014, no porto de Santos. A instalação, que seria operada pela Rishis (outra empresa do grupo), foi resultado de um investimento de R$ 90 milhões. Desse total, R$ 50 milhões foram para a compra dos direitos de exploração do Armazém XIII (13 externo), onde a unidade foi erguida. O contrato de arrendamento estava firmado com o grupo Rodrimar, que o vendeu à empresa.

De acordo com Saud, cerca de um mês após o início da construção do terminal, a obra foi embargada pela Codesp, a Autoridade Portuária. O executivo afirmou que isso teria ocorrido em razão da exigência de "uma série de documentos". Para reverter a situação, o depoente afirmou ter feito uma visita ao então vice-presidente da República, Michel Temer.

No encontro, Michel Temer teria dito que entraria em contato com a diretoria da empresa Docas, de Santos, para resolver o problema. Ainda segundo o empresário, uma semana depois a gestora do porto levantou o embargo e a obra foi retomada. O terminal foi inaugurado em junho de 2015.

Em outro trecho de seu depoimento, Ricardo Saud citou mais um caso de favorecimento no porto. Dessa vez, ele afirmou ter recorrido ao ex-senador Delcídio do Amaral para impedir a licitação de uma área onde a Eldorado Brasil Celulose pretendia operar e que fora comprada da Rodrimar.

Segundo o delator, para atender ao pedido, Delcídio do Amaral entrou em contato com a então presidente Dilma Rousseff e a então ministra-chefe da Casa Civil, Gleisi Hoffmann, para tentar convencê-las a não incluir na licitação dos portos a área adquirida pela Eldorado, da Rodrimar, no porto de Santos, o que permitiria à Eldorado aumentar significativamente sua área de berço de atracação de navios.

De acordo com o delator da J&F Ricardo Saud, ele foi aconselhado pelo dono da Rodrimar a buscar apoio do vice-presidente, Michel Temer, com o qual a Rodrimar mantinha negócios havia mais de 30 anos.

Segundo Ricardo Saud, Delcídio do Amaral, quando foi candidato a governador do Mato Grosso do Sul, teria recebido da JBS um "mensalinho" de R$ 500 mil durante dez meses. No total foram R$ 5 milhões doados, em princípio sem nada em troca.

Na conversa com o ex-petista foi feita uma proposta: "Se você ganhar, nós vamos trabalhar com o Tare [Termo de Acordo de Regime Especial]. Já vem lá desde o Zeca do PT, André Puccinelli (PMDB), esse pessoal todo já faz esse acordo conosco. Você mantém esse Tare? Ele afirmou que manteria".

Com o acordo fechado, Ricardo Saud afirmou que foi aberto crédito para Delcídio do Amaral como se fosse uma conta corrente de empréstimo. "Depois ele pagaria a gente se ganhasse a eleição. Senão, ele iria achar um jeito de pagar a gente."

Além disso, foram emitidos R$ 5,3 milhões em notas frias diversas de empresas indicadas pelo ex-senador.

"O mensalinho nós demos mesmo. O outro, nós íamos cobrar se caso ele virasse governador, do que ele ia receber do Tare nós descontaríamos. Ainda teve R$ 6,2 milhões pagos em dinheiro vivo e R$ 1,1 milhão em doação oficial dissimulada para o senador", afirmou Saud[18].

O executivo da J&F ainda fez questão de ressaltar em seu depoimento à PGR como funcionava o sujo sistema político: "Aqui não tem nada de graça. Era tudo em troca do Tare. Tudo é propina. Só que aí ele perdeu a eleição. Você prendeu ele e nós perdemos. Ele não vai pagar nós nunca mais".

---

18 O procurador da República Sérgio Bruno Fernandes, quando o delator Ricardo Saud afirmou que pagava um "mensalinho" de R$ 500 mil para o então senador Delcídio do Amaral, disse: "Mas esse mensalinho, na verdade, é um mensalão de R$ 500 mil", no que Saud retrucou: "Doutor, o senhor acha que eles acham isso? Eles acham mensalinho".

Eleição do presidente da Câmara dos Deputados

No dia 3 de maio de 2017, o empresário Joesley Batista, em continuidade ao seu depoimento à Procuradoria-Geral da República, descreveu como fez a doação de R$ 28,5 milhões para que o ex-deputado Eduardo Cunha "saísse comprando apoio para sua eleição à presidência da Câmara dos Deputados".

Isso teria ocorrido no final de 2014.

De acordo com Joesley Batista, R$ 12 milhões foram entregues em dinheiro vivo ao ex-deputado Eduardo Cunha, R$ 5,6 milhões por meio de doação oficial ao PMDB e R$ 10,9 milhões foram trocados por notas fiscais frias entregues por deputados federais beneficiados com a propina.

Em fevereiro de 2015, após viajar pelo país em busca de votos, Eduardo Cunha acabou sendo eleito, em primeiro turno, presidente da Câmara dos Deputados, com o apoio de 267 deputados.

O corretor e doleiro Lúcio Bolonha Funaro, apontado como operador de propinas de Eduardo Cunha, preso preventivamente em junho de 2016, era homem de estrita confiança de Cunha. Em sua delação, além de falar sobre negócios envolvendo a JBS e a Caixa Econômica Federal, outros alvos são o presidente Michel Temer, os ex-ministros Geddel Vieira Lima e Henrique Eduardo Alves, além, é claro, do ex-deputado Eduardo Cunha, todos do PMDB. Outro alvo é o ministro Moreira Franco (Secretaria-Geral da Presidência).

Pagamento ao ministro Marcos Pereira

No termo de depoimento nº 07, prestado à Procuradoria-Geral da República no dia 3 de maio de 2017, o empresário Joesley Batista falou sobre a compra de apoio ao Partido dos Trabalhadores (PT) pelo então Partido Republicano Brasileiro (PRB).

O depoente afirmou que conheceu o presidente do PRB, Marcos Pereira, nas eleições de 2014, e que este teria apadrinhado Antônio Carlos Ferreira (empregado de carreira da Caixa) para ocupar o cargo de vice-presidente corporativo e que, por solicitação deste, a JBS assumiu, no final de 2015, o compromisso de dar a Marcos Pereira propina de R$ 6 milhões.

Disse que chegou a pagar R$ 4 milhões em parcelas, mas interrompeu o pagamento por receio da atuação da Lava Jato e que avisou os interessados sobre a paralisação da distribuição de propina.

Joesley Batista afirmou ainda que, em março de 2017, foi procurado por Antônio Carlos Ferreira, e que este foi falar sobre possível redução das linhas de crédito para as empresas do grupo J&F. No mês seguinte, de acordo com Joesley Batista, Antônio Carlos esteve novamente na companhia para discutir sobre a renovação das linhas de crédito e que aproveitou para cobrar os restantes R$ 2 milhões de propina devidos a Marcos Pereira.

Um áudio gravado por Joesley Batista com Marcos Pereira, nomeado ministro da Indústria, Comércio Exterior e Serviços em 12 de maio de 2016, foi divulgado no dia 6 de setembro de 2017 – o áudio demonstra um suposto acerto de propina entre o ministro Marcos Pereira e Joesley Batista:

Deixa eu te falar, aqui, você lembra? Eu não lembro mais a conta... Como que era?
– Meia, cinco, zero...
– Como que era? Não...
– Quanto era o saldo? Não lembro mais...
– Da última vez... Ah, pera, não sei...
– Meia, cinco, zero... Ah...
– Na conversa, eles falam de valores maiores e o próprio ministro cita números. Joesley pergunta:
– Dividido por três? Um setecentos e trinta dividido por três.
– Cinco, sete, meia...
– Mais umas três vezes nós mata essa porra.
– Pode ficar tranquilo
– O fluxo caiu.
– Imagino
– Cara, o fluxo caiu. A lojinha tá vendendo menos. E eu agora só tô pegando as lojinhas nossas, né?

No dia 9 de setembro de 2017, portanto somente três dias depois dessa gravação, o ministro Marcos Pereira saiu de férias para deixar a coisa esfriar. Assim é Brasília, a capital da corrupção. E Michel Temer, envolvido e comandando corruptos de todas as legendas aliadas, faz tudo para preservar das garras da Justiça os que lhe são leais.

Dinheiro repassado para Michel Temer

O executivo Ricardo Saud também falou sobre a distribuição de propina para os seis senadores do PMDB, afirmando que R$ 15 milhões foram mandados da "conta corrente do PT" para a campanha a vice-presidente do então vice-presidente da República, Michel Temer.

Dos R$ 15 milhões, Ricardo Saud afirmou que R$ 1 milhão ficou com o próprio Michel Temer. E foi bastante irônico a respeito do episódio:

> – O Michel Temer fez até uma coisa muito deselegante, porque nessa eleição eu só vi dois caras roubarem deles mesmos: um foi o Gilberto Kassab e o outro, o Temer. O Temer me deu um papelzinho e disse: "Olha, Ricardo, tem R$ 1 milhão que eu quero que você entregue em dinheiro neste endereço aqui".

Ricardo Saud ironizou:

> – Eu já vi o cara pegar o dinheiro na campanha e gastar na campanha. Agora, o cara ganhar um dinheiro do PT e guardar no bolso dele, isso aí é muito difícil.

O endereço em questão era da empresa Argeplan Arquitetura e Engenharia, do coronel reformado João Baptista Lima Filho, amigo de Temer. Segundo Saud, o dinheiro, em espécie, foi entregue por Florisvaldo[19].

Ainda de acordo com o depoimento de Ricardo Saud, os R$ 15 milhões foram distribuídos da seguinte forma: R$ 9 milhões foram pagos em cinco parcelas ao PMDB nacional como "propina dissimulada em forma de doação oficial"; R$ 3 milhões foram entregues a um intermediário do ex-deputado Eduardo Cunha, em um posto de gasolina no Rio de Janeiro; e, por fim, R$ 2 milhões foram repassados a Duda Mendonça como parte do pagamento da campanha de Paulo Skaf ao governo de São Paulo.

Segundo Saud, o pagamento a Duda Mendonça foi "simulado como se ele tivesse prestado um serviço de marketing" para uma das empresas do grupo J&F.

O empresário Joesley Batista, que gravou um encontro com o presidente Michel Temer, e que, entre outros fatos, confirmou o apoio do

---

19 Em meio aos documentos entregues pela JBS ao Ministério Público Federal (MPF), 20 páginas que foram registradas com os números de 185 a 204 no apenso nº 14 da delação mostram que os irmãos Joesley e Wesley Batista produziram um dossiê sobre as atividades do coronel reformado da Polícia Militar de São Paulo João Baptista Lima Filho, amigo do presidente Michel Temer.

presidente à manutenção do silêncio na prisão do ex-deputado Eduardo Cunha, no dia 15 de junho de 2017 concedeu uma entrevista à revista *Época*, quando falou sobre sua relação com o presidente Michel Temer.

De acordo com Joesley Batista, ele conheceu o então presidente da Câmara dos Deputados, Michel Temer, em 2009 ou 2010, quando foi apresentado a ele pelo ex-ministro da Agricultura Wagner Rossi (PMDB-SP). Disse que logo no segundo encontro Michel Temer lhe passou o número do celular, pelo qual falavam sempre:

> "Logo no segundo encontro ele já me deu o celular dele. Daí em diante, passamos a falar. Eu mandava mensagem para ele, ele mandava para mim. De 2010 em diante. Sempre tive relação direta. Fui várias vezes ao escritório da Praça Panamericana, fui várias vezes ao escritório no Itaim, fui várias vezes à casa dele em São Paulo, fui algumas vezes ao Jaburu, ele já esteve aqui em casa, ele foi ao meu casamento, foi inaugurar a fábrica da Eldorado".

Joesley Batista afirmou à revista *Época* que sua relação com Michel Temer nunca foi de amizade, mas por puro interesse. De um lado, um empresário que tinha problemas e que via em Michel Temer alguém que poderia ajudar a resolvê-los e, de outro, um político que via no empresário alguém que poderia financiá-lo. Nesse aspecto, Batista disse que Michel Temer não era chegado a cerimônia quando o negócio era dinheiro e que, desde o "iniciozinho" da relação, isso em 2010, Michel Temer já queria apoio financeiro para sua campanha ao cargo de vice-presidente da República.

Com relação a contrapartidas para o dinheiro solicitado, Joesley afirmou:

> "Sempre estava ligada a alguma coisa ou a algum favor. Raras vezes não. Uma delas foi quando ele pediu R$ 300 mil para fazer campanha na internet antes do impeachment, preocupado com a imagem dele. Fazia pequenos pedidos. Quando o Wagner Rossi saiu, Temer pediu um dinheiro para ele se manter. Também pediu para um tal de Milton Ortolon, que está lá na nossa colaboração. Um sujeito que é ligado a ele. Pediu para fazermos um mensalinho. Fizemos. Volta e meia fazia pedidos assim. Uma vez ele me chamou para apresentar o Yunes. Disse que o Yunes era amigo dele e para ver se dava para ajudar o Yunes".

Joesley Batista afirmou que Temer lhe pediu vários favores, inclusive o pagamento de aluguel de seu escritório político em São Paulo, o que não teria sido feito. Para Batista, os políticos acham que "o simples fato de estar ocupando um cargo já o habilita a você ficar devendo favores a ele".

Para Joesley Batista, dentro do PMDB da Câmara dos Deputados, que ele qualificou como "a organização criminosa mais perigosa", Michel Temer era o comandante máximo, o "chefe":

> "A pessoa a quem o Eduardo se referia como seu superior hierárquico sempre foi o Temer. Sempre falando em nome do Temer. Tudo que o Eduardo [Cunha] conseguia resolver sozinho, ele resolvia. Quando ficava difícil, levava para o Michel Temer. Essa era a hierarquia. Funcionava assim: primeiro vinha o Lúcio [o operador Lúcio Funaro]. O que ele não conseguia resolver, pedia para o Eduardo. Se o Eduardo não conseguia resolver, envolvia o Michel".

Sobre os pagamentos que fez para o ex-deputado Eduardo Cunha e para o doleiro Lúcio Funaro, Joesley Batista afirmou ter virado refém de dois presidiários. "Combinei quando já estava claro que eles seriam presos, no ano passado [2016]. O Eduardo me pediu R$ 5 milhões. Disse que eu devia a ele. Não devia, mas como ia brigar com ele?".

Dinheiro para comprar votos contra o impeachment

De acordo com o empresário Joesley Batista, em 2016 ele se prontificou a ajudar o ex-ministro da Fazenda Guido Mantega a se livrar da CPI do Carf, aberta para investigar o Conselho Administrativo de Recursos Fiscais (Carf), alvo da Operação Zelotes, depois de ter estado com Mantega e ele ter-lhe externado preocupação com o que poderiam aprontar para ele.

Embora Joesley Batista tenha dito que não sabia em que a CPI poderia incriminar o ex-ministro de Lula e Dilma, ele topou a empreitada. Foi quando conheceu o deputado federal João Carlos Bacelar (PR-BA), então relator da CPI do Carf, por intermédio do ex-ministro dos Transportes Antônio Carlos Rodrigues (PR-SP), com o qual estabeleceu uma aproximação em diversos encontros, nos quais Bacelar se colocava sempre "na posição de defesa de Dilma no processo de impeachment".

Joesley Batista relatou que um dia o deputado João Carlos Bacelar foi ao escritório da companhia, em São Paulo, e na oportunidade ele o colocou para falar com Mantega e os dois se entenderam, com Bacelar se comprometendo a "não convocá-lo a depor na CPI do Carf", conforme o entendimento de Batista da conversa travada entre ambos.

Joesley Batista relatou ainda, em seu depoimento, que um dia foi procurado pelo deputado João Carlos Bacelar, que lhe pediu R$ 150 milhões para comprar o voto de 30 deputados federais contra o impeachment da presidente Dilma Rousseff (R$ 5 milhões para cada um).

O depoente afirmou ao procurador da República Sérgio Bruno Fernandes que topou comprar apenas cinco deputados, pelo valor unitário de R$ 3 milhões, que ainda estava devendo R$ 11,5 milhões do total empenhado e que está sendo cobrado pelo atraso no pagamento. De acordo com Joesley Batista, o acerto feito foi que R$ 11 milhões deveriam ser pagos ao deputado federal João Carlos Bacelar e que R$ 4 milhões iriam para o então ministro dos Transportes, Antônio Carlos Rodrigues.

Joesley Batista afirmou ainda que não lembrava quais eram os parlamentares que receberiam os pagamentos. Segundo ele, o dinheiro era distribuído pelo deputado federal João Carlos Bacelar, e que uma parcela de R$ 500 mil teria sido paga em março de 2017.

O procurador da República Sérgio Bruno Fernandes ainda foi informado por Joesley Batista de que, de acordo com o deputado federal João Carlos Bacelar, o dinheiro que deveria ser repassado a Antônio Carlos Rodrigues seria para ressarcir o Partido da República (PR), que teria antecipado tal verba para pagamento a deputados por votos contrários ao impeachment.

Propina em Rondônia

Em 2012, a JBS arrendou e depois adquiriu três unidades de abate de gado em Mato Grosso e uma em Rondônia, que pertenciam à empresa Guaporé Carne, o que ampliaria a sua capacidade de abate em 3,5 mil cabeças por dia.

De acordo com os termos da delação do diretor de Tributos da JBS S.A., Valdir Aparecido Boni, tão logo a JBS concluiu o arrendamento das unidades da Guaporé Carne, o contador da referida empresa, Nilton Amaral, propôs a ele um esquema de fraude nas fiscalizações para concessão de créditos presumidos de ICMS (créditos falsos), com lançamento de outros créditos sem lastro de legalidade, igualmente falsos, mediante propina de 30% sobre o valor sonegado. As filiais da

JBS no estado ficariam dois ou três anos sem serem fiscalizadas ou com fiscalização dirigida. Assim, a companhia passou a inflar artificialmente os créditos presumidos e, com isso, diminuir o valor a recolher do ICMS.

Nessa época, quem governava o estado de Rondônia era Confúcio Moura[20], do PMDB, que foi reeleito para novo mandato a ser cumprido até 2018.

Além de Nilton Amaral, o grupo que requeria a propina era formado por Clodoaldo, proprietário do escritório Rio Madeira Contabilidade, onde eram realizadas as reuniões e tratadas as ações do grupo criminoso, e Edgar Nilo Tonial, conhecido como Edgar do Boi, então presidente do PSDC e vice-prefeito de Porto Velho (2016-2019). Edgar do Boi pediu afastamento do cargo de presidente do PSDC no dia 20 de maio de 2017, em função de tais denúncias.

De acordo com o depoente Valdir Aparecido Boni, entre 2012 e 2014, a JBS entregou a Edgar do Boi e a Clodoaldo um total de R$ 2 milhões e, entre janeiro e agosto de 2015, quando a JBS encerrou o pagamento de propinas "por mudança do comportamento aqui no país" (leia-se: Operação Lava Jato e seus efeitos), a dupla recebeu mais R$ 1,8 milhão, dessa vez em troca de notas fiscais frias relativas à prestação de serviços de contabilidade do escritório de Clodoaldo.

Os pagamentos, segundo o depoimento do delator Valdir Boni, eram enviados a um banco em Porto Velho, onde um funcionário da companhia sacava o dinheiro em espécie e entregava a Clodoaldo.

Boni concluiu seu depoimento relativo ao pagamento de propinas em Rondônia afirmando que nunca houve fiscalização nas unidades da JBS abarcadas pelo referido acordo, mas que em dezembro de 2016 ele foi chamado a Rondônia por Clodoaldo, que falou que iria ter uma fiscalização e que, para ser "dirigida", a JBS deveria pagar uma propina de R$ 4,5 milhões, valor que, negociado, caiu para R$ 1,2 milhão. Entretanto, Boni disse que a propina não teria sido paga porque o CEO da JBS, Wesley Mendonça Batista, não autorizou, mas que, até então, continuava sendo cobrado por Clodoaldo para fazer o pagamento combinado.

---

20 O governador de Rondônia, Confúcio Aires Moura (PMDB), foi denunciado no dia 18 de junho de 2017 por sonegação fiscal, no período em que foi prefeito do município de Ariquemes. Ele é acusado, pela Procuradoria-Geral da República, de compensar, de maneira indevida, valores das contribuições sociais previdenciárias nas guias de recolhimento do Fundo de Garantia por Tempo de Serviço e Informações à Previdência Social (GFIP), nas competências de janeiro de 2009 a março de 2010.

Benefícios fiscais em Mato Grosso do Sul

Em depoimento prestado à Procuradoria-Geral da República no dia 4 de maio de 2017, Wesley Batista relatou o esquema de benefícios fiscais concedidos à JBS no Mato Grosso do Sul – redução da alíquota de ICMS – em troca de pagamento de propina, acordo negociado por Joesley Batista.

Wesley Batista afirmou que os benefícios fiscais eram legítimos, porém concedidos somente mediante pagamento de propina, e que isso era prática recorrente, pelo menos em empresas frigoríficas que se estabeleceram no Mato Grosso do Sul. Wesley Batista revelou em seu depoimento:

> "No Mato Grosso do Sul o negócio é generalizado. No nosso setor frigorífico, essa modalidade [de pagar propina para ter redução] não é só nós que tínhamos. De frigorificozinho pequeno aos grandes, temos informações de que é uma prática recorrente".

De acordo com Wesley Batista, esse esquema teve início em 2003, quando o governador do Mato Grosso do Sul era o Zeca do PT (José Orcírio Miranda dos Santos), e vigorou até 2006. Segundo Wesley Batista, as negociações com o estado de Mato Grosso do Sul começaram com João Baird, que seria o operador de Zeca do PT. Segundo Wesley, foi Baird que estabeleceu o percentual de 20% de propina sobre os valores que a JBS viesse a economizar por meio de incentivos fiscais.

No período relatado, Wesley Batista afirma não saber quais os valores pagos de propina. "Foi um fato de 2003 e nós não temos mais os registros de quanto foi pago de propina", justificou o empresário.

Segundo Wesley Batista, seu irmão, Joesley Batista, manteve o mesmo entendimento com o governador que sucedeu Zeca do PT, que foi André Puccinelli (PMDB), tendo a JBS pago, entre 2007 e 2014, o montante de R$ 114.175.420,88, conforme documentos apresentados à PGR.

Esses pagamentos eram feitos para operadores do governador Puccinelli, chamados Ivanildo Miranda e André Luiz Cance e, de acordo com o depoimento de Wesley Batista, "foram pagos por várias modalidades: notas frias, notas fiscais, doleiros e a terceiros".

A empresa Buriti Comércio de Carnes foi uma das participantes do esquema de propinas pagas ao governador André Puccinelli, para o qual foram destinados R$ 12.903.691,03 por meio de notas frias expedidas entre maio e julho de 2015. O restante dos "pagamentos", boa parte deles feita em 2016, é referente à venda de gado, operações que, conforme a delação de Wesley Batista, nunca aconteceram, mas era um arranjo feito apenas para lavagem do dinheiro de propina dado aos políticos de Mato Grosso do Sul.

Wesley Batista anexou notas fiscais emitidas pelo atual secretário de Estado de Fazenda, Márcio Campos Monteiro (PSDB), no valor de R$ 333.223,80, relativo à venda simulada de 140 cabeças de gado, em 19 de dezembro de 2016; pelo deputado estadual Zé Teixeira (R$ 1,6 milhão), pelo ex-prefeito de Dois Irmãos do Buriti e ex-deputado estadual Osvani Ramos (R$ 583 mil) e ex-prefeito de Porto Murtinho Nelson Cintra (R$ 296 mil).

O frigorífico Buriti, de Aquidauana (MS), também foi utilizado no esquema, tendo emitido 56 notas fiscais frias, relativas à simulação de venda de 1.600 toneladas de carne à JBS. De acordo com Wesley Batista, o frigorífico era utilizado pelo governador Reinaldo Azambuja para lavagem de dinheiro.

Wesley Batista, em seu depoimento à PGR, afirmou que o governador Reinaldo Azambuja (PSDB), que sucedeu André Puccinelli, negociou diretamente com ele e os termos foram os mesmos. Porém, de acordo com Wesley Batista, o governador nunca utilizou operador para receber a propina, sendo paga diretamente a ele pela JBS, cujo volume seria de R$ 45.631.696,00.

O governador Reinaldo Azambuja teria recebido R$ 10 milhões em espécie, de acordo com o delator, e outros R$ 35 milhões por meio de pagamentos feitos com notas frias emitidas por pessoas físicas e jurídicas. De acordo com os delatores da J&F, Wesley Mendonça Batista e Valdir Aparecido Boni, R$ 38 milhões de propina foram contrapartida por um desconto de ICMS no valor de R$ 99 milhões para empresas da JBS.

As denúncias relativas à simulação de venda de gado foram confirmadas pelo auditor fiscal federal agropecuário Paulo Hiane, em reportagem do *Jornal Nacional*, que foi ao ar no dia 22 de julho de 2017. Segundo ele, o Serviço de Inspeção Federal (SIF) tem um funcionário dentro do frigorífico, que faz o recebimento e conferência do que está declarado na Guia de Trânsito Animal (GTA) e com os animais que, fisicamente, dão entrada para abate.

O superintendente federal do Ministério da Agricultura, Celso Martins, que também foi ouvido, disse que as GTAs submetidas ao Mapa para consulta não confirmaram o abate dos lotes de gado indicados em tais documentos, ou seja, não consta entrada de bovinos correspondentes às guias pesquisadas, confirmando, assim, a falsidade ideológica de tais documentos.

De acordo com a reportagem do *Jornal Nacional*, a J&F teria pago, somente nos últimos dez anos, R$ 150 milhões de propina em Mato Grosso do Sul para obtenção de desconto de ICMS da ordem de R$ 500 milhões.

Desoneração tributária do setor de frangos

Nessa passagem da delação de Joesley Batista, ele fala sobre a distribuição de propina para o ex-deputado federal e ex-presidente da Câmara dos Deputados Eduardo Cunha, como um "programa de domingo". Joesley saía de São Paulo e ia ao Rio de Janeiro entregar a parcela da propina – coisa de R$ 1, R$ 2 milhões – e se encontrava com Cunha no aeroporto de Jacarepaguá (aeroporto Roberto Marinho), na Barra da Tijuca (Rio de Janeiro).

Do aeroporto de Jacarepaguá, Joesley Batista conta que ia para o Aeroporto Santos Dumont usando helicóptero, ou aproveitava para passar primeiro no apartamento do ex-senador Aécio Neves – para quem ele diz que não levava dinheiro – para conversar algum tempo e depois voltava para São Paulo.

O acerto feito com Eduardo Cunha para pagamento de R$ 20 milhões em propina – isso de acordo com Joesley Batista – se referia ao pagamento de deputados federais para que fosse mantida a alíquota de 1% para o setor de frangos, já que o governo queria alterar a alíquota de todos os setores que foram beneficiados pela Lei nº 12.546/2011. As novas regras foram introduzidas pela Lei nº 13.161/2015.

Segundo o depoente, Eduardo Cunha pediu esse valor para manter a desoneração do setor de frangos. Joesley chegou a negociar o valor com Cunha, obtendo a redução da propina para R$ 15 milhões, mas o ex-deputado depois voltou atrás e cobrou dele os R$ 5 milhões complementares. O valor foi pago a um operador quando Eduardo Cunha já estava preso em Curitiba (PR) pela Operação Lava Jato.

De acordo com Joesley Batista, no encontro que ele teve com o presidente Michel Temer, um dos assuntos seria exatamente esse, ou seja, que ele havia quitado o saldo da propina do Eduardo Cunha e que tinha acabado tudo. Por outro lado, também iria dizer que continuava pagando a Lúcio Funaro um mensalinho de R$ 400 mil.

"Eu queria informar isso aí, e saber a opinião dele. Foi quando, de pronto, ele me disse que tinha que manter isso aí", disse Joesley Batista em seu depoimento. Afirmou ainda: "Os valores eram para garantir o silêncio deles, para manter eles calmos, o Lúcio calmo e o Eduardo também".

E concluiu: "Eu não sei como ficar calmo na prisão, mas [os pagamentos] eram para ficarem em silêncio e não se rebelarem". Depois ele ficaria sabendo, por experiência própria...

Joesley também disse que vinha recebendo sinais claros "de que era importante manter financeiramente as famílias" de Eduardo Cunha e de Lúcio Funaro, que estavam presos.

Os sinais teriam vindo, segundo Joesley Batista, "inicialmente do Geddel", em referência ao ex-ministro chefe da Secretaria de Governo Geddel Vieira Lima (PMDB-BA), e teria sido devido a isso que ele decidiu então procurar o presidente Michel Temer, já que o ex-ministro havia passado a ser investigado por tentativa de influenciar o ex-ministro da Cultura Marcelo Calero a liberar uma obra de seu interesse particular em Salvador.

Propina para ações no Ministério da Agricultura

Em outro trecho de seu depoimento ao MPF, Joesley Batista detalha para os procuradores como se beneficiou de decisões do Ministério da Agricultura durante o governo da presidente Dilma Rousseff, e também seu relacionamento com o ex-deputado e ex-presidente da Câmara dos Deputados Eduardo Cunha e com o operador Lúcio Bolonha Funaro.

Joesley Batista afirmou aos procuradores da República que o Ministério da Agricultura sempre foi "muito loteado", com cargos ocupados por indicados de deputados e senadores e que Eduardo Cunha e Lúcio Funaro "vislumbraram a possibilidade de fazer muito dinheiro ali" e, por isso, ambos buscaram meios para ocupar postos estratégicos no ministério e, assim, se beneficiarem do "bom relacionamento" da JBS com a pasta.

Como consequência, Joesley Batista citou, expressamente, o pagamento feito pela JBS de pelo menos R$ 7 milhões em propina a Eduardo Cunha e Lúcio Funaro por medidas do Ministério da Agricultura favoráveis à empresa. O valor é parte de um total de R$ 190 milhões que Joesley Batista diz ter repassado ao ex-deputado e a seu operador, ambos presos preventivamente pela Operação Lava Jato.

Joesley Batista afirmou que conheceu o ex-deputado Eduardo Cunha no gabinete do ministro da Agricultura, Antônio Andrade (PMDB-MG), que ficou no cargo entre 2013 e 2014. Entretanto, não precisou a data de tal encontro – provavelmente em 2013.

Joesley Batista relatou que estava no gabinete de Antônio Andrade para tratar da concentração no governo federal das regras de inspeção animal (hoje há regras municipais, estaduais e federais), quando o ministro ligou para Eduardo Cunha e o chamou em seu gabinete.

Contou Joesley Batista que o então deputado federal Eduardo Cunha teria discutido com ele na presença do ministro, conforme relata: "O Eduardo [Cunha] entra na conversa [no gabinete] reclamando que eu estava dando uma missão impossível para ele, que a federalização [das regras de inspeção] é uma coisa difícil demais. Que desse jeito não tinha jeito, que eles [Eduardo Cunha e Lúcio Funaro] não conseguiam e não ganhavam nada, ficavam trabalhando de graça". De acordo com o delator, o ministro Antônio Andrade precisou "apartar" os dois. "Eu fiquei chateado com ele [Cunha], né? Com ele me chantageando lá", afirmou Joesley Batista.

De acordo com Joesley Batista, a primeira "investida" de Eduardo Cunha e Lúcio Funaro para montar um esquema de corrupção no Ministério da Agricultura foi em 2013, com a indicação do advogado Rodrigo Figueiredo como titular da SDA (Secretaria de Defesa Agropecuária).

"Eu estava lá morrendo de medo deles aparelharem o Ministério da Agricultura e eu ficar na mão deles de novo. Já estava na mão deles na Caixa, já tava no FI-FGTS", disse o empresário Joesley Batista.

Para Joesley, foi com a chegada de Figueiredo ao comando da SDA que deu início a uma série de medidas pró-JBS no Ministério da Agricultura.

Algumas medidas, segundo Joesley Batista, não foram solicitadas por ele, mas o empresário pagou propina mesmo assim. Foi o caso de R$ 2 milhões repassados a Eduardo Cunha e Lúcio Funaro por uma decisão do Departamento de Inspeção de Produtos de Origem Animal (Dipoa), órgão subordinado à SDA, que proibiu, em 2014, a exportação de miúdos bovinos (despojos) por ECDs (Entrepostos de Carnes e Derivados), operados com insumos de pequenos frigoríficos.

Essa medida foi publicada em circular do dia 5 de maio de 2014 e, segundo Joesley Batista, veio favorecer as exportações de despojos dos grandes frigoríficos, entre ele, claro, a JBS.

Entretanto, no dia 21 de outubro de 2014, o juiz Francisco Alexandre Ribeiro, da 8ª Vara do Tribunal Regional Federal da 1ª Região, de Brasília (DF), determinou que o Ministério da Agricultura voltasse atrás nessa decisão, sob a ameaça de uma multa diária de R$ 100 mil, caso não fosse suspensa a limitação à exportação de despojos.

O delator também falou sobre benefícios obtidos na determinação do Ministério da Agricultura no uso de medicamentos em animais. Esse ato normativo proibia o uso de um vermífugo de longa duração (Ivermectina) e assim restabelecia o uso de vermífugos de prazo curto, "o que evitava dificuldades fitossanitárias na exportação de carnes" e menos prejuízo aos frigoríficos.

De acordo com a revista *Época*, o operador Lúcio Funaro disse, em sua delação ao Ministério Público Federal, que Joesley Batista tentou dar um "*bypass*" nele e no ex-presidente da Câmara dos Deputados Eduardo Cunha.

De acordo com Lúcio Funaro, o empresário contatou o então ministro da Agricultura Antônio Andrade diretamente, sem passar por Eduardo Cunha.

Pelo esquema reinante no sistema de governo federal, os partidos políticos indicam seus homens de confiança em ministérios, estatais e autarquias públicas para arrecadar propina e dividir com seus padrinhos.

Recebendo dinheiro para João Vaccari em Nova York

A relação entre os irmãos Batista e o Partido dos Trabalhadores era tão íntima que Joesley Batista relata em um de seus depoimentos (Termo nº 09) que emprestou uma conta em nome da empresa Okinawa Investments Ltd., que mantinha em um banco em Nova York, para que o tesoureiro do PT, João Vaccari Neto, recebesse dinheiro de outras empresas.

Joesley falou que um dia foi abordado por João Vaccari, que lhe disse: "Olha, volta e meia eu tenho pagamentos a receber no exterior e não tenho para onde mandar. Você não quer receber esse dinheiro e ficar

com você e o dia que eu precisar você faz os pagamentos para mim?".
Joesley disse que respondeu: "Uai, João, como é que funciona esse negócio?". João Vaccari então teria dito a Joesley Batista que o assunto estava relacionado ao Guilherme Gushiken, filho do ex-ministro do governo Lula, Luiz Gushiken, falecido em 2013.

De acordo com Joesley, foi feita uma "conta corrente" e seu gerente de Contas a Receber, Demilton Antônio de Castro, fazia pagamentos ou entregas de dinheiro a quem o tesoureiro do Partido dos Trabalhadores determinava.

Joesley Batista disse em seu depoimento:

> "Aí a gente emprestou o número de uma conta bancária no exterior, que era nossa, em nosso nome, onde volta e meia ele [João Vaccari] recebia pagamentos e volta e meia ele comandava pagamentos no exterior, ou pedia em dinheiro, ou pedia doação oficial, fazia compensação, fazia planilha, enfim..."

Citou também que foram feitas retiradas em nome de "Luís Carlos, da Petros", numa referência a Luís Carlos Fernandes Afonso, que presidiu o Fundo de Pensão da Petrobras de 2011 até 2014, e que foram pagas até mesmo contas pessoais de João Vaccari Neto.

A movimentação total dessa conta passou de US$ 23 milhões.

Joesley Batista relatou também que um dia, quando ele chegava ao escritório da companhia, foi surpreendido com a presença do Luís Carlos, da Petros, que assim se dirigiu a ele: "Não tem um dinheiro aí pra mim?". Falei: "Ué, não tem dinheiro?". Ele falou: "O tal do João deixou contas particulares do Luis Carlos para a JBS pagar". Quando eu fui ver, era conta dele!

De acordo com Joesley Batista, a conta corrente foi encerrada em 2015.

Propina para o senador Aécio Neves

Mesmo antes da divulgação das delações premiadas da JBS, o senador Aécio Neves dava sinais de que temia alguma coisa de grave em relação a ele. Por exemplo, no dia 19 de abril de 2017, o senador conversou com o deputado federal Gabriel Guimarães (PT) cobrando explicações de um pedido de investigação feito por outro parlamentar mineiro do partido petista.

Aécio Neves, na oportunidade, disse ao deputado Gabriel Guimarães que o momento não era "para fazer graça" e que cada um precisava administrar "os doidos de cada lado". "Entra nesse circuito hoje para ver se baixa essa bola", pediu Aécio a Gabriel Guimarães.

Em uma conversa gravada pela Polícia Federal, com autorização do Supremo Tribunal Federal, o senador Aécio Neves fala com sua irmã, Andrea Neves, e sugere que "o tempo é o senhor da verdade" seria o título de um artigo que ele escreveria para o jornal de Minas. "Não, isso é a marca do Collor, pelo amor de Deus", retrucou a irmã.

Nos diálogos interceptados pela Polícia Federal, o senador Aécio Neves aparece conversando com a irmã, Andrea Neves, sobre as notícias que saíram sobre ele na imprensa depois da delação de executivos da Odebrecht, já que ela era a responsável pela sua imagem desde a época em que foi governador de Minas Gerais.

Um mês depois, escândalos envolvendo seu nome estampariam as manchetes dos jornais...

Em depoimento prestado à Procuradoria-Geral da República (PGR), em Brasília, no dia 5 de maio de 2017, o diretor de Relações Institucionais da J&F, Ricardo Saud, relatou que Joesley havia aceitado pagar R$ 2 milhões ao senador Aécio Neves para que ele pudesse resolver suas pendências financeiras com dois advogados, que seriam Alberto Toron e Sânzio Nogueira.

Nesse mesmo dia, de acordo com Joesley Batista, a irmã de Aécio Neves, Andrea Neves, o procurou oferecendo um apartamento dúplex de 1.200 m², com piscina e vista para a praia, de propriedade de sua mãe e onde ela morava, em São Conrado, zona sul do Rio de Janeiro, por R$ 40 milhões. "Falou se eu não queria comprar esse apartamento... E parece que o apartamento existe mesmo. Eu não sei se vale os R$ 40 milhões. Mas aí eu nem fui lá, nem nada", relatou Joesley Batista em seu depoimento à PGR.

Mas Joesley Batista contou que, no mesmo dia, teve uma conversa com Aécio Neves, quando este lhe falou dos R$ 40 milhões de que precisava. Joesley contou então que disse ao senador que, se houvesse a nomeação de Aldemir Bendine, ex-presidente do Banco do Brasil e da Petrobras, para presidir a Vale, "resolveria o problema dos R$ 40 milhões pedidos por Andrea".

Mas Aécio Neves, segundo Joesley Batista, disse que já havia indicado outra pessoa para a vaga pretendida para Bendine, dando a ele a oportunidade de escolher qualquer uma das diretorias da mineradora.

De acordo com o depoimento do delator da JBS Ricardo Saud, o grupo JBS pagou R$ 80 milhões para a campanha de Aécio Neves em 2014. Mas o senador "continuou pedindo mais", acreditando que a empresa ainda tinha compromisso com ele. "Ele nunca fez nada por nós, na verdade. Prometeu, prometeu e nunca fez nada."

Ricardo Saud afirmou ainda que o senador Aécio Neves virou uma "sarna" para Joesley Batista, pois não parava de pedir dinheiro ao empresário:

> Ficavam ligando: ele, a irmã, o primo, pra mim, pro Joesley... 24 horas... que ele saiu da campanha devendo demais, que precisava acertar a vida dele... que estava com dificuldade muito grande, que não tinha como fazer e tal.

Joesley Batista revelou ainda aos procuradores da República que Aécio Neves já havia lhe pedido outras quantias, e que chegou a comprar outro imóvel em Belo Horizonte, a pedido do senador. O empresário pagou R$ 17 milhões pelo prédio onde funcionou o jornal *Hoje em Dia*. O dinheiro foi repassado ao senador e o prédio se encontrava sem uso e abandonado.

De acordo com Joesley Batista, o senador Aécio Neves disse que precisava dos R$ 17 milhões e que tinha um imóvel que dava para fazer de conta que valia isso. Quando questionado por um dos procuradores se se tratava de um superfaturamento do imóvel para justificar esse repasse de dinheiro, Joesley Batista disse: "Sem dúvida. Não estávamos atrás de comprar um prédio em Belo Horizonte".

Na transação, a J&F Investimentos S.A. comprou da Ediminas S.A. – Editora Gráfica Industrial de Minas Gerais – o imóvel e um terreno ao lado do prédio por R$ 17.354.824,75. Além do registro da negociação em cartório, existe um recibo de quitação do pagamento da transação da J&F à Ediminas, que pertencia ao Grupo Bel, do setor de comunicação.

Do total negociado pelo imóvel, R$ 14 milhões teriam sido pagos à Ediminas e o restante teria sido repassado para o senador Aécio Neves.

Com relação ao pagamento dos R$ 2 milhões pedidos, Ricardo Saud afirmou que foi feito em quatro parcelas de R$ 500 mil cada, em dinheiro vivo, e que foi entregue ao primo do senador, Frederico Pacheco de Medeiros, o Fred.

"Ele pegou o dinheiro, colocou na mochila, pegou um táxi e voltou para Belo Horizonte", relatou Ricardo Saud. O dinheiro deveria ser entregue ao advogado Sânzio Nogueira.

O diretor da JBS afirmou que o primo de Aécio foi até São Paulo de avião e voltou para a capital mineira de táxi, com um motorista que trabalha com ele há mais de 20 anos. "Trabalha para levar dinheiro?", perguntou o procurador. "Eu não posso dizer que é para levar dinheiro, mas, pelo que eu entendi, sim", respondeu.

No dia 18 de maio de 2017 foi deflagrada a Operação Patmos. Em Ipanema (RJ), um chaveiro foi chamado para auxiliar o trabalho dos agentes, já que ninguém foi encontrado para abrir a porta do apartamento de Aécio Neves.

Por volta das 6h25, os agentes da Polícia Federal conseguiram entrar no apartamento. Um funcionário de um hotel, que fica ao lado do edifício onde reside Aécio Neves, foi chamado como testemunha.

Na mesma operação foram presos o primo de Aécio Neves, Frederico Pacheco de Medeiros, o Fred, e o assessor do senador Zezé Perrela, Menderson Souza Lima, que receberam e transportaram quatro malas de dinheiro para Belo Horizonte. Frederico e Menderson foram presos na Penitenciária Nelson Hungria, em Contagem, na região metropolitana de Belo Horizonte, no dia 18 de maio de 2017.

No apartamento de Andrea Neves, em Copacabana (RJ), também na zona sul do Rio de Janeiro, os agentes não localizaram ninguém em casa. Andrea Neves foi presa algumas horas depois em sua casa, no condomínio Retiro das Pedras, em Brumadinho, na região metropolitana de Belo Horizonte.

Eles e a irmã de Aécio Neves, Andrea Neves, foram soltos graças a um *habeas corpus* impetrado no Supremo Tribunal Federal, no dia 20 de junho de 2017.

Propina para fiscalizar pequenos frigoríficos concorrentes

O diretor de Relações Institucionais da J&F Ricardo Saud afirmou – em gravação entregue à PF – que pagou propina ao jornalista e dono da editora Geração, Luiz Fernando Emediato, ligado à Força Sindical, quando este era assessor especial do ex-ministro do Trabalho Brizola Neto (entre 2012 e 2013).

Ricardo Saud afirmou que se aproximou de Emediato para pedir ajuda do ministério na área de fiscalização. A queixa era que a JBS estava sofrendo fiscalização desleal em relação aos pequenos frigoríficos, "que nunca tinham sido fiscalizados". Emediato, segundo Ricardo Saud, teria dito inicialmente que não poderia interferir no trabalho dos fiscais, que tinham iniciativa própria. Mas que faria um projeto-piloto no Rio de Janeiro e em Minas Gerais para intensificar o serviço nos pequenos frigoríficos.

Pelo trabalho, Emediato cobraria R$ 20 mil por frigorífico. O valor total da propina chegou a R$ 2,8 milhões, de acordo com o relato do executivo da JBS à força-tarefa da Operação Lava Jato.

Ricardo Saud, num dos anexos da delação, diz: "Eu paguei para ele fazer", e emendou acrescentando que o dinheiro foi pago diretamente a Emediato, que emitiu nota fiscal da editora Geração.

Ricardo Saud afirmou acreditar, no início da conversa com Emediato, que um aperto da fiscalização nos pequenos frigoríficos – que funcionam "sem as mínimas condições" – poderia levar ao fechamento de vários deles. Na delação, o executivo contou que o trabalho chegou a ser feito conforme o combinado no acordo. "A gente sabia que se fizessem o que fazem conosco, iam fechar todos os outros frigoríficos. Eles não aguentam fiscalização", afirmou Ricardo Saud ao Ministério Público Federal.

Entretanto, Ricardo Saud disse que o trabalho de fiscalização contratado com Luiz Fernando Emediato não surtiu o efeito esperado e, como o resultado não foi o planejado pela JBS, o plano foi abandonado.

Propina para o governador Sérgio Cabral

Ricardo Saud, em depoimento prestado no dia 5 de maio de 2017, disse que, em 2012, a JBS estava prospectando novos negócios, oportunidade em que, a convite do governador do Rio de Janeiro, Sérgio Cabral, ele, Joesley Batista e outros executivos do grupo J&F participaram de um almoço no Palácio da Guanabara, quando foram convidados pelo governador a investirem no estado do Rio de Janeiro.

Segundo Ricardo Saud, depois desse encontro, ele e mais três secretários do governo do Rio de Janeiro visitaram diversas localidades para verificar como a J&F poderia fazer negócio no estado. Em uma das visitas, Saud relatou que ficou conhecendo um projeto em andamento:

era "uma fábrica novinha, que estava começando a se deteriorar com o tempo", em Barra do Piraí, município a cerca de 230 quilômetros da capital fluminense.

A unidade fabril estava localizada em uma área de 400 mil m² e área construída de uns 20 mil m². A fábrica pertencia à sua arquirrival BRF, já havia alguns equipamentos instalados, mas tinha paralisado a montagem da unidade, já com o prazo de conclusão expirado.

Com isso, o governador Sérgio Cabral conseguiu rescindir o contrato com a BRF e entregar a fábrica para a J&F, pedindo em contrapartida dinheiro e apoio junto a outros partidos para ampliação do tempo de TV na campanha do candidato Luiz Fernando Pezão, que era seu vice-governador.

Ricardo Saud relatou que, a princípio, Sérgio Cabral queria entre R$ 30 e 40 milhões e, no final, foi fechado em R$ 27 milhões, com a maior parte do dinheiro sendo repassada como doação oficial e apenas R$ 5 milhões em dinheiro vivo, entregues a um dos secretários do governador Sérgio Cabral.

Pagamento de propina a Gilberto Kassab

No dia 4 de maio de 2017, o CEO da J&F, Wesley Mendonça Batista, afirmou, no seu termo de depoimento nº 05, que quando a JBS comprou o grupo frigorífico Bertin, a companhia herdou um contrato com Gilberto Kassab – ministro das Comunicações do governo de Michel Temer – de aluguel de caminhões para transporte de contêineres.

Esclareceu que, na realidade, eram dois contratos, sendo um legítimo, referente ao aluguel dos caminhões, e outro ilegítimo, referente à prestação de serviços de consultoria que nunca foram prestados.

Quando a JBS comprou o frigorífico Bertin, Wesley Batista disse que foi avisado por Natalino Bertin, um dos donos do Bertin, da existência desses contratos, e que foi procurado pelo próprio Kassab – nessa época ele era prefeito de São Paulo –, que teria dito: "Olha, tenho um contrato com o Bertin, desses caminhões, tem outro contrato dessa assessoria que é um 'overprice' [sobrepreço] desses caminhões e gostaria que vocês mantivessem, continuassem. Eu conto com isso aí".

Wesley Batista afirmou que, no período de janeiro de 2010 a janeiro de 2017 – quando os dois contratos foram rescindidos –, a JBS pagou a Gilberto Kassab a quantia de R$ 350 mil por mês.

Questionado por que continuou pagando, Wesley Batista foi pragmático em sua resposta aos procuradores da República:

> "Por que pagávamos? Porque o Kassab foi ministro por algumas vezes, era uma pessoa que nós considerávamos de alguma influência, tinha sido prefeito, em algum momento poderia ser governador, vice-governador ou ministro de novo, como é hoje".

Embora houvesse apenas a expectativa de algum benefício futuro, conforme depoimento de Wesley Batista, os pagamentos mensais feitos a Gilberto Kassab totalizaram absurdos R$ 29,75 milhões em propina, sem contar o que já havia sido pago, anteriormente, pelo grupo Bertin.

Ainda de acordo com Wesley Batista, os pagamentos eram feitos a uma empresa da família de Kassab, a Yape Assessoria, Consultoria e Debates Ltda., da qual Kassab foi sócio entre os anos de 1994 e 2014, que emitia notas fiscais frias, já que não havia qualquer contrapartida.

Propina por empréstimo para a Eldorado

Além dos pagamentos de propina por empréstimos contraídos junto ao BNDES, o empresário Joesley Batista, em outros anexos de sua colaboração premiada, informou à PGR, que para conseguir os R$ 2 bilhões para a construção da Eldorado Brasil Celulose, teve que pagar 4% de propina para o ex-ministro da Fazenda Guido Mantega (R$ 80 milhões).

Ainda de acordo com Joesley Batista, outros participantes do esquema teriam recebido 1% de propina (R$ 20 milhões), para ser dividido com Wagner Pinheiro, ex-presidente da Petros, fundo de pensão da Petrobras; Guilherme Lacerda, ex-presidente da Funcef, e João Vaccari Neto, ex-tesoureiro do PT.

Esses novos anexos da delação premiada de executivos da J&F foram entregues à PGR no dia 31 de agosto de 2017.

Já na delação premiada do operador de propinas do PMDB, Lúcio Bolonha Funaro, este expõe – o que aconteceu pela primeira vez – o CEO da J&F, Wesley Batista, no esquema feito na Caixa Econômica Federal pelo empréstimo de R$ 940 milhões para a Eldorado Celulose. Além de Wesley Batista, o operador Lúcio Funaro também citou como partícipes

Joesley Batista e o presidente da Eldorado, José Carlos Grubisich. De acordo com Lúcio Funaro, o delator Demilton Antônio de Castro, gerente de Contas a Receber da JBS, era o responsável por operar o pagamento de propina no exterior.

Lúcio Funaro disse que, quando a JBS virou alvo de operações do MPF, Joesley Batista proibiu Demilton de frequentar as dependências da empresa e o enviou para o exterior. Em seu lugar, a JBS nomeou Antônio da Silva Barreto Júnior, que também é membro suplente do Conselho Fiscal da JBS.

Demilton Antônio de Castro assumiu o compromisso de pagar R$ 500 mil de multa para ganhar a imunidade penal, o que também poderá ser revisto, por omissão de sua participação no pagamento de propinas no caso do empréstimo da Caixa Econômica Federal para a Eldorado Brasil Celulose.

Pagamento de propina para Geddel Vieira Lima

Na delação premiada do operador de propinas do PMDB, Lúcio Bolonha Funaro, ele afirma que atuou entre 2011 e 2015 para diversas empresas do grupo J&F, intermediando junto ao então vice-presidente de Pessoa Jurídica da Caixa e ex-ministro Geddel Vieira Lima.

Funaro citou a aprovação de operações financeiras para a própria J&F Holding e para as empresas Seara, Eldorado, Vigor, Flora e Alpargatas, no montante de R$ 5 bilhões, tendo rendido R$ 170 milhões, valor que foi dividido com Geddel Vieira Lima, Eduardo Cunha e Henrique Alves.

Funaro explicou que ele e Geddel, para agilizar a liberação dos recursos, usando pagamento de propinas, tinham acesso a informações privilegiadas e conseguiam preferência na análise dos pedidos.

Segundo Lúcio Funaro, a propina para Geddel Vieira Lima era entregue geralmente em malas, num hangar do aeroporto de Salvador, afirmando que o ex-ministro "demonstrava naturalidade ao receber os valores e nunca reclamou de qualquer cobrança dentro da CEF".

No dia 8 de setembro de 2017, Geddel Vieira Lima foi preso pela Polícia Federal, depois que esta encontrou R$ 51 milhões em um apartamento de Salvador (BA), utilizado pelo ex-ministro de Michel Temer. Ele já cumpria prisão domiciliar em um condomínio em que mora na capital baiana, tendo sido transferido para o Complexo Penitenciário da Papuda, em Brasília.

O pedido de prisão preventiva de Geddel Vieira Lima demonstra a necessidade da medida para evitar "a destruição de elementos de provas imprescindíveis à elucidação dos fatos". Após a solicitação, o juiz federal Vallisney Oliveira, da 10ª Vara Federal de Brasília, autorizou o cumprimento dos mandados para recolher provas de crimes, como corrupção passiva, lavagem de dinheiro e organização criminosa.

A Polícia Federal encontrou, em uma das malas usadas por Geddel Vieira Lima para armazenar a dinheirama descoberta no apartamento citado, a logomarca da Construtora OAS, relação que já era motivo de investigação, com a descoberta de centenas de mensagens trocadas entre Léo Pinheiro e Geddel.

Contas-propina de Lula e Dilma no exterior

Embora tenha deixado de revelar fatos importantes, principalmente para esclarecer condutas criminosas apontadas na investigação da Operação Bullish, Joesley Batista, em depoimento prestado à Procuradoria-Geral da República no dia 3 de maio de 2017, afirmou que pagava propina para que os pleitos do grupo J&F não fossem atrapalhados pelos burocratas do governo, e que o ex-ministro da Fazenda Guido Mantega era o responsável por encaminhar os pleitos e negociar, caso a caso, a propina a ser paga.

De acordo com seu depoimento, Joesley Batista afirmou que foi por ordem de Guido Mantega que ele manteve, no exterior, duas contas para depositar a propina que foi negociada durante os governos Lula e Dilma, afirmando ter totalizado US$ 150 milhões.

Afirmou Joesley Batista:

> "Os saldos das contas vinculadas a Lula e Dilma eram formados pelos ajustes sucessivos de propina do esquema BNDES e do esquema-gêmeo, que funcionava no âmbito dos fundos Petros e Funcef".

Para abastecer o PT de dinheiro sujo, a JBS criou um canal específico nas Bahamas, revelam documentos divulgados pela revista *Época*. O paraíso fiscal era usado para blindar dinheiro de propina. A pedido da JBS, o banco J.P. Morgan criou duas empresas *offshore*, Formentera

Holdings Inc. e Mustique Enterprises Ltd., cujas contas ficavam numa agência do J.P. Morgan, em Nova York, nos Estados Unidos.

Nas duas contas mantidas nos Estados Unidos, estava depositado o equivalente a R$ 347,8 milhões, sendo R$ 162,3 milhões na conta aberta para depositar propina durante o governo Lula, e R$ 185,5 milhões na conta mantida com propinas negociadas durante o governo Dilma Rousseff.

"Os pagamentos de propina não se destinavam a garantir a realização de operações ilegais, mas sim evitar que se criassem dificuldades injustificadas para a realização de operações legais", justificou Joesley Batista para os pagamentos de propina em operações de crédito feitas pela J&F junto ao BNDES e também com fundos de pensão.

O delator Joesley Batista disse que o assunto pagamento de propina era discutido abertamente por ele com os ex-presidentes Lula e Dilma Rousseff e que o ex-ministro da Fazenda Guido Mantega também prestava contas a eles sobre o volume de dinheiro de propina aplicado em contas no exterior.

Joesley Batista afirmou que esteve com o ex-presidente Lula, numa conversa no Instituto Lula em outubro de 2014, oportunidade em que externou a ele a preocupação com o fato de o grupo já ter doado R$ 300 milhões a campanhas petistas. "Não havia plataforma ideológica que explicasse tamanho montante", ponderou Joesley Batista.

O ex-presidente Lula, segundo Joesley, simplesmente ignorou o alerta: "O ex-presidente olhou nos meus olhos, mas nada disse".

Já em novembro de 2014, Joesley Batista disse ter se encontrado com a ex-presidente Dilma Rousseff no Palácio do Planalto, para tratar de um repasse de R$ 30 milhões para a campanha do candidato ao governo de Minas Gerais, Fernando Pimentel. Na conversa, o empresário disse ter dito à ex-presidente Dilma Rousseff que o saldo das contas de propina no exterior zeraria com aquela doação. De acordo com Joesley Batista, a ex-presidente confirmou a necessidade da doação e pediu que ele procurasse Fernando Pimentel.

Joesley Batista contou ainda que o tesoureiro da campanha de Dilma Rousseff – e depois ministro-chefe da Secretaria de Comunicação Social (Secom) –, Edinho Silva, se encontrava semanalmente com o executivo da J&F Ricardo Saud para acertar a distribuição da propina nas campanhas políticas e que os pleitos do tesoureiro eram levados pelo executivo da J&F diretamente a Joesley Batista, que, depois de aprová-los com o ex-ministro da Fazenda Guido Mantega, liberava a entrega do dinheiro.

De acordo com Joesley, "o ajuste mais amplo consistia em direcionar grande parte do dinheiro para a campanha de Dilma Rousseff, tanto para o PT nacional quanto para os diretórios estaduais do partido". O restante do dinheiro foi utilizado para a compra dos partidos da coligação, conforme o PT fosse fechando as negociações.

Apesar de afirmar que teve somente dois encontros com o ex-presidente Lula, um em 2006, quando foi levado por seu pai José Batista Sobrinho, em audiência oficial com o então presidente, e outra, em 2014, no Instituto Lula, já relatada, Joesley Batista afirmou em sua entrevista à revista *Época* que o ex-presidente Lula e o PT foram responsáveis por institucionalizar a corrupção:

> Houve essa criação de núcleos, com divisão de tarefas entre os integrantes, em estados, ministérios, fundos de pensão, bancos, BNDES. O resultado é que hoje o Estado brasileiro está dominado por organizações criminosas. E seguindo o modelo de corrupção implantado pelo Partido dos Trabalhadores, os demais partidos da coalisão governista foram multiplicando o esquema nos órgãos estatais loteados por Lula para angariar apoio no Congresso Nacional.

Embora diante de todas as declarações de Joesley Batista, no dia 10 de agosto de 2017 o jornalista Leandro Prazeres, do UOL, deu divulgação à fala do procurador da República Ivan Cláudio Marx – responsável pelas investigações da relação entre os ex-presidentes Lula e Dilma com as supostas contas de propina no exterior, no valor de US$ 150 milhões – de que "a história deles é incomprovável". De acordo com o procurador, foi pedida comprovação a Joesley Batista, mas isso não havia sido feito.

Conforme a reportagem, para o procurador Ivan Cláudio Marx, a versão contada por Joesley Batista teria pelo menos três pontos de difícil comprovação: O primeiro é a ligação entre as contas e os ex-presidentes. "Ele diz que as contas teriam recursos em favor dos ex-presidentes, mas as contas estavam em nome do próprio Joesley. Era ele que operava as contas."

O segundo ponto obscuro seria o fato de que não havia comprovação de que os ex-presidentes Lula e Dilma Rousseff tinham conhecimento da existência de tais contas no exterior.

O terceiro ponto seria a relação entre o dinheiro que Joesley Batista depositava no exterior e as doações feitas pela JBS durante as eleições. "O dinheiro saía do Brasil e ia para essas contas no exterior, mas não voltava ao país para fazer as doações. Segundo ele mesmo, o dinheiro das doações não saía dessa conta", afirmou Ivan Cláudio Marx.

De acordo com a reportagem, o procurador Ivan Cláudio Marx teria afirmado que os "colaboradores precisam entregar documentos que corroborem as afirmações que fazem" e que, "caso fique comprovado que o colaborador não entregou todas as informações ou documentos necessários para comprovar as afirmações ou mentiu, o acordo de colaboração pode ser revisto".

Compra de decisões judiciais

No final da tarde do dia 6 de setembro de 2017, conforme relatou em primeira mão a revista *Veja*, a Procuradoria-Geral da República, em Brasília, recebeu de Pedro Bettim Jacobi enorme quantidade de documentos (e-mails, áudios e mensagens de WhatsApp) que indicam que a JBS atuava, insistentemente, para comprar decisões judiciais favoráveis à companhia em tribunais superiores de Brasília.

As conversas criminosas teriam ocorrido entre o diretor jurídico da JBS, Francisco de Assis e Silva, e a advogada Renata Gerusa Prado de Araújo, que também trabalha para a JBS. De acordo com a revista *Veja*, nas conversas os dois advogados "traçam estratégias para obter decisões favoráveis a empresas do grupo por meio de pagamentos em espécie ou tráfico de influência", já que a mãe de Renata Gerusa, Maria do Carmo Cardoso, é desembargadora do TRF-1 e estava na relatoria de um processo.

Conforme a reportagem da *Veja*, a denúncia recebida pela Procuradoria-Geral da República envolve, pelo menos, três ministros do Superior Tribunal de Justiça (STJ): Napoleão Maia, Mauro Campbell e João Otávio Noronha.

O ministro do STJ Napoleão Maia é citado como tendo recebido pagamento para a liberação de R$ 73 milhões que haviam sido bloqueados do grupo e do diretor Valdir Aparecido Boni, em razão de fraude na concessão de incentivos fiscais em Mato Grosso.

O juiz de Mato Grosso Luis Aparecido Bortolucci havia negado o desbloqueio das contas e por isso a empresa recorreu ao STJ, tendo recebido a decisão favorável do ministro Napoleão Maia.

Na mesma reportagem, a revista *Veja* trouxe uma entrevista com Pedro Bettim Jacobi, que é ex-marido da advogada Renata Gerusa. Ele afirmou que, após a delação premiada da J&F, a ex-mulher foi acionada para "aparar arestas" com o Judiciário.

Segundo Jacobi, Dalide Barbosa Alves Corrêa, ex-braço direito do ministro Gilmar Mendes (STF), fez reunião com a mãe de Renata Gerusa se dizendo preocupada porque o diretor jurídico da JBS, Francisco de Assis e Silva, "tinha registro de uma conversa com ela, que poderia ter algo muito comprometedor tanto para ela quanto para [o ministro Gilmar] Mendes".

O ministro Gilmar Mendes (STF) enviou, no dia 8 de setembro de 2017, ofício ao ministro da Justiça, Torquato Jardim, pedindo a abertura de investigação da denúncia acerca de mensagens da advogada Renata Gerusa Prado de Araújo, ligada ao grupo empresarial J&F, e Dalide Corrêa, funcionária do Instituto Brasiliense de Direito Público (IDP), de propriedade de Mendes.

Dalide Corrêa teria sido procurada por Renata Gerusa, que estaria temerosa quanto à delação de executivos da J&F, que poderia comprometer o ministro Gilmar Mendes, além dela própria.

Em uma das mensagens de WhatsApp trocadas entre o diretor jurídico da J&F, Francisco de Assis e Silva, e a advogada Renata Gerusa, no dia 16 de maio de 2017, Francisco fala que tem medo de ser assassinado e que [por questão de segurança] mandou sua família para Nova York. Perguntado se aquilo seria mesmo sério, Francisco responde: "Seríssimo. Depois te conto tudo. Detalhes sórdidos". E complementa: "Me ajuda nesse efeito suspensivo e cuidado demais com o item 4 pelo amooorrr de Deus. É ali que me preocupa".

Provocado pelo ministro Gilmar Mendes, o ministro Edson Fachin, com a serenidade que lhe é peculiar, responde, segundo registro do G1:

> Eu reitero o voto que proferi com base naquilo que entendo que é a prova dos autos. E por isso agradeço a preocupação de Vossa Excelência, mas

parece-me que, pelo menos, a meu ver, julgar de acordo com a prova dos autos não deve constranger a ninguém, muito menos um ministro da Suprema Corte. Agradeço a preocupação de Vossa Excelência e digo que a minha alma está em paz.

Capítulo 17

A JBS/Friboi e suas aventuras financeiras

Dai-me boa política, dar-vos-ei boas finanças.

Barão Louis

O grupo JBS/Friboi se viu envolvido em diversas operações financeiras problemáticas, ora diretamente, ora por meio de seu banco, o Original, para o que as autoridades monetárias (Banco Central – BC) e de mercado (Comissão de Valores Mobiliários – CVM) tiveram que intervir com investigações e ações sancionadoras, além de envolver, em alguns casos, prejuízo para os acionistas.

Vejamos algumas operações conhecidas.

Aplicações e resgates irregulares de CDBs

Eis os fatos:

No dia 26 de agosto de 2011, a JBS aplicou R$ 201 milhões em CDBs de emissão do Banco Original (o banco da família Batista). No dia 29 de agosto de 2011, aplicou mais R$ 100,5 milhões nas mesmas condições e, no dia 30 de agosto de 2011, voltou a aplicar R$ 200 milhões, totalizando, em três dias, uma aplicação total de R$ 501,5 milhões em CDBs.

Acontece que tais CDBs (Certificado de Depósito Bancário) previam remuneração pós-fixada de 102,5% do CDI (Certificado de Depósito Interbancário), com prazo de resgate para 25 de outubro de 2011. Apesar de não haver cláusula de liquidez imediata, as aplicações foram resgatadas entre os dias 1º e 8 de setembro de 2011.

Em decorrência disso, "em questão de dias houve pesada tributação simultânea de IOF (entre 70% e 86% dos rendimentos) e IRRF (22,5% dos rendimentos após o IOF). As alíquotas efetivas de tributação ficaram entre 76,8% e 89,2% dos rendimentos, gerando recolhimento na fonte de R$ 916.752,50", afirmou o Relatório de 2013 da Superintendência de Relações com Empresas (SEP), subordinada à CVM.

Em seu comunicado à CVM, o Banco Central ainda apontou dois fatos estranhos que teriam de ser levados em conta pela SEP. Primeiro: "A taxa pactuada de 102,5% do CDI era atipicamente baixa para tal volume de aplicação, mesmo se tratando de aplicação de curto prazo, não tendo contado a JBS com as melhores condições de rentabilidade disponíveis no mercado com o mesmo risco".

Outro fato relatado pelo Banco Central à CVM:

> Em contrapartida, o Banco Original teria adquirido títulos públicos federais para depósito de margem por conta de operações realizadas no mercado futuro de juros na BM&FBovespa que eram remunerados diariamente e não sofreram a tributação na fonte imposta aos CDBs, tendo, portanto, ocorrido benefício ao Banco [Original] em detrimento da JBS.

Chamado a se pronunciar no Processo Administrativo Sancionador CVM nº RJ 2012/12931, a JBS S.A. justificou que, em outras aplicações feitas pela empresa no mesmo mês, as taxas não teriam sido melhores e que a posição do Banco Central com relação a taxas refletia "a visão do mercado como um todo, considerando possivelmente instituições financeiras com as quais a JBS não mantinha relacionamento".

O Banco Central contestou esse posicionamento da JBS, informando à Comissão de Valores Mobiliários o seguinte:

As captações pela venda à JBS de CDBs de emissão do Banco Original representaram o maior volume no período de agosto e setembro de 2011.

Clientes que não eram parte relacionada do banco com volume de aplicação, consideravelmente menores, mas com prazos que variaram entre 6 e 12 meses, chegaram a obter remuneração entre 105% e 110% do CDI contra 102,5% pagos à JBS.

No mesmo período, somente duas instituições, bem maiores que o Banco Original, emitiram CDBs em volume e prazo semelhantes, aproximadamente 60 dias, e pagaram taxas de 103% do CDI, ligeiramente superiores às pagas pelo Banco Original.

O Banco Original, pertencente ao mesmo grupo, obteve, na época, junto a banco do mesmo porte, mas ligado a grupo econômico maior do que a JBS, remuneração equivalente a 106% do CDI por aplicação de R$ 3 milhões pelo prazo de 90 dias.

Se o risco representado pela aplicação em CDBs era aceitável, em curto prazo, diante da remuneração de 106% do CDI para um montante pequeno, o verdadeiro custo de oportunidade para aplicação de montante muito superior por prazo semelhante devia ser de pelo menos 106% do CDI, e não de 102,5%, como ocorreu.

Ouvidas as partes, a Superintendência de Relações com Empresas (SEP), da CVM, deu o seguinte parecer técnico sobre as operações realizadas pela JBS:

A primeira semana de setembro, quando foram efetuados os resgates dos CDBs de emissão do Banco Original, a JBS possuía outras aplicações financeiras em volume suficiente e que estavam disponíveis para resgate com remuneração inferior e livre da incidência de IOF.

Cerca de 80% dos valores resgatados antecipadamente e com o pagamento de IOF entre 63% e 86% da remuneração bruta foram reaplicados em outras instituições financeiras a taxas inferiores que variaram de 93,0% a 101,5% do CDI.

As decisões tomadas pela administração relativas a resgate e aplicações de recursos trouxeram inequívoca desvantagem financeira à JBS.

Do ponto de vista do interesse financeiro da JBS, não havia justificativa para o resgate antecipado e oneroso, com elevado percentual de IOF, dos recursos aplicados no Banco Original, tendo gerado, segundo o Banco Central, tributação na fonte superior a R$ 900 mil, principalmente devido à incidência de IOF.

Com isso, houve redução de receitas financeiras para a JBS derivada da diferença de rentabilidade, entre manter as aplicações em CDB até a data de vencimento em 25/10/11 a 102,5% do CDI e o que efetivamente ocorreu, estimada em R$ 1,3 milhão antes da incidência de IRPJ.

Caso fosse considerada a rentabilidade de 106% do CDI, conforme manifestação do Banco Central como sendo o verdadeiro custo de oportunidade naquele período, a diferença de rentabilidade se elevaria a R$ 1,6 milhão, antes da incidência de IRPJ.

O prejuízo da JBS decorreu da realização de aplicações de curtíssimo prazo em instituição financeira sob o controle comum – fortemente penalizadas pela incidência de IOF, incompatíveis com o conjunto de aplicações financeiras detidas e efetuadas naquele período, o que indica a realização de operações no interesse do acionista controlador em detrimento da companhia.

Por outro lado, os recursos aplicados pela JBS possibilitaram ao Banco Original manter as posições assumidas na BM&FBovespa, tendo adquirido títulos públicos federais para depósito de margem que foram remunerados diariamente e não sofreram tributação na fonte imposta aos CDBs.

Os responsáveis pela decisão de aplicar nos CDBs do Banco Original foram o diretor executivo de Administração e Controle, Eliseo Santiago Perez Fernandez, e o diretor-presidente de Finanças e de Operações, Wesley Mendonça Batista.

A Superintendência de Relações com Empresas (SEP) concluiu, em sua exposição, que "ao decidirem pela aplicação de R$ 500 milhões no Banco Original e posterior resgate antecipado, os referidos administradores beneficiaram o banco e, indiretamente, o seu controlador, em detrimento da JBS", pelo que a SEP propôs a responsabilização do diretor de Administração e Controle, Eliseo Santiago Perez Fernandez, e o diretor--presidente de Finanças e de Operações, Wesley Mendonça Batista.

Esse assunto ainda se prolongaria até o dia 10 de dezembro de 2013, quando foi negociado, finalmente, um Termo de Compromisso entre as partes, pelo qual os diretores responsabilizados deveriam, num prazo de dez dias, efetuar o ressarcimento aos cofres da JBS S.A. do valor de R$ 766.118,69 e pagamento à CVM do valor de R$ 153.223,74, corrigidos pela taxa Selic desde o dia 25/11/2011 até a data do pagamento.

Suspeita em mercado de derivativos

No início de junho de 2012, a Comissão de Valores Mobiliários (CVM) questionou a JBS S.A. sobre as operações com derivativos que estavam sendo realizadas, afirmando que não conhecia outra companhia aberta brasileira, não financeira, que utilizasse esse instrumento com tal volume.

A Comissão de Valores Mobiliários disse ainda em seu questionamento à JBS que o volume de suas operações estava associado a constantes mudanças de exposição ao risco de direcionamento (de comprado, quando se aposta na alta de um ativo, para vendido, com aposta na baixa e vice-versa).

A preocupação da Comissão de Valores Mobiliários com as operações com derivativos da JBS S.A. se justifica pelo que ocorreu em 2008 com a Sadia, que extrapolou a função de *hedge* de suas transações e teve um prejuízo total de R$ 2,48 bilhões naquele ano e, também, pelos resultados (positivos) alcançados pelo Banco Original em 2011, calçado em operações com derivativos, que lhe valeram, inclusive, uma investigação da CVM.

Além da preocupação com o volume das operações com derivativos, a CVM queria também se certificar de que todos na JBS tinham ciência dessas operações, já que, em casos de companhias que recorreram a esses instrumentos nos últimos anos e sofreram com perdas, foi comum, segundo a CVM, "a alegação de que as decisões sobre as operações haviam sido tomadas sem o conhecimento de todos os responsáveis".

Mas o problema não era somente esse.

Quando o Banco Original, do grupo J&F Participações S.A., apresentou em 2012 seu balanço de 2011, foi constatado que seu lucro de 2011 só foi possível devido às operações feitas no mercado futuro de derivativos.

Sem isso, seu lucro líquido, que foi de R$ 158,6 milhões, ficaria no vermelho, e isso para um banco que recebera, em setembro de 2011, R$ 1,85 bilhão do Fundo Garantidor de Crédito (FGC) para assumir o Banco Matone.

Somente com receitas dos derivativos o Banco Original contabilizou R$ 287,5 milhões.

O que despertou a suspeita do mercado de ser tal operação fruto de *insider trading* foi o fato de as receitas do Banco Original, oriundas das operações com derivativos, terem se concentrado no terceiro trimestre de 2011 (R$ 236 milhões).

E mais: na 161ª reunião do Conselho de Política Monetária (Copom) do Banco Central, realizada no dia 31 de agosto de 2011, a taxa de juros (Selic), que vinha em uma trajetória ascendente já há cinco rodadas, "surpreendeu o sistema financeiro ao reduzir, inesperadamente, a taxa básica de juros (Selic) de 12,5% para 12% ao ano".

Seria o primeiro caso de *insider trading*?

Em função dessas "movimentações atípicas de mercado", registradas na semana em que o Copom reduziu a taxa básica de juros em 0,5%, a CVM abriu uma investigação, porém sem revelar qualquer detalhe.

O Banco Central não quis se pronunciar sobre a investigação nem confirmou se teria recebido alguma notificação do órgão regulador de mercado de capitais.

O caso relacionado à queda de juros em agosto provocou a abertura de uma investigação na CVM sobre possível uso de informação privilegiada. O colunista Lauro Jardim, da revista *Veja*, publicou que três bancos teriam acertado "na mosca" a decisão do Banco Central: Original, Matone e BTG Pactual, sendo que o Banco Matone já pertencia ao grupo J&F Participações S.A. dos irmãos Batista.

O presidente do Banco Original, Emerson Loureiro, disse que os ganhos não seriam apenas de uma aposta em taxas de juros futuros, mas também conteriam apostas em câmbio. Mas disse algo que deixou alguns analistas preocupados:

> Quando você tem de rentabilizar um banco que ficou bem maior do que era, em um prazo curto, operações de tesouraria (como aposta em derivativos) é uma possibilidade. Mas queria deixar claro que não temos a tesouraria como um fim. É um meio de, num curto prazo, rentabilizarmos o banco.

Fácil, não? Se fosse essa a resposta para todos os problemas de caixa e rentabilidade de um banco, seria o caso de se manter uma boa mesa de negociação e aposta.

Resolvido!

Segundo o analista de instituições financeiras da Austin Rating, Luís Miguel Santacreu, no fim de 2011 o Banco Original tinha mais de R$ 1 bilhão só em depósitos de garantias na BM&FBovespa (para operar derivativos na Bolsa, qualquer agente é obrigado a fazer esses depósitos), ante um patrimônio líquido de R$ 1,8 bilhão, "o que o deixaria muito exposto no mercado de derivativos, que, por ser volátil, é muito arriscado".

Santacreu observou que, nos últimos anos, "os ganhos de tesouraria vêm perdendo participação nos bancos brasileiros para outras atividades de intermediação financeira, como o crédito". Por isso, ele teria se surpreendido com o peso dos derivativos nos resultados do Banco Original.

O exemplo desse tipo de risco foi a perda pela JBS, no primeiro trimestre de 2014, em operações com derivativos no montante de R$ 902,7 milhões, o que fez derrubar o lucro líquido no período para R$ 70 milhões, contra R$ 227,9 milhões em igual período de 2013.

Em teleconferência com analistas de mercado, no dia 15 de maio de 2014, Wesley Batista admitiu sua insatisfação pelo resultado líquido alcançado pela JBS, informando que a queda no lucro estava relacionada "a uma perda de R$ 902,7 milhões que o grupo teve com derivativos, dos quais cerca de R$ 270 milhões referentes ao custo de 'carrego' de *hedge* contra a variação cambial".

Wesley Batista afirmou que a JBS tinha como política fazer *hedge* de toda a exposição cambial, e que no primeiro trimestre essa exposição chegou a ser de R$ 6 bilhões.

Wesley Batista foi questionado por analistas sobre uma possível mudança na política de *hedge* adotada pela companhia – que chegou a motivar um pedido de esclarecimentos da CVM em 2013, devido ao expressivo volume de derivativos usado. Em resposta, Batista afirmou que a JBS não tinha posição definida sobre eventuais mudanças na política de *hedge*.

A delação da J&F traria de volta a discussão sobre o *insider trading*...

O vazamento da gravação feita pelo empresário Joesley Batista com o presidente da República acenderia a desconfiança de que empresas do grupo J&F poderiam ter usado informações privilegiadas para lucrar no mercado de ações e de dólar.

Primeiro, um pequeno detalhe que quase passou despercebido na gravação divulgada: o presidente Michel Temer fala que a taxa

Selic deveria ser reduzida em 1% na reunião do Conselho de Política Monetária (Copom), que seria realizada nos dias 11 e 12 de abril de 2017. E, de fato, a redução foi de 1%. Apesar de na gravação Joesley Batista não ter dado prosseguimento ao assunto, a CVM está investigando se a J&F aproveitou essa informação privilegiada para apostar em derivativos e lucrar com isso.

A CVM também investiga a J&F por uso de informação privilegiada em negociações de dólar no mercado futuro. A empresa teria comprado dólares horas antes do vazamento da informação de que executivos da empresa teriam fechado um acordo de delação.

No dia seguinte, a cotação do dólar disparou 8,15% na maior alta diária em 18 anos. Levando-se em conta o fechamento do dia de compra, a moeda disparou R$ 0,27 frente ao fechamento da véspera. Considerando-se a operação no valor de cerca de US$ 1 bilhão, em contrapartida ao valor de multa de R$ 225 milhões, a prática de eventual crime de *insider trading* teria propiciado um ganho substancial ao grupo.

Embora haja uma discussão sobre se moeda é ou não um valor mobiliário, tudo indica que a CVM assim a considera, e a possível compra e venda de dólares com o uso de informação privilegiada pode, sim, levar a CVM a enquadrar os executivos que conduziram a operação da JBS de compra de dólares, a responderem pelo crime de *insider trading*.

Some-se a isso que Joesley Batista intensificou operações de *hedge* e vendeu ações na alta, compradas pelos acionistas minoritários da JBS – entre eles, BNDES e CEF – antes de ser detonada a crise institucional que monopolizou o noticiário brasileiro.

É bom ficar claro que o acordo de leniência assinado pela J&F e a PGR, com a homologação do Supremo Tribunal Federal, somente cobre os crimes confessados na delação premiada dos executivos e que qualquer outro crime fora desse rol poderá levar o grupo e seus executivos à condenação criminal, cível e administrativa, além de multa sobre lucros obtidos com *insider trading*.

Capítulo 18

O Eldorado da família Batista

O dinheiro não é tudo. Não se esqueça também do ouro, dos diamantes, da platina e das propriedades.

Tom Jobim

A Eldorado Brasil Celulose S.A., do grupo J&F Participações, anunciada como a maior fábrica de celulose em linha única do mundo, com capacidade de produção de 1,5 milhão de toneladas/ano de celulose de fibras curtas, foi construída na cidade de Três Lagoas (MS), na margem direita do Rio Paraná, na foz do Rio Tietê.

A construção da fábrica foi iniciada em 2010 e inaugurada no dia 12 de dezembro de 2012, com direito a dois eventos artísticos, sendo a abertura com o cantor Almir Sater e o show principal com o tenor italiano Andrea Bocelli e sua orquestra, formada por 50 integrantes, para um grupo seleto de convidados. Entre eles, o então vice-presidente da República, Michel Temer, representando a presidente Dilma Rousseff.

Para entender como a família Batista, que sempre se dedicou à indústria da carne – e se tornou o maior fornecedor de proteína animal do mundo – resolveu entrar para o negócio de celulose, é preciso voltar um pouco no tempo, precisamente ao ano 2005.

Naquele ano, o empresário Mário Celso Lopes, advogado e pecuarista com atuação pioneira no ramo de confinamento de gado no Brasil, convenceu o empresário Alexandre Grendene Bartelle, fundador da Grendene, a investir com ele na Florágua, uma empresa que atuaria em projetos de reflorestamento à base de eucalipto. Essa parceria durou dois anos, dando origem a um dos maiores viveiros de mudas de eucalipto do país.

Em uma área de pouco mais de 30 hectares, em Andradina (SP), eram produzidas cerca de 60 milhões de mudas por ano. Com estufas equipadas com controle automatizado de temperatura e tetos retráteis, a estrutura consumiu cerca de R$ 50 milhões em investimentos e foi considerada, por Mário Celso Lopes, como o embrião dos demais projetos, incluindo a Eldorado Brasil.

"Uma coisa foi levando a outra. Tínhamos a muda, passamos a plantar. Depois, tínhamos a madeira e resolvemos beneficiar", explicou Lopes.

Em 2007, os irmãos Batista e o empresário Mário Celso Lopes passaram a atuar com outra empresa de reflorestamento, com plantio de eucalipto, mas a ideia central era produzir madeira para abastecer as caldeiras dos frigoríficos da JBS/Friboi, e com o mesmo propósito da Florágua, que seria criar 30 mil hectares de floresta renovável.

Na realidade, a nova companhia, a Florestal Investimentos Florestais S.A, surgia da mudança de razão social da inativa empresa Barra do Tietê Açúcar e Álcool Ltda., que havia sido criada em 2005.

Essa alteração ocorreu no dia 5 de julho de 2007. Somente a partir de setembro de 2007 a Florestal entrou na fase operacional, passando a desenvolver atividades relacionadas a exploração agroflorestal e promover projetos de reflorestamento em terras próprias ou de terceiros, além de assessorar e elaborar projetos de reflorestamentos e preparação de área de cultivo, plantio e mudas de corte[21].

Depois de iniciado o novo projeto, veio a ideia de expandi-lo para além do projeto inicial, que era o plantio de 30 mil hectares de eucalipto, mas, para isso, precisaria de mais capital, quando, então, foi constituído

---

21 De acordo com o Relatório da Operação Greenfield, durante os anos de 2007 e 2008, anos anteriores ao aporte realizado pela Funcef, a empresa apresentava apenas prejuízos operacionais. Conforme demonstrações financeiras de 7/4/2008 e de 19/2/2009, foi explicado que em dois momentos, 13/9/2007 e 31/9/2007, o capital social da Florestal S.A. foi aumentado para R$ 25 milhões e depois para R$ 255 milhões, sendo que a última integralização foi feita com propriedades agrícolas nos estados de Mato Grosso, Mato Grosso do Sul, Goiás e Tocantins.

o Fundo de Investimentos Florestais (FIF). Para capitalizar tal fundo, o empresário Mário Celso Lopes contou que viajou mundo afora, no terceiro trimestre de 2008, apresentando o projeto para investidores, mas que, em decorrência da crise financeira internacional, o projeto foi congelado.

Como a situação no Brasil se estabilizou mais rápido, em face da crise econômica mundial de 2008, Mário Celso e os irmãos Batista foram visitar os fundos de pensão, entre os quais o Petros (Petrobras) e o Funcef (Caixa). Como a empresa contava com 210 mil hectares de áreas nos estados de Mato Grosso do Sul, Goiás e Tocantins, logo conseguiu a adesão dos dois fundos de pensão, que, juntos, aportaram R$ 550 milhões no novo negócio, com a capitalização ocorrendo no final de 2009.

Foi estabelecido um fundo fechado (Fundo de Investimentos em Participação – FIP Florestal), com participação dos quatro sócios que possuíam partes iguais.

No dia 3 de maio de 2017, o empresário Joesley Batista afirmou que foi justamente na criação do FIP Florestal que se deu o primeiro pagamento de propina aos dirigentes dos fundos de pensão Petros e Funcef, presididos, respectivamente, por Wagner Pinheiro e Guilherme de Lacerda, tendo sido repassado a cada um o valor correspondente a 1% do investimento realizado no fundo. O Partido dos Trabalhadores também foi agraciado com 1% do que o Petros e o Funcef fizeram de inversão no FIP Florestal.

Joesley Batista disse ainda que nesse arranjo feito com os fundos de pensão Petros e Funcef não houve a intermediação do ex-ministro da Fazenda Guido Mantega, pois ele já mantinha relacionamento com os dirigentes desses fundos, que eram sócios da JBS por meio do Fundo PROT, e que tinham assento no Conselho de Administração da JBS S.A.

De institucionalização de propina Joesley Batista demonstrou conhecer bem. Joesley Batista, ao ser questionado pelo procurador da República Sérgio Bruno Fernandes, coordenador da Lava Jato em Brasília, que tomava seu depoimento sobre como ele teria chegado à definição da propina de 1%, se foi procurado pelos presidentes dos fundos de pensão ou se ele é que propôs tal pagamento, o empresário afirmou não se lembrar, como se aquilo fosse a coisa mais normal do mundo.

Com esse aporte dos fundos de pensão, foi constituída a empresa

Florestal Brasil S.A., que passou a contar com um capital social de R$ 1,1 bilhão, sendo que os fundos de pensão Petros e Funcef ficaram com 49,50% do capital da empresa, enquanto Lopes (MCL Empreendimentos) e a J&F Participações S.A. garantiram 50,25% e a gestora contratada para o FIP, Vitória Asset Management, passaria a deter 0,25% das cotas.

Depois desse passo importante que foi a criação da Florestal Brasil, com estrutura financeira suficiente para alavancar a produção de eucalipto, surgiu a ideia da construção de uma empresa de produção de celulose para beneficiar o eucalipto. Daí nascia a Eldorado Brasil Celulose, com capital dividido entre a J&F Participações S.A. (J&F) e a MCL Empreendimentos (MCL), com 50% para cada uma.

Logo depois, Mário Celso Lopes decidiu vender metade de sua parte para a J&F, ficando esta com 75% e a MCL com 25%.

A J&F Participações S.A., no dia 15 de junho de 2010, revelava ao mercado que naquela data seria lançada a pedra fundamental de construção da Eldorado Brasil Celulose e que os serviços de terraplanagem haviam sido iniciados.

Na ocasião, quem presidia a Eldorado Brasil Celulose era o empresário Mário Celso Lopes, cargo que ocupou até agosto de 2010, quando deixou também a presidência da Florestal por decisão do grupo "em profissionalizar a administração das empresas".

Nessa alteração, Mário Celso Lopes passou a integrar o Conselho de Administração da Eldorado Brasil Celulose.

O diretor comercial da Eldorado Celulose, Sérgio Almeida, assumiu interinamente a presidência da empresa. Anteriormente, ele havia trabalhado na Votorantim Celulose e Papel, que deu origem à Fibria.

José Carlos Grubisich Filho, que deixou em fevereiro de 2012 o comando da ETH Bionergia, setor de açúcar e etanol do grupo Odebrecht, assumiu então a presidência da Eldorado Celulose.

De acordo com o Relatório da Operação Greenfield, da Polícia Federal e do Ministério Público Federal, do Distrito Federal, José Carlos Grubisich, antes presidente da Brasken (empresa controlada pela Odebrecht e envolvida nos fatos apurados pela operação Lava Jato), é amigo de José Dirceu, preso por crimes do chamado "Petrolão" e do "Mensalão".

Dados da Greenfield apontam ainda que, em fevereiro de 2015, Grubisich chegou a ser cotado para substituir Graça Foster na presidência da Petrobras.

Segundo o diretor financeiro da Eldorado, Carlos Rosa, os investimentos previstos para esse projeto, incluindo fábrica e florestas, deveriam ser de R$ 4,8 bilhões, dos quais cerca de R$ 1 bilhão viria de capital próprio da MCL e da J&F, outros R$ 2,7 bilhões deveriam ser financiados pelo BNDES, e o restante, de linhas internacionais de crédito (fornecedores de equipamentos, que deveriam entrar com mais R$ 1 bilhão em financiamentos).

A Eldorado Celulose não descartava pedir registro como companhia aberta, na CVM, para facilitar a emissão de dívida pela empresa no mercado doméstico, como debêntures.

"E negociar ações é uma coisa natural quando uma empresa atinge determinado porte", teria afirmado Rosa, sem dar detalhes.

O BNDES, bombardeado por ter aportado R$ 10 bilhões na JBS/Friboi, passou a exigir que houvesse a fusão da Florestal Brasil com a Eldorado Brasil Celulose, para que pudesse colocar dinheiro no negócio. Desde então, a J&F teria passado a pressionar a Petros e a Funcef para aprovarem o processo de fusão, já que contavam com a liberação do financiamento pelo BNDES até junho de 2011.

Em novembro de 2010, o CEO da J&F Participações S.A., Joesley Mendonça Batista, ante o questionamento de jornalistas sobre a construção da Eldorado Celulose e, mais uma vez, com a participação do BNDES, respondeu:

> Nosso projeto de uma planta de celulose está orçado em R$ 7 bilhões. Pode ser que o BNDES financie de R$ 1,5 bilhão a R$ 3 bilhões. O BNDES tem um departamento de papel e celulose, não fui eu que inventei isso. Estou brigando por um financiamento de R$ 2,7 bilhões, mas são só 40% do projeto. Acho que o BNDES devia financiar 80%.

Em fins de fevereiro de 2011, a terraplanagem estava concluída. Foi quando o gerente geral do empreendimento, Guilherme Araújo, informou que a Eldorado já tinha praticamente concluído o processo de aquisição de maquinários e equipamentos, com 90% das compras de equipamentos e materiais já efetivadas para a fase de implantação.

Araújo informou ainda que os primeiros maquinários já começariam a ser entregues no início do segundo semestre de 2011, distribuídos entre o grupo Andritz (Áustria), responsável pela entrega do pátio de madeira, linha de fibra, duas secadoras e uma unidade de licor branco, e a finlandesa Metso, que seria a responsável pelo fornecimento da caldeira de recuperação e da linha de evaporação.

Em outubro de 2011 ocorreu a fusão entre a Eldorado Celulose e a Florestal Brasil, para que o BNDES liberasse o empréstimo solicitado. De acordo com o relatório da Operação Greenfield, que investiga os rombos bilionários dos Fundos de Pensão:

> Os idealizadores de tal fusão, bem como dos investimentos dos fundos de pensão por meio do FIP Florestal, foram os irmãos Joesley Mendonça Batista e Wesley Mendonça Batista, do Grupo J&F (mesmo grupo que controla a famosa JBS S.A.). Inicialmente, os fundos de pensão eram apenas investidores da Florestal Brasil. Importa consignar que, segundo informações recebidas, no âmbito da Funcef, dois diretores mostraram-se contrários a esse processo de fusão.

A partir dessa fusão, a J&F Participações S.A. ficou como principal acionista da Eldorado Brasil Celulose S.A., com 58,6% de participação (J&F + FIP Florestal). Já o empresário Mário Celso Lopes manteve seus 25% (FIP Florestal + MJ), com controle da MCL Empreendimentos. Os fundos de pensão Petros e Funcef ficaram com 8,2% cada (FIP Florestal) e 1,96% para a FIP Olímpia.

Porém, para viabilizar a fusão entre a Florestal Brasil e a Eldorado Brasil Celulose, em 2011, quando ainda estava em fase pré-operacional e controlada pela J&F, nova rodada de pagamento de propina foi realizada.

Por essa transação, sustentou Joesley Batista em seu depoimento à PGR, o ex-presidente da Petros Luis Carlos Afonso, que sucedeu Wagner Pinheiro, recebeu um apartamento em Nova York avaliado em US$ 1,5 milhão.

Carlos Costa, que sucedeu Carlos Afonso na Petros, também teria recebido algum pagamento, que o empresário não soube detalhar.

Já Carlos Alberto Caser, sucessor de Guilherme Lacerda no Funcef, rejeitou a continuidade do recebimento de propina, de acordo com o empresário Joesley Batista[22].

No dia 6 de junho de 2011, o BNDES tornou público que havia aprovado o financiamento de R$ 2,7 bilhões para a Eldorado Brasil Celulose e Papel. Sobre a entrada da família Batista na área de celulose, que o mercado via como algo estranho, o presidente da J&F e do Conselho de Administração da JBS, Joesley Mendonça Batista, via como algo natural.

Para Batista, a J&F deveria se transformar em uma "Unilever" brasileira, construindo uma empresa de marca, de bens de consumo tão relevante quanto a JBS na área de carnes. Batista afirma que esperava que todas as empresas do grupo tivessem a mesma relevância da JBS.

Para ele, o investidor que quisesse entrar no grupo teria opções nas áreas de carnes, laticínios, higiene, beleza e limpeza.

Menos de um ano depois, a J&F propôs comprar os 25% de participação de Mário Celso Lopes, e embora os fundos de pensão Funcef e Petros tivessem direito de preferência, não exerceram tal direito, deixando que a J&F abocanhasse mais essa fatia.

O negócio foi concluído no dia 15 de maio de 2012, e a J&F Participações S.A. foi a compradora dos 25% de participação de Mário Celso Lopes, que não informou o valor da transação, apenas informou que o montante foi parcelado em 24 meses e que, à medida que fosse recebendo, diminuiria sua participação.

Em dezembro de 2012, quando a Eldorado Celulose era inaugurada ao som de "Canto della terra", com Andrea Bocelli & Orquestra, a empresa captava R$ 940 milhões do Fundo de Investimento do Fundo de Garantia

---

22 "Além do apartamento, o depoente transferiu para Luis Carlos aproximadamente o valor de US$ 5 milhões", contou Joesley Batista. Parte desse valor refere-se à propina de 1% da operação com o Petros e parte refere-se à transferência feita pelo depoente a pedido de Vaccari, o qual, em algumas oportunidades, "pediu emprestada" a conta da *offshore* titularizada pelo depoente para transações relativas a esquemas próprios; que em razão dessa operação envolvendo J&F e Petros o depoente não realizou pagamentos a Carlos Costa. Guilherme Lacerda, relatou o empresário da JBS, apresentou "a pessoa de nome de João Basco, representante comercial baseado no Espírito Santo, dizendo que o acerto dos pagamentos deveria ser com ele". "João Basco emitiu, então, notas fiscais falsas de representação comercial contra empresas do grupo JF. Sobrevindo sucessão nas presidências dos dois fundos, Carlos Caser, sucessor de Guilherme Lacerda no Funcef, rejeitou oferta de Joesley Batista de continuidade dos pagamentos", narrou.

por Tempo de Serviço (FI-FGTS)[23], com a emissão de debêntures com vencimento para 15 anos (2027) e remuneração de IPCA + 7,41% a.a.

De acordo com depoimento prestado ao Ministério Público Federal (MPF) por Joesley Batista, Fábio Ferreira Cleto, vice-presidente da Caixa Econômica Federal e homem de confiança do ex-deputado Eduardo Cunha no Conselho do FI-FGTS, recebeu o equivalente a R$ 680 mil a título de propina, valor depositado em banco da Suíça.

As debêntures da Eldorado contaram com fiança da J&F Participações, que concentra os investimentos do grupo JBS, o mesmo que obteve em novembro de 2012 um empréstimo de R$ 500 milhões da Caixa, também via emissão de debêntures, nesse caso sem conceder qualquer tipo de garantia.

De acordo com a Eldorado, o objetivo da empresa é se tornar líder global na indústria de celulose. Com plena operação da linha atual, que deve atingir a produção nominal de 1,7 milhão de toneladas ou mais, de uma capacidade inicial nominal de 1,5 milhão de toneladas/ano, a Eldorado Brasil busca viabilizar uma nova linha, com capacidade para produzir 2,3 milhões de toneladas, totalizando assim a capacidade produtiva de 4 milhões de tonelada/ano de celulose.

A Pöyry Brasil anunciou, no dia 9 de outubro de 2014, ter conquistado o contrato para realizar a engenharia básica para a Fase 2 de expansão da Eldorado Celulose. Inclui serviços de engenharia, especificações dos principais equipamentos de processo, sistemas auxiliares, tratamento de água e efluentes e estimativa de investimentos.

A implantação desse projeto recebeu, em junho de 2014, o licenciamento ambiental, cujo EIA/RIMA também foi elaborado pela Pöyry Brasil. A Eldorado tem a pretensão de chegar a produzir mais de 5 milhões de toneladas/ano de celulose até 2021.

Em fevereiro de 2014, o presidente da JBS, Joesley Batista, solicitou R$ 2,8 bilhões à Previ (dos funcionários do Banco do Brasil), Petros e Funcef para dobrar a capacidade de produção da Eldorado Celulose. O arranjo proposto pela Eldorado seria que a Previ entrasse com R$ 1,4 bilhão e Petros e Funcef com R$ 700 milhões cada um. A Previ se

---

23 Os recursos foram destinados a investimentos em estações de tratamento de água, estação de tratamento de águas para caldeira, estação de tratamento de efluentes e sistema de captação, adutora e emissário no setor de saneamento; em terminais hidroviários e ferroviários, assim como em centros de armazenamento e distribuição, localizados em Três Lagoas (MS).

tornaria a maior acionista, mas a J&F manteria o controle da Eldorado. E melhor: sem entrar com nenhum dinheiro!

O projeto todo estava orçado em R$ 7,5 bilhões e a Eldorado trabalhava com a hipótese de conseguir os restantes R$ 4,7 bilhões com o BNDES e um fundo de desenvolvimento regional. No caso, seria o Fundo de Desenvolvimento do Centro-Oeste (FDCO), junto ao qual a Eldorado formalizou, em novembro de 2013, uma carta-consulta para levantar o valor de R$ 1,4 bilhão, enquanto o restante seria levantado em linhas de financiamento do BNDES e agências de crédito de exportação. A expectativa é que as obras tenham duração de 22 meses e iniciem ainda no primeiro semestre do próximo ano.

A J&F Participações S.A. tentava, mais uma vez, convencer a Previ a investir na Eldorado Brasil, seu bilionário projeto de celulose, contando com o apoio do ministro da Fazenda, Guido Mantega, e do presidente do Banco do Brasil, Ademir Bendini.

Entretanto, os fundos consultados (Previ, Petros e Funcef) decidiram não colocar dinheiro na Eldorado Brasil e as principais razões seriam "o elevado nível de endividamento da Eldorado e a maneira como a operação fabril foi estruturada, com uso intensivo de madeira de terceiros, que é mais cara, além de ser transportada em percursos considerados bem distantes até seu destino final, onde se localiza o complexo fabril".

De acordo com o *Valor Online*, a Previ entendeu não ser viável o negócio e que a fundação estaria disposta "a participar de um processo de consolidação de ativos de celulose em vez de simplesmente se tornar sócia da Eldorado". Mas nada é definitivo, não é assim?

O jornalista Samor escreveu para a *Veja Mercados* em 16 de julho de 2014 e afirmou que o grande problema da Eldorado seria "sua dívida líquida, equivalente a 14 vezes sua geração de caixa. Esse número vai cair à medida que a empresa aumentar sua produção, mas, como regra geral, é um nível de endividamento que faz qualquer CEO ter sérias palpitações".

Em sua coluna, o jornalista também apresenta considerações de pessoas ligadas ao mercado sobre a Eldorado. "O problema da Eldorado é que é um projeto feito com pouco capital próprio", relata ele ser entendimento de uma fonte do setor:

> A família Batista tinha as terras e acesso a financiamento barato do BNDES. Fizeram a típica arbitragem de juros: pegaram dinheiro mais

barato do que o mercado cobraria, botaram suas terras e fizeram um negócio para depois vender para alguém.

Dos R$ 6,7 bilhões que a Eldorado deve, segundo Samor, "o BNDES é credor de R$ 3,1 bilhões, e a Caixa, de outro bilhão". "[...] Não existe financiamento de projetos de longo prazo com quase 100% de dívida, mas é isso que fizeram na prática". Samor também faz uma análise sobre a possibilidade de a Eldorado fazer uma fusão com a Fibria, que tem unidade de produção também em Três Lagoas (MS), pois haveria muita sinergia a ser explorada por ambas as unidades, inclusive em termos de florestas.

No seu entendimento, contudo, pesaria contra uma decisão dessas o fato de o valor patrimonial da Eldorado tender para negativo, em face de seus imensos endividamentos. Segundo o jornalista, analistas dizem que a Fibria poderia pagar "alguma coisa" além da dívida, dadas as sinergias de uma fusão. Joesley Batista e Raul Calfat, do grupo Votorantim, dono de 30% da Fibria, teriam tido conversas informais sobre uma possível fusão há alguns meses, mas a conversa não teria prosperado.

O último parágrafo da coluna, entretanto, é algo profético e merece citação. Segundo ele, as eleições de outubro também trabalhavam contra a J&F. "Não faz sentido a Fibria decidir uma coisa dessas antes de saber se o governo muda ou não", teria dito um banqueiro[24].

No dia 10 de dezembro de 2014 foi divulgada notícia sobre o afastamento, pelo Conselho Curador do FGTS, do conselheiro e representante da Força Sindical, jornalista Luiz Fernando Emediato, do Comitê de Investimento do FI-FGTS, depois que recebeu R$ 1 milhão do Banco Original como patrocínio de um filme, com base em livro escrito por Emediato: *O outro lado do paraíso*.

---

24 **Luiz Fernando Emediato**, que estava trabalhando no Ministério do Trabalho e Emprego, órgão loteado entre sindicalistas, retornou ao Conselho Deliberativo do Fundo de Garantia por Tempo de Serviço (FGTS), representando o ministério e foi eleito, em maio de 2017, presidente do Conselho do FGTS, tendo renunciado no dia 28 de junho de 2017 por pressão decorrente de delações da Odebrecht e da JBS. Os delatores da Odebrecht Benedicto Junior e o ex-presidente da Odebrecht Transport Paulo Cesena acusaram Emediato de ter recebido propina para liberar recursos do FI-FGTS para a Odebrecht Transport (braço de transportes do grupo) e Ricardo Saud, diretor da J&F, acusou Emediato de receber R$ 2,8 milhões para beneficiar a J&F, controladora da JBS, no período em que trabalhou no Ministério do Trabalho e era membro do Conselho Deliberativo do FAT. Apesar de todas as acusações, Emediato não aceitou entregar o cargo de membro do Conselho Deliberativo do FI-FGTS. A vaga será ocupada por Suzana Ferreira Leite, representante da União Geral dos Trabalhadores (UGT). A presidência do comitê é rotativa e é ocupada por representantes do governo federal, empregadores e trabalhadores.

O representante da Força Sindical, segundo o jornal, "fazia parte do Comitê de Investimento como representante do ministério, então sob o comando de Brizola Neto (2013). O fundo financiou R$ 1,8 bilhão[25] à Eldorado Brasil Celulose, controlada pela J&F", que também é controladora do Banco Original.

A emissão dos R$ 940 milhões em debêntures da Eldorado teve fiança da J&F Participações S.A., entretanto a holding, que concentra os investimentos do grupo JBS, obteve em novembro de 2012 um empréstimo de R$ 500 milhões da Caixa, também via emissão de debêntures – nesse caso, sem conceder garantias.

De acordo com depoimento prestado pelo empresário Joesley Batista, no âmbito da Operação Patmos, sobre os valores de empréstimos/aquisição de debêntures feitos com o FI-FGTS, a Eldorado Brasil Celulose teve que pagar propina de 3,5% ao grupo do ex-deputado Eduardo Cunha, que controlava a Caixa e o FI-FGTS, tendo como operador o doleiro Lúcio Funaro.

De qualquer forma, esse foi mais um grande negócio em que a família Batista entrou sem precisar pôr a mão no bolso, financiando o projeto com dinheiro do BNDES, do FI-FGTS, da MCL Empreendimentos, Petros e Funcef e ficando sozinha no controle da empresa, depois de retirar a MCL Empreendimentos do empresário Mário Celso Lopes.

A composição acionária da Eldorado Brasil Celulose é a seguinte:

Acionista	%
J&F Participações S.A.	63,59
Florestal Fundo de Investimento em Participações	34,45
Fundo de Investimento em Participações Olímpia	1,96

Dos 63,59% da J&F Participações S.A. participam o ZMF Fundo de Investimento em Participações (da família Batista), o Pinheiros Fundo

---

25 O FI-FGTS tem R$ 1,8 bilhão em debêntures (papéis de dívida) da Eldorado Brasil Celulose, controlada pelo grupo J&F (Fonte: http://economia.estadao.com.br/noticias/geral,integrante-do-fi-fgts-pede-ajuda-a-empresas -imp-,1505788). Esse valor, contudo, não é o divulgado por outros órgãos de imprensa, que falam em R$ 940 mil.

de Investimento em Participações (Bertin), do qual fazem parte a Blessed Holdings, a própria J&F (Outros) e os Holdings pessoais de Joesley e Wesley Mendonça Batista.

Dos 34,45% do Florestal Fundo de Investimento em Participações participa o Petros, o Funcef, o VRC Capital Asset Management S.A. e o Fundo de Investimento em Cota de Fundos de Investimento em Participações JMF (da família Batista).

A Eldorado Brasil Celulose lançou, no dia 15 de junho de 2015, a pedra fundamental da construção de uma nova linha de produção de celulose em Três Lagoas (MS), que dará origem ao maior complexo industrial do setor, batizado de Projeto "Vanguarda 2.0."

A solenidade contou com a presença do governador do Mato Grosso do Sul, Reinaldo Azambuja, da senadora Simone Tebet e da prefeita de Três Lagoas, Márcia Moura, que foram recebidos por Joesley Mendonça Batista, presidente do Conselho de Administração da J&F e da Eldorado Brasil, e José Carlos Grubisich, presidente da companhia.

A construção da nova linha de produção exige um investimento estimado em R$ 8 bilhões, sendo 30% provenientes de capital próprio *(equity)* e 70% de linhas de crédito de longo prazo. De acordo com o que foi exposto no dia do lançamento da pedra fundamental da obra, o processo de estruturação de capital já estaria bem avançado e tinha previsão de conclusão ao longo do segundo semestre de 2015.

Entretanto, depois da notícia veiculada na grande imprensa no dia 1º de julho de 2016, em que a Eldorado Brasil foi alvo de investigações de policiais federais que trabalham na Operação Lava Jato, a empresa pode ter problemas para manter seu projeto de expansão, que prevê a duplicação da fábrica de celulose em Três Lagoas. A previsão de entrega da nova fábrica, inicialmente prevista para 2017, já é reconsiderada para conclusão somente em 2019.

Na Fase Sépsis da Operação Lava Jato ocorreram buscas e apreensões no escritório da Eldorado Brasil, que fica na mesma sede da Friboi, em São Paulo. A ação teria origem em duas delações premiadas: na do ex-vice-presidente da Caixa, Fábio Cleto, e na do ex-diretor de Relações Institucionais do Grupo Hypermarcas, Nelson Mello. Os agentes também estiveram na casa do presidente da J&F, Joesley Batista, em um bairro nobre de São Paulo.

Conforme denúncias veiculadas na imprensa, Batista teria pago propina ao ex-deputado federal Eduardo Cunha para conseguir recursos do FI-FGTS. Ele teria conseguido meio bilhão de reais dos fundos de pensão Petros e Funcef, que se tornaram sócios da empresa ainda na época de sua fundação.

Mário Celso Lopes, sócio dos irmãos Batista até 2012, foi quem ajudou a abrir as portas dos fundos de pensão.

O MPF pediu, no dia 6 de fevereiro de 2017, que a Justiça reconhecesse que o empresário Joesley Batista, sócio da J&F Investimentos, e o diretor-presidente da Eldorado Celulose, José Carlos Grubisich Filho, descumpriram acordo firmado no âmbito da Operação Greenfield e reaplicasse sanções a ambos.

Isso porque, após a deflagração da Operação Sépsis, a Eldorado Brasil Celulose decidiu contratar duas empresas de auditoria independentes com o suposto objetivo de adotar "medidas cabíveis" em relação aos esquemas investigados. O MPF sustenta que, em vez de apurar as irregularidades, tais firmas agiram na tentativa de "legitimar as práticas ilegais encontradas", como o pagamento de R$ 37,4 milhões da Eldorado para as empresas Viscaya e Araguaia, de propriedade do corretor Lúcio Bolonha Funaro, apontado como operador de esquema de corrupção na Caixa e em outras entidades públicas.

Segundo o Ministério Público Federal, a explicação da auditoria contratada para os pagamentos passa por uma triangulação envolvendo o Grupo J&F, que teria contratos com as duas empresas de Lúcio Funaro e um crédito junto à Eldorado. No entanto, alegam os investigadores, a justificativa esconde atos de lavagem de dinheiro.

"A equipe de auditoria contratada pela Eldorado buscou, de todas as formas, trazer uma aparência de transparência e legalidade para as referidas operações financeiras, aduzindo ser impossível inferir uma correlação entre pagamentos realizados pela Eldorado às empresas de Lúcio Funaro e a concessão de financiamento ou quaisquer vantagens em favor da companhia", afirma um dos trechos do documento.

O MPF destaca o fato de o comitê supervisor da apuração contar com agentes da Eldorado Celulose, como o próprio José Carlos Grubisich, investigado nas operações, e o ex-ministro de Desenvolvimento, Indústria e Comércio Exterior Miguel Jorge, que é filiado ao PT.

O presidente da Eldorado Brasil, José Carlos Grubisich, disse, em entrevista à imprensa, que um dos financiadores da expansão da empresa seria o FI-FGTS, com crédito de R$ 1,2 bilhão a R$ 1,5 bilhão. Entretanto, como alvo de investigação da Polícia Federal, a fabricante de celulose Eldorado Brasil tem encontrado dificuldades para ter acesso a linhas de financiamento para o projeto de expansão da sua unidade instalada em Três Lagoas.

No início de setembro de 2016, a Eldorado Brasil voltou a ser alvo de investigações, agora da Operação Greenfield, da Polícia Federal e do Ministério Público Federal do DF, que investiga supostos desvios nos quatro maiores fundos de pensão do Brasil.

Mas, para melhor entendimento do que é, de fato, a participação dos fundos de pensão Funcef e Petros na Eldorado Brasil Celulose, é preciso ver as maracutaias aprontadas por esses fundos de pensão em conluio criminoso com a J&F, o que a Polícia Federal e o Ministério Público Federal apontaram no relatório que deu sustentação à realização da Operação Greenfield:

> Em relação à aquisição do FIP Florestal, foram identificadas irregularidades e situações que apontavam inconsistências na condução do processo, do momento inicial, quando da apresentação à Entidade, até o momento da incorporação pela Eldorado, sendo as principais descritas abaixo:
> 1. A Petros conduziu um processo para seleção de empresas que fariam a avaliação da Florestal, tendo chamado 3 empresas e sendo vencedora a que apresentou o menor preço. Verifica-se que a Entidade observou as normas internas para a contratação, na qual deve ser procurado o melhor preço, porém, numa operação que envolvia R$ 270 milhões, uma contratação tendo por base o critério preço e não qualidade dos serviços demonstra falta de razoabilidade na condução do processo de seleção. Poderia se considerar, inclusive, que em função do montante envolvido na operação, duas avaliações distintas da empresa seriam uma medida tecnicamente justificável, além de recomendável. De qualquer forma, o serviço contratado acabou sendo o mais caro porque a Entidade fez um processo, contratou a empresa para fazer a avaliação, pagou pelo

serviço, e no fim ficou com uma avaliação apresentada pelo Gestor, ignorando a consultoria contratada.

2. Ao serem solicitados os critérios utilizados para dar as notas aos candidatos a gestor no processo conduzido pela Funcef, a Petros informou que os documentos não foram encontrados, ou seja, a Entidade não tinha como fundamentar as notas dadas.

3. Ao desconsiderar a avaliação da Silviconsult, a Petros adquiriu por R$ 274 milhões uma participação que havia sido avaliada por R$ 133,155 milhões. Importante evidenciar que em relação aos demais sócios, que integralizaram maior parte do capital da Florestal com fazendas, a nova avaliação representava ganhos imediatos dado que eles venderiam parte da empresa às duas Entidades Fechadas de Previdência Complementar (EFPC) por um valor maior. A eles, nesse momento, interessava a maior avaliação possível.

4. A EFPC recebeu uma proposta que em sua totalidade envolvia investimentos da ordem de R$ 6 bilhões, e que, ao longo do tempo, foi sendo modificada e adaptada. Além disso, ainda que tivesse que passar por duas análises distintas, feitas por EFPC com processos decisórios próprios, os investidores já estavam cientes quais eram as Entidades participantes e tinham uma estimativa do valor a ser investido. À equipe não ficou claro como os responsáveis pelo investimento tinham a convicção de que a Petros viria a participar do processo.

5. A empresa Florestal apresentava demonstrações contábeis nas quais eram consideradas integralizações de capital, via bens, que não foram formalmente transferidas para a empresa e ainda se encontravam sendo utilizadas em outras finalidades pelos proprietários. A Petros foi informada pela Silviconsult sobre esse fato, porém essa informação, que era um indicador quanto à forma como se dava a gestão da Florestal, não apresentou qualquer relevância para a Entidade em relação à condução do investimento.

6. Inicialmente, a Entidade adquiriria 25% do FIP, conforme a documentação da análise aponta, sendo este o limite legal para a participação de EFPC. No momento da aquisição, foi adquirida uma quantidade ligeiramente menor de 24,75%, e esta questão não seria relevante caso não se verificasse que ao adquirir um valor ligeiramente menor as Entidades Fechadas envolvidas no processo

transferiram para os outros sócios o direito de indicar mais um membro no Conselho de Administração na Florestal. De acordo com o regulamento do FIP, cada 16,75% das cotas dariam direito a indicação de um membro titular e um suplente no Conselho de Administração, e com as duas entidades ficando com 24,75%, e não 25%, o sócio do FIP Florestal, o FIC FIP JMF, ficou automaticamente com 50,25%, valor necessário para fazer 3 indicações ao Conselho de Administração da Florestal sem necessidade de composição com os demais cotistas.

7. As fazendas que serviram para integralizar o capital foram incorporadas por valores superiores àqueles pelos quais tinham sido, em alguns casos, recentemente adquiridas – até 380% a mais. Também não pode ser esquecido que as fazendas eram parte essencial do negócio, e a troca pura e simples de fazenda do mesmo valor não era condição suficiente, pois as terras tinham destinação específica.

8. Posteriormente, quando houve a incorporação da Florestal pela Eldorado, foi feita uma nova avaliação pela Plural Capital e nessa avaliação os valores estimados pela empresa eram mais próximos da avaliação inicial feita pela Silviconsult, do que aquelas indicadas pela Vitória. Verificou-se que, quando foi feita a compra do FIP Florestal, ela foi feita por base na avaliação da Vitória – que indicava um valor de até R$ 2 bilhões pós-money para a empresa Florestal. Quando do momento da incorporação, foi feita uma nova avaliação, e nesta, o valor obtido foi de R$ 714,9 milhões. A Petros poderia ter mantido o mesmo critério da compra para a incorporação, e assim aumentar consideravelmente a participação do FIP, e a sua, na Eldorado.

9. Considerando que os demais sócios do FIP Florestal eram sócios da Eldorado, e parte interessada na fusão, à equipe ficou claro o conflito de interesse na indicação feita por esses sócios de a Plural passar a ser gestora do FIP, tendo em vista que ela havia feito a avaliação da Florestal na qual, à equipe de fiscalização, os valores não eram compatíveis com os utilizados para a compra. Como relatado, houve um processo para a escolha do gestor, em que saiu vencedora a Vitória Asset, porém ainda havia o segundo colocado no processo de seleção que poderia ser convocado, ou, ainda, ser

iniciado um novo processo. Houve manifestações contrárias à indicação, de outro sócio relevante do FIP, Funcef, justamente em função da evidência do conflito, porém a aprovação se deu com o voto favorável da Petros.

10. No processo foi identificada a participação do ex-funcionário da Petros, Sr. Humberto Pires Grault Vianna de Lima, Gerente da Assessoria de Novos Projetos, área responsável pela análise de investimentos no momento em que o projeto foi apresentado à Entidade, e que posteriormente era pessoa-chave indicada no Regulamento do FIP – pessoas que dedicariam o tempo à atividade do fundo, mas já como funcionário da Vitória Asset. Posteriormente, na Assembleia Geral de Cotistas de 29 de julho de 2011, foi aprovada, por unanimidade, sua condução para o Conselho de Administração da companhia. Dessa forma, um funcionário em cargo relevante na Petros passou a trabalhar com a contraparte.

[...] Considerando-se que os estudos e análises foram realizados no âmbito da diretoria de investimentos, autuam-se os diretores de Investimento e AETQs à época do investimento e da incorporação, os senhores Luís Carlos Fernandes Afonso e Carlos Fernandes Costa, por não terem observado na compra de cotas do FIP Florestal os princípios de segurança e rentabilidade, e por não observarem práticas que garantam seu dever fiduciário em relação aos participantes do Plano.

Quanto à posição atual do FIP Florestal, é importante destacar que houve uma expressiva valorização de suas cotas no final do exercício de 2015, que resultou de nova reavaliação econômica da empresa. Tal reavaliação causa discrepâncias absurdas em relação aos critérios de precificação da Eldorado, ao se comparar dois fundos detentores do mesmo ativo (FIP Enseada e FIP Olímpia).

Essa recente reavaliação foi objeto de nota produzida pela Previc, assim como de subsídio para a realização de nova fiscalização no FIP Florestal, destacando-se da Nota nº 36/2016/ERSP/PREVIC, de 3 de maio de 2016, o seguinte: Foi elaborada nota com o objetivo de analisar variação do valor das cotas do Florestal FIP, decorrente de reavaliação do valor econômico do investimento em 183,5%, ocorrida entre os meses de novembro e dezembro de 2015.

A partir dessa reavaliação, os valores do ativo nas entidades Funcef e Petros ficaram da seguinte forma:

EFPC	Qte. ativos em 12/2015	Valor Ativo em 11/2015 (R$)	Valor Ativo em 12/2015 (R$)	Variação %
Petros	272.250.000	550.138.842,00	1.559.615.706,00	183,49
Funcef	272.250.000	550.138.842,00	1.559.615.706,00	183,49

Capítulo 19

A J&F e a compra de membros do Judiciário

Brasil: esse estranho país de corruptos sem corruptores.

Luis Fernando Verissimo

Ao tomar conhecimento, no dia 17 de maio de 2017, da escandalosa delação premiada dos irmãos Batista, com divulgação do jornal *O Globo*, a sociedade recebeu com espanto o fato de Joesley Batista ter gravado o presidente da República, Michel Temer, no Palácio do Jaburu.

O que se ficou sabendo, de principal, a partir dessa gravação, foi que o presidente concordava com Joesley Batista em manter um mensalinho, de R$ 500 mil, para a família do ex-deputado Eduardo Cunha, preso em Curitiba desde o dia 19 de outubro de 2016, e também apoio financeiro para a família do operador de Eduardo Cunha e do presidente Michel Temer, Lúcio Bolonha Funaro, preso também em Curitiba desde o dia 1º de julho de 2016.

Depois vieram a público os demais depoimentos e detalhes da negociação que a J&F fez com a Procuradoria-Geral da República para livrar seus principais executivos do risco de uma prisão preventiva, em função das várias operações do Ministério Público Federal em curso contra a companhia, sendo as principais a Greenfield, Cui Bono e a Sépsis.

No dia seguinte ao vazamento pelo jornal *O Globo* da gravação de

Joesley Batista, seria deflagrada a Operação Patmos, que cercou o senador Aécio Neves (PSDB-MG), prendeu sua irmã Andrea Neves e seu primo Frederico Pacheco de Medeiros.

A Polícia Federal cumpriu mandados judiciais nas casas e nos gabinetes dos senadores Aécio Neves (PSDB-MG) e Zezé Perrella (PMDB-MG), além de endereços de várias pessoas ligadas a eles.

Também foram cumpridos mandados no gabinete do senador Aécio Neves, em Brasília, na casa e no escritório de Zezé Perrella, em Belo Horizonte, além de endereços de um contador e de empresas ligadas a ele. A PF vasculha também a casa do doleiro Gaby Amine Toufic, em Belo Horizonte, e de funcionários do peemedebista, incluindo o assessor Menderson Souza. Na oportunidade, o senador Aécio Neves foi afastado do cargo por determinação do ministro Edson Fachin, do Supremo Tribunal Federal.

O início já foi estarrecedor, mas a partir da divulgação das novas gravações, dos depoimentos dos delatores e ações controladas da Polícia Federal, pode-se ver que a coisa era ainda bem pior. Inclusive a ousadia da J&F em cooptar para sua organização criminosa até um procurador da República, o qual deveria cuidar de investigar os crimes da companhia relacionados com a Operação Greenfield, que investiga a Eldorado Brasil Celulose e sua relação com os fundos de pensão Funcef e Petros, além do FI-FGTS.

O procurador Ângelo Goulart Villela

Entre os dias 3 e 18 de maio de 2017, quando foi deflagrada a Operação Patmos, os e-mails e ligações telefônicas do procurador da República Ângelo Goulart Villela foram interceptados pela Polícia Federal, assim como os do advogado Willer Tomaz.

Também durante esse período, numa ação controlada pela Procuradoria-Geral da República, a Polícia Federal monitorou a entrada e saída de clientes, políticos e advogados do escritório do advogado Willer Tomaz, no Lago Sul.

Além disso, investigadores da Polícia Federal, com autorização da Justiça, conseguiram convencer uma funcionária do escritório de advocacia Willer Tomaz Advogados e Associados a colaborar com a

Operação Patmos, e instalar sistemas de monitoração ambiental (som e imagem) que eram captados externamente por agentes federais.

As gravações foram mantidas em sigilo pelo Supremo Tribunal Federal, para perícia dos investigadores e separação do que são negócios lícitos e negócios ilícitos tramados por figurões da República no luxuoso escritório do advogado Willer Tomaz. As gravações de imagens do sistema interno de TV também foram recolhidas pela Polícia Federal para perícia.

Por exemplo, o Brasil quer saber: o que estaria fazendo no escritório de Willer o ministro do STF Enrique Ricardo Lewandowski? É curioso...

Willer Tomaz era contratado da Eldorado Celulose e tinha relacionamento próximo com o procurador Ângelo Goulart Villela. Tomaz informou a Joesley Batista que pagava R$ 50 mil mensais para conseguir informações sobre as investigações envolvendo as ações da força-tarefa da Operação Greenfield.

De acordo com os depoimentos de Joesley Batista e de Francisco de Assis e Silva, eles não tinham provas de que o procurador Ângelo Goulart Villela estivesse, de fato, recebendo pagamento, mas Willer Tomaz havia fornecido documentos sigilosos da investigação e também o áudio de um depoimento de uma testemunha da Greenfield (Mário Celso Lopes), gravado pelo procurador.

É importante destacar que os delatores da J&F, no início das tratativas com a Procuradoria-Geral da República, não falaram nada sobre a participação do procurador Villela na trama armada por eles para tentar "abafar" a Operação Greenfield, e isso foi quase o estopim para que a PGR não continuasse com a negociação da delação premiada.

Na gravação do diálogo com o presidente Michel Temer, Joesley afirmou: "Consegui um procurador da força-tarefa que também está me dando informação". Contudo, no seu depoimento logo em seguida, disse ao procurador da República Sérgio Bruno que aquilo fora bravata.

De acordo com Wálter Nunes, do jornal *Folha de S. Paulo*:

> Os procuradores, de início, ficaram enfurecidos com a omissão. Um deles, Sérgio Bruno, conhecido pelo vídeo em que aplica uma pesada bronca em Emilio Odebrecht, dono da Odebrecht, ameaçou interromper as tratativas. A conversa foi tão pesada que Francisco

segurava nas pernas dos irmãos Batista para que eles não reagissem. Assim que Bruno fez uma pausa, Joesley disse que denunciar Villela era prova de confiança na conduta dos procuradores, não o contrário. Aparadas as arestas, os investigadores decidiram, então, pelo encontro de Francisco de Assis com Tomaz e Villela.

No dia 3 de maio de 2017, durante um jantar na mansão do advogado Willer Tomaz, quando estavam presentes o procurador Ângelo Goulart Villela e o diretor jurídico da J&F, Francisco de Assis e Silva, este gravou e fotogravou os outros dois como parte da ação controlada do Ministério Público Federal.

Francisco de Assis e Silva foi para o jantar na mansão de Willer Tomaz com um casaco que disfarçava os gravadores que estavam em seu corpo, preparados pela Polícia Federal para a ação controlada[26] daquela noite.

Reportagem do mesmo jornalista Wálter Nunes detalha os preparativos e a atuação de Francisco de Assis e Silva na ação controlada, ocorrida durante o jantar com Tomaz e Villela:

MEDO
Francisco estava a caminho da sede da Polícia Federal quando pipocou na tela do celular alerta de mensagem WhatsApp: "você foi adicionado ao grupo Festa 01".
Havia sido criado por ordem do delegado Josélio de Sousa e tinha, além dele e de Francisco, agentes federais e o procurador Eduardo Pelella, braço direito do procurador-geral da República, Rodrigo Janot.
Francisco chegou à PF às 17h30 e durante três horas recebeu orientações para o momento do jantar. Agentes esconderam nele três equipamentos de gravação. Um gravador, de espessura muito fina, foi enfiado dentro da carteira. Dois outros foram colocados nos bolsos dianteiro e lateral da calça. Sem contar aos investigadores, o executivo levava um gravador próprio no bolso do paletó.
Um policial perguntou a Francisco se ele temia algo. "São dois medos. O primeiro é de ser morto. O segundo é de apanhar", respondeu.
O executivo chegou à mansão do advogado, no Lago Sul, região

---

26 Ação controlada é o nome dado a uma operação policial em que alguém infiltrado na cena do crime grava um fato criminoso no momento em que ele acontece. Isso está previsto na Lei nº 12.850 e requer prévia autorização judicial.

nobre de Brasília, às 21h13. Fingiu que falava com a filha ao celular e fotografou o advogado e o procurador na mesa. Enviou a imagem para o Festa 01.
O grupo de WhatsApp era o único canal de contato do infiltrado com os policiais. Se algo desse errado, Francisco teria que se virar sozinho.
Durante o jantar, ele apenas bebericou o vinho servido pelo garçom. Tomaz talvez tenha percebido seu nervosismo. Dizendo que havia excesso de formalidade à mesa, fez menção de levantar para tirar o paletó do convidado. Francisco se adiantou e colocou o casaco no espaldar da cadeira.

De acordo com o relato de Francisco de Assis e Silva, o advogado Willer Tomaz parecia ter desconfiado de alguma coisa.
Continua o relato do jornalista Wálter Nunes:

Já sob o efeito do vinho, Tomaz fez um gesto em direção a Francisco. Com os dedos indicador e médio formando um "v", ele apontou para os próprios olhos e depois para o executivo e disse: "Tô de olho no que você está fazendo". Mas não chegou a perceber que estava sendo gravado.
O jantar terminou às 23 horas. Francisco foi embora em um carro que pediu por um aplicativo de celular. Percebeu que era escoltado por policiais federais.
Os investigadores devem ter estranhado que ele, ainda com os equipamentos no corpo, tenha parado no caminho. Joesley e Wesley o esperavam no Bierfass Gilberto Salomão, restaurante ali mesmo no Lago Sul. Francisco [disse que] tomou uísque e chope para se acalmar, mas passou a noite em claro.
Só no dia seguinte entregou aos investigadores [da Polícia Federal] a gravação que ajudaria a colocar na cadeia Ângelo Villela e Willer Tomaz, os únicos ainda presos em decorrência das denúncias dos executivos da JBS. Da prisão, os dois se dizem vítimas de armação.

Durante a realização da Operação Patmos, o procurador Ângelo Goulart Villela e o advogado Willer Tomaz foram presos preventivamente, sendo recolhidos no presídio militar do Complexo Penitenciário da Papuda, em Brasília.

Joesley Batista revelou que um dos grandes motivos que levaram a J&F a decidir colaborar com as investigações e buscar um acordo de leniência foi o grau de detalhamento das informações recebidas pela equipe da Operação Greenfield sobre a Eldorado Celulose, especialmente no que se refere ao Fundo de Investimento Florestal.

Para o empresário, com base nas informações repassadas pelo procurador Ângelo Goulart, teve-se a quase certeza de que existia um "delator oculto" e que, protegido pelo sigilo de um possível acordo de delação premiada, pudesse estar informando os fatos à força-tarefa da Operação Lava Jato.

O procurador da República Eugênio José Guilherme de Aragão, ex-ministro da Justiça do governo Dilma Rousseff, aposentado desde 2 de junho de 2017, atuando no escritório ECEA Advogados e Consultores, em Brasília, escreveu para o blog do Marcelo Auler, no dia 10 de junho de 2017, artigo sobre o procurador da República Ângelo Goulart Villela.

Segue um trecho do longo artigo:

> [...] Ângelo, um jovem procurador, deve ter, suponho, uns dez anos de carreira. Conheci-o ao ser chamado, como corregedor-geral do Ministério Público Federal, a resolver situação de conflito entre colegas em Roraima. Era, ele, procurador-chefe e pessoa muito preocupada com a harmonia no ambiente de trabalho. Seus colegas de geração tinham-no como liderança inconteste. Transitava muito bem, igualmente, na Polícia Federal. Conversei, à época, com o superintendente regional em Boa Vista e lá ouvi os melhores testemunhos, provas de sua integridade e correção. Ao mesmo tempo, notava que era uma pessoa com disposição de diálogo, qualidade rara num ministério público contaminado por mentalidade redentora e moralista. Enfim, revelou-me inteligência emocional muito acima da média de nossos colegas. Fiquei impressionado positivamente.
> Procurei então me informar melhor sobre Ângelo e soube que é sobrinho-neto do ex-presidente João Goulart, filho de membro do ministério público e com irmão no quadro do MPT. Muito jovem, ganhando bem e sem filhos, levava uma vida relativamente despreocupada, permitindo-se algumas extravagâncias dentro de

seu limite de renda, como comprar bons vinhos, fazer turismo em lugares interessantes deste mundão de Deus e frequentar bons restaurantes e hotéis, práticas, aliás, comuns a muitos colegas em situação análoga e típicas de uma geração de jovens que se sentiram atraídos pela carreira por conta dos confortos que proporciona. Já fiz muita crítica a respeito disso e nem sempre entendida por seus destinatários. [...]
[...] Ângelo está sendo trucidado por aqueles a quem serviu com denodo e fidelidade. Para ele, que aparentemente feriu a *omertà* ministerial, não vale a presunção de inocência. A palavra torta de um advogado metido em encrenca é suficiente para o procurador-geral taxá-lo publicamente de corrupto, sem qualquer exame mais acurado sobre a procedência da solteira acusação de que estaria a receber cinquenta mil reais por mês do grupo JBS. [...]

Como disse Joesley Batista em artigo publicado pelo jornal *Correio Braziliense*: "O tempo revelará a razão". E mais esta, para os que acreditam no conto da carochinha: "Senti-me um novo ser humano, com valores, entendimento e coragem para romper com elos inimagináveis de corrupção praticada pelas maiores autoridades do nosso país".

A 2ª Turma do Supremo Tribunal Federal decidiu, no dia 1º de agosto de 2017, revogar a prisão do procurador da República Ângelo Goulart Villela e do advogado Willer Tomaz. A votação ficou empatada em dois votos, com a ausência de um dos ministros da turma e o resultado favoreceu os réus.

Outros possíveis procuradores cooptados pela J&F

Na conversa gravada por Joesley Batista com o presidente da República, Michel Temer, no dia 7 de março de 2017, em determinado ponto ele parece se referir a outro procurador da República que estaria sendo útil a ele. Alguém que ele não gostaria de ser trocado, além do Ângelo Goulart Villela:

"Se eu der conta, tem o lado bom e o lado ruim. O lado bom é que dá uma esfriada até o outro chegar. O lado ruim é que se vem um cara com raiva, com não sei o que..."

Sem citar nome, o empresário Joesley Batista fala, pelo que agora se sabe, primeiramente, do procurador Ângelo Goulart Villela, dizendo que era um membro da força-tarefa e que lhe passava informações. Aqui está claro.

Depois, ele cita "um que tá me investigando".

Joesley parece entrar em contradição ao dizer que queria substituir o "procurador" e, ao mesmo tempo, diz ter ficado com muito medo quando soube, através de "burburinho", que tal procurador – que estava de férias em 7 de março de 2017 – poderia estar sendo substituído.

Por ser um indício de que talvez a J&F tivesse cooptado outro procurador da República para a sua organização criminosa, o coautor desta obra, Bernardino, encaminhou o seguinte questionamento à Procuradoria-Geral da República:

> "Estou verificando o laudo da PF sobre a gravação da conversa entre o empresário Joesley Batista e o presidente Michel Temer, e um trecho me trouxe dúvida (a seguir). Caso o senhor possa me esclarecer, ficaria muito grato. Estou desde 2015 pesquisando o caso JBS e agora estou atualizando a pesquisa com este material, que deverá se tornar um livro".

A manifestação de Bernardino à PGR, enviada no dia 27 de junho de 2017, foi registrada no MPF sob o número PGR-00209300/2017, e a resposta foi-me enviada no dia 29 de junho de 2017, transcrita a seguir:

> Despacho nº: 3652/2017
> Referência: PGR-00209300/2017
> Assunto: INSTRUÇÃO
> Considerando o disposto na Lei 12.527/2011 no art. 25: "É dever do Estado controlar o acesso e a divulgação de informações sigilosas produzidas por seus órgãos e entidades, assegurando a sua proteção" e considerando também o disposto no §1º do art. 25 do mesmo diploma: "O acesso, a divulgação e o tratamento de informação classificada como sigilosa ficarão restritos a pessoas que tenham necessidade de conhecê-la e que sejam devidamente credenciadas na forma do regulamento, sem prejuízo das atribuições dos agentes públicos autorizados por lei", encaminhe-se o presente expediente à CAC para: 1) informar o interessado que as informações referentes estão

registradas com grau de sigilo reservado e que por esse motivo não está disponível para consulta no portal transparência do Ministério Público Federal; e 2) caso seja um legítimo interessado na obtenção de informações referentes ao procedimento referenciado, deverá dirigir-se pessoalmente à Central de Atendimento ao Cidadão para obtenção dos dados desejados.
Brasília, 29 de junho de 2017.
Eduardo Botão Pelella, Chefe de Gabinete do Procurador-Geral da República

No dia 4 de setembro de 2017, o procurador-geral da República, Rodrigo Janot, convocou uma coletiva com a imprensa para informar que nos gravadores entregues pelos delatores da J&F, os quais continham áudios que foram apagados, a perícia da Polícia Federal conseguiu recuperá-los e que há indícios de que o ex-procurador da República Marcelo Paranhos de Oliveira Miller[27], que chegou a atuar como advogado da JBS no processo de delação premiada, teria cometido crimes, ou seja, antes mesmo de deixar a corporação, Miller estaria atuando em favor dos irmãos Batista.

Sem citar nomes, Rodrigo Janot informou que nas gravações recuperadas há citação de nomes de integrantes do Supremo Tribunal Federal, também envolvidos com crimes.

Disse ainda o procurador que a delação dos irmãos Batista poderá ser rescindida por terem faltado com a verdade e omitido crimes praticados e/ou dos quais eram sabedores, infringindo dispositivo legal que proíbe ao delator omitir crimes de que saiba ou que tenha praticado.

Os dois "delatores" cuja conversa gravada com quatro horas de duração o procurador se referiu são Joesley Batista e Ricardo Saud.

Em despacho de nº 1011/2017/GTLJ-PGR, datado de 4 de setembro de 2017, o procurador-geral da República, Rodrigo Janot, determinou a instauração de procedimento administrativo de revisão das colaborações de Joesley Mendonça Batista, Ricardo Saud e Francisco de Assis e Silva.

Além disso, o procurador determinou:

---

27 Marcello Paranhos de Oliveira Miller foi exonerado do Ministério Público Federal no dia 5/4/2017, mediante pedido feito no dia 25/2/2017.

a) A juntada aos autos da PET [Petição] 7003, de documentos que comprovam a existência de conta no exterior do colaborador Ricardo Saud, bem como da mídia contendo o diálogo entre os colaboradores Joesley Batista e Ricardo Saud.

b) A degravação do áudio citado acima.

c) Que até a data limite de 08/09/2017, os colaboradores Joesley Batista e Ricardo Saud compareçam à PGR para prestar depoimentos e esclarecimentos sobre os fatos narrados e para entregar os dispositivos eletrônicos em que os áudios foram gravados e dispositivos onde os arquivos estavam armazenados.

d) No mesmo prazo o advogado e ex-procurador Marcello Paranhos de Oliveira Miller deverá comparecer para prestar esclarecimento sobre os fatos.

e) Que, no prazo de cinco dias, o escritório de advocacia Trench, Rossi e Watanabe[28] informe as causas do desligamento dos advogados Marcelo Paranhos de Oliveira Miller e Esther Miriam Flesch, bem como cópia de eventual procedimento interno que apurou irregularidade ou falhas de conformidade na atuação dos referidos advogados.

O presidente da Ordem dos Advogados do Brasil (OAB), Claudio Lamachia, enviou ao site O Antagonista a seguinte nota, a respeito das declarações do procurador-geral da República:

> Os fatos relatados pelo procurador-geral da República são gravíssimos. A sociedade ficou, por muito tempo, indignada com os benefícios concedidos aos empresários que admitiram cometer diversos crimes contra o Estado e contra a sociedade brasileira. A OAB espera que a lei possa valer igualmente para todos. Não existe processo válido sem que a lei seja respeitada.

---

28 De acordo com o *Valor Econômico* do dia 13 de setembro de 2017, o escritório TRW foi o grande perdedor de toda essa história; pela afetação de sua imagem, perdeu a sócia advogada Esther Flesch e ainda não recebeu nada da J&F. Além disso, o *Valor* informa que o outro perdedor é o próprio Marcello Miller, demitido do escritório, e que ganharia uma remuneração bruta mensal de R$ 110 mil, enquanto recebia cerca de R$ 30 mil como procurador da República.

O escritório de advocacia Trench, Rossi e Watanabe (TRW), atendendo à intimação da Procuradoria-Geral da República, enviou à PGR e-mails que confirmam o jogo duplo de Marcelo Miller na negociação com a J&F.

De acordo com o pedido de prisão de Marcello Miller, encaminhado pela PGR ao STF, entre os documentos anexados ao referido pedido havia elementos que indicavam que antes de março de 2017 o ex-procurador "já auxiliava o grupo J&F no que toca o acordo de leniência firmado pela empresa com o Ministério Público Federal".

Afirma ainda Rodrigo Janot que havia "troca de e-mails entre Marcello Miller e a advogada do mencionado escritório, em época que ainda ocupava o cargo de procurador da República". Em tais e-mails havia detalhes, como "marcações de voos para reuniões, referências a orientações à empresa J&F e início de tratativas de benefícios à mencionada empresa".

O celular do ex-procurador Marcello Miller foi apreendido pela Polícia Federal, na busca realizada em sua residência no dia 11 de setembro de 2017, com o objetivo de examinar as correspondências por mensagem de texto, WhatsApp, e-mails e outros possíveis aplicativos.

No dia seguinte, a OAB, seccional Rio de Janeiro, que abriu procedimento para investigar a possível atuação ilegal do advogado Marcello Miller no processo de delação premiada da J&F, decidiu suspender, por 90 dias, sua habilitação para o exercício da advocacia.

Cláudio Lamachia, presidente do Conselho Nacional da OAB, afirma que a medida cautelar foi tomada após esclarecimentos prestados pelo ex-procurador sobre a suspeita de atuação em favor do grupo J&F, quando ainda estava no MPF e que, "se ficar provado, houve um exercício da advocacia de forma irregular enquanto ele ainda era membro do Ministério Público".

Em resposta, o ex-procurador Marcello Miller, por meio de seu advogado, se dirigiu à OAB/RJ, em defesa de seu direito de advogar:

> Em relação ao pedido de suspensão cautelar do direito de advogar por 90 dias, a defesa de Marcello Miller esclarece que tal fato está em total desacordo com o estatuto da OAB (lei 8.906/94). No artigo 70, parágrafo terceiro, eventual suspensão preventiva só pode ocorrer mediante

sessão especial, assegurado ao advogado o direito de manifestação, o que não ocorreu. Marcello Miller não foi notificado do processo de suspensão, muito menos foi ouvido.

De acordo com a revista *Veja*, a Polícia Federal teria descoberto um grupo de WhatsApp que tinha entre seus participantes Joesley e Wesley Batista, advogados da JBS e o ex-procurador Marcello Miller.

O grupo teria sido criado no dia 31 de março de 2017, "três dias depois de os delatores da JBS assinarem acordo de confidencialidade com a PGR, como parte do acordo de delação premiada" e enquanto Miller ainda estava vinculado à Procuradoria-Geral da República.

Em função da revista *Veja* ter divulgado esse fato no dia 13 de setembro de 2017, apontando que a PGR teria conhecimento do envolvimento de Marcello Miller com a J&F antes de se desligar da instituição, a PGR rebateu:

> A Procuradoria-Geral da República esclarece que não procedem as informações veiculadas no site da revista *Veja*, com ilações sobre um suposto conhecimento do gabinete do Procurador-Geral da República, Rodrigo Janot, a respeito de eventual ligação indevida do ex-procurador da República Marcello Miller com pessoas ligadas ao grupo J&F.

O caso do ex-procurador da República Marcello Miller, embora grave, não se enquadra no diálogo travado entre o empresário Joesley Batista e o presidente da República, Michel Temer. Portanto, tudo indica existir outro procurador da República na folha de pagamentos da JBS.

Capítulo 20

O encolhimento do grupo J&F

A noite acabou, talvez tenhamos que fugir sem você.

Renato Russo

O encolhimento do grupo J&F Investimentos S.A. não foi uma decisão estratégica dos irmãos Batista, mas uma necessidade de vender ativos para pagar dívidas, com vencimento de curto prazo, que chegaram a R$ 18 bilhões no final de 2016, além de problemas decorrentes da restrição de créditos junto a bancos estatais, motivados pelo acordo de leniência fechado com a Procuradoria-Geral da República em maio de 2017, pelo qual os irmãos Batista e outros executivos da companhia confessaram inúmeros crimes de corrupção e lavagem de dinheiro.

A J&F colocou à venda, além de suas operações de carne bovina na Argentina, Paraguai e Uruguai, sua participação nas seguintes empresas: Alpargatas, Eldorado Brasil Celulose, Vigor Alimentos, Flora, linhas de transmissão de energia e outros ativos, deixando de fora, nesse momento, a sua linha principal de negócio, que é a JBS, no Brasil e nos Estados Unidos, embora com a intenção de vender sua participação acionária na Moy Park (aves), bem como ativos da Five Rivers Cattle Feeding (confinamento) e fazendas.

A J&F não descarta também a venda do Banco Original, que é ainda deficitário, tendo registrado prejuízo de R$ 144,6 milhões no primeiro trimestre de 2017. Para tentar equilibrar seus custos, o Banco Original vendeu para a sua controladora, a J&F Investimentos, a sua marca e o direito sobre seus sites de negócio por R$ 422 milhões.

O objetivo da transação foi retirar a despesa de marketing da conta do banco, que em 2016 gastou R$ 140 milhões. A J&F receberá do Banco Original *royalties* de 1% sobre o resultado operacional do banco.

Com a receita obtida na cessão da marca para a controladora, o banco registrou um lucro líquido de R$ 43,6 milhões no ano passado, queda de 61% em relação a 2015. Considerando apenas o resultado operacional, contudo, o banco teve prejuízo de R$ 278,6 milhões no ano passado.

De acordo com o blog Fusões e Aquisições, a necessidade de venda de ativos por parte da J&F promete causar impacto nos números do mercado de fusões e aquisições (M&A) neste ano. Pelas contas, o desinvestimento em negócios, como Vigor, Alpargatas, Eldorado e, quem sabe, Banco Original, pode movimentar mais de R$ 20 bilhões.

Poderia representar algo em torno de 20% do volume anual de negociações no mercado brasileiro de M&A, que, geralmente, movimenta entre R$ 100 bilhões e R$ 150 bilhões.

Ainda de acordo com o referido blog, "a reestruturação da dívida da JBS teve momentos agudos de tensão. Os bancos recusaram a proposta inicial e passaram a negociar uma alternativa, mas o Itaú abandonou as conversas".

A revista *Exame* apurou que, quando as investigações em torno da JBS e de seus controladores começaram, em 2016, o comitê de investimentos do Itaú decidiu ser mais conservador nos empréstimos para a companhia – o banco tem, segundo executivos do mercado, R$ 1,5 bilhão a receber até 2018, enquanto o Bradesco tem R$ 3 bilhões; o Santander e o Banco do Brasil, cerca de R$ 4 bilhões; e a Caixa Econômica Federal, R$ 8 bilhões.

Ainda de acordo com a publicação, quando os problemas aumentaram em decorrência da delação dos irmãos Batista, o Banco Itaú resolveu ameaçar cobrar da JBS o que tinha a receber na data do vencimento.

Se isso acontecesse, seria um desastre. Isso poderia antecipar a cobrança de mais de US$ 2 bilhões que a JBS tem a pagar a partir de 2020.

Executivos próximos à empresa, ouvidos pela revista *Exame*, disseram que, "nesse cenário, a recuperação judicial seria a única opção. Também haveria consequências para o mercado financeiro. Alguns bancos médios deram volume relevante de crédito à JBS".

Um dos maiores e mais admirados investidores individuais em ações no Brasil, Luiz Barsi Filho, afirmou para o InfoMoney, no dia 30 de julho de 2017, que "não é preciso uma análise muito profunda: a JBS está fadada a desaparecer do mercado".

Para tentar salvar a empresa do pior, a BNDESPar e outros acionistas minoritários defendem a saída dos irmãos Batista do comando da JBS.

De acordo com o jornal *Folha de S. Paulo*, o presidente do BNDES, Paulo Rabello de Castro, teria afirmado: "Queremos uma requalificação na diretoria e no conselho de administração da companhia. Manter o valor da companhia é nossa obsessão e todas as medidas para conseguir isso serão tomadas".

Para o vice-presidente da Associação dos Investidores Minoritários do Brasil, Aurélio Valporto, "a permanência dos Batista é insustentável sob qualquer ponto de vista. São criminosos confessos e não poderiam continuar no comando de qualquer companhia do Brasil".

De acordo com a *Folha*, Valporto disse que já teria iniciado "procedimentos judiciais" para propor, na Assembleia dos Acionistas, pedido de afastamento dos controladores.

A *Folha* informa ainda que a JBS afirmou que a assembleia vai discutir "medidas a serem tomadas [...] com relação às responsabilidades por prejuízos causados à companhia por administradores, ex-administradores e controladores envolvidos nos atos ilícitos confessados nos acordos de colaboração premiada", segundo trecho do comunicado.

Desde que veio à tona a delação premiada da J&F, os irmãos Joesley e Wesley Batista foram obrigados a se desfazer de praticamente metade dos negócios para salvar seu império.

As empresas vendidas até agora foram avaliadas em R$ 24,4 bilhões, enquanto o valor de mercado das companhias que ainda pertencem à família Batista está em cerca de R$ 26,4 bilhões.

Venda das operações da JBS na América do Sul

Como parte da reestruturação da JBS, a companhia informou, no dia 19 de dezembro de 2016, que havia criado a JBS Foods International

(JBSFI), com previsão de abertura de capital na Bolsa de Nova York em 2017, e que, em decorrência disso, a estrutura de plataformas prevista pela companhia deixaria de existir, como a da JBS América do Sul.

Num primeiro momento, foi informado ao mercado que o executivo Enéas Pestana, ex-presidente do grupo Pão de Açúcar e que vinha ocupando a presidência da JBS América do Sul, havia deixado de fazer parte da companhia e que o executivo Miguel Gularte, presidente da JBS Mercosul, se desligaria da empresa nos próximos dias.

Dessa forma, as operações de Carnes Brasil, Couros e Novos Negócios permanecem na estrutura da JBS S.A., com sede no Brasil. "Esses negócios, assim como as áreas corporativas anteriormente ligadas à presidência América do Sul, passam a se reportar a Wesley Batista, CEO global da empresa", disse a JBS em comunicado.

As operações de carne bovina da JBS (São Paulo-SP) na Argentina, Paraguai e Uruguai foram vendidas no dia 6 de junho de 2017 para empresas controladas pela brasileira Minerva (Barretos-SP). O valor total da transação é de US$ 300 milhões, cerca de R$ 1 bilhão. Segundo comunicado da JBS ao mercado, o preço ainda deveria passar por ajuste referente à diferença entre o capital líquido e o endividamento das marcas negociadas. As aquisições ainda estariam sujeitas a condições precedentes e se dariam por meio de suas subsidiárias nesses países.

Embora contasse a venda como certa, a JBS S.A. foi surpreendida pela decisão, divulgada no dia 21 de junho de 2017, de que estava proibida a negociação, por força de decisão tomada pelo juiz substituto da 10ª Vara Federal, Ricardo Leite, responsável pela Operação Bullish, que investiga irregularidades envolvendo empréstimos do BNDES à JBS.

De acordo com o magistrado, "a colaboração premiada não se esgota em depoimentos, havendo necessidade de apresentação de provas idôneas". O juiz afirmou em seu despacho que seria preciso apresentar à 10ª Vara Federal provas sobre as irregularidades cometidas no BNDES e esclarecer detalhes da transferência de recursos do banco para a JBS comprar as empresas Smithfield, National Beef, Pilgrim's, Tasman Group e Bertin.

No dia 30 de junho de 2017, o ministro do Supremo Tribunal Federal Edson Fachin negou pedido de liminar da JBS, que buscava suspender os efeitos da decisão da Justiça Federal de Brasília – a Justiça proibiu o grupo de efetivar a venda por US$ 300 milhões em operações de carne bovina na Argentina, Paraguai e Uruguai para a Minerva.

Na ação, os advogados da JBS haviam argumentado que a decisão da Justiça do Distrito Federal, de 21 de junho de 2017, desrespeitara os termos das delações premiadas homologadas dos executivos da JBS pelo ministro Edson Fachin.

Em sua decisão, o ministro Edson Fachin argumentou que a aplicação de medidas cautelares seria decorrente de outra operação, Tendão de Aquiles, que apura suposta venda irregular de ações e compra de contratos futuros de dólar na Bolsa de Valores, realizada depois que os executivos firmaram a delação.

O ministro Edson Fachin também argumentou que a JBS não poderia ter entrado com uma reclamação no Supremo Tribunal Federal contra a decisão do juiz da 10ª Vara Federal, mas, sim, teria que recorrer respeitando as instâncias ordinárias. Ou seja, entrar com um recurso primeiro no Tribunal Regional Federal e, se fosse o caso, depois levar a ação ao STJ (Superior Tribunal de Justiça), antes de chegar ao STF.

A venda das operações da JBS na América do Sul também dependia da autorização da Superintendência-Geral do Conselho Administrativo de Defesa Econômica (Cade), que aprovou, sem restrição, com publicação em 10 de julho de 2017 no Diário Oficial da União.

A JBS S.A. recorreu ao Tribunal Federal Regional da 1ª Região, da decisão do juiz Ricardo Leite, da 10ª Vara Federal, e o desembargador Olindo Menezes, no dia 12 de julho de 2017, concedeu liminar anulando os efeitos da decisão do juiz federal Ricardo Leite, que havia vetado a venda das operações da JBS no Uruguai, Paraguai e Argentina ao grupo Minerva.

De acordo com a decisão, ainda em caráter liminar, o desembargador Olindo Menezes afirma que "não se afigura relevante, para as investigações que estão em curso, que a empresa seja tolhida, injustificadamente, na sua atuação comercial e na prática de seus atos de gestão, de todo complexos e com repercussão no mercado interno e internacional, apenas porque acionistas seriam investigados, sem que a pessoa jurídica, com personalidade e patrimônio próprios, sequer seja investigada".

Venda da Alpargatas

A J&F conseguiu fechar, em 12 de julho de 2017, acordo para venda da

Alpargatas – dona das marcas Havaianas, Osklen, Dupé, Mizuno, Sete Léguas e Meggashop – para Itaúsa (holding de investimento do Itaú), das famílias Setubal e Villela, e Cambuhy/Brasil Warrant (braços de investimento da família Moreira Salles), por R$ 3,5 bilhões.

Considerando que as ações da Alpargatas acumulavam alta em 2017, até o fechamento do acordo de venda, deverá ser um negócio que renderá um bom lucro aos irmãos Batista, não se desconsiderando que a J&F deve R$ 2,66 bilhões à Caixa Econômica Federal pelo empréstimo em novembro de 2015, com dois anos de carência para início de pagamento, para aquisição da Alpargatas, que pertencia à Camargo Corrêa.

Essa negociação estava em curso desde o final de junho, e chegou a ser anunciado que teria chegado ao fim por falta de entendimento com relação ao valor da transação.

A previsão de pagamento é à vista e a Itaúsa, controladora do Itaú, é responsável por desembolsar 50% do valor total. As gestoras Cambuhy e Brasil Warrant, de propriedade da família Moreira Salles, desembolsam o restante.

O negócio foi aprovado sem qualquer restrição pela Superintendência-Geral do Cade, no dia 4 de agosto de 2017.

No dia 20 de setembro, de acordo com a *Folha*, Itaúsa e Cambuhy, que administram o patrimônio das famílias Setubal, Villela e Moreira Salles, pagaram à vista R$ 3,48 bilhões pela Alpargatas.

Com o dinheiro, a J&F Participações S.A. quita os R$ 2,7 bilhões emprestados pela Caixa Econômica Federal para adquirir a Alpargatas em 2015 e ainda sobra uma boa bolada.

Venda da Eldorado Brasil Celulose

A J&F Investimentos confirmou, no dia 17 de junho de 2017, a assinatura de um acordo de confidencialidade com a chilena Celulose Arauco y Constitución, sobre as negociações entre os dois grupos envolvendo a Eldorado Brasil Celulose, que tem uma fábrica em Três Lagoas (MS). A Arauco contratou os escritórios de advocacia Mattos Filho e Simpson Thacher & Bartlett para assessorá-la na avaliação e eventual negociação com os irmãos Batista.

No dia 19 de junho de 2017 foi a vez da Eldorado Brasil Celulose enviar um Fato Relevante à Comissão de Valores Mobiliários (CVM), informando que a J&F havia assinado acordo de confidencialidade com a Celulose Arauco y Constitución "para análise de eventual transação envolvendo a companhia".

De acordo com a jornalista Ana Cristina Santos, do *J.P. News*, o levantamento que as empresas contratadas pela Arauco (comandadas por Santander e dois escritórios de advocacia – Mattos Filho e Simpson Thacher & Bartlett) estão fazendo dos ativos e passivos da companhia deveria durar até 3 de agosto de 2017, e que a auditoria, até 15 de julho, já havia identificado pelo menos R$ 500 milhões em passivos, citando como fonte o jornal *Valor Econômico*.

Segundo Santos, o volume de passivos surpreendeu os chilenos, que estiveram recentemente em Três Lagoas visitando as instalações da fábrica controlada pela J&F Investimentos, que deve ser vendida para pagar as dívidas do grupo. Os passivos da Eldorado, na visão de Santos, "podem crescer e comprometer no preço final da empresa, que já recebeu oferta inicial de quase R$ 14 bilhões por parte da Arauco".

De acordo com o *Valor Econômico*, na área logística ferroviária a companhia teria um passivo da ordem de R$ 200 milhões com duas empresas do setor, referente a transporte e venda de material rodante e vagões. A Arauco também teria relacionado, no montante de passivos da Eldorado, a ação que a Fibria move contra a companhia, acusada pelo uso indevido de um clone de eucalipto por ela registrado, pedindo uma multa de R$ 100 milhões.

Além disso, a Eldorado tem uma pendenga na Justiça com o doleiro Lúcio Bolonha Funaro, que cobra R$ 44 milhões pela intermediação com a Caixa Econômica Federal do empréstimo de R$ 940 milhões do FI-FGTS, o qual foi parte do financiamento da fábrica.

A revista *Ferroviária* divulgou, com base em "fontes próximas à empresa", que a Eldorado tem ainda problemas com florestas de eucalipto e com sua estrutura logística. E isso porque, embora a Eldorado disponibilize a informação de que possui 240 mil hectares plantados com eucalipto, apenas 5% estão em terras próprias (ou cerca de 13 mil hectares).

O restante do plantio está em mais de 200 terrenos, que foram sendo arrendados a partir de 2006, com vencimento em 2020. Embora a Eldorado não vá enfrentar dificuldade para renovar tais contratos, a expectativa é de que haverá aumento de custo.

A Eldorado também não teria madeira suficiente para a produção da linha atual, de 1,7 milhão de toneladas/ano, e iniciar a operação da nova linha – mais 2 milhões de toneladas.

Além disso, a auditoria aponta 1,2 mil ações de processos tributários e trabalhistas, provisionados de maneira adequada. O lucro da Eldorado seria inflado por créditos de Imposto sobre Circulação de Mercadorias e Serviços (ICMS), lançados no balanço com um prêmio de até 30% que não devem ser devolvidos pelo governo de Mato Grosso do Sul.

Ainda de acordo com a reportagem do *Valor Econômico*, "esse prêmio não pode ser lançado na conta do resultado operacional. Para negociar o ativo com exclusividade, a Arauco fez uma oferta inicial de quase R$ 14 bilhões".

No dia 3 de agosto de 2017 venceu o prazo de exclusividade dado à Arauco para avaliação da Eldorado, sem que as partes tenham chegado a fechar um acordo. Dessa forma, a concorrência pela compra da Eldorado voltou a ser ampla. De acordo com o *Valor Econômico*, a Fibria, da Votorantim, e a indonésia Asia Pulp & Paper Group (APP), além da própria Arauco, estariam no páreo para o negócio.

De acordo com divulgação do *Valor Econômico*, a companhia de celulose indonésia APP teria entrado firme na disputa pela compra da Eldorado Brasil Celulose, com uma oferta de R$ 15,8 bilhões, que é o maior montante oferecido pela fábrica até o momento, superando os R$ 14 bilhões oferecidos pela chilena Arauco, que saiu na frente nas negociações.

Entretanto, foi o grupo holandês Paper Excellence, da família Widjaja, que também é dona da Asia Pulp and Paper (APP), que conseguiu comprar a Eldorado Celulose. O contrato de venda, assinado no dia 2 de agosto de 2017, estabeleceu a transferência de até 100% das ações detidas pela J&F por R$ 15 bilhões, valor que será "ajustado de acordo com capital de giro e dívida líquida". Parte desse valor se refere a dívidas da companhia, que serão assumidas pela Paper Excellence.

O contrato foi assinado com a CA Investment Brazil S.A., que é uma sociedade do grupo Paper Excellence.

Os fundos de pensão Petros (da Petrobras) e Previ (do Banco do Brasil), que são cotistas, não definiram, de imediato, a venda de suas participações na companhia. Consideradas a participação direta e indireta, a participação total da J&F no capital da Eldorado Brasil corresponde a 80,98%, sendo os 19,02% remanescentes detidos por Petros (8,53%), Funcef (8,53%) e FIP Olímpia (1,96%).

A operação deve ser concluída ao longo de 12 meses. A compra será feita em duas etapas. Na primeira, a Paper Excellence vai comprar de 30% a 35% do negócio.

Em nota conjunta à imprensa, o grupo Paper Excellence ressalta que a aquisição é importante porque inclui, no seu portfólio, ativos de produção de celulose de eucalipto. No texto, a J&F destaca a qualidade dos ativos que compõem a Eldorado, e as empresas afirmam que a negociação atendeu ao interesse das duas partes.

No dia 22 de setembro de 2017, o juiz Vallisney de Souza Oliveira, da 10ª Vara Criminal Federal do Distrito Federal, desbloqueou as ações que a J&F tinha na Eldorado, que ele mesmo mandou bloquear em março deste ano por solicitação do Ministério Público Federal.

De acordo com sua decisão, o valor obtido com a venda da Eldorado deverá ser integralmente aplicado no pagamento de dívidas.

Além disso, o juiz federal determinou que a J&F deve apresentar declaração assinada por seus representantes e/ou advogados com poderes expressos, acatando as "condições fixadas na decisão para o desbloqueio das ações da holding J&F Participações S.A. na empresa Eldorado Brasil Celulose".

Com isso, no dia 25 de setembro de 2017, a J&F Participações S.A. concluiu a venda dos primeiros 13% que detinha na Eldorado para a Paper Excellence. Apesar da insegurança que a prisão dos irmãos Batista havia trazido para o negócio, a família indonésia Widjaja decidiu seguir com a operação.

Venda da Vigor Alimentos

Em outubro de 2016, o jornalista Lauro Jardim anunciou que a Vigor Alimentos estaria sendo posta à venda pela J&F, o que foi desmentido: "A J&F Investimentos não está vendendo a Vigor e, portanto, não contratou um banco de investimentos para realizar qualquer transação nesse sentido. A J&F, ao contrário, tem recebido diversas propostas de compra da empresa, mas os seus controladores não estão interessados em vendê-la".

A Vigor Alimentos, que pertencia à família Bertin, foi comprada pela JBS em 2009, e da qual detém 19,43%, mas mantendo o seu controle acionário, que é de uma empresa de capital fechado, com ações não negociadas em Bolsa. Em 2012, a Vigor deixou de ser subsidiária da JBS e fechou o capital.

A empresa é uma das mais tradicionais do país, dona das marcas Vigor, Faixa Azul, Danúbio e Leco. Em 2013, a Vigor comprou 50% da Itambé por R$ 450 milhões e assumiu o seu controle operacional.

Fontes a par do negócio dão conta, no dia 13 de julho de 2017, de que já estavam sendo analisadas propostas de vários investidores interessados, como as francesas Lactalis e Danone, a mexicana Lala, a americana Pepsico e também investidores chineses. A J&F contratou o Bradesco e o Santander para assessorá-la.

No dia 19 de julho de 2017, a mexicana Lala Foods saiu na frente e conseguiu fechar, com a J&F, um contrato de exclusividade para a compra da Vigor Alimentos. A empresa apresentou a melhor proposta em relação a preço, e os termos do contrato, de acordo com o *Estadão*, também foram bem recebidos pelos irmãos Batista.

"No fim, o conjunto da obra colocou a Lala numa posição vantajosa", de acordo com o jornal. E, como a J&F tem pressa em fazer caixa, entende-se que "a facilidade e rapidez em concluir as transações são condições valiosas na hora de escolher os futuros compradores de suas operações", conclui o *Estadão*.

No dia 26 de outubro de 2017, a J&F anunciou que fechou acordo de venda de 99,9% de sua participação na Vigor Alimentos e 50% da Itambé, que a J&F comprou em 2016 por R$ 410 milhões, para a mexicana Lala, por R$ 5,025 bilhões, faltando apenas a apreciação dos órgãos de governança das empresas para fechar o negócio. Explicando melhor: os 50% da Itambé custaram R$ 410 milhões, em 2013. Juntando Vigor mais 50% da Itambé, o valor seria de R$ 5,025 bilhões. Porém aqui deve ser registrado que a Cooperativa Central dos Produtores Rurais de Minas Gerais (CCPR) resolveu recomprar os 50% da Itambé que estava com a Vigor e o valor base da negociação da J&F com a Lala caiu para R$ 4,235 bilhões.

Esse valor inclui a venda da parte da JBS, que possui 19,43% das ações da Vigor, de R$ 1,11 bilhão. O valor negociado inclui ainda a dívida da Vigor Alimentos, que está na casa dos R$ 900 milhões. No fechamento do negócio, o valor aproximado de R$ 786 milhões entrará nos cofres da J&F.

O BTG Pactual assessorou a Lala, enquanto o Bradesco BBI e o Santander assessoraram a J&F Investimentos. Os R$ 5,025 bilhões anunciados consideram a inclusão no pacote de 50% da Itambé. Contudo, os mexicanos aguardam definição da CCPR, que tem hoje os outros 50% da Itambé e direito de preferência na aquisição das ações restantes.

A CCPR manifestou interesse em ficar com 100% da Itambé e está levantando recursos para fazer a compra. Se o negócio prosperar, o valor a ser desembolsado pela Lala cairá para R$ 4,325 bilhões.

Venda da Five Rivers

A JBS Five Rivers Cattle Feeding LLC (Five Rivers), subsidiária integral da JBS, tem uma capacidade combinada, por meio de dez unidades de confinamento, de confinar até 1,5 milhão de cabeças de gado por ano, com unidades no Colorado, Kansas, Oklahoma, Texas, Arizona e Idaho; administra também uma unidade de confinamento com capacidade para 75 mil cabeças na província canadense de Alberta.

Para operar com menor risco em relação à legislação de alguns estados americanos que fazem restrição à integração vertical dos frigoríficos (Lei Packer Ban)[29], a JBS teve que fazer um acordo estratégico com a J&F Oklahoma. Assim, a JBS Five Rivers presta serviços de confinamento, cobra dos donos do gado uma taxa diária por cabeça e cuida do animal até que esteja pronto para o abate, seguindo as condições normais do mercado americano.

Por outro lado, a J&F Oklahoma Holdings possui até 800 mil cabeças de gado de engorda. A J&F Oklahoma paga à JBS Five Rivers uma taxa diária baseada no mercado para cuidar e engordar seus animais.

Bill Bullard, CEO da R-CALF USA, grupo de pecuaristas norte-americanos, pediu, no dia 6 de junho de 2017, em carta endereçada ao presidente Donald Trump, investigações sobre as operações da JBS nos Estados Unidos. Ele afirmou, em entrevista ao programa *Globo Rural*, da TV Globo, sobre a possível venda da Five Rivers pela JBS:

---

29 Determina a restrição de integração vertical, em uma instância estadual e federal, o que cria restrições significativas sobre a posse de gado anterior ao abate por frigoríficos. Iowa é o único estado que aplica esse tipo de legislação atualmente.

É uma notícia bem-vinda. Ficamos satisfeitos que eles estão deixando seus ativos de confinamento. Nossa posição é a de que a indústria de carne deve ser indústria de carne e os confinamentos devem ser confinamentos. Indústrias de carne não deveriam ter confinamentos porque isso lhes dá poder de manipular os preços do gado. Estamos muito satisfeitos que a JBS esteja colocando o confinamento à venda e esperamos que nenhuma outra grande indústria seja a compradora da Five Rivers, e que este seja completamente independente.

No dia 14 de julho de 2017, a JBS comunicou ao mercado a venda de suas operações de confinamento no Canadá e uma fazenda à empresa MCF Holdings Ltd., pelo valor de US$ 50 milhões. O acordo prevê que a MCF continuará fornecendo gado para a unidade de produção de carne bovina da JBS Canadá em Brooks, e que a conclusão da transação está condicionada à aprovação pelas autoridades competentes.

Venda de participação na Moy Park

A Moy Park, subsidiária integral da JBS, é uma das dez principais empresas de alimentos da Grã-Bretanha, com 14 unidades de processamento e fabricação na Irlanda do Norte, Inglaterra, França, Holanda e Irlanda. Com sede em Craigavon, Co Armagh, a Moy Park emprega 6.300 pessoas na Irlanda do Norte e um total de 12 mil pessoas, inclusive em operações em outros países da Europa.

A empresa fornece 25% do frango consumido na Europa Ocidental. A empresa também possui marcas de refeições prontas para comer, alimentos e sobremesas.

O valor do fechamento da transação foi composto pelo pagamento à vista de US$ 1,212 bilhão à Marfrig; e pela dívida líquida da Moy Park assumida pela JBS no montante de US$ 293 milhões, que contemplam as Notas no valor de 300 milhões de libras esterlinas, com vencimento em 2021.

O valor efetivamente pago é ligeiramente superior ao valor de US$ 1,190 bilhão previamente anunciado, em função das variações no capital de giro e na dívida líquida da Moy Park entre a data da assinatura e o fechamento da transação, conforme avençado originalmente entre as partes.

Embora a aquisição da irlandesa Moy Park tenha sido festejada pela JBS como um bom negócio, na prática ela foi considerada mais "limitada" do ponto de vista da integração das operações da gigante global de carnes, reconheceu Wesley Batista.

Entre as limitações, Wesley Batista citou a área administrativa, que não poderia ser integrada, uma vez que a JBS não contava com unidades de produção no continente europeu.

O grupo chinês WH, que controla a americana Smithfield Foods, maior empresa produtora de carne suína do mundo, está sendo anunciado como um dos fortes pretendentes a comprar a Moy Park da família Batista.

Outras empresas que se interessaram pelo negócio incluem a Tyson Foods, com sede nos Estados Unidos, e a empresa brasileira BRF. Entretanto, especula-se no mercado que a JBS também estuda considerar um IPO para a Moy Park, um plano que havia sido considerado pela Marfrig.

No entanto, no dia 11 de setembro de 2017, a norte-americana Pilgrim's Pride, que também pertence ao grupo JBS, anunciou a compra da Moy Park por US$ 1 bilhão, sendo parte em dinheiro e parte em assunção de dívida.

Segundo o *Estadão*, a JBS informou que a compra da Moy Park pela Pilgrim's Pride permitirá que a "companhia mantenha um desempenho financeiro sólido, com ativos diversificados e um portfólio de produtos inovador, alinhado com a sua intenção de abrir o capital de uma de suas subsidiárias nos Estados Unidos".

A transação foi aprovada por unanimidade por um comitê interno composto por membros independentes representando os acionistas minoritários, e poderá gerar sinergia anual de até US$ 50 milhões nos próximos dois anos, além de incremento anual no faturamento de aproximadamente US$ 2 bilhões.

A JBS se posicionou dizendo à *Exame* que o negócio propiciaria a "troca de uma dívida de curto prazo no Brasil por uma dívida de longo prazo nos Estados Unidos", o que diminuiria as despesas financeiras.

Outros negócios

No dia 26 de julho de 2017 foi divulgado que a empresa de alimentos

Cargill estudava a aquisição da Pilgrim's Pride, maior processadora de carne de frango norte-americana, da JBS. O ativo já foi alvo de disputa com a empresa brasileira em 2009 e voltou a criar rumor no mercado.

Entretanto, a JBS informou que a Pilgrim's Pride não está à venda e anunciou oficialmente, em 20 de junho de 2017, seu programa de desinvestimentos, que inclui a alienação da participação acionária de 19,2% na empresa Vigor Alimentos S.A., a irlandesa Moy Park e negócios da Five Rivers nos Estados Unidos e no Canadá.

Cargill e JBS fizeram negócio recentemente. Em 2015, por meio da Swift Pork Company, a empresa brasileira pagou US$ 1,45 bilhão pela operação de suínos da Cargill nos Estados Unidos. Na ocasião, a companhia dos irmãos Batista afirmou que a aquisição estava em total sinergia com a Pilgrim's Pride.

Os irmãos Batista também pensam em vender parte das 17 marcas da Flora, a sua fabricante de produtos de limpeza e higiene. A ideia seria vender as marcas e atuar como terceirizado na fabricação dos produtos.

Capítulo 21

Acordos de leniência e de colaboração

A História é um conjunto de mentiras sobre as quais se chegou a um acordo.

Napoleão Bonaparte

O acordo de leniência pode ser firmado com "autoridade máxima de cada órgão ou entidade pública", objetivando, atendidos os pressupostos da legislação específica, resguardar a pessoa jurídica que tenha praticado atos lesivos à administração pública de sansões que venham impedi-la de "receber incentivos, subsídios, subvenções, doações ou empréstimos de órgãos ou entidades públicas e de instituições financeiras públicas ou controladas pelo poder público" ou de firmar contratos com a administração pública para fornecimento de bens e serviços.

Já o acordo de colaboração premiada é feito com pessoas físicas envolvidas em crimes praticados por organizações criminosas, sendo que:

> Art. 4º - O juiz poderá, a requerimento das partes, conceder o perdão judicial, reduzir em até 2/3 (dois terços) a pena privativa de liberdade ou substituí-la por restritiva de direitos daquele que tenha colaborado efetiva e voluntariamente com a investigação e com o processo criminal.

O acordo de colaboração premiada exige que o colaborador contribua para um ou mais dos seguintes resultados, conforme art. 4º da Lei nº 12.850:

a) A identificação dos demais coautores e partícipes da organização criminosa e das infrações penais por eles praticadas.

b) A revelação da estrutura hierárquica e da divisão de tarefas da organização criminosa.

c) A prevenção de infrações penais decorrentes das atividades da organização criminosa.

d) A recuperação total ou parcial do produto ou do proveito das infrações penais praticadas pela organização criminosa.

A J&F Investimentos S.A. conseguiu assinar os dois acordos com a Procuradoria-Geral da República, em Brasília (DF). O acordo de leniência firmado pela J&F importará no pagamento de multa no valor de R$ 10,3 bilhões, parcelados em 25 anos, sendo que, nesse período, os valores serão corrigidos pelo IPCA, o que poderá fazer o valor original chegar a R$ 20 bilhões.

Inicialmente, quando as conversas começaram, em fevereiro de 2017, o valor pedido pelo MPF era de R$ 33 bilhões, e os irmãos Batista ofereceram R$ 4 bilhões, o que travou as negociações com o Ministério Público Federal.

Como a J&F aceitou fazer a colaboração premiada, houve um desconto de dois terços, conforme a legislação, reduzindo o valor para R$ 11,2 bilhões, mas os irmãos Batista insistiam em que ficasse em R$ 8 bilhões, fechando depois o acordo em R$ 10,3 bilhões.

Do total a ser pago, R$ 8 bilhões serão destinados à Funcef (25%), Petros (25%), BNDES (25%), União (12,5%), FGTS (6,25%) e Caixa Econômica Federal (6,25%). O restante da multa, de R$ 2,3 bilhões, será pago por meio de projetos sociais.

Em nota dirigida à imprensa, a JBS afirmou que a assinatura do acordo "marca o início de uma nova fase na gestão dos negócios do grupo", e que irá permitir que a "JBS e as demais empresas do grupo J&F negociem e renovem empréstimos com o sistema financeiro nacional, incluindo bancos públicos".

Assinado no dia 5 de junho de 2017, o acordo de leniência foi homologado pela 5ª Câmara de Combate à Corrupção do Ministério Público Federal no dia 24 de agosto de 2017.

Uma novidade na versão homologada do acordo de leniência foi a possibilidade de instituições que realizam apurações administrativas e internas que tenham como alvo empresas do grupo aderirem ao acordo.

A ampliação foi possível graças a um aditamento firmado no dia 11 de julho, que estendeu a adesão a entidades, como Previc, Tribunal de Contas da União (TCU), Controladoria-Geral da União (GCU), Comissão de Valores Mobiliários (CVM), Receita Federal, Petrobras, Caixa Econômica Federal e fundos de pensão.

A JBS assinou a adesão ao acordo de leniência firmado entre a J&F e a PGR no dia 6 de setembro de 2017, e a Alpargatas, já vendida para o grupo Itaú, aderiu ao referido acordo no dia 30 de agosto de 2017, em que a empresa declara não ter participado e não ter conhecimento dos fatos criminosos.

Em comunicado aos acionistas e ao público em geral, a JBS afirma que "é o entendimento da administração que referida adesão está sendo realizada no melhor interesse da companhia, resguardando-a dos impactos financeiros do Acordo de Leniência, que serão integralmente assumidos pela J&F".

Por meio da adesão ao acordo de leniência, a JBS reforça seu compromisso com a integridade e com o fortalecimento dos seus esforços nas áreas de *compliance* e integridade corporativa, bem como com a criação de valor a seus acionistas.

Pelo acordo assinado entre as partes, os pagamentos deverão ser feitos exclusivamente pela J&F e deverão ser iniciados em dezembro de 2017. O total estipulado na negociação representa 5,62% do faturamento, livre de impostos, registrado pelas empresas do grupo em 2016.

O acordo de leniência assinado pela J&F com a PGR é bastante amplo no que se refere aos crimes investigados. Abarca quatro investigações ao mesmo tempo: Operação Greenfield, sobre subornos e transações fraudulentas envolvendo fundos de pensão de estatais; Operação Sépsis, sobre pagamento de propina para liberação do Fundo de Investimento do Fundo de Garantia do Tempo de Serviço (FI-FGTS), mantido com recursos do trabalhador e gerido pela Caixa Econômica Federal;

Operação Cui Bono, que apura a cobrança de propina na própria Caixa; e Operação Carne Fraca, que trata de corrupção de fiscais do Ministério da Agricultura para liberar laudos sanitários para a Seara.

Ficou de fora a Operação Bullish, já que o procurador responsável pelas investigações, Ivan Cláudio Marx, não aderiu ao referido acordo.

O acordo de leniência não isenta a J&F de ser obrigada a reparar todos os prejuízos causados à administração pública, além de ter que cumprir certas exigências, como o impedimento de Joesley Batista, pelos próximos cinco anos, de ocupar qualquer cargo diretivo na organização.

Joesley Batista, em função dos acordos de leniência e de colaboração premiada firmados com a Procuradoria-Geral da República, teve como benefícios o não oferecimento de denúncia (artigo 4º, § 4º, da Lei nº 12.850/13) e perdão judicial de ações em andamento, com autorização de mudar-se para os Estados Unidos, extensivo aos demais colaboradores premiados da J&F e de outras empresas do grupo empresarial.

No dia 8 de setembro de 2017 foi a vez da Justiça Federal em Brasília homologar o acordo de leniência da J&F, fechado com o Ministério Público Federal em maio, no qual a empresa se comprometeu a pagar multa de R$ 10,3 bilhões ao longo de 25 anos.

Entretanto, na ocasião o juiz da 10ª Vara da Justiça Federal, Vallisney de Souza Oliveira, assentou em sua decisão que o acordo poderia ser reexaminado se a delação de Joesley Batista e demais executivos e delatores da J&F viesse a ser rescindida pelo Supremo Tribunal Federal:

> Não encontro, no momento, nenhum óbice ou qualquer indício de que tal acordo atente contra o ordenamento jurídico e os princípios processuais penais e constitucionais, havendo razoabilidade e viabilidade jurídica das cláusulas ali insertas. Ademais, nos termos da referida "Cláusula 36", o presente Acordo de Leniência poderá ser rescindido caso o Acordo de Colaboração Premiada firmado por executivos/dirigentes da supramencionada empresa junto ao Supremo Tribunal Federal seja anulado pela referida Corte Suprema.

O ministro Edson Fachin, do Supremo Tribunal Federal, ao determinar no dia 9 de setembro de 2017 a prisão temporária do empresário Joesley Batista e do ex-diretor de Relações Institucionais da J&F Ricardo Saud, sinaliza que o acordo de delação premiada entre a JBS e a Procuradoria-Geral da República deverá ser rescindido, pelo menos em parte, já que o termo de delação assinado entre as partes previa que o acordo perderia o efeito se, por exemplo, o colaborador tivesse mentido ou omitido, sonegado ou destruído provas.

Na sua decisão, contudo, o ministro Edson Fachin acatou os argumentos do procurador-geral da República, Rodrigo Janot, para deferir uma suspensão parcial da cautelar da eficácia dos benefícios negociados entre a PGR e os colaboradores Joesley Batista e Ricardo Saud.

A medida foi necessária para a decretação da prisão temporária de Joesley Batista e Ricardo Saud, "com a finalidade de se angariar eventuais elementos de prova que possibilitem confirmar os indícios sobre os possíveis crimes ora atribuídos a Marcelo Miller", afirma a decisão de Edson Fachin.

No dia 11 de setembro de 2017, a pedido do MPF, o juiz da 10ª Vara da Justiça Federal, Vallisney de Souza Oliveira, "por cautela e em atenção à segurança jurídica", suspendeu a homologação do acordo de leniência com a J&F. O recuo se deu depois de o ministro Edson Fachin suspender os efeitos dos benefícios da delação premiada de Joesley Batista e Ricardo Saud.

Para o juiz Vallisney de Souza Oliveira, a delação premiada sustenta o acordo de leniência. Se um cai, o outro vai junto. Ele também considerou que os "fatos supervenientes possuem repercussão imediata" na leniência, considerando situação de "insegurança jurídica" caso o acordo passasse a produzir efeitos. Além disso, o juiz afirma que o pedido de prisão dos delatores sinaliza uma iminente ruptura do acordo.

O Ministério Público Federal do Distrito Federal divulgou, no dia 11 de setembro de 2017, uma nota para esclarecer o que foi decidido em relação à suspensão da homologação do acordo de leniência da J&F:

> O Ministério Público Federal (MPF/DF) esclarece que, ao contrário do que foi noticiado no fim da tarde desta segunda-feira (11) por alguns veículos de comunicação, a decisão do juiz federal Vallisney de Souza Oliveira não suspende o acordo de leniência firmado entre o MPF e a holding J&F. A medida atinge apenas possíveis repercussões penais que podem – com o avanço das investigações – atingir pessoas ligadas ao grupo econômico que não integram a lista de colaboradores, incluídos

no acordo de colaboração já homologado pelo Supremo Tribunal Federal (STF).

Esclarece ainda que o acordo de leniência, assinado no dia 5 de junho, abrange aspectos cíveis, relacionados à pessoa jurídica, e continua válido. Essa condição foi assegurada pela homologação do acordo pela 5ª Câmara de Coordenação e Revisão do MPF, no dia 24 de agosto.

A homologação do documento pela 10ª Vara Federal, em Brasília, tem caráter complementar e envolve somente aspectos penais decorrentes da investigação, como previsto na cláusula 26 do acordo de leniência:

Cláusula 26. O Acordo de Leniência, após assinado pelas partes, será encaminhado pela Força-Tarefa das Operações Greenfield, Sépsis e Cui Bono para homologação na 5ª Câmara de Coordenação e Revisão do Ministério Público Federal, acompanhado dos anexos produzidos pela colaboradora e declarações dos Aderentes e de outros documentos que se entendam necessários a sua perfeita compreensão.

Parágrafo único. Poderá ser promovida também a homologação do Acordo de Leniência e dos Termos de Adesão de Preposto ao Acordo de Leniência perante a 10ª Vara Federal da Seção Judiciária do Distrito Federal, para fins penais.

De acordo com o site da revista *Época*, a Procuradoria-Geral da República teria apresentado à defesa de Joesley Batista, no dia 11 de setembro de 2017, uma proposta para repactuação dos benefícios concedidos a ele e aos demais delatores. Eles passariam cinco anos na cadeia e pagariam o dobro da multa a que teriam se comprometido, em maio de 2017, a pagar.

No caso, a multa acertada por Joesley Batista foi de R$ 110 milhões, e o total da multa negociada para os sete delatores da J&F chega a R$ 225 milhões, a serem pagos ao longo de dez anos. Entretanto, os advogados que fazem as defesas de Joesley e de Saud não toparam a negociação nos termos propostos.

A coisa é muito complexa. Por exemplo, no dia 12 de setembro de 2017, os depoimentos dos delatores Joesley Batista, Ricardo Saud e Francisco de Assis e Silva foram publicados, e novidades até então desconhecidas vieram a público, dando nova visão sobre os fatos envolvendo o processo de delação.

Por exemplo, o diretor jurídico do grupo J&F afirmou à PGR que no dia 9 ou 10 de março, em reunião na casa de Joesley Batista, ficou surpreso ao ver que Ricardo Saud já "tinha toda a documentação, inclusive bilhetes etc." e que, praticamente, estava preparado para uma possível delação, embora a reunião fosse justamente para convencer Ricardo Saud a participar do processo de delação. Para Francisco de Assis e Silva, a impressão que teve foi de que Ricardo Saud estava pronto para delatar Joesley Batista.

A jornalista Mônica Bergamo, em sua coluna da *Folha* do dia 14 de setembro de 2017, afirmou que existia um clima de desconfiança entre os delatores da J&F Joesley Batista e seu irmão, Wesley Batista, em relação ao executivo do grupo Ricardo Saud, que poderia "traí-los caso a negociação com o Ministério Público Federal para preservar benefícios que obtiveram no acordo de delação premiada naufragasse".

Mônica Bergamo afirma que havia "um temor de que [Ricardo] Saud desse informações detalhadas ao MPF sobre as discussões internas que envolveram a colaboração do grupo".

No dia 14 de setembro de 2017, a Procuradoria-Geral da República decidiu revogar a imunidade penal dos delatores da JBS Joesley Batista e Ricardo Saud e denunciar Joesley Batista, junto com o presidente da República, Michel Temer, no caso do "Quadrilhão do PMDB da Câmara", ficando válido, até então, o acordo dos demais delatores.

A decisão de pedir ao Supremo Tribunal Federal a rescisão das delações premiadas de Joesley Batista e de Ricardo Saud partiu da PGR, mas precisava ser homologada pelo ministro Edson Fachin, que concedeu dez dias de prazo para a defesa dos investigados se manifestar nos autos.

Segundo o procurador-geral da República, Rodrigo Janot, Joesley Batista e Ricardo Saud omitiram fatos criminosos relevantes, como, por exemplo, a informação de que possuíam áudios em seu poder, inclusive um no qual o próprio Joesley reconhece que há o relato de crime por parte de terceiro.

Janot também mencionou a omissão da participação do ex-procurador da República Marcelo Miller nos acordos, "não obstante tratar-se de fato extremamente grave", e da existência de conta bancária no exterior por parte de Ricardo Saud.

O procurador-geral também frisou que a rescisão não significa anulação, sendo que "o primeiro [caso] ocorre por descumprimento de cláusulas do acordo por uma das partes, enquanto que o segundo se dá por um vício legal de formação do acordo".

Sobre o diretor jurídico da JBS, Francisco de Assis, Rodrigo Janot disse que não havia, até então, elementos suficientes para decidir sobre a revisão de seu acordo de delação premiada.

Já a prisão de Wesley Batista, embora ainda esteja sob o regime de imunidade criminal, foi possível porque não estavam no escopo da delação feita pelos irmãos Batista os crimes de *insider trading*, praticados na compra e venda de ações da JBS e em contratos de compra e venda de dólares.

Outros crimes não relatados pelos colaboradores podem ensejar investigações, denúncias e punição para os envolvidos, pois a imunidade criminal somente se aplica aos crimes confessados. Portanto, a regra é confessar todos os crimes e fatos que podem ser considerados crimes. Não compete aos colaboradores definir o que é crime e o que não é crime, mas sim à Justiça, mediante demonstração de provas e alinhamento legal.

No dia 21 de setembro de 2017 foi a vez de a Eldorado Brasil Celulose informar ao mercado ter aderido ao acordo de leniência, celebrado pelo grupo J&F no dia 5 de junho de 2017 com o Ministério Público Federal. A adesão ao acordo teria sido, segundo o informe ao mercado, "no melhor interesse da companhia", resguardando-a de impactos financeiros do acordo, que deverá ser assumido integralmente pela J&F Participações S.A.

O juiz federal Vallisney de Souza Oliveira, da 10ª Vara Federal Criminal de Brasília, homologou no dia 11 de outubro de 2017 o acordo de leniência da holding J&F para fins penais, "que havia sido suspenso por duas decisões anteriores após questionamentos sobre a delação premiada feita por executivos do grupo empresarial controlador da processadora de carne JBS".

A suspensão do referido acordo de leniência havia sido determinada pelo juiz, depois das suspeitas de que Joesley Batista e Ricardo Saud teriam omitido informações em suas delações. As suspeitas também incluem uso de informação privilegiada para obtenção de ganhos nos mercados financeiros, que culminaram em decretos de prisão dos irmãos Joesley e Wesley Batista.

O magistrado concordou com a posição do Ministério Público Federal e dos advogados do grupo J&F de que a suspensão da leniência na esfera penal poderia prejudicar o andamento das apurações. O acordo na esfera cível continua válido e não havia sido atingido pelas decisões anteriores da Justiça.

Em decorrência, o magistrado, entretanto, impôs condições para a continuidade do acordo. O primeiro deles é que, se houver a anulação do acordo de colaboração premiada, ficará sem efeito a homologação da leniência do grupo. Além disso, o Comitê de Supervisão Independente do Acordo de Leniência deverá apresentar diretamente à Justiça, assim como ao MPF, informações sobre o avanço das investigações e outras relevantes por meio de um relatório pormenorizado.

A terceira imposição refere-se a que todas as delações de pessoas físicas que integrem o acordo sejam enviadas pelo Ministério Público à Justiça.

Capítulo 22

Tentativa de tirar os Batista do comando da JBS

Em cada despedida existe a imagem da morte.

George Eliot

Em maio de 2017, os irmãos Joesley e Wesley Batista renunciaram aos postos, respectivamente, de presidente e vice-presidente do Conselho de Administração da JBS, pouco depois da formalização do acordo de delação premiada dos executivos da J&F com o Ministério Público Federal.

Wesley Batista deixou a vice-presidência do Conselho de Administração, mas foi substituído por seu pai, José Batista Sobrinho, e seguiu como membro do colegiado e como presidente executivo da companhia.

Para a manutenção de Wesley Batista à frente da JBS – com mandato até meados de 2018 –, o Conselho de Administração aprovou a matéria por sete votos a dois, sendo esses dois os representantes da BNDESPar. Os dois conselheiros independentes, que são vagas do BNDES cedidas para os minoritários, votaram a favor dos irmãos Batista.

No dia 14 de julho de 2017, o presidente do BNDES, Paulo Rabello de Castro, pediu a convocação de uma Assembleia Geral Extraordinária (AGE) do grupo JBS, com o objetivo de discutir o comando da empresa. O banco estatal é sócio minoritário da companhia comandada pelos irmãos Joesley e Wesley Batista, com 21,3% das ações.

Ele explicou que o motivo da convocação da AGE é realizar uma apuração sobre o que ocorreu na JBS após a delação de Joesley Batista, que impactou negativamente as ações da empresa na Bolsa de Valores.

"Não significa dizer que a gente tem qualquer *parti pris* [do francês, opinião preconcebida] de que o administrador causou qualquer dano. Mas o fundamental é que haja uma apuração. Isso é o que o Brasil quer que seja feito, porque ele [o país] é investidor na companhia. Queda de preço [de ações] momentâneo não é prejuízo, quando a ação sobe também não é lucro. Governança profissionalizada é um objetivo do banco", disse Paulo Rabello.

De acordo com o *Estadão*, o BNDES via no pedido de realização da AGE uma medida tomada em defesa de seus interesses e dos acionistas minoritários da JBS, por meio da preservação do valor da companhia e da geração de empregos. Segundo fonte ouvida pelo jornal, a companhia teria que "dar a volta por cima e se profissionalizar na governança e na ética societária".

Embora a FB Participações S.A., que detém 42,16% do capital da JBS, pudesse ter uma fácil vitória na AGE, os irmãos Batista preferiram buscar, primeiramente, uma trégua com o BNDES por meio da contratação de um mediador de conflitos e, no dia 28 de agosto, enviou correspondência ao BNDES pedindo o adiamento de 90 dias para realização da AGE.

A missão de restabelecer o diálogo entre a J&F e o BNDES foi confiada a Ricardo Lacerda, do BR Partners Banco de Investimentos S.A., mas isso não foi bem recebido pelo banco, que pediu à Justiça liminar para impedir que a família Batista tivesse voto na AGE.

A liminar obtida pelo BNDES e pela Caixa Econômica Federal, no dia 31 de agosto de 2017, determinada pelo juiz Hong Kou Hen, da 8ª Vara Federal Cível de São Paulo, proibia os controladores da JBS de votarem na assembleia de acionistas da empresa, que seria realizada no dia 1º de setembro de 2017.

Essa decisão contrariava a posição da CVM, que, acionada pela JBS, havia decidido, por unanimidade, que os acionistas da FB poderiam votar na AGE, pois não haveria conflito de interesse.

Em comunicado, a JBS afirmou que "há razões concretas que permitem crer que o impedimento do senhor (Wesley) Batista, consequência da ação de responsabilidade contra ele, seria neste momento prematuro e, portanto, prejudicial à companhia". A empresa afirmou ainda que não existem "elementos objetivos fundados em estudos e avaliações profissionais capazes de imputar ao senhor Wesley Batista a autoria de dano à companhia".

Mas, diante do impedimento, os irmãos Batista também foram à Justiça e conseguiram adiar a AGE por 15 dias, tentando levar a disputa com o BNDES para a Câmara de Arbitragem de Mercado (CAM), da BM&FBovespa.

A decisão favorável aos irmãos Batista foi da juíza Giselle França, do Tribunal Regional Federal da 3ª Região de São Paulo, que suspendeu, por 15 dias, a AGE, e remeteu o assunto à Câmara Arbitral da Bolsa. Também na tarde do dia 31 de agosto de 2017, o Tribunal de Justiça de São Paulo deu parecer favorável aos irmãos Batista, após ação movida por minoritários.

O BNDES informou, em nota, que não via prejuízo para a companhia a decisão da Justiça em adiar a AGE por 15 dias. Para o banco, a suspensão até favoreceria "uma solução objetiva da questão do conflito de interesses relacionado ao voto dos controladores em dois itens da pauta, levantada pela BNDESPar junto à CVM e em conjunto com a Caixa Econômica Federal".

No dia 14 de setembro de 2017, com Joesley e Wesley Batista presos, o irmão mais velho, José Batista Júnior, o Júnior Friboi, compareceu à sede da companhia para ajudar seu pai, José Batista Sobrinho, fundador da JBS, em deliberações emergenciais.

Diante da prisão de Wesley Batista, a família passou a se preocupar mais com o futuro da organização, prevendo, desde já, a impossibilidade de Wesley continuar à frente da JBS, antevendo uma forte reação do mercado à sua permanência depois de ter sido flagrado em crime por ludibriar o mercado.

De acordo com o *Estadão*, Wesley Batista Filho, que está no grupo desde 2010, participou das discussões da família, mas é visto ainda como muito "verde" para desempenhar a função, embora já ocupe o cargo de presidente da Divisão de Carne Bovina da JBS nos Estados Unidos e esteja sendo preparado para ocupar um cargo de maior destaque no grupo.

E complementa o jornal:

> Murilo, filho de Joesley Batista, trabalhava em funções laterais na J&F. Já o pai de Wesley e Joesley e o irmão mais velho estão fora do comando há anos. As irmãs nunca atuaram no negócio. Por isso, agora que há pressão imediata para trocar o comando da empresa, a JBS se vê obrigada a conduzir à presidência alguém de fora da família.

Em reunião extraordinária do Conselho de Administração da JBS, realizada no dia 13 de setembro de 2017, este preferiu não indicar um presidente interino para o lugar do CEO Wesley Batista. A avaliação da maior parte do colegiado, com exceção dos representantes do BNDES, é de que esta seria uma mudança precipitada, quando a transmissão de cargo já vinha sendo discutida, mas para uma transição organizada que poderia durar até 180 dias.

Entretanto, um processo lento não atende aos interesses de credores e acionistas. Entre os cotados para o cargo, foram indicados Gilberto Tomazoni, Tarek Farahat e Gilberto Xandó, executivos que já atuam no grupo.

O BNDES informou, no dia 14 de setembro, que recorreu da decisão judicial que suspendeu a realização da assembleia por 15 dias no último dia 1º de setembro, e que entende que a AGE deve acontecer o quanto antes e sem o conflito de interesses que seria caracterizado pelo voto dos controladores, questão que foi levantada pela BNDESPar, em conjunto com a Caixa Econômica Federal, e acolhida pelo Judiciário em decisão liminar.

Dessa forma, o banco entende que as decisões poderão ser tomadas na assembleia, de acordo com o melhor interesse da companhia, em plena observância do que determina a legislação em vigor.

O presidente do BNDES, Paulo Rabello de Castro, disse ainda que vai trocar os dois membros do Conselho de Administração da JBS indicados pelo banco e tentar influenciar na escolha de uma nova diretoria financeira da JBS.

"Vamos alterar os dois nomes que são nossos, queremos sim influenciar os outros dois nomes que constituem os chamados conselheiros independentes, que eventualmente podem ser trocados, e vamos influenciar, indiretamente, na escolha principalmente da diretoria da empresa", declarou Rabello.

O banco pode indicar dois membros para o Conselho de Administração da JBS. Atualmente, a representante do banco é a advogada Claudia de Azeredo Santos. A outra vaga está aberta desde a saída do advogado Maurício Luis Luchetti, no dia 30 de agosto de 2017.

O presidente do BNDES, Rabello de Castro, afirmou ao UOL que desde junho de 2017 vinha alertando sobre a necessidade de mudança na governança da JBS. "Ficamos acéfalos por um motivo que não tem nada a ver com questões econômicas, mas judiciais. Se a alta direção da companhia não tomou as providências decididas no Conselho de Administração, isso só demonstra que precisamos melhorar a governança da empresa", avaliou Castro.

De acordo com reportagem do jornal *Folha de S. Paulo*, no dia 15 de setembro de 2017 o presidente do BNDES, Paulo Rabello de Castro, afirmou que os irmãos Batista teriam rompido um "pacto informal para a saída de Wesley Batista da presidência da JBS".

Rabello de Castro afirmou ainda que, assim que assumiu a presidência do banco estatal, em junho de 2017, teria acertado com o presidente do Conselho de Administração da JBS, Tarek Farahat, "que os bancos públicos apoiariam a renegociação da dívida e a JBS contrataria uma consultoria para encontrar um novo CEO. Segundo ele, o setor público fez sua parte, mas a família, não".

Para ele, "a punição exemplar aos CPFs não pode se confundir com os CNPJs. A posição conhecida dos irmãos Batista é 41%. Se agiam como donos antes, passaram a conhecer sua verdadeira condição de sócios".

Na coluna do Broadcast (*Estadão*) do dia 15 de setembro de 2017, é dito que bancos de investimentos – sem citar quais – teriam se antecipado e estavam à procura de compradores para a JBS.

> Bancos de investimentos estão se antecipando e já buscam candidatos a comprar a JBS, mesmo que a família Batista ainda não tenha cogitado essa possibilidade. A movimentação, que já ocorria antes mesmo da

prisão de Wesley e Joesley Batista, ganhou força com o fato de os controladores do frigorífico estarem na avaliação desses bancos, em uma espécie de beco sem saída, após os problemas com a delação e ainda operações no mercado financeiro, onde são questionados por insider trading. Assim, podem não ter opção, a não ser vender o principal ativo da holding. Internamente, essa alternativa vinha sendo negada exaustivamente, mas esse desfecho, agora, não é mais apontado como impossível, uma vez que a crise dos executivos pode respingar nas empresas.

No dia 15 de setembro de 2017, o Tribunal Regional da 3ª Região (TRF-3) confirmou a decisão de suspender a Assembleia Geral Extraordinária de acionistas da JBS e levar a disputa para a arbitragem, como fora pedido pela J&F Investimentos S.A.

O Conselho de Administração da JBS, em uma reunião extraordinária que teve início às 19 horas do dia 16 de setembro e terminou à 1 hora da madrugada do dia 17 de setembro, escolheu o patriarca da família Batista e fundador da Friboi, José Batista Sobrinho, para substituir o CEO, Wesley Mendonça Batista, no comando do grupo, de acordo com o jornal *Folha de S. Paulo*. "Fico orgulhoso de reassumir a empresa que fundei", afirmou José Batista Sobrinho, no comunicado da JBS.

Conforme relata o jornal, "Zé Mineiro vai permanecer no cargo até abril de 2019, quando terminaria o mandato do filho. Wesley Batista Filho foi eleito como diretor estatutário".

De certa forma, essa decisão da família Batista é uma resposta ao presidente do BNDES, demonstrando que é, sim, sócia controladora da JBS e não um simples sócio, como quis Rabello de Castro passar aos acionistas.

Especula-se que agora vai se investir na preparação de um novo membro da família Batista para assumir a empresa ao final do mandato tampão de José Batista Sobrinho. Até o fechamento deste livro, estão no páreo o filho de Wesley Batista, o Wesley Batista Júnior, e o filho de Valeri Mendonça Batista Ramos, Aguinaldo Gomes Ramos Filho, que trabalhou nas operações da empresa no Uruguai e Paraguai, que foram vendidas para o grupo Minerva, e que foi alçado ao cargo de conselheiro efetivo no lugar de Wesley Batista, que renunciou ao cargo.

O Conselho de Administração aprovou também a criação de um "Time

Global de Liderança", uma espécie de comitê executivo para assessorar o presidente na tomada de decisões. Esse time terá os seguintes membros: Gilberto Tomazoni, presidente global de operações; André Nogueira, presidente da JBS nos Estados Unidos; e Wesley Batista Filho, que foi presidente da divisão de carne bovina da JBS USA e também nomeado presidente das operações da JBS para a América do Sul no dia 18 de setembro de 2017.

"Neste importante momento da empresa, a maior prioridade definida pelo Conselho de Administração é garantir o sucesso do negócio e a prosperidade dos colaboradores, acionistas e todos os stakeholders", afirmou Tarek Farahat, presidente do Conselho de Administração da JBS. O Conselho de Administração definiu que a empresa terá que buscar novo diretor financeiro.

Conforme relata a *Folha*, o presidente do BNDES, Paulo Rabello de Castro, "não aprovou a escolha de José Batista Sobrinho para a diretoria executiva da JBS, e que a conselheira do banco votou de forma 'autônoma', sem consultar o comando da instituição".

Ele teria afirmado que estuda prováveis medidas jurídicas para questionar a assembleia. Segundo Rabello de Castro, a reunião "teria ocorrido na calada da noite". E completou: "A administração da JBS está escrevendo um compêndio completo de má governança".

Em entrevista à agência de notícias Reuters, Paulo Rabello de Castro disse que a reunião "na calada da noite foi um ato de malandragem" e que a representante da BNDESPar no Conselho de Administração, a advogada Claudia Silva de Azeredo Santos, não deveria ter comparecido e que teria votado por conta própria. Em face disso, Castro disse que iria consultar a área jurídica do banco para ver o que poderia ser feito para cancelar a decisão.

Afirmou Rabello de Castro ao jornal *O Globo* no dia 18 de setembro:

> O BNDES não mudou de posição. A conselheira votou por conta própria e pode ter sido pressionada. Ela votou no sufoco, é uma excelente advogada. Não tomei conhecimento da reunião antes. Foi uma reunião na calada da noite e convocada às pressas. Essa reunião pode ser invalidada por não cumprir com algumas regras de governança, como uma pauta prévia. Vou consultar o jurídico do

banco para verificar a possibilidade de anular a decisão. Temos que reformular todo o Conselho de Administração, toda a diretoria e até o Conselho Fiscal. A JBS é um exemplo de má administração.

Segundo fonte ouvida pelo jornal *O Globo*, a reunião, que teria durado, na realidade, cerca de duas horas, foi convocada por e-mail com 48 horas de antecedência, conforme previsto no estatuto da JBS S.A. Ainda segundo o jornal, a pauta teria sido encaminhada aos conselheiros apenas citando que o objetivo era "deliberar sobre fatos ocorridos ao longo desta semana".

No entanto, segundo *O Globo*, o artigo 18 do estatuto da JBS permite que, quando todos os conselheiros estão presentes, sejam incluídas pautas na ordem do dia. Foram incluídas, então, a substituição de Wesley Batista, a eleição de um diretor sem designação específica (o filho Wesley Batista Filho) e a eleição de um conselheiro. No caso do filho, o Conselho foi contra, mas, no caso do patriarca da família Batista, achou oportuno indicá-lo pela experiência que tem no negócio e por estar há dez anos no Conselho de Administração.

Entretanto, o BNDES e o mercado viram essa manobra como intenção da família Batista não procurar profissionalizar a administração do grupo, mas mantê-la sob o domínio familiar. Apesar disso, o presidente do BNDES, Paulo Rabello de Castro, informou, ainda no dia 18 de setembro, que o banco deixaria de contestar, judicialmente, a eleição do novo presidente da JBS, "como inicialmente avaliado, porque a representante do BNDES no colegiado deu quórum para a reunião".

Paulo Rabello de Castro, de acordo com o *Estadão*, teria ressaltado que "a instituição segue empenhada em melhorar a governança corporativa da JBS e mantém a decisão de exigir a realização, quanto antes, da Assembleia Geral Extraordinária de acionistas (AGE) convocada pelo banco".

No dia 18 de setembro de 2017, conforme divulgado pelo portal G1, o recém-nomeado presidente da JBS S.A., José Batista Sobrinho, 84 anos, anunciou a criação de um novo cargo na empresa, o de COO (Chief Operating Officer) global ou vice-presidente operacional. Quem ocupará a nova função será Gilberto Tomazoni, que, entre outros postos, já ocupou a presidência da Seara.

"A criação do cargo de COO e a nova estrutura de gestão possibilitará a entrega de resultados cada vez mais robustos", disse Sobrinho em nota. "São executivos experientes, com todas as qualificações necessárias para manter a JBS no seu caminho de sucesso", ressalta.

Como já era previsto, o BNDES aprovou, também no dia 18 de setembro, a indicação dos nomes de Cledorvino Belini (ex-presidente da Fiat/Chrysler e Anfavea) e do empresário Roberto Penteado de Camargo Ticoulat (vice-presidente da Associação Comercial de São Paulo) para as vagas a que a instituição de fomento tem direito no Conselho de Administração da JBS S.A. Eles substituirão Maurício Luchetti e Claudia de Azeredo Santos, que renunciaram aos cargos.

Em carta endereçada ao presidente do BNDES, Paulo Rabello de Castro, a JBS o notificou de que poderá tomar medidas legais junto ao "Ministério Público, à Comissão de Valores Mobiliários (CVM), ao Poder Judiciário e à Câmara de Mercado da B3" sobre as declarações críticas feitas contra a realização da AGE e eleição de dirigentes da companhia.

De acordo com a JBS, afirmações feitas por Rabello de Castro podem configurar "calúnia" e até mesmo "manipulação de mercado", que poderiam trazer prejuízos para a companhia.

Já Rabello de Castro revidou: "O fato de colocar lá um respeitável senhor não modifica a avaliação de que estamos diante de um processo de governança muito pobre. Trata-se de um gigante financeiro e um anão em governança".

À Reuters, Rabello de Castro foi incisivo:

> O banco permanecerá firme como uma rocha na sua posição como sócio da empresa, influindo tudo que for possível para consertar a péssima governança da companhia. Nem nos nossos maiores desvarios nos passa pela cabeça desistir da nossa posição de trocar o comando da empresa.

O jornal *O Globo* informou, no dia 21 de setembro, que Wesley Batista, antes de ser preso, estava buscando, pessoalmente, um vice--presidente jurídico para o grupo, e que esse processo está suspenso já que era algo informal, como é característico dos irmãos Batista, pois até a venda bilionária de ativos foi feita pessoalmente por eles.

Segundo o jornal, um dos nomes mais cotados para a vaga é o de Fábio Spina, que esteve à frente da diretoria jurídica da Companhia Siderúrgica Nacional, de Benjamin Steinbruch. Spina passou ainda pela Vale, Suzano e Heinz, tendo bom trânsito com bancos públicos credores da JBS S.A.

Epílogo

Ricardo Saud, ex-diretor de Relações Institucionais da JBS, contou aos procuradores da Lava Jato ter pago propina a 1.829 candidatos eleitos.

De acordo com o lobista, que firmou acordo de delação premiada com o Ministério Público Federal (MPF), um montante de quase R$ 600 milhões foi distribuído como pagamento indevido a 28 partidos da República.

Saud disse aos investigadores que o dinheiro ajudou a eleger 179 deputados estaduais em 23 unidades da Federação. Os repasses contribuíram ainda para a vitória de 167 deputados federais provenientes de 19 partidos, 28 senadores da República e outros 16 governadores.

Desde que a Lava Jato começou, em março de 2014, foram abertos 183 inquéritos na Corte, dos quais 140 continuam no STF. Eles foram abertos com base nas 113 delações premiadas e resultaram em 94 ações cautelares, das quais 86 ainda estão em andamento.

Chegaram ao ministro Fachin 2.245 petições, 591 delas desde o início de 2017 –, as demais vieram por herança do ministro Teori Zavascki, antigo relator da Lava Jato, morto em janeiro do mesmo 2017.

Das quase 600 petições, 347 foram arquivadas depois de perícia e 244 ainda tramitam. Nelas o ministro proferiu 782 despachos e tomou 626 decisões.

Desde que assumiu a operação Lava Jato, o ministro Fachin recebeu 125 inquéritos, redistribuiu 78 e arquivou outros 15. Hoje, tramitam no gabinete 67 inquéritos e 13 denúncias esperando decisão.

Como se vê, o capitalismo de Estado gerado pelo lulismo e asseclas adventícios, gerou "n" subprodutos judiciais. Saindo da superfície assimétrica e fatiada das manchetes de jornais, e dando uma pequena chafurdada no íntimo em que se fixam as decisões judiciais, vê-se que casos como o da JBS constituem um jogo de espelhos quebrados. E a refeitura, a engenharia reversa, do caminho trilhado pelos maganos do propinoduto, é trabalho de anos. O que torna este livro, necessariamente, apenas um pontapé inicial numa partida em que os asseclas do propinoduto vão, inevitavelmente, tentar mudar as regras do jogo aos 49 do segundo tempo... embora o Supremo Tribunal Federal ainda possa se redimir diante de "Sua Excelência, o povo", como prometido pela ministra Carmen Lúcia, em seu discurso de posse.

Visite nosso site e conheça estes e outros lançamentos
www.matrixeditora.com.br

Biografia da televisão brasileira | Flávio Ricco e José Armando Vanucci

Está no ar uma das maiores, mais extensas e significativas pesquisas sobre a história da televisão no Brasil. Os mais importantes profissionais envolvidos com a TV brasileira foram entrevistados para compor um painel amplo desse veículo que desde 1950 cativa corações e mentes do nosso país e que se tornou um símbolo da cultura nacional, apresentando conhecimento, diversão e informação. Abra as páginas dos dois volumes e faça um passeio por novelas, telejornais, programas humorísticos e esportivos; conheça os empresários e seus canais, além dos astros e estrelas que se consagraram no meio. CAIXA COM DOIS VOLUMES. Capa de Hans Donner.

Laços de sangue | Marcio Sergio Christino & Claudio Tognolli

Rebeliões, assaltos, sequestros, assassinatos, narcotráfico... A lista de crimes engendrados pelo PCC - Primeiro Comando da Capital é tão gigantesca quanto sua estrutura. O PCC foi um monstro gerado por oito detentos dentro do sistema penitenciário, na Casa de Custódia de Taubaté – SP. Seus tentáculos se espalharam para fora dos muros das prisões e agora atemorizam, além dos brasileiros e suas instituições, até outros países vizinhos. Nesta obra você vai conhecer a verdadeira história dessa facção, contada por uma das maiores e mais especializadas autoridades brasileiras no assunto – o procurador Marcio Sergio Christino – e por Claudio Tognolli, um dos mais importantes jornalistas investigativos.

Vem pra rua | Rogerio Chequer e Colin Butterfield

O Movimento Vem Pra Rua mobilizou e continua motivando milhões de brasileiros a fazer grandes mudanças na política do país. Olhando a multidão nas ruas gritando contra a corrupção, exigindo reformas e pedindo justiça, é difícil imaginar como isso tudo começou – duas pessoas que pensaram um Brasil melhor, dividiram com outros seus ideais e partiram para a ação. A história deste livro é a história da construção desse movimento. É sobre como o desejo de mudar começou, viralizou, ganhou mentes e apoios. Como se multiplicaram as convocações via redes sociais. Como os políticos foram pressionados. Como se criou uma nova cidadania. Cada um que se indignou com os desvios nos rumos da nação – e demonstrou essa indignação – faz parte desses novos tempos. E, de um jeito ou de outro, vai se encontrar neste livro.

Assassinato de reputações II - Muito além da lava jato | Romeu Tuma JR e Claudio Tognolli

No início de 2013, Enivaldo Quadrado, braço direito do doleiro Alberto Youssef, pega um papel e o coloca num envelope. Entrega a Meire Poza com ar determinado e dispara: "Guarda bem isso aqui que é o meu seguro de vida contra o Lula". Um ano depois, ela entrega o papel para a força-tarefa da Operação Lava Jato. Aquele era um contrato pelo qual um dos suspeitos pela morte de Celso Daniel toma R$ 6 milhões do PT para poupar Lula e dois de seus ex-ministros no envolvimento do crime.
O segundo volume de Assassinato de reputações traz esses e outros relatos contundentes nunca revelados dos bastidores da Lava Jato, inclusive o fato de que ela poderia ter sido antecipada em dois anos, por conta de uma denúncia rica em detalhes que não foi levada em frente pela Polícia Federal, e que teria sérios reflexos às vésperas das eleições que colocaram Dilma Rousseff mais quatro anos à frente da Presidência da República.
A obra mostra também informações inéditas das falcatruas no BNDES, as negociatas dos filhos de Lula e muitos outros fatos escabrosos do PT e de outros políticos brasileiros, revelados por Romeu Tuma Junior.